新编高等院校
金融类
系列教材

金 融 学

JINRONGXUE

主编 许 文

中国金融出版社

责任编辑：褚蓬瑜
责任校对：张志文
责任印制：丁淮宾

图书在版编目（CIP）数据

金融学（Jinrongxue）/许文主编 . —北京：中国金融出版社，2011.7
新编高等院校金融类系列教材
ISBN 978 – 7 – 5049 – 5957 – 7

Ⅰ. ①金… Ⅱ. ①许… Ⅲ. ①金融学—高等学校—教材 Ⅳ. ①F830

中国版本图书馆 CIP 数据核字（2011）第 098541 号

出版
　　　 中国金融出版社
发行

社址　北京市丰台区益泽路 2 号
市场开发部　（010）63266347，63805472，63439533（传真）
网 上 书 店　http://www.chinafph.com
　　　　　　　（010）63286832，63365686（传真）
读者服务部　（010）66070833，62568380
邮编　100071
经销　新华书店
印刷　保利达印务有限公司
尺寸　185 毫米 ×260 毫米
印张　19.5
字数　426 千
版次　2011 年 7 月第 1 版
印次　2011 年 7 月第 1 次印刷
印数　1—3075
定价　40.00 元
ISBN 978 – 7 – 5049 – 5957 – 7/F. 5517
如出现印装错误本社负责调换　联系电话（010）63263947

前　言

20 世纪 90 年代以来，随着经济的快速发展、科学技术的日新月异、经济全球化进程的推进以及世界政治经济格局的变化，经济和社会发展的各个方面都发生了巨大变化。无论是经济与社会现实，还是理论研究，金融作为现代经济核心的地位越来越凸显。与此同时，以种类繁多的金融实践为研究对象的金融学科也以极快的速度发展。大量实证研究证明，金融发展在促进经济增长方面发挥了重要作用，金融学已成为经济学乃至社会科学中最具有魅力的学科之一。

随着中国更深度地融入国际社会和社会主义市场经济体制的确立，金融的重要性将越来越突出。对于中国这样一个既包括转轨经济又包括发展中经济的经济体，金融的特色性十分显著，而渐进式的改革与发展路径更是赋予其强烈的本土色彩。

金融学科发展到今天，内容越来越丰富多彩。从专业的角度看，金融学包括货币银行理论、公司金融理论、国际金融理论、金融工程理论、证券期货投资理论以及保险理论等；而且，各个金融子学科沿着相对独立的逻辑迅速地向纵深发展，金融学科呈现群星闪耀的壮观景象。

因缘于斯，选择合适的教材就成为教师教学和学生学习的一个关键环节。本书秉承学以致用的理念，着眼于金融学科理论和现实应用，试图反映金融学科新理论、新发展，体现理论价值和实用价值，把金融学科的普遍原理与中国金融行业的特殊国情和最新实践相结合，打造本土人才。

本书由许文研究员主持编写。徐明圣撰写了第 1、4 章，许文撰写了第 5、7 章，田玉海撰写了第 2、6 章，孔立平撰写了第 3、12 章，王立元撰写了第 8、9 章，周波撰写了第 10、11、13 章，徐明圣对全部初稿进行了修改、整理，全书最后由许文研究员总纂定稿。

本书内容全面，结构紧凑，可用做高等学校金融类及相关专业教材，也可供各类机构选做金融方面的知识培训用书。

当今时代，不论是货币供求和内外均衡等宏观领域，还是金融机构和金融市场等微观领域，都发生了极大的变化，并且这种变化正在加速进行，学术界对金融的理论研究成果也层出不穷，囿于学识管见，书中如有错漏，恳请专家学者指正，意见请致 tyh_ cn @ sohu. com。

许文
2011 年 2 月

目 录

第1章

金融学概述

【导读】

金融学是社会科学中最具有魅力的学科之一，因为无论是微观层面的公司金融，还是宏观层面的货币金融、国际金融等，都与人们的经济生活紧密相关。本章对金融学所研究的范畴和金融学科的概况加以介绍。

§1.1 金融学研究的范畴

1.1.1 金融的内涵的传统规范与当代发展

1. 金融一词的考证

金融通常解释为货币资金的融通。这表明它在货币资金盈余者与短缺者之间调剂货币资金余缺，但这样的解释似乎有"望文生义"之嫌。怎样给金融下定义，还得先考察历史。

"金融"是由中国字组成的词，但它并非古已有之。古有"金"、有"融"，但未见"金融"连在一起的词。《康熙字典》以及在它之前的工具书均无"金"与"融"连用的词，可以证明这个判断。

连起来的"金融"始于何时，无确切考证。是否直接译自 finance？无任何证明。最大可能是来自明治维新的日本。那一阶段，有许多西方经济学的概念就是从日本引进的——直接把日语翻译西文的汉字搬到中国来。这种猜测同样需要考证。最早列入"金融"条目的工具书是 1908 年开始编纂、1915 年出版的《辞源》和 1905 年即已酝酿编纂、1937 年开始刊行的《辞海》。1915 年出版的《辞源》中收有这个词条，解释为"今谓金钱之融曰金融，旧称银根。各种银行、票号、钱庄曰金融机关。"《辞海》1936 年版金融条的释文是："（Monetary Circulation）谓资金融通之形态也，旧称银根。金融市场利率之升降，与普通市场物价之涨落，同一原理，俱视供求之关系而定。即供给少需要多，则利率上腾，此种形态谓之金融紧迫，亦曰银根短绌；供给多需要少，则利率下

降，此种形态谓之金融缓慢，亦曰银根松动。"该书在 20 世纪 60 年代的试用本和 1979 年首次公开发行版中的释文有所改变，修正为："货币资金的融通。一般指与货币流通和银行信用有关的一切活动，主要通过银行的各种业务来实现。如货币的发行、流通和回笼，存款的吸收和提取，贷款的发放和收回，国内外汇兑的往来，以及资本主义制度下贴现市场和证券市场的活动等，均属于金融的范畴。"这一变化了的概括，可以说与今天日常所使用的口径基本一致。

那么"金融"一词在经济运行中最先采用也是始于近代，中国银号、钱庄常有金融融通之说，其意义与金融相近，但正式用"金融"一词来表达事物则是在近代银行业兴起以后。民国元年（1912 年）北京政府财政部文件中曾有"自去秋以来，金融机关一切停滞"之语，那时"金融"这个词的含义仍不明确，也没有在社会上广泛使用。1920 年北洋政府发行"整理金融公债"用以解决中国银行、交通银行停止兑换的风潮，以后"金融"一词就与银行业务活动结合在一起，形成一个与"财政"相区别的概念，被广泛地运用。

另外还要考虑到与"金融"一词对应的英文单词"finance"。finance 的源头是拉丁词 finis（英语意思为 end）。finance 的直接来源是古法语词 finance，它在法语中是动词 finer（意思为 end，settle）的引申词。英语在中世纪时吸收了法语中 finance 这个词，表示"结束"（end），15 世纪时，又出现了"debt – settling"的意思。但直到 18 世纪，finance 在英语中才表示"management of monetary resources"，具有了当代意义。这样的演变可表示如下：finance←中世纪英语 finance←中世纪法语 finance←法语 finer←法语 fin←拉丁语 finare（意为 pay a fine）←拉丁语 finis（意为 end，即结束，使借贷结清）。但在西方，很难找到一个词来确切地表达"货币资金的融通"这一概念。通常把 finance 翻译为"金融"，其实 finance 的本义是"货币资财及其管理"。由于"货币资财及其管理"具有不同的主体，因而有政府的货币资财及其管理、企业的货币资财及其管理与个人的货币资财及其管理之分，对此我们翻译为政府金融、企业金融和家庭金融。所以，有时又把 finance 译为"财政"。

这里对金融一词的刨根问底并非是一种钻牛角尖的做法，尽管内容听起来有些枯燥，但对于学习金融内容的人来说，总要对金融的来龙去脉有一般的了解。更何况这同时也有助于对金融所涵盖的各个层次内容进行区分，因为到目前为止，无论是在学术界还是在现实生活中，都会遇到具有不同口径的金融内涵。

2. 金融的多角度定义

所谓金融的多角度定义，是按照定义的口径来区分的。① 当然同时存在着"金融"和"finance"两方面的口径。首先来说前者。

在中国，应当说对金融的含义予以权威注释的是《中国金融百科全书》中的"金融"词条，该词条的注释是："货币流通和信用活动以及与之相关的经济活动的总称。"

---

① 这一提法始见于黄达著《金融——词义、学科、形势、方法及其他》中"金融学学科建设设想"一文，是作者应西安交通大学的邀请，为"'交大—海通'经济论坛"而作，并于 2001 年 5 月 21 日在首届论坛上讲演。

这样的定义超出了"货币资金融通"之说，而且把货币流通和信用活动与金融连在一起。把金融看成是与货币流通相关的经济活动有它的合理性，因为货币资金也是货币，货币资金的循环和周转是再生产过程中的货币流通。马克思说"'G—W—G'这种形式也包含着特殊的货币流通"①，其特殊性主要在于：再生产过程的货币流通存在垫支与回流的过程；回流的货币一般要增值；在流通中既作用于交换过程又作用于生产、分配、消费过程。但必须看到，货币资金的融通，表现为货币与货币的交换，相当部分的货币资金融通，脱离了再生产过程。把金融看成是一种信用活动也有它的合理性，因为当代的货币是信用货币，它是在信用制度下供给的，对货币的需求实际上是对信用流通工具的需求，而且货币资金的融通必须建立在正常的信用关系的基础上。把货币流通和信用活动包含在金融定义之内，强调金融是货币资金的融通有其合理性，也有其局限性。局限性之一是缩小了融资主体，因为按经典作家的概括，货币资金只是存在于物质产品生产流通领域，这样需要融资的主体便只是工商企业。局限性之二是把金融的功能限于调剂货币资金的余缺，这与现实有很大的距离。局限性之三是淡化了市场的作用，特别是淡化了利息的作用。也许是受到我国传统计划经济的影响，这一比较宽（宏观角度）口径的定义在相当长的时间内被理论界所认可，随着近些年来我们对西方金融学科课程设置的引进及对公司企业理财管理方面的逐步重视，又出现了一种金融窄（微观角度）口径的说法。

而国外对于 finance 的用法却不只限于一种，这里我们一一介绍：

（1）Oxford、Webster's 这类字典和一些百科全书对 finance 的解释是：monetary affairs，management of money，pecuniary resources ……前面加 public，是指财政；加 company 或 corporation 或 business，是指公司财务；等等。简言之，凡是与钱有关系的事情都可用 finance 这个词。

显然，这属于"宽"口径，但其宽度却是我们宽口径的金融所难以望其项背的。在西方人的宽口径中，不仅包括我们宽口径的金融，并且还包括国家财政、企业财务（公司理财）和个人货币收支。而财政、财务和个人收支，在我们这里是明确不能算做金融的一部分的。此外，西方人的 finance 也有 financial economics 的含义。②

（2）《新帕尔格雷夫经济学大辞典》对"金融"一词定义为"资本市场的运营，资本资产的供给与定价"。③ 该辞典指出，"金融"的基本内容有五个方面，即有效率的市场；风险与收益；替代与套利；期权定价；公司金融。但"金融"概念的中心点是资本市场的运营、资本资产的供给与定价。这样的定义扬弃了货币和信用，舍掉了金融宏观

---

① 《马克思恩格斯全集》（第 49 卷）[M]．北京：人民出版社，1982：263．

② The study and practice of finance are concentrated in specialized fields, each of which constitutes an incomemaking endeavor. These financial specialties include—among others—banking, consumer finance, business or corporation finance, insurance, real estate finance, international finance, and public (governmental) finance (1985 Encyclopedia Americana).

The science of the profitable management of money and of monetary affairs (1960 Funk & Wagnalls New Standard Dictionary).

The managing or science of managing money matters, credit, etc. (1996 Webster's New World Dictionary).

③ 《新帕尔格雷夫经济学大辞典》（第 2 卷，E—J）[M]．北京：经济科学出版社，1992：345．

管理与政策，它意味着金融是独立于货币和信用之外的范畴，其涵盖的不是政府行为活动，而是储蓄者与投资者的行为活动。显然，这属于窄口径，中文金融的窄口径即源于此。

（3）还有介于两者之间的口径，如：

The system that includes the circulation of money, the granting of credit, making of investments and the provision of banking facilities（1986 Webster's Third New International Dictionary），这里涵盖的范围与我们的宽口径相当。

此外，还可举两个例子：一是联合国统计署有"金融及相关服务"（Financial and Related Service），粗略地说，这一项统计口径包括：

——金融中介服务，包括中央银行的服务、存贷业务和银行中介业务的服务；

——投资银行服务；

——非强制性的保险和养老基金服务、再保险服务；

——房地产、租借、租赁等服务；

——为以上各项服务的种种金融中介服务。

二是美国 1999 年通过的《金融服务现代化法》（Financial Services Modernization Act），其金融服务（Financial Services）规范的范围包括银行、证券公司、保险公司、住宅贷款协会、储蓄协会以及经纪人等中介服务。

这两个例子中的 finance 的用法也类似我们的宽口径。

（4）美国现在的习惯用法。据某些美国经济界的人士解释：泛泛的或前面加形容词，按古典的解释使用；在经济领域，单用 finance，即指资本市场。这里有一个比较有趣的例子，美国的中央银行——美国联邦储备体系自称管的是 money，不管 finance。译成中文，是只管"货币"，不管"金融"。中国人听了很奇怪：中央银行在金融体系中举足轻重，怎么不管金融？显然，这里的 finance，即毫不犹豫地指的就是资本市场。

3. "金融"与"finance"的比较

说到这里，有必要把中文的"金融"与西文的"finance"作一比较，可列一个较为直观的图，如图 1-1 所示。

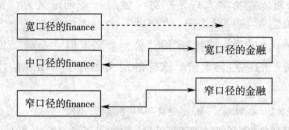

图 1-1 "金融"与"finance"比较

从图 1-1 中可以发现，要强求确定"金融"与"finance"的一一对应关系，事实上是做不到的，但这并不影响我们对金融本身的理解：现代金融从表现形式来说，包括货币的借贷、兑换、买卖，款项的支付，票据的流通，证券的买卖，衍生工具的交换，实物的租赁，事物的保险，贵金属的交换等，尽管不同的形式有各自的特点，但它们都是一种资产，其价值都要以货币计量，其增值状况都以利息为尺度。并且，它们的活动形成了一个市场，进入市场的主体，既有企业又有个人还有政府，活动的目的绝不仅是调剂货币资金的余缺，还要求资产的流动性、安全性和盈利性的最佳组合。所以，理论是对实践的升华，概念是对实际经济关系的概括。怎样给金融定义，从方法论说能够有以下几种选择：（1）如果从融资活动的运作机理考察，能够把金融定义为金融资产的交易行为；（2）如果从融资活动的领域和着力点考察，能够把金融定义为资本市场运营和资本资产的供给及定价；（3）如果从融资活动主体的行为目标考察，能够把金融定义为风险与报酬的权衡；（4）如果从融资活动的社会效应考察，能够把金融定义为不同主体对货币资财的管理等。这样来讨论问题，与其说是金融概念的规范问题，不如说是规范金融概念的方法问题。

1.1.2　金融学的学科建设

有金融就有以金融为对象的金融学，按照对金融本身定义的理解，金融学也必然相应地有宽窄之说。这些年，以"金融学"命名的书籍（基本是教材）极多，但究其内容，则有极大的差别。有的以"金融学"为名的书实际就是多年习用的"货币银行学"教材的内容。比较权威的译著是 S. 米什金所著的《货币金融学》，其原名是 The Economics of Money Banking and Financial Market[①]，实属"正宗"的货币银行学。有的以"金融学"命名的书，其内容基本是讲金融市场的学问。例如翻译的 Z. 博迪和 C. 莫顿的《金融学》，其原名是 Finance[②]，可作为代表。而 J. 艾希贝格尔和 I. 哈珀的《金融经济学》，原名 Financial Economics[③]，讲的内容却是金融市场和金融机构两个方面。为了让学习者理清头绪，我们从以下几个方面进行说明。

1. 宽口径的角度

从宽口径角度分析，金融学包括的内容可以划分为两大部分：金融理论的宏观分析层面和金融理论的微观分析层面。

（1）宏观分析的层面大体包括货币需求与货币供给，货币均衡与市场均衡，利率形成与汇率形成，通货膨胀与通货紧缩，金融危机，国际资本流动与国际金融震荡，名义经济与实体经济，虚拟经济、泡沫经济与实体经济，货币政策及其与财政政策等宏观调控政策的配合，国际金融的制度安排与国际宏观政策的协调……

（2）微观分析的层面大体包括：

①主要从金融市场角度分析。内容有金融工具与工具创新、价值评估、风险管理和资产组合以及资本资产定价这类学问。再进一步概括，可简述为金融领域中的决策学。兹维·博迪就是把他的金融学概括为"研究人们在不确定的环境中如何进行资源的时间

①　米什金. 货币金融学（中文版）［M］. 北京：中国人民大学出版社，1998.
②　博迪，莫顿. 金融学（中文版）［M］. 北京：中国人民大学出版社，2000.
③　艾希贝格尔，哈珀. 金融经济学（中文版）［M］. 成都：西南财经大学出版社，2000.

配置的学科"，而服务于决策的"金融理论由一系列概念和定量模型组成"。这样的金融决策理论是个人理财、公司理财乃至一切有理财要求的部门所需求的科学。

②主要从金融中介机构角度分析。"金融中介机构"是所有形形色色的金融机构的总称，而不限于在其中占有突出地位的银行。关于金融中介机构的分析，其内容中首要的部分是不断推进对金融机构存在根据的理论论证，并由此自然引申出它们的职能和作用及其存在形态的演进趋势；同时各个侧面的研究有各种金融机构的共同特征，金融机构与风险转移，金融机构的脆弱性、系统风险和存款保险制度，国家监管与金融机构运作和演进的相互作用，以及分业与混业，等等。如果进一步提炼，其理论所特别关心的核心问题是金融机构，特别是银行的发展趋向和未来的命运。

③关于间接融资与直接融资、银行资产证券化等问题的研究，则是揭示金融市场与金融机构相互渗透的必然趋势。无论是从金融市场的角度分析，还是从金融中介机构的角度分析，都会关注它们之间相互衔接的地方。

④从金融功能角度分析，也即抽象不同类金融机构的差别之处和不断变化趋势，通过揭示稳定的金融功能来探讨金融在经济生活中的地位、金融机构的演进规律等。

（3）还要说明的是，在宽口径金融学科所讲的内容中，事实上，还有一块是宏观分析与微观分析都包括不了的，那就是范畴部分，即关于货币、信用、利率乃至金融本身这些范畴的剖析和论证。

综合这些内容，可勾勒出一个大体的图示，如图1－2所示。

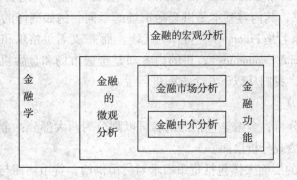

图1－2　金融学框架

2. 窄口径的角度

窄口径源于国外，按照这样的口径，金融的微观分析层面是 Finance 或 Financial Economics，而金融的宏观分析层面是 Money Economics，是宏观经济学的一部分。因此，金融经济学事实上研究的恰恰就是金融学的微观部分，即上面按照宽口径设置金融学研究方向的第二部分。国外许多非常著名大学的金融学课程设置就是按照这一模式，我们将其称为"商学院模式"。如果对这一问题比较感兴趣的话，可以阅读以下专栏的内容。

【专栏】

国外商学院的金融学科设置

这个专栏中我们将分别介绍美国和英国大学（商学院）金融学科的课程设置。对于美国的介绍，我们想首先引述钱颖一[①]教授在北京大学经济学院所作的题为"经济学科在美国"的报告中关于美国大学中经济学科的设置的有关内容，具体如下：

"首先，我们注意到的是国内的大学通常设经济学院，而美国的大学都是设经济系。经济系通常设在文理学院内（也有少数设在管理学院内的）。文理学院一般分三个部：自然科学部、社会科学部和人文部。国内习惯把社会科学和人文统称为文科。但是社会科学和人文学的研究对象和方法是很不一样的。人文主要包括文（学）、（历）史、哲（学）等；而社会科学主要包括经济学、政治学、社会学、人类学等。在一所大学内，文理学院是大学的核心，是最重要的部分。这是因为文理学院的主要教学对象是本科生和博士生，前者是大学教育的主要对象，而博士的培养与科研密切相关。所以文理学院是任何一所综合性大学的学术核心。这个核心之外是职业学院（Professional School），主要的有法学院、商学院、医学院和工学院，这些职业学院通常只招研究生（也有例外，特别是工学院）。美国不少大学的管理（商）学院是研究生院，没有本科生。如果本科生想念管理（商）学院的话，可以主修经济学。经济学不仅是社会科学中最重要的学科，而且在一所大学里也是举足轻重的学科。所谓'重要'是说，相对其他学科而言，它拥有的教授人数比较多，主修的学生也比较多。经济系在文理学院里是大系。相对而言，经济学科在社会科学的各学科中会被认为是最'成熟的'学科，这也增强了经济系在整个学校中的地位。

那么，经济系内部又是怎样的呢？在美国，一个系是一个行政单位。虽然经济学科内有多个分学科，但经济系内并不正式划分教研室，只是有一些组织比较松散的'领域'，比如，宏观、理论、计量、产业组织、劳动经济学、公共财政、发展经济学、国际贸易和金融等。通常每一个领域每周有一次研讨会（workshop 或 seminar），请校内和校外的教授来讲论文，比如宏观研讨会、发展经济学研讨会等。如果某人经常去某个研讨会，那么他就会被认为是那个领域的研究者了。由于任何人可以参加多个研讨会，他可以同时属于多个领域。

管理（商）学院中的经济学科是怎样的呢？以往美国的商学院以教学为主要任务，但是最近二三十年来，较好的商学院对研究越来越重视了。一般商学院内设有多个小组（group），如金融、会计、市场营销、组织行为、管理、信息技术等。有的商学院里也有经济学小组（Economics Group），通常远不如经济系的师资力量强，但个别的商学院中的经济组特别强。需要注意的是，商学院中的经济组与有些大学设在商学院中

---

① 美国伯克利加州大学经济系教授，于 1981 年从清华大学毕业后赴美留学，分别获得哥伦比亚大学统计学硕士、耶鲁大学运筹管理科学硕士和哈佛大学经济学博士学位。1990 年开始工作，先后在斯坦福大学经济系、马里兰大学经济系和伯克利加州大学经济系任教。

的经济系是不同的，前者面向 MBA，后者面向本科生。商学院的某个领域研究好不好，首先看它招不招博士生。商学院的首要任务是培养 MBA。培养博士是为教授研究教学提供辅助，优异毕业生则成为师资来源。商学院中的博士班（所有小组累加起来）通常比经济系的小。MBA 需要学一些经济学的基本知识，主要是微观经济学。因此，商学院中经济学以微观经济学为主，教学注重实用。MBA 学生是不同的群体，他们交了很高的学费，是来学技能的。MBA 学生听不懂的话，他们说你教得不好；而本科生或博士生听不懂的话，他们说自己学得不好。因此，对教授来说，教 MBA 学生要比教本科生、博士生花更多的时间。

比较国内和国外对经济学科内的领域设置，需要特别澄清什么是金融学的问题。我发现国内和国外对金融学（finance）这一领域的理解有很大的不同。一个国内学生说他是学金融的，到了国外会发现他学的在那里不被称为金融。相反，在国外是学的金融，在国内又可能不叫金融。为什么会这样呢？这需要仔细地分析。

国内所说的金融是指两部分内容。第一部分指的是货币银行学（Money and Banking）。它在计划经济时期就有，是当时的金融学的主要内容。人民银行说我们是搞金融的，意思是搞货币银行。第二部分指的是国际金融（International Finance），研究的是国际收支、汇率等问题。改革开放后，凡是以国际打头的专业招生分数都非常高，更不要说加上金融二字了。这两部分合起来是国内所指的金融。为了避免混乱，我们且称为'宏观金融'。有趣的是，这两部分在国外都不叫做 finance（金融）。而国外称为 finance 的包括以下两部分内容。第一部分是 Corporate Finance，即公司金融。在计划经济下它被称为公司财务。一说公司财务，人们就会把它跟会计联在一起，似乎只是做做表格。之所以应把 Corporate Finance 译成公司金融而不译成公司财务，就是因为它的实际内容远远超出财务，还包括两方面。一是公司融资，包括股权/债权结构、收购合并等，这在计划经济下是没有的；二是公司治理问题，如组织结构和激励机制等问题。第二部分是资产定价（Asset Pricing），它是对证券市场里不同金融工具和其衍生物价格的研究。这两部分合起来是国外所指的 finance，即金融。为了避免混乱，我们且称之为'微观金融'。

根据这一分析，我们便清楚了。国内学生说自己是金融专业的，他们指的是宏观金融，但是按国外的说法，这一部分不叫 finance（金融），而是属于宏观经济学、货币经济学和国际经济学这些领域。国外说的 finance（金融），一定指的是微观金融。在美国，货币银行和国际金融通常设在经济系，而公司金融和资产定价通常设在管理（商）学院。经济系也会有一些研究公司金融的教授，因为这一领域与微观经济学，特别是产权和激励理论有密切关系。事实上，很多研究公司金融的教授都是经济系毕业的。人民银行研究生部的学生，按照国内的说法当然是学金融的。但是在美国，他们学的就不叫金融了。可见在金融这一领域，国内和国外的理解存在很大差别。"

我们通过列举三个比较著名的美国大学商学院的例子来说明这一问题。

第一个例子是美国麻省理工（MIT）大学的 SLOAN 商学院研究生的 Finance 课程设置：

（1）课程设置目的

Finance is the study of what organizations invest in, how much they invest, where and how they obtain funds to invest, and how capital markets work.

Finance is concerned with value — how management decisions affect the value of the firm to its shareholders and how capital markets direct funds to the most valuable uses.

Specific problems that financial analysts address depend on whether the point of view is that of a corporation, an individual or institutional investor, or public policy.

（2）课程内容

Required subjects：

- Finance Theory Ⅰ
- Finance Theory Ⅱ

Plus two of the following：

- Entrepreneurial Finance

Investments

- Advanced Corporate Finance
- Options and Futures Markets
- Security Design and Corporate Financing
- Business Analysis Using Financial Statements

第二个例子是美国耶鲁大学 MBA 学院的 Finance 课程设置：

- Corporate Finance
- International Finance
- Financial Instruments & Contracts
- Investment Management
- Financial Engineering
- Fixed Income Security Analysis
- Portfolio Management
- Corporate Governance & Investment Banking
- Banking & Financial Institutions
- Structured Finance
- Hedge Funds （对冲基金）
- Emerging Markets Finance
- Endowment Management
- Value Investing
- Strategic Financial Decisions Lab
- Security Analysis

- Private Equity Investing

最后一个美国大学的例子来自美国商学排名第一的宾夕法尼亚（Pennsylvania）大学的沃顿（Wharton）商学院：

- Financial Economics

Individual investment decisions under uncertainty. Stochastic dominance. Mean – variance portfolio theory. Introduction to the theory of capital market equilibrium and asset valuation. Arbitrage pricing theory.

- Financial Institutions

The role of debt in corporate finance and banking. Modigliani – Miller. Contract theory as applied to financial intermediaries.

- Financial Economics under Imperfect Information

General equilibrium and rational expectations. Foundations of the theory of information. Learning from prices in rational expectations equilibrium models. Moral hazard, adverse selection, and signaling. Bidding theories.

- Intertemporal Macroeconomics and Finance

The stochastic neoclassical growth model. Planning problems and competitive equilibria. Dynamics of consumption and investment. Ricardian equivalence and other fiscal policy issues. Asset pricing, money, credit, and liquidity constraints and other frictions.

- Corporate Finance

Financial decisions of the firm, advanced theory and empirical investigations of dividends, capital structure, mergers and takeovers.

- International Finance

Covers areas of active research in international finance including dynamics of purchasing – power – parity, foreign – exchange market efficiency, theories of trading firms and multinational corporations, stochastic growth and capital flows.

- Empirical Research in Finance

Rigorous treatment of current empirical research in finance. Applications of multivariate and nonlinear methods. Intertemporal and multifactor pricing models. Conditional distributions. Temporal dependence in asset returns.

- Research Seminar in Finance

This course may be offered (and taken by the student) several times a year with varying topics.

可见，美国各大学商学院的金融学更偏重于微观领域，这和我们上面对微观金融学内容的阐述是基本一致的。最后再看一下欧洲的情况，我们举的是英国在财经院校领域最为著名的大学——伦敦政治经济学院（London School of Economics and Political Science，LSE）的例子。金融学在这里的专业名称是"Accounting and Finance"。海外留学生获得金融硕士学位（Finance Master）的必修课程包括：

LSE Compulsory Course

- Corporate Finance and Asset Markets

Choose at Least One

- Corporate Financial Reporting
- Management Accounting, Strategy and Organization and Organizational Control

Options

Choose From Those Listed Below to the Value of Two Full Units（half unit）.

- Corporate Financial Reporting（full unit; if not selected as a compulsory course）
- Management Accounting, Strategy and Organizational Control（full unit; if not selected as a compulsory course）
- International Accounting and Finance
- Corporate Finance Theory
- Derivatives
- Quantitative Methods for Finance and Risk Analysis
- Valuation and Security Analysis
- Portfolio Management
- Market Microstructure Theory
- Global Finance System
- Financial Intermediaries
- Applied Corporate Finance
- Financial Risk Analysis

比较两个国家的金融学专业的课程设置，其实是大相径庭的，这同时也说明了当今金融学发展的一个总的趋势。

3. 金融经济学的未来

在中国金融学科的建设中急需建立一门金融经济学的课程，即西方的 Financial Economics。虽然目前有少数已经出版问世的《金融经济学》著作，但从其体系架构中能够看出，也就是"货币、信用、银行＋货币供求均衡"这种货币银行学式的金融经济学，没有多少新意。此外，有的人用经济学的思维范式和研究方法去观察金融问题，试图建立金融经济学体系，如用制度经济学的理论和方法描述金融制度环境；收益—成本比较法和交易费用，寻求金融机构布局、金融业务开展、金融政策实施等效应的最大化、最优化；用因素分析、函数模型描述货币供求均衡；用边际分析的方法研究货币流通速度、金融的投入产出递增或递减等。这样的观察不失为一种途径，虽然在观察中涉及经济领域的问题，但总觉得是仅就金融领域讨论金融问题，没有对金融与经济的关系作专门的探讨。

经济金融化的发展，赋予金融新的含义，使得金融学的研究有了新的内容：过去金融学的研究集中于金融机构，更多地研究货币供给与需求、利率的变动、资金的余缺、储蓄与投资等。现在金融学的研究集中于资本市场，侧重研究投资主体的行为、各种金

融资产的估价、市场的风险程度等。有人说"对金融市场、投资者、企业三者行为的性质与特征及其三者之间的关联度的研究形成了金融经济学",并认为"金融经济学由金融市场学、投资学和公司理财学三部分所构成"。这样的设定有两个特点:一是强调以"市场法则"去考察金融问题;二是侧重研究微观主体(投资者)的经济行为及效果,而不注重从宏观和中观方面对金融的考察。把金融经济学研究的对象,限于对微观主体的经济行为及其效果,并强调"市场法则"去考察,则有有效市场理论、证券组合理论、资本资产定价模型式金融经济学的基本理论和方法。总体上,金融经济学更注重微观金融层面的分析,更符合当今世界金融发展的主流。

§1.2　金融学课程在金融学科体系中的地位

1.2.1　当代金融学的发展

20 世纪是人类社会发展史上极其重要的一百年,人类文化、科学技术获得迅猛的发展。在世界市场经济的大舞台上,伴随着经济现代化、全球化、金融化的历史进程,作为经济学中最引人入胜的金融理论部分,发展最为迅速。如果说,20 世纪 30 年代前,在金融理论中还是古典经济学占统治地位,从 30 年代开始,则是跃入以宏观经济理论与宏观经济政策相结合为主导内容的金融理论发展阶段。到了 20 世纪后半叶,特别是近二三十年,与这样的发展取向相并行,以微观经济理论为支撑的论证金融市场和微观主体投资和筹资行为的金融理论、论证金融中介的金融理论迅速开拓。如果将从宏观经济学角度论证的金融理论称为宏观金融理论的话,那么,或许也可以把基于微观经济学的金融理论称为微观金融理论。

在 20 世纪金融理论的发展史上,凯恩斯主义是重要的里程碑。在凯恩斯主义出现以前,西方发达国家已建立起规范的货币制度、支付清算制度、中央银行体制及相当成熟的货币市场和资本市场;伴随各国间的贸易活动,国际间的资本流动已有巨大的规模,在争夺世界市场份额的激烈竞争中,作为主导手段的资本输出曾是 20 世纪初经济理论和社会革命理论的关注热点。在这样的背景下,金融理论研究在货币作用、货币需求、货币与经济之间相互关系等基本问题上不断推进。第一次世界大战后到 20 世纪 30 年代,在世界经济形势发展变化和世界性长期萧条的背景下,客观呼唤着经济理论和金融理论新的跃进。

凯恩斯理论的出现被称为经济理论的一次革命。从金融角度看,其意义主要在于将金融理论与宏观经济分析相结合,为国家运用金融手段干预经济提供了理论基础。不管以后几十年西方经济的发展出现了哪些新情况、新难题,不管经济学界相继出现的货币学派、供给学派、合理预期学派等怎样非难凯恩斯主义,可以说,在紧密联系经济运行实践和宏观经济政策选择而导致思想不断撞击的进程中,现代经济学的繁荣发端于凯恩斯的学说。

凯恩斯在构建自己的理论体系时，着眼点是以收入支出分析为基本脉络的总量分析，其主要贡献是在宏观经济学及宏观经济政策选择理论方面。当凯恩斯主义的政策实践在第二次世界大战后带来了三十年左右的经济繁荣但又相继出现通货膨胀及滞胀等问题之后，各种对立的学说也是围绕宏观经济学及宏观经济政策选择这个核心与凯恩斯主义进行论争的。

在 20 世纪相当长的期间，宏观金融理论一直是众多经济学家关注的热门话题。但从 80 年代以后，随着滞胀现象的消失及经济全球化、金融化趋势的加强，经济学界和金融实务界开始更加关注金融创新、金融风险等问题，并使已经不断开拓的融资理论、投资分析、期权定价理论等微观金融理论取得了长足的进展。

在宏观金融理论的论争中，不管各学术派别在政策干预问题上抱何种态度，他们所提出的理论总是要牵涉宏观经济变量和政策工具变量的关系问题。但在微观金融理论研究中，经济学家则更重视市场参数，微观主体的储蓄行为和投资行为，以及金融商品的成本、风险、价格、收益等微观经济范畴。微观金融理论的发展，以及宏观金融理论与微观金融理论交互渗透的必然趋势，使得金融理论在经济学中更受重视。

1.2.2　宏观经济学、金融学与货币银行学

金融学是经济学的分支，金融学的基本原理和方法都是经济学的基本原理和方法在金融领域中的扩展和运用。如果把金融学看成是部门经济学，是放大了的微观经济学，而把经济学看成是宏观经济学，则能够认为金融学是经济学的组成部分，是经济学的分支，金融学以金融机构的经济行为作为研究对象，经济学以一个社会整体的经济行为作为研究对象。

另一方面，金融学从经济学中分离出来，又呈现出与之并驾齐驱的趋势。在当代具有代表性的西方经济学教科书中，宏观经济学部分也论述货币的供给和需求，讨论了储蓄与投资以及作用于宏观调控的货币政策，还讨论了汇率政策与外汇收支。这样，有人认为当代西方经济学也就是金融学，金融学与经济学融为一体。在我们看来，当代西方经济学中论述的货币供给与货币需求以及储蓄与投资，是把它们作为一对宏观经济学变量来看待的，用以探讨总供给与总需求的均衡。总供给与总需求的均衡，是西方宏观经济学讨论的核心内容，围绕着这一核心内容，探讨各种变量对其发生的影响。通常把货币供给和储蓄看成是总需求的自变量，而把货币需求和投资看成是总需求的因变量，因而这样的研究，都着力于影响总需求的金融变量的分析，然后去分析总供给，而影响总供给的不仅是金融变量。至于西方经济学中对宏观调控的货币政策、外汇政策、国际收支政策的分析，旨在作用于总供给与总需求的均衡，这一点非常明显。这说明西方经济学中引进金融变量和金融政策分析，具有明显的针对性和倾向性，我们不能据此说西方经济学已经包括了金融学的主要内容，更不能认为当代西方经济学便是金融学。

这些年来，随着科学技术的发展，社会的进步，特别是电子技术在金融业中的广泛运用，金融产品的推出带有高度的技术性，金融运作的管理更加具有社会风险性。这使得金融学的研究，不仅运用了经济学的一般理论和方法，而且引入了工程技术学、社会

学、管理学的基本内容，逐步成为一门综合性的社会科学。

因此，金融学与经济学的关系可用图1–3来概括。

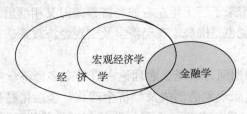

图1–3　金融学与宏观经济学的关系

1.2.3 金融基础理论的主要内容

金融理论，其中有许多古老的题目，直到今天，依然处于反复探讨、不断深入的过程之中；而伴随着经济的发展，新的课题则经常不断被提出，金融理论不断向前推进。在当前，受到关注和应该受到关注的金融基础理论主要有以下几个方面。

1. 金融在经济生活中的作用和地位

这是一个最古老的题目。通常，经济与金融的关系在传统的教科书中表述为经济决定金融，金融反作用于经济。这种作用与反作用的关系需要梳理，并根据时代的发展赋予新的内容。金融存在的理由最集中地体现为实现储蓄向投资的转化，由于金融在实现这一转化过程中的力度越来越强，相应地，现代经济与现代金融之间的因果关系更为明显。不论是从积极面还是消极面，如何把握金融的作用，归根结底是如何把握实体经济与名义经济、金融经济的相互关系的问题，因此，这又是一个市场经济下的永恒话题。

2. 宏观金融理论

宏观金融理论涵盖内容较为繁杂。首先是凯恩斯构建的需求管理政策的理论基础，并包括以弗里德曼为代表人物的货币主义学派，以及随后风行一时的供给学派和提出政策无效命题的合理预期学派，均从不同视角为金融理论的建设作出了各自的贡献，同时也成为西方发达国家进行经济宏观调控的理论依据。其次是运用货币政策扩张需求，触及一个带有根本性的理论问题，即货币供给，从而价格机制与实际产出之间存在怎样的关系，或者换一个说法，如何论证货币在经济运行中是中性的还是非中性的这个早已存在的古老经济学课题。再次是利率问题，作为市场经济中收入的一般形态，在整个经济理论领域，论证任何金融的理论与实践问题都不能不涉及利率，就金融角度来说，不断发展的利率理论构成最为核心的内容之一。最后是宏观经济政策在执行过程中总会遇到一些不确定因素，这些不确定性可能来自经济体系内部由微观主体行为变化而产生的扰动，也可能来自经济全球化背景下的外部事件冲击，于是引出了货币政策及财政政策的方针问题，即面对经济的波动，是遵奉"单一规则"坚持一个不变的货币供给增长率，还是"相机抉择"进行逆风向调节——实际上是各国实施宏观干预的主导做法。

3. 金融市场理论

从微观角度和微观分析方法建立的金融理论大体可分为两支：金融市场理论和金融

中介机构理论。始于 20 世纪 50 年代初的有关金融市场的理论探讨取得了显著的成就，一些诺贝尔经济学奖得主在这方面的成就大体概括了金融市场学科建设的基本内容。这包括：（1）马科维茨首次以数学语言给出风险和收益的精确定义，并把数理统计方法引入资产组合选择的研究。（2）夏普对风险投资组合研究的推进和建立资本资产定价模型。（3）关于股票价格的运动所实际遵循的是否是随机游走模式的探讨和有效市场——市场价格反映所有投资者的知识和预期——假说的论证。（4）环绕依据资金成本确定最优筹资结构的课题，莫迪利亚尼和米勒提出了 M—M 定理——融资工具的选择不影响资本收益率。（5）布莱克—斯科尔斯—默顿的期权定价公式诞生并被应用到认股证书、可兑换债券和许多其他金融工具上，成为不仅在金融领域，而且在整个经济学中最为成功、最具实用价值的理论，揭开了金融理论走向市场为千百万投资者服务的历史，使筹资者和投资人对风险的估值成为可能。

4. 金融中介的理论

面对诸多类型的金融中介机构，即不限于传统习惯称谓的银行、保险公司，而是包括在货币市场和资本市场上从事金融服务的形形色色的中介机构，首先是研究其存在的客观理由。近年来，先是用交易成本和信息不对称理论论证金融中介存在的原因。而在金融交易成本日趋下降和信息的获得日趋容易和便宜但中介机构不仅没有缩减却进而显著发展的背景下，又有经济生活需要得到中介机构提供风险管理和参与市场活动服务的剖析。其次是关于银行发展趋势的研究，对于银行是否会在将来衰落的探讨涉及间接融资与直接融资的未来主导方式，也暗含了分业经营与混业经营的制度变迁过程。当然，同样重要的一些理论是针对金融机构的功能定位和效率提高方面的，这些研究成果对于微观金融理论的形成至关重要。

5. 国际金融与国际货币——金融体系理论

国际金融理论所包括的国际收支理论、汇率理论、国际资本流动和国际债务理论等诸多方面，在第二次世界大战之后均有发展；而诸多有关理论相当集中地从不同侧面来论证有关国际货币体系和国际金融秩序的安排。第二次世界大战即将结束之际的布雷顿森林会议，确定了美元与黄金联系、各国货币与美元固定汇率的国际货币制度的安排。其核心是为了保证稳定的汇率以促进世界贸易的发展与经济的增长。落后于时代的本位币含金量的观念，在 20 世纪 70 年代，先后随美元与黄金脱钩和黄金非货币化而失去了在设计国际货币制度中的传统地位。随后则是普遍的浮动汇率制。然而，在世界范围内不断爆发的债务危机和金融危机一再冲击着国际金融秩序。在 20 世纪 90 年代，实际的发展有两个趋势：一是欧元登上国际金融舞台（诺贝尔奖得主蒙代尔对于不同汇率体制下的货币政策与财政政策以及最适货币区所作的分析被认为是建立欧元制度的理论根据）；二是 20 世纪最后一两年在中南美国家实地推进的"美元化"。但这两个趋势在可预见的将来，都不能覆盖全球。显然，在经济全球化的大背景下，如何安排国际货币—金融体系还是一个必将长期研讨的课题。

6. 发展经济学与金融理论

第二次世界大战之后，亚非拉原殖民地、半殖民地和附属国先后独立，涌现出为数众多的发展中国家，急切要求摆脱落后面貌。在这样的背景下，发展经济学应运而生。在发展经济学中，金融又是主要研究方面之一。这涉及金融与经济发展的关系，对发展中国家金融状况的诊断，在力求发展的总体思考中金融应该沿着怎样的方针改革，这一改革应该摆在什么地位……从理论到政策设计，自成体系。最初开出的标准药方是 E. S. 肖和 R. I. 麦金农提出的金融自由化（亦称金融深化）。金融自由化，是指由当局实施的以放松管制、提高效率为基调的金融改革行为。从实践经验看，金融自由化是一个并不限于金融本身而是关系全局的改革举措。从世界一些国家实施金融自由化的经验教训看，即使是内容大体相同的改革，发达国家和欠发达国家实施的结果也不同；即使同为发展中国家，经济发展水平也大体相近，但由于自由化改革的各种政策措施有所不同，其改革的经济社会后果也往往存在相当大的差异。经过这样的实践过程，简单鼓吹金融自由化的倾向已经逐步转到强调需要作具体分析的审慎思路。

7. 金融创新

这是三十多年来世界金融领域中的一个十分重要的话题。金融创新通常指由金融微观主体在一定的制度、经营运作传统以及监管政策的背景之下，能动地改善金融活动方式的行为。从实践经验看，金融创新活动总是与金融服务效率的提高相联系。西方国家的金融创新从 20 世纪 60 年代开始，70 年代全面展开，80 年代最为活跃，形成金融创新浪潮，成为国际金融领域中的显著特征。由此也开创了诸多金融创新的理论流派，例如以货币学派弗里德曼为代表的"货币促成论"，格林厄姆和海沃德提出的"财富增长论"，以西尔柏为代表的"约束诱导论"，以诺斯、戴维斯等人为代表的"制度改革论"，以凯恩斯为主要代表的"规避管制论"，以希克斯和尼汉斯为代表提出的"交易成本论"，等等。同时，对于金融创新的发展，围绕防范金融风险，加强金融管制的课题亦引起理论界的重视，由此金融创新与金融管制相互交织，构成了当代金融理论与实际同时向前发展的一条主线。

8. 与知识经济时代并存的金融发展理论——电子货币和网络银行的出现

这是金融领域中的全新事物，其开始发展不到 20 年。计算机技术的发展为之提供了基础。其应用范围，初始，是形形色色银行卡（电子货币的承载体）的迅速开拓；当前，则是银行和其他金融中介机构在网上广泛开拓业务；其间，纯网络银行，也即虚拟银行的出现则是对传统金融中介机构的挑战。知识经济时代的到来，带来了电子货币的兴起和网络银行的出现，至于未来对金融业还要带来哪些翻天覆地的变化，则成为这一时代里需要细心观察和深入研究的课题。

【本章小结】

1. 金融学研究的范畴包括：（1）金融资产的交易行为；（2）资本市场运营和资本资产的供给及定价；（3）风险与报酬的权衡；（4）不同主体对货币资财的管理等。

2. 介绍了金融学课程在金融学科体系中的地位及宏观经济学、金融学与货币银行学之间的关系。

3. 介绍了当前受到关注和应该受到关注的金融基础理论的主要内容。

【关键概念】

金融学　财务学　货币银行学　宏观经济学

【复习思考题】

1. 金融学包含哪些范畴？
2. 金融学与财务学有哪些区别与联系？
3. 金融学与货币银行学的区别与联系分别是什么？
4. 金融学与宏观经济学之间存在怎样的区别与联系？

【本章参考文献】

［1］S. 米什金. 货币金融学（中文版）［M］. 北京：中国人民大学出版社，1998.

［2］博迪，莫顿. 金融学（中文版）［M］. 北京：中国人民大学出版社，2000.

［3］艾希贝格尔，哈珀. 金融经济学（中文版）［M］. 成都：西南财经大学出版社，2000.

第 2 章

金融中介机构

【导读】

金融中介机构（Financial Intermediaries）是资金盈余者与资金需求者之间融通资金的信用中介，在经济运行中起着渠道作用，促进和实现了资源在经济社会中的分配，金融中介机构的运行效率很大程度上决定了金融乃至经济的运行效率。本章介绍金融中介机构的经济必然性和国外、国内的金融中介机构。

金融中介机构是资金盈余者与资金需求者之间融通资金的信用中介。一方面，金融中介机构主要以发行间接证券（存款）的方式形成资金来源，然后把这些资金投向贷款、收益证券等金融资产；另一方面，金融中介机构提供资金融通服务，实现资金的流动意愿。它是金融体系的重要组成部分，在经济运行中起着渠道的作用。它们通过疏通、引导资金的流动，促进和实现了资源在经济社会中的分配，金融中介机构的运行效率很大程度上决定了金融乃至经济的运行效率。

§2.1 金融中介机构产生的经济分析

2.1.1 金融中介机构的产生和功能

金融中介机构有多种形态。作为有效融通资金从富余单位流向需求单位、实现资源转移的中介，银行是最为典型的金融中介机构。我们把对银行的分析作为分析金融中介机构产生和发展的代表。

从历史上看，"银行"一词被认为来源于近代意大利。从 12 世纪中期开始，欧洲许多城市流通着种类繁多的货币。随着商业的发展，不同地区之间多种货币用做媒介的商品交易日益困难。于是，有些意大利人在威尼斯等地，犹太人则在伦巴第等地，沿街摆摊，专门从事鉴定、兑换各种货币的业务。他们有时也接受存款，从事高利贷。由于这些经营货币的商人多坐在长板凳上，意大利人便把他们称为 Banco，即长板凳，英语的 Bank 和法语中的 Banguc 就是由此演变而来的。

近代银行的出现，是在中世纪的欧洲，当时欧洲的贸易已很发达。最早的银行是意大利的威尼斯银行，建于 1171 年；随后又有于 1407 年设立的热那亚银行，1609 年在荷兰成立的阿姆斯特丹银行；接着，1619 年在德国成立了汉堡银行。英国从 16 世纪到 17 世纪，也有许多从事金银生意的金店，做存款、贷款业务。这些早期的银行具有高利贷性质。随着资本主义生产关系的确立和资本主义商品经济的发展，高利贷性质的银行业已不能适应资本扩张的需要。因为资本的本质是要获取尽可能高的利润，利息率只能是平均利润率的一部分，同时，资本主义经济工业化的过程需要资金雄厚的现代银行作为其后盾，高利贷性质的货币经营业已成为资本主义经济发展的障碍。

西方现代银行主要通过两条途径产生：一条途径是旧高利贷业转变为银行，另一条较典型的途径是以股份公司的形式建立的新型股份制银行。1694 年英国成立的英格兰银行是现代银行的标志。其后，股份制银行在各国得以普遍成立。这些股份制银行资本雄厚，业务全面，利率较低，在社会上建立了规范的信用制度和信用货币制度，极大地促进了工业革命的发展，同时也使它们自己成为现代金融业的主体。

银行成为现代经济的有机构成部分，银行所创造的信用和提供的金融服务，已成为经济正常运行的保证，它在当代市场经济中的主要功能有：

1. 作为融通资金的信用中介，有效地转移社会资源

在社会中，所有经济单位按资金需求状态可以划分为平衡单位、盈余单位和赤字单位。如果每种类型的经济单位都只能根据自己的资金状态来消费或投资，社会效率将极为低下，而金融中介机构通过独特的信用渠道、信用方式以及风险处理技术，将资金从盈余单位转向赤字单位，有效地实现了资源的社会转移。早期的银行以货币经营为主，负责货币执行其职能过程中所必需的技术业务，如出纳、簿记、货币保管、货币汇兑等。在市场经济和信用关系高度发展起来后，货币经营业的业务就成为银行业务的一个组成部分，吸收存款与经营放款等信用业务则成为银行的主体业务，银行成了引导资金从盈余单位流向赤字单位的中介，从而使银行的性质发生了变化。信用中介成了银行的基本职能。

2. 创造信用货币，扩张信用

早期的商业交易以金属货币为流通手段和支付手段，现代银行则创造出信用工具，执行货币支付手段和流通手段职能。银行最初创造的信用工具是银行券，在中央银行独揽货币发行权后，纸币由中央银行发行。随后，银行所创造的支票又逐步成为现代经济社会最主要的支付工具。在欧美经济发达的经济体，其经济交易约 90% 是以支票为支付工具的。目前，信用卡和电子货币等新的信用支付手段出现，其地位也日益重要。

银行吸收的存款，在根据日常经验留足备付准备金和法定准备金后，银行可以基于盈利的动机，利用超额准备金进行贷款或投资，形成存款的增加和信用的扩张。此项过程在银行系统内的延伸不但创造了存款，也扩展了放款，从而也就扩展了信用。西方国家在从 20 世纪 70 年代开始，并于 80 年代达到高峰的金融创新浪潮中，除了商业银行以外，储蓄机构和其他金融机构也纷纷开办了有息支票存款业务，因此也或多或少地具有了创造存款和信用的能力，但由于商业银行接受存款和提供金融服务的能力远远超过其

他金融机构，所以在创造存款、扩张信用等方面，银行仍然起着主要作用。

3. 提供广泛的金融服务

市场经济的高度发展和社会生活的多样化，使得工业、商业、银行业甚至家庭生活都对金融业提出了更多更高的服务需求，如代转工资、代理支付、消费信用和消费转账结算、信息服务、咨询服务、电脑处理等，银行也通过开展广泛的金融服务来扩展自己的资产负债业务。

随着市场经济不断发展，社会金融资产累积程度迅速提高以及金融服务需求的急剧增长，除了商业银行之外，其他各类金融机构也纷纷涌现和发展。目前，西方市场经济国家已形成了以现代银行为主体、种类繁多、相互分工而又相互交叉竞争的金融机构体系。

2.1.2 金融中介机构存在的优势

以银行为主体的金融中介机构之所以能够存在和发展，主要是因为金融机构所产生的间接融资在某些方面具有直接融资不可比拟的竞争优势。

1. 处理信息问题的竞争优势

根据现代经济学的观点，金融中介机构业务的主要功能可以理解为"生产借款人的有关信息"。社会上对这种信息的需要来自信用交易中广泛存在的信息不对称性（Information Asymmetry）。信息不对称泛指买卖双方对交易对象质量掌握的情况是不对等的，卖者比买者知道得更多。对于信用交易而言，借款人或债务人对自己的财务现状和未来状况比贷款人和债权人知道得更多。在信用交易中，信息不对称以两种方式出现，即逆向选择和道德风险。逆向选择（Adverse Selection）指人们越不希望做的事情越有人做，而越希望做的事情越没人做。

在融资市场上，逆向选择出现在金融交易发生以前。金融市场上那些最可能造成不利结果（造成信用风险）的借款人往往最为积极地寻求贷款。例如，在融资过程业务中，所有的借款人都会尽力展现他们自己有很高的绩效和较低的风险。由于缺乏对各种潜在借款人信息的准确掌握，贷款人容易按平均风险的利率，甚至较高的利率发放贷款。在这种情况下，好的借款人感觉受到损失，不好的借款人则感觉从中获利。因此，好的借款人将会离开融资市场，融资市场上仅留下质量不高的借款人，最终导致融资市场萎缩。

信息不对称所引致的巨大交易成本限制了信用活动的发展，阻碍了金融市场正常功能的发挥。然而，由金融中介机构，特别是银行解决这些问题，由于间接融资机制的相对优势，显得比借贷双方直接融资和通过金融市场融资交易更有效。

（1）信息揭示优势。一般的贷款人很难获取与公司借款人有关的经营和投资项目信息，特别是那些中小企业借款人。但是，无论哪类企业都在银行开有账户。通过对存款账户余额变动情况的观察，银行可以掌握借款人的收入、财富、支出以及投资策略，从而可以比金融市场更有效地确定借款人的信用风险。

（2）信息监督优势。由于对借款人行为监督的成本太高，大多数资金盈余的放款者把监督活动委托给银行处理。银行对借款人同时提供存款账户和贷款账户，每一笔交易和资金转账都会被记录下来。因此，在持续观察和监督借款人的行为上，银行比个人和金融市场处在更有利的位置上。

（3）信用风险的控制和管理优势。通过其专业化的机制，银行在解决贷款的道德风险问题上一直具有相对优势：第一，银行可以设计适当的契约来解决借贷双方利益背向的问题。最常用的方法就是通过一系列信贷条款来限制借款人随意经营。第二，银行在贷款中往往要求有抵押或担保，这可以强化借款人与银行的同向利益。第三，银行有时可以在借款公司中要求股权（在日本），或者可以在借款企业董事会中要求股权代理（Proxy）。这两种情况都提高了银行对借款企业行为的影响力。

金融中介机构在处理信息不对称问题上所具有的相对优势，源于它们在信息生产过程中的规模经济。银行在信用分析、监督和风险控制中以大量的贷款为基础，换而言之，由少量的贷款人来管理大量的借款人会极大地降低在处理信息不对称问题中的费用。因此，通过银行的信用中介是低成本、高效率的融资方式。

2. 业务分销和支付优势

金融中介机构的另一个传统的核心竞争力是其业务分销和支付系统，这个系统基于它们庞大和昂贵的分支机构网络，形成有效的市场进入壁垒。在那些有分支机构传统的国家，银行一直通过星罗棋布的分支行体系来销售由总行"生产"的各种金融服务和金融产品，其中一个最重要的业务是银行所提供的资金结算和支付。由商业银行和中央银行的结算支付机制所构成的支付体系在国民经济中占有十分重要的地位，它使得资金支付在任何地方都可以安全和便捷地进行。单独就支付体系的建设成本而言是十分昂贵的投资，然而，银行对提供支付服务所收取的费用并不高，这是因为银行从提供多种产品和服务中可以实行交叉补贴。

3. 风险转移优势

金融中介机构之所以存在还有一个重要原因，那就是它们可以有效地把厂商发行的初级证券转换成为最终贷款人愿意持有的间接证券。例如，银行发行存款权益凭证，这些凭证具有高流动性、低风险和小面额的特征。然后，银行用筹集的资金去获取厂商发行的低流动性、高风险和大面额的权益凭证。在这个过程中，银行有效地实现了两种转移：

（1）流动性风险转移

盈余—贷款者经常在机会成本和流动性风险之间面临两难选择。他们希望将盈余资金投资出去，以增加收益，同时又希望保持随时运用资金的权利，但是，个体的小额资金很难实现两者的有效组合。通过集聚大量存款，金融中介机构却可以预测资金需求的规律，从而能以最低成本的方式来满足存户的流动性需求，实现较高的投资收益。例如，在正常情况下，银行的存款一半以上有可能到期不会提款，或者在部分存款被提后，马上又有新的存款补充进来，这意味着银行在期限上可以"错配"其资产负债表，或"借短贷长"，将流动性资产控制在最低水平。这种转换为盈余—贷款者提供了集聚—分散流动性风险，跨地、跨时转移经济资源的机制（在银行经济学上也被称为"非

保险的保险"功能），满足了流动性风险厌恶者的需求。

（2）信用风险转移

银行的资产组合中以贷款为主，所承担的违约风险比它们发行的存款大得多。银行之所以能把高风险的资产转换成低风险的存款主要是通过：①信贷组合分散风险；②专业化管理降低风险；③稀释风险（大数法则）；④持有足够的准备金来抵消不可预料的损失。

§2.2　金融中介机构的构成和基本内容

金融中介机构种类繁多，按不同的标准可划分为不同的种类。按照性质和主要业务类别来划分，可以分成三大类：存款性金融机构，非存款性金融机构和官方、半官方的专业信用机构。

2.2.1　存款性金融机构

存款性金融机构（Depository Financial Institutions）有许多类型，但就其共同特点来讲，是指主要以吸收各类存款作为其资金来源的金融机构。

1. 商业银行

从一般意义上讲，商业银行（Commercial Bank）是依法接受存款，主要为工商企业和其他客户提供短期贷款，并从事广泛金融业务的金融机构。商业银行是一个被长期使用的名词，但其性质已完全不同于其名称。在这里，对商业这个词的理解，绝不能顾名思义。最初使用商业银行这个名词，是由于这类银行主要承做短期自偿性贷款，即基于商业行为自动清偿的贷款。这类贷款期限一般不超过一年，放款对象限于商人和进出口贸易商，目的是对国内和国际贸易中货物周转和货物销售的短期库存提供资金。随着资本主义工业的高速发展，厂商资金需求面不断扩大，商业银行开始对工业企业发放短期贷款，银行理论界也承认了商业银行对生产企业提供短期贷款以解决生产企业存款、流动资金以及工资周转等需要都是合理的。在目前，商业银行已成为西方各国金融中业务最广泛、资金实力最雄厚的存款性金融机构。在负债业务方面，它不仅办理签发支票的活期存款，也办理储蓄存款和定期存款，并积极在金融市场上借款。在资产业务方面，它除了经营短期工商业、农业贷款外，还可对消费者、政府机关、法人团体等提供贷款，贷款期限也扩展到10年，甚至更长。20世纪80年代，随着西方各国对金融管制的放松，各国商业银行又纷纷开办较长期限的证券投资业务、投资银行业务、保险业务，从事外汇经营业务、租赁、信托业务等。正如西方经济学家所指出的，商业银行已属于一种金融百货商店型金融机构。因此，商业银行一词在金融业中成为一种约定俗成的服从于习惯的专用称谓。

2. 储蓄机构

在西方国家，储蓄机构（Thrift Institutions）长期以来通过储蓄存款的传统方式来获取几乎全部的资金。近几十年来，某些储蓄机构开办了"股份"式的资金来源业务，即发行一种契约性的股份，但这种股份在要求时即能退股，它实质上是一种储蓄存单，与严格意义上的股票相差甚远。储蓄机构的资金运用大部分是发放不动产贷款、投资中长期国债券和其他证券。储蓄机构贷款的期限可长达 15 年到 30 年。因此，储蓄机构的负债与资产之间在期限上是难以对称的，借短贷长的情况比较突出。与商业银行相比，它们的资产业务期限长，抵押贷款比重很高，因此，西方各国政府常常利用它们来实现政府的某些经济目标，如房地产政策目标。然而，房地产抵押贷款又具有自偿性低、资金周转慢的特点，这使得储蓄机构的抗风险能力较弱。

储蓄机构在各国的名称不一样，英国主要是信托储蓄银行和房屋互助协会，美国称储蓄放款协会和互助储蓄银行，在法国、意大利、德国则称储蓄银行。

3. 信用协会

信用协会（Credit Unions）也属于储蓄性金融机构，但它们与前述的一般意义上的储蓄机构又有差别。信用协会是一种由某些具有共同利益的人们组织起来的，具有互助性质的会员组织，如某行业雇员、某互助会成员或某教会教徒等。传统意义上的信用协会的资金来源主要是会员存款，也可以有一定数量的非会员存款。例如，日本允许信用组合的会员外存款可占存款总额的 20％。信用协会的资金运用主要是对会员提供短期贷款、消费信贷、票据贴现、从事证券投资等，其余的资金则用于同业拆放或转存款。除以上业务以外，信用协会开办的业务还有有价证券转入款的收受以及利息或红利的分配支付、保护性寄存业务、指定公司的代理业务等。

信用协会在经济生活中起着广泛动员资金的作用，它们遍布了大银行难以顾及的每一个角落，进一步促进了社会闲散资金的汇聚和利用。

4. 共同基金

共同基金（Mutual Funds）是人们在自愿的基础上，以一定的方式组织基金，并在金融市场上进行投资，以获取高收益的金融组织。

投资共同基金有两大类型：一类是股票市场共同基金，参加共同基金的是股票市场上的小额投资人，他们以股份的形式形成共同基金，然后投资于各类股票，从而把投资风险分散。另一类被称为货币市场共同基金，它们是 20 世纪 70 年代中期才发展起来的。货币市场共同基金由小额储蓄者以购买股份的方式形成基金，但基金的运用不是将其投向股票市场，而是投入国库券、银行大额可转让定期存单、高级别商业票据和其他流动性高的货币市场工具。

共同基金在英国称单位信托（Unit Trust），它们有专门的经营企业，1990 年英国约有 155 家共同基金企业。在美国，共同基金则一般没有专门设立的机构和具体的交易场所，它们往往是金融公司或银行机构管理下的一个项目，严格来说，它们只是一种基金账户，所有的交易都通过邮件、电话、电传等通讯方式进行。

英、美等国家的共同基金，特别是货币市场基金在近几十年里获得巨大的发展，主要起因于货币市场短期利率急剧上升和银行存款利率最高限的双重压力。20 世纪 30 年代大危机后，西方各国为了防止银行之间为争夺存款而支付过高利息，纷纷通过立法确

定了银行存款利率最高限制。这些法令成功地阻止了银行之间为争夺存款而开展过度竞争，但却引起了周期性的直接融资，即每当银根紧缩、货币市场利率上升时，存款大户们就把钱从银行取出来，投向高利率的货币市场金融工具。然而，由于这些货币市场的浮动利率金融工具往往是大面额的，小额存款者不敢问津。货币市场共同基金的出现正是迎合了小额存款者的利益，这种新型的金融组织把许多小额存款者的资金以股份的形式汇集成共同基金，然后去购买大面额、高收益率的货币市场金融工具，从而使小额存款者绕过了法令的限制而获得了高市场收益率。

2.2.2　非存款性金融机构

非存款性金融机构（Non - depository Financial Institutions）的资金来源不是像银行存款那样的负债，而是自行发行证券的收入或来自某些社会组织或公众的契约性交款。由于此类资金的周转率较低，这些机构的资产业务主要以长期投资为主。非存款性机构主要有以下几类。

1. 人寿保险公司

人寿保险公司（Life Insurance Companies）是为人们因意外事故或死亡而造成经济损失提供保险的金融机构。人寿保险公司的主要资金来源是按一定标准收取的保险费，如果规定的事故发生，保险公司必须按契约支付保险金。投保人应缴纳的保险费率是根据人们正常的死亡率统计出来的，因而人寿保险公司可以比较准确地测定全体投保人员的危险率（预计事故发生概率和死亡概率），从而匡算出从现在起的当年、次年乃至10年或20年后将支付的人寿保险偿付费。由于人寿保险具有保险金支付的可预测性，并且具有只有当契约规定的事件发生时或到约定的期限时才支付保险金的特征，因此，保险费实际上是一种稳定的资金来源。人寿保险公司的资产业务大部分是长期限的，主要用于购买公司债券、股票、发放长期抵押贷款等。人寿保险公司的利润来自资金运用与资金来源之间的利差（价差收益），以及保险费收入与保险金实际偿付之间的差额所产生的收益（费用差收益）。

人寿保险类别有以下几种基本形式：

（1）定期人寿险。该保险承保一定时期内的人身险，从几周到几十年不等。一旦事故发生，造成投保人丧失收入能力或死亡，或造成投保对象损伤，投保人或其指定人可获得保险赔偿。

（2）终身人寿险。该保险在投保人死亡后，由保险公司支付一笔总付的款项给投保人的指定人。一般来讲，这种保险是固定的保险费率，投保人在整个期限内都按此费率缴纳保险费。

（3）长期人寿险。该保险规定，投保人在到某一特定年龄时，常常是法定退休年龄时，由保险公司支付一笔总付的款项给投保人。这种保险的吸引力在于，假如投保人能活到契约所规定的年龄，就可以由自己来支配这笔钱。在长期人寿保险中，保险费率开始较低，随投保人年龄的增长，费率逐渐提高，以便与统计上的更高死亡概率保持一致。

2. 财产和灾害保险公司

财产和灾害保险公司（Property and Casualty Insurance Companies），简称财产保险公司，是对法人单位和家户提供财产意外损失保险的金融机构。财产保险的保险范围极广，包括火灾等自然灾害险、运输保险、汽车保险、责任赔偿保险、防窃保险、过失诉讼保险、伤害保险等。

财产保险的保险费率是根据事故发生的概率和损坏程度来计算的。由于财产保险投保对象的事故发生可能性很不确定，随机性很强，不可能像人寿保险那样精确计算，所以财产保险费率的确定通常要受到政府的某些制约。例如，在日本，财产保险费率由按照法律设立的财产保险费率计算委员会确定；在美国，则由各州保险委员会规定费率的浮动幅度以及经营标准，并对财产保险公司的政策实施全面监督。

由于灾害事故的发生较难以预料，因此在资金的运用上，财产保险公司对转存款、短期拆借、购买货币市场金融工具等项目的比重明显高于人寿保险公司，资金运用的其他方面则多为市政债券、高级别公司债券和少数股票等。

3. 养老基金

养老基金（Pension Funds）是一种类似于人寿保险公司的专门金融组织。任何就业人员只要一直缴纳基金，并且工作到退休时，他的养老金项目就开始逐月支付。在西方国家，社会保障制度几乎为每个退休人员都提供了最低生活费用，但人均寿命的延长和强制退休制度以及社会生活水准的不断上升，使得如何保障退休人员的日常生活水平成为一个社会问题。养老基金就是在这种背景下，作为社会保障制度的一个补充而产生和发展的。

养老基金的资金来源是公众为退休后生活所准备的储蓄金，在形式上通常由劳方和资方共同缴纳，也有由雇主单独缴纳的。与人寿保险一样，养老基金也能够精确地预计出若干年内它们将必须支付的养老金，因此，养老基金的资金运用主要投资于长期公司债券、绩优股票和发放长期贷款。养老基金的托管人有两类：一类是专业的公营或私营的金融机构，如英国的部分情况；另一类是银行的信托部门或人寿保险公司，如美国和日本的部分情况，通常由这些机构或部门按照委托人的意愿对基金进行管理。

4. 投资银行

投资银行（Investment Bank）是专门从事发行长期融资证券和企业资产重组的金融机构。一般情况下，筹措长期资金的公司和经济单位并不是自己在市场上发行证券，而是通过专门的中介机构——投资银行或证券公司进行的。由于这些中介机构熟悉长期资金的市场供求动态、投资者的偏好以及证券发行公司的财务和资信状况，有自己多年来形成的证券营销网络，所以能较好地为长期资金供需者提供金融服务，促进了资金流动和资本的形成。

投资银行和证券公司主要以发行自己的股票和债券的办法来形成资金来源。一般来讲，它们只拥有较小金额的自有资本，因为投资银行的主要收益来自代理发行各种证券的佣金和服务费等收入，而不是来自资金的运用。投资银行和证券公司的主要业务有：

（1）包销业务，即投资银行将发行公司的证券全部予以承购，并在规定时间内付给

该公司约定数额的价款。

（2）代销业务，即投资银行只是代理发行公司销售新证券，从中赚取佣金。

（3）自营买卖和证券零售业务等。它们经营证券的范围主要有公司股票、公司债券、国债、市政债券、政府担保债和其他长期债券。

（4）投资顾问，协助企业进行资产重组，为企业并购提供方案和设计。

2.2.3 官办、半官办的专业信用机构

在西方国家，为了加强国家对经济的干预能力，保证国民经济发展的相对平衡，由政府出面建立了一些官办或半官办性质的专业信贷机构。这类金融机构根据本国具体情况设立，类型较多，但普遍来讲，在三个方面比较突出：一是支持国家重点产业发展和新兴产业开发方面的金融机构；二是农业信贷方面的金融机构；三是外贸信贷方面的金融机构。这些政府金融机构与一般金融机构不同，其特点是：第一，大都是国有资本，业务上由政府相应部门领导；第二，一般不接受存款，也不从事民间贷款；第三，业务性质与产业政策密切配合。下面分别加以介绍。

1. 重点产业发展和新兴产业开发方面的金融机构

各国在其经济发展过程中，都有其重点产业或新兴开发产业，它们在本国经济中起着举足轻重的作用，但这些产业和行业往往资金需求量大，借款期限长，而且风险高。为了支持本国经济正常运行和发展，各国大都根据国情由政府出资建立了若干个行业性专业信用机构。如日本在第二次世界大战后设立了日本开发银行，它是根据1951年制定的《日本开发银行法》于同年4月成立的长期信贷机构，其职能是通过对企业进行长期低息贷款，来支持重点产业发展和新产业开发。该行的资本全部由政府提供，每年还可向政府资金运用部①借款，此外，它还以接受外资和发行债券的方式筹集资金。日本开发银行自成立起，一直密切配合政府经济政策，以各种形式支持工业和科技的发展，在日本有着重要的地位。

德国类似的银行是复兴信贷银行、柏林工业银行等。复兴信贷银行成立于1948年11月，总部在法兰克福。该行资本的80%归联邦政府所有，20%归各州所有。按规定，复兴信贷银行的主要任务是用"马歇尔计划"的资金为联邦德国经济的恢复和发展提供中长期资金。后来该行的业务有了很大的发展，除了为促进联邦德国经济合理化和生产技术革新发放贷款外，还从事长期出口信贷业务。后来，该行逐渐发展成为联邦德国向海外开发项目提供贷款资助的开发银行。柏林工业银行成立于1949年，资金来源由联邦政府和其他政府机构提供，资金运用为中长期贷款，目的在于帮助西柏林地区的经济发展。

美国的官办产业支持性的金融机构主要集中在房地产行业。房地产业是美国的经济支柱之一，而房地产融资方面的业务主要由各类储蓄机构来承担。由于储蓄机构短借长贷的经营特征，它们应付金融环境波动的能力差。美国政府长期以来一直在努力创建和

---

① 政府资金运用部的资金来源主要是全国邮政储蓄存款。

调整官办金融机构和管理机构，以便支持房地产抵押贷款业务。早在 1932 年，根据法案，国会批准成立了联邦住宅放款银行体系，它与美国联邦储备体系平行，领导机构是联邦住宅放款银行管理局，下设几个联邦住宅放款银行。它们以发行债券的方式形成资金来源，其资金运用主要是向成员储蓄机构提供以它们的住宅抵押放款契据或以政府债券为担保的低利率贷款。美国国会又于 1938 年成立了联邦全国抵押协会，其职能是以向公众发行债券的方式吸收资金，然后再用这些资金去购买储蓄机构所不愿持有的抵押贷款契据，从而为储蓄机构的抵押贷款开辟次级市场。1968 年，美国成立了政府国民抵押协会，其职能是对储蓄机构所创立的抵押契据组合证券的本金和利息的及时支付提供担保，这种由政府国民抵押协会担保的私人抵押贷款组合证券被称为过户项目证券(Pass - through Program Securities)。保险公司和养老基金这类机构投资者对过户项目证券具有很强的兴趣。1970 年，美国国会又成立了联邦住宅放款抵押公司，它创造了一种参与证书，即通过组合私人抵押贷款，使之转变为一种类似政府债券的金融工具，并把它们销售给最终投资者。

2. 农业方面的金融机构

第二次世界大战以来，国际农产品市场一直不太景气，而且农产品季节性强，易受自然气候影响，借款者往往收不抵支，难以清偿债务，致使农业生产无法进行，因此，农业贷款具有每笔金额较小、风险大、季节性资金需求强、贷款期限长等特点。为了能够给农业生产以及有关业务及时提供信贷资金，西方各国政府成立了专业的农业信贷机构。法国农业信贷银行是比较典型的，该行是一家半官方的农业银行（1980 年排名世界第一大银行，2000 年世界排名第九位）。法国农业信贷银行的结构是三层金字塔状，最底层有 3 000 多个地方金库，中间一层是 94 个区域金库，最上边是全国农业信贷金库。地方金库和区域金库都是互助合作性质的，全国农业信贷金库是官方金融机构，它们三者之间的分工是：地方金库吸收存款，交付其所属的区域金库使用；区域金库则利用下属地方金库所吸收的存款和全国农业信贷金库统一调拨使用；全国农业信贷金库是联系国家和农业互助信贷组织的一个桥梁，在业务上受农业部和财政部的双重领导，它的主要职能是参与制定国家农业信贷政策，控制、协调和检查各区域金库的业务等。农业信贷银行的贷款对象仅仅是自己的会员，贷款种类很多，主要有农业生产贷款、农业公用事业贷款、农业合作社贷款和一些特别贷款。这类贷款不仅期限长（可长达 30 年），而且利息优惠，低于商业银行。法国政府对农业信贷银行给予了很大支持，如政府对该行某些贷款实行利息补贴，该行享受减免税收待遇等。

美国政府资助的农业信贷机构也是一个机构系统，但它不像法国那样有上下层次，其特点是农业信贷系统内的各类金融机构突出自己的业务重点。农业信贷署是联邦政府独立的机构，农业信贷方面的政策由该署 13 人组成的联邦农业信贷委员会制定，13 名成员均由政府部门任命，并经参议院同意。农业信贷业务的具体实施由以下联邦金融机构来完成，即全国划分为 11 个农业信贷区，每区各设一个联邦土地银行、联邦中期信贷银行和合作银行。

日本这方面的工作由农林渔业金融公库来完成。农林渔业金融公库成立于 1953 年 4

月，其宗旨是：当农、林、渔业者向农林中央金库及其他一般金融机构筹资发生困难时，由该公库提供低利率的长期资金，以增进农、林、渔业的生产力。公库成立时，其贷款主要用于土地改良、造林、渔港等基础建设。以后，为了满足农林渔业政策的要求，融资领域面更宽了，增设了渔业经营资金贷款、水产加工贷款、渔场整备资金贷款、地区农业改组贷款等。公库的贷款采取转贷款和直接贷款两种方式，利率一般比民间金融机构低1%～5%。

3. 进出口和对外投资方面的金融机构

为了促进本国商品出口，资助原材料进口，承担私人出口商和金融机构不愿意或无力承担的风险，同时用国家资本带动和帮助私人资本对外输出，西方发达国家普遍在这方面设立了官方信贷机构。

日本输出入银行成立于1950年12月，其目的是用资金来促进日本与国外的贸易交流，补充一般金融机构的输出入金融业务和海外投资业务的不足。该行资本全部由政府提供，借款大部分也来自政府资金运用部。日本输出入银行的贷款利率有浓厚的政策色彩，利率水平低于商业银行，但贷款的偿还要求较严，采取要求抵押等必要手段，该行的贷款原则上要求和民间商业银行同时提供，而且融资比率不超过70%。

美国的进出口银行创设于1934年，是美国联邦政府所属的独立企业单位，它通过提供优惠的出口信贷条件来增强美国出口竞争力。同时，该行也执行美国政府对外"援助计划"。该行资本额由联邦政府拨付，每年经营利润的一小部分上缴财政部，大部分抵补该行准备金。除了进出口银行外，美国还有不少政府主办的金融机构以及在政府支持下成立的私人金融机构，从事出口信贷或出口信贷保险业务：（1）对外信贷保险协会。该会创立于1961年，参加者有50家保险公司。该会与美国进出口银行关系密切，一般来讲，政治风险由进出口银行承保，经济风险由该公司承保。（2）国外私人投资公司。该公司于1971年由美国政府国际开发署的一部分改组而成，其目的主要是从事投资保险和投资项目资助。（3）农产品信贷公司。该公司是美国农业部所属的一个机构，专营农产品的出口贷款业务。（4）美国对外销售公司。这是一个私营专业性股份公司，参加者大部分是制造厂商的出口销售机构。美国政府对该公司给予两种优待：第一是延期纳税，第二是使用特殊价格。由于该公司缴税负担较轻，美国政府规定，该公司向制造厂商进货时可以使用较高价格，这就使一部分利润转给该公司。

§2.3　我国金融中介机构

2.3.1　我国金融中介机构体系的演变

1. 高度集中的金融机构中介体系

1953年，我国开始大规模有计划地发展国民经济，按照苏联模式实行高度集中的计划管理体制和相应的管理方法。与此相适应，我国对金融中介机构体系进行改造，建立起高度集中的国家银行体系。这种体系实际上是中国人民银行独家经营金融业务。在此期间，在形式上也有除中国人民银行以外的金融机构存在，但对这种格局影响甚微。农村信用社虽然大量存在，但实际上是中国人民银行在农村的基层机构。中国人民建设银行只是办理财政基建拨款的一个机构，并不经营一般存贷款业务。中国银行虽然一直独立存在，但它仅是经办中国人民银行规定的对外业务，并一度成为中国人民银行办理国际业务的一个部门。中国农业银行三起三落。成立于 1949 年的中国人民保险公司，最初隶属于中国人民银行，从 1952 年起，按苏联经验划归财政部领导，1959 年停办国内保险业务，进行清理，转交中国人民银行国外局领导，专营少量国外业务。

2. 1979 年以来中国金融中介机构体制的改革

1978 年，中国共产党十一届三中全会召开后，我国的金融中介机构体系进行了一系列重大改革。主要包括以下七个方面：

（1）恢复和建立专业银行，并在此基础上将其改革和向国有商业银行转制。1979 年，为适应农村经济体制改革和适应对外开放的需要，中国农业银行和中国银行相继恢复，同年，中国人民建设银行也从财政部分设出来，并于 1983 年进一步明确为全国性的金融经济组织，除仍执行拨款任务外，还开展一般银行业务。1984 年 1 月成立的中国工商银行，承办原中国人民银行办理的工商信贷业务和城镇储蓄业务。1994 年，为了解决商业银行实行企业经营与执行国家政策任务的矛盾，分离专业银行的政策性业务与商业性业务，推进专业银行向国有商业银行的转变，又先后成立了三家政策性银行。

（2）建立了中央银行体制。随着"大一统"的金融体制向多类型、多层次的格局演变，金融机构的不断增多，金融竞争的加剧，金融监管和宏观调控的重要性日益凸显。在这样的背景下，1983 年 9 月，国务院决定：中国人民银行专门行使中央银行职能，其原来承办的工商信贷业务和城镇储蓄业务移交新成立的中国工商银行办理。

（3）在国有商业银行之外，组建了其他商业银行。我国于 1986 年按现代企业制度重新组建了股份制的交通银行，随后又陆续成立了 10 余家全国性的和区域性的股份制商业银行。20 世纪 90 年代中期，我国又对各大中城市的信用合作社进行了调整，组建了近百家城市商业银行。这些不同层次的商业银行的产生，对于银行业构建合理的市场组织结构，加强金融业的合理竞争，支持经济均衡发展起了巨大的作用。

（4）组建政策性银行。1994 年，为推进专业银行向商业银行的转变，更好地支持经济发展，促进社会进步，经国务院批准，国家开发银行、中国进出口银行和中国农业发展银行三家政策性银行先后组建。

（5）加入世界贸易组织，推进金融业对外开放。2001 年 12 月中国正式加入世界贸易组织，金融业对外开放步伐加快。2002 年 12 月中国证监会和中国人民银行联合发布的《合格境外机构投资者境内证券投资管理暂行办法》正式实施，QFII 制度在中国拉开了序幕。

（6）中国金融监管"一行三会"的格局形成。2003 年 3 月 10 日《关于国务院机构改革方案的决定》正式发布，国务院决定成立中国银行业监督管理委员会（以下简称中国银监会）。中央银行在经历三次变革后，实现了货币政策与银行监管职能的分离，同

时，银监会、证监会和保监会全方位地覆盖银行、证券、保险三大市场，分工明确、互相协调的金融分工监管体制形成，中国金融业监管进入一个新纪元。

（7）国有银行完成股份制改造并成功上市。2004年1月6日，国务院决定对中国银行和中国建设银行实施股份制改造试点。2005年10月27日中国建设银行正式在香港主板市场上市；2006年6月1日中国银行在香港溢价发行112亿美元；中国工商银行于2006年10月27日以"A＋H"形式在上海证券交易所和香港联交所成功上市；中国农业银行于2010年7月15日和16日正式在上海和香港两地上市。至此，中国四大国有商业银行全部实现股改上市，中国金融改革开始新的一页。

此外，在30年的金融改革中，我国还成立了信托投资公司、保险公司、证券公司、财务公司以及投资基金等各类非银行金融机构，并引进了相当数量的外国银行和保险公司，初步形成了以中国人民银行为领导，商业银行为主体，包括政策性金融机构、其他非银行金融机构等多种金融机构并存、分工协作的金融中介机构体系。

2.3.2　我国现行金融中介机构体系的构成

我国金融中介机构体系按业务和行业大致可分为：①商业银行，按其性质和业务范围又可分为国有商业银行、全国性股份制商业银行、城市商业银行。②非银行金融机构，主要包括国有以及股份制的保险公司、城市信用合作社以及农村信用合作社、信托投资公司、证券公司、企业集团财务公司、金融租赁公司、投资基金以及其他非银行金融机构。③在境内开办的外资、侨资、中外合资金融机构，这类机构包括外资、侨资、中外合资的银行、财务公司、保险机构等在我国境内设立的业务分支机构及驻华代表处。④政策性银行和政策性金融机构，我国由政府主办的政策性金融机构有三家政策性银行和四家金融资产管理公司。

（1）商业银行

商业银行是我国金融中介机构体系的主体，主要由国有商业银行、全国性股份制商业银行构成。从组织形式上看，我国商业银行实行的是分支行制；从业务经营范围看，我国现有商业银行属于职能分工型商业银行。

我国商业银行可以经营下列业务：吸收公众存款，发放贷款；办理国内外结算、票据贴现、发行金融债券；代理发行、兑付、承销、买卖政府债券；从事同业拆借；买卖、代理买卖外汇；提供信用证服务及担保；代理收付款及代理保险业务等。2001年，我国金融管理当局扩大商业银行中介业务的范围，银行可以从事股票以外的证券业务和更广泛的非银行金融业务。

①国有商业银行。国有商业银行是由国家专业银行演变而来的，包括中国工商银行、中国银行、中国建设银行、中国农业银行，是金融中介机构体系的主体。这四家银行是1979年以后陆续恢复、分设的。原有的分工是：中国农业银行以开办农村信贷业务为主，中国工商银行主要承担城市工商信贷业务；中国建设银行主要承担中长期投资信贷业务；中国银行主要经营外汇业务。随着金融体制改革的不断深化，几家银行的传统分工开始被打破。1994年，原国家专业银行的政策性业务被划分出去，成立了三家政策

性银行，国有专业银行专营商业性业务，成为国有独资商业银行。自此，各行的业务交叉进一步扩大，传统分工完全消失。近几年来，这几家银行稳步推进股份制改造，成功实现上市，公司治理机制逐步健全，营运机制有所改善，内部管理得到加强，国际竞争力和市场影响力迅速提高。

②股份制商业银行。随着金融体制改革的不断深化，我国陆续组建和成立了一批股份制商业银行。1987年4月，交通银行重组为我国改革开放后第一家股份制商业银行。随后，按现代企业制度又成立了深圳发展银行、中信实业银行、中国光大银行、华夏银行、招商银行、广东发展银行、福建兴业银行、上海浦东发展银行、中国民生银行等股份制商业银行。这些股份制商业银行的共同特点是：初步建立了自主经营、自负盈亏、自担风险、自求平衡、自我约束、自我发展的经营机制；产权关系明晰，最终所有者比较明确，风险意识和盈利意识大为加强；公司治理结构得到不断的完善，实行董事会领导下的行长负责制和股东大会制度；依照国际通行规则和市场原则，开展各项银行业务，进行自身经营管理。股份制商业银行是当前经营效率最好的金融中介机构。

③城市商业银行。城市商业银行有时冠以"合作"两字，但实际上也属于股份制商业银行。它们是在我国金融监管机构对原城市信用社清产核资的基础上，通过吸收地方财政、企业入股组建而成的。我国原有约5 000家城市信用社，有相当多的城市信用社已失去合作性质，实际上已办成小的商业银行。由于规模太小，数量太多，以及管理水平较低，金融监管机构对城市信用社的监管成本很高，且监管难以到位，由信用社引发的信用风险频频发生。为规避风险，形成规模，1995年，国务院决定，在城市信用社基础上组建城市合作银行和城市商业银行，其服务领域为发展地方经济服务，为中小企业发展服务。城市商业银行发展速度很快，经营管理水平有所提高，经济效益明显改善，抵御风险能力有所增强。截至2010年12月，已经有北京银行、南京银行、宁波银行在证券市场上市。

（2）非银行金融机构

①保险公司。1949年10月20日，中华人民共和国刚成立20天，中国人民保险公司即作为保险业的管理机关宣告问世。1980年，中国人民保险公司恢复办理国内保险业务，大力开展涉外保险，中国的保险事业进入新的发展阶段。1993年以后，保险业改革步伐进一步加快。中国人民保险公司完成了财产险、人寿险和再保险业务的分离工作，改组设立了中国人民保险（集团）公司，包括中保财产保险公司、中保人寿保险公司和中保再保险公司三家子公司。太平洋保险公司与交通银行脱钩，改制为独立的股份制商业保险公司。平安保险公司将六家子公司的独立法人地位取消，将其改为直属分公司。太平洋保险公司与平安保险公司还完成了财险与寿险的分账核算工作。与此同时，中国人民银行有计划地批准设立了一批新的股份制保险公司，如大众、天安、华泰、永安、华安、泰康等保险公司，保险业由中国人民保险公司一家独揽转向"百家争鸣"的局面。1998年11月18日，中国保险监督管理委员会成立，将对保险业的监管从中国人民银行分离出来，独立进行。

目前，我国基本形成了以国有保险公司为主体，多种保险形式并存，多家保险公司

竞争和共同发展的保险机构体系，并成为金融业中最具活力、发展最快的行业。截至 2010 年 12 月 31 日，全国保险业机构总资产达到 50 481.6 亿元。

我国保险公司的业务险种达 400 余种。按保险范围划分，我国的保险主要分为财产保险、责任保险、保证保险和人身保险四大类。财产保险是以财产为保险标的的一种保险，其补偿因自然灾害或意外事故所造成的经济损失；责任保险是以被保险人的民事损害赔偿作为保险标的的保险；保证保险指由保险人承保在信用借贷或销售合同关系中因一方违约而造成的经济损失；人身保险，包括人寿保险、健康保险和意外伤害保险等。还有一种保险机构之间的保险业务，被称为再保险，也称分保。

②证券公司。为了提高金融体系的运行效率，我国在改革开放后逐步发展直接融资，鼓励有条件的企业在金融市场上发行股票和债券进行融资，以改善公司资本结构和财务结构，证券公司作为专业性证券经营机构在我国有了快速的发展。我国证券公司的业务范围有：代理企业发行各种有价证券，代理客户买卖证券，证券自营，代办股票红利支付和债券的还本付息，证券的代保管和鉴证，证券投资咨询等。我国的证券业在最初发展时分为两大类：一类是由若干金融机构和非金融机构投资组建的股份制证券公司，经营全部证券业务；另一类是由银行、信用社、企业集团、租赁公司和信托公司等金融机构设立的证券营业部，仅经营证券代理买卖业务。近年来，随着规范证券公司发展工作的落实，证监会在要求证券机构彻底完成与其他种类金融机构脱钩的同时，鼓励经营较好的证券公司通过增资扩股、收购和兼并业务量不足的证券机构，组建较大规模、更为规范的现代证券机构。中国的证券公司分为两大类：一类是综合类券商，它们可以从事投资银行和证券类的所有业务；另一类是经纪类券商，仅能从事证券买卖代理、自营等证券类相关业务。要指出的是，我国证券公司与发达国家的投资银行还不完全一样，主要的差距表现在对企业并购、资产重组、财务顾问等主要投资银行业务上参与较少。

③投资基金。投资基金在我国的起步始于 1987 年前后，首先是由熟悉海外业务的金融机构在海外组建以国外投资者为对象的中国投资基金开始的，这些基金旨在以信托投资基金的方式为国内的经济建设筹措资金。进入 20 世纪 90 年代，随着我国证券市场的迅速发展，从 1991 年开始，国内金融机构纷纷推出以国内投资者为对象的国内投资基金。截至 2010 年 3 月，市场上共有基金管理公司 63 家，基金 748 只。

④信托投资公司。信托投资公司是受人之托、代人理财的金融机构。大多数信托投资公司以经营资金和财产委托，代理资产保管，金融租赁，经济咨询，证券发行及投资为主要业务。

我国的信托投资业起始于 20 世纪初商品经济较发达的上海，1921 年成立的上海通商信托公司是中国最早的信托公司。在此之前，零星的信托业务由银行的保管部或信托部办理。国民党统治时期成立了中央信托局，其分支机构遍布各地。中华人民共和国成立初期，在上海、天津、广州等大城市开办了信托机构，一类是银行的信托部，如中国人民银行上海分行信托部；一类是投资公司，如天津市投资公司。这些信托机构在 20世纪 50~60 年代陆续停办。

我国实行改革开放以后，信托业务逐步恢复。1979 年 10 月，中国银行信托咨询部成立；同月，中国国际信托投资公司作为国家的一个重要对外窗口组建成立。此后，随着商品经济的发展，社会预算外资金的积累不断扩大，信托投资业快速发展。

信托投资公司可以经营以下业务：经营资金和财产委托，代理资产保管，金融租赁，经济咨询，证券发行以及投资等。金融信托投资机构可以吸收下列 1 年期（含 1 年）以上的信托存款，包括：财政部门委托投资或贷款的信托资金；企业主管部门委托投资或贷款的信托资金；劳动保险机构的劳保基金；科研单位的科研基金；各种学会、基金会的基金；100 万元以上的企业存款。

⑤财务公司。我国的财务公司是由企业集团内部各成员单位入股，向社会募集中长期资金，为企业技术进步服务的金融股份有限公司。企业集团财务公司不是商业银行，它的业务限制在本集团内，不得从企业集团之外吸收存款，也不得对非集团单位和个人发放贷款。1984 年，我国第一家财务公司在深圳经济特区成立。到 2010 年底，全国共有财务公司 107 家。

财务公司的业务主要有存款、贷款、结算、票据贴现、融资性租赁、投资、委托以及代理发行有价证券等。财务公司在业务上接受中国银监会领导、管理、监督与稽核，在行政上隶属于各企业集团，是实行自主经营、自负盈亏的独立法人企业。

⑥信用合作组织。我国的城市和农村信用合作社是群众性合作制金融组织，是对国家银行体系的必要补充和完善。它的本质特征是：由社员入股组成，实行民主管理，主要为社会提供信用服务。城市信用合作社是城市合作金融组织，是由个体工商户和城市集体企业入股组建的，入股者民主管理，主要为入股人提供金融服务的具有法人地位的金融机构。目前，我国大部分城市的信用合作组织已经通过合并、改组成为地方城市商业银行。农村信用合作社是由农民和集体经济组织自愿入股组成，由入股人民主管理，主要为入股人服务的具有法人资格的金融机构。其业务主要是：办理个人储蓄，办理农户、个体工商户、农村合作经济组织的存贷款，代理银行委托业务及办理批准的其他业务。目前，我国部分农村信用合作组织已改组为农村合作银行或农村商业银行。

⑦金融租赁公司。中国租赁有限公司是中国首家租赁公司，成立于 1987 年。截至 2010 年底，全国共有金融租赁公司 17 家，中国银监会监管其中 4 家在京的中央级租赁公司，其余各家由所在地的银监会派出机构监管。

（3）政策性金融机构

①政策性银行。政策性银行是由政府投资设立的，以贯彻国家产业政策和区域发展政策为目的的非营利性的金融机构。1994 年以前，我国无专门的政策性金融机构，国家的政策性金融业务分别由四家国有专业银行承担。1994 年，为适应经济发展的需要，以及"把政策性金融和商业性金融相分离"的原则，我国相继组建了三家政策性银行，即国家开发银行、中国进出口银行和中国农业发展银行。

国家开发银行于 1994 年 3 月 17 日正式成立，其总部设在北京，主要任务是：建立长期稳定的资金来源，确保重点建设资金需要，办理政策性重点建设贷款和贴息贷款业务；对国家固定资产投资总量和结构进行调节；逐步建立投资约束和风险责任机制；按

照市场经济的运行原则，提高投资效益。其资金主要来源于向金融机构发行政策性金融债券，其资金运用的领域主要包括制约经济发展的"瓶颈"项目、直接增强综合国力的自主产业的重大项目、高新技术在经济领域应用的重大项目、跨地区的重大政策性项目等。

中国进出口银行于1994年7月1日成立，总行设在北京。它不设营业性分支机构，但可根据业务需要和发展情况，在一些业务比较集中的大城市设立办事处或代表处，负责调查、统计、监督代理业务等事宜。中国进出口银行的任务是：执行国家产业政策和外贸政策，为扩大机电产品和成套设备等资本性货物出口提供政策性服务。其主要资金来源是发行政策性金融债券，也从国际金融市场筹措资金。其业务范围主要是为机电产品和成套设备等资本性货物出口提供出口信贷，办理与机电产品出口有关的各种贷款、混合贷款和转贷款，以及出口信用保险和担保业务。

中国农业发展银行于1994年11月18日正式成立，总行设在北京，在全国设有分支机构。中国农业发展银行的主要任务是：按照国家法律、法规、方针和政策的规定，以国家信用为基础，筹集农业政策性资金；承担国家规定的农业政策性金融业务；代理财政性支农资金的拨付，为农业和农村经济发展服务。主要资金来源是中国人民银行的再贷款，同时也发行少量的政策性金融债券。其业务范围主要是办理粮食、棉花、油料、猪肉、食糖等主要农副产品的国家专项储备和收购贷款，办理扶贫贷款和农业综合开发货款，以及国家确定的小型农、林、牧、渔业基本建设和技术改造贷款。

②政策性金融资产管理公司。我国的金融资产管理公司（AMC）是1999年由国家投资组建的，专门用来剥离和处理国有商业银行不良资产的金融机构。这些公司将负责收购、管理和处置国有商业银行存在的不良资产，并将部分企业的贷款转化成为对企业的股权。债权转股权后，金融资产管理公司将成为企业阶段性的持股人，参与企业的决策，但不干预企业的日常生产经营。金融资产管理公司与企业的关系将从原来的借贷关系变成持股与被持股、控股与被控股的关系。待企业生产效益好转后，金融资产管理公司将采取上市转让、兼并、分立、企业回购等方式退出。我国有信达、华融、长城、东方四家政策性金融资产管理公司。四家金融资产管理公司注册资本分别为100亿元，均为财政拨款。它们的经营范围是：信达资产管理公司主要收购并经营中国建设银行剥离的不良资产，华融资产管理公司主要收购并经营中国工商银行剥离的不良资产，长城资产管理公司主要收购并经营中国农业银行剥离的不良资产，东方资产管理公司主要收购并经营中国银行剥离的不良资产。剥离不良资产的范围：按传统贷款分类办法剥离逾期贷款和部分呆滞、呆账贷款，其中待核销呆账以及1996年以来新发放的但已经逾期的贷款不属于此次剥离范围。财税政策：四家资产管理公司免收工商登记注册手续费，免征公司收购、承接、处置不良资产过程中的一切税收。处置不良资产的最终损失，由财政部提出方案报国务院批准。

（4）外资金融机构

截至2010年底，已有45个国家和地区的185家银行在华设立216家代表处；14个国家和地区的银行在华设立40家外资法人金融机构；25个国家和地区的74家外国银行在华设立 90 家分行。截至 2010 年底，44 家外国银行分行、35 家外资法人银行获准经营人民币业务，56 家外资银行获准从事金融衍生品交易业务。

【本章小结】

1. 金融中介机构是资金盈余者与资金需求者之间融通资金的信用中介。金融中介机构主要以发行间接证券（存款）的方式形成资金来源，然后把这些资金投向贷款、收益证券等金融资产。它是金融体系的重要组成部分，在整个国民经济运行中起着举足轻重的作用。

2. 以银行为主体的金融中介机构之所以能够存在和发展，主要是因为金融机构所提供的间接融资在某些方面具有直接融资不可比拟的竞争优势。

3. 信息不对称所引致的巨大交易成本限制了信用活动的发展，阻碍了金融市场正常功能的发挥。然而，由金融中介机构，特别是银行解决这些问题，由于间接融资机制的相对优势，显得比借贷双方直接融资和通过金融市场融资交易更有效。金融中介机构在处理信息不对称问题上所具有的相对优势，源于它们在信息生产过程中的规模经济。

4. 金融中介机构的另一个传统的核心竞争力是其业务分销和支付系统，这个系统基于它们庞大和昂贵的分支机构网络，形成有效的市场进入壁垒。

5. 金融中介机构之所以存在还有一个重要原因，那就是它们可以有效地把厂商发行的初级证券转换成为最终贷款人愿意持有的间接证券。例如，银行发行存款权益凭证，这些凭证具有高流动性、低风险和小面额的特征。然后，银行用筹集的资金去获取厂商发行的低流动性、高风险和大面额的权益凭证。在这个过程中，银行有效地实现了两种转移：流动性风险转移和信用风险转移。

6. 金融中介机构种类繁多，按照它们的性质和主要业务类别来划分，可以分成三大类：存款性金融机构，非存款性金融机构和官方、半官方的专业信用机构。存款性金融机构有许多类型，但就其共同特点来讲，是指主要以吸收各类存款作为其资金来源的金融机构。非存款性金融机构的资金来源不是像银行存款那样的负债，而是自行发行证券的收入或来自某些社会组织或公众的契约性交款。由于此类资金的周转率较低，这些机构的资产业务主要以长期投资为主。非存款性机构主要有保险公司、养老基金、投资银行等。

7. 中华人民共和国金融中介机构体系的建立是通过合并革命根据地银行，组建中国人民银行，没收官僚资本银行，改造私人银行与钱庄，以及建立农村信用社等途径实现的。我国现行金融机构体系按其地位和功能大致可分为五大类：第一类是货币当局和金融监管机构，即中国人民银行、中国证券监督管理委员会、中国保险监督管理委员会和中国银行业监督管理委员会。第二类是商业银行。按其性质和业务范围又可分为国有控股商业银行，股份制商业银行，正在发展的城市商业银行，以及住房储蓄银行。第三类是非银行金融机构。主要包括国有以及股份制的保险公司、城市信用合作社以及农村信用合作社、信托投资公司、证券公司、企业集团财务公司、金融租赁公司、投资基金机构及其他非银行金融机构。第四类是在境内开办的外资、侨资、中外合资金融机构。第

五类是政策性银行和政策性金融机构。我国由政府主办的政策性金融机构有三家政策性银行和四家金融资产管理公司，它们分别是国家开发银行、中国农业发展银行和中国进出口银行以及东方资产管理公司、华融资产管理公司、长城资产管理公司、信达资产管理公司。

8. 金融机构的分业经营和混业经营是金融机构组织经营的两种不同模式，可以说各有利弊。具体选择哪种经营模式，关键是看哪种模式更适合特定的经济发展水平和金融环境。

【关键概念】

金融机构　直接融资　间接融资　信息不对称　逆向选择　道德风险

存款性金融机构　非存款性金融机构　国际金融机构　分业经营　混业经营

【复习思考题】

1. 简述金融机构的功能。

2. 试析金融机构产生的经济原因。

3. 简述现代金融体系的构成情况。

4. 简述我国现行的金融体系。

5. 理解金融经营制度的历史演变，对比分析具体的金融经营模式。

【本章参考文献】

［1］［美］Maureen Burton Reynold Nesiba 著；刘丹，李晓蕾译. 金融市场与金融机构导论［M］. 北京：清华大学出版社，2004.

［2］杨德勇. 金融中介学教程［M］. 北京：中国人民大学出版社，2007.

［3］马丽娟. 经济发展中的金融中介［M］. 北京：中国金融出版社，2005.

［4］夏德仁，王振山. 金融市场学［M］. 大连：东北财经大学出版社，2003.

［5］王广谦. 金融中介学［M］. 北京：高等教育出版社，2003.

［6］曹凤岐，贾春新. 金融市场与金融机构［M］. 北京：北京大学出版社，2002.

第3章

金融市场

【导读】

金融市场是现代经济生活中与要素市场、产品市场并列的一种市场，并且是经济诸要素市场的核心和枢纽。金融市场引导资金的流向，沟通资金由盈余部门向短缺部门的转移，在这里实现借贷资金的集中和分配。金融市场发达与否也是一国金融发达程度的重要标志。发展市场经济，必须将金融市场提高到应有的位置。那么，什么是金融市场？金融市场的职能是什么？金融市场由哪些子市场构成？金融市场中主要金融工具有哪些？金融市场中的交易规则是什么？这些是本章所要介绍的主要内容。

§3.1 金融市场的要素与功能

金融市场是指以金融资产为交易对象而形成的供求关系及其机制的总和，它包括三层含义：金融市场是金融资产进行交易的一个有形和无形的场所；金融市场反映了金融资产的供给者和需求者之间所形成的供求关系；金融市场包含了金融资产交易过程中所产生的运行机制，其中最主要的是价格（包括利率、汇率及各种证券的价格）机制。通过金融市场的交易活动，沟通资金供求双方的关系，实现资金融通。

3.1.1 金融市场的要素构成

金融市场和其他商品市场一样，也有交易者，即买者与卖者，有交易对象，有交易的中介机构和交易的具体形式。我们把金融市场上的各种交易者称为金融市场主体；把金融市场上的交易对象称为金融市场的客体或工具；把金融市场上的中介机构称为金融市场的媒体；把做成交易的具体形式称为金融市场的组织方式。这样，金融市场的主体、客体、媒体和组织方式便构成了金融市场四大要素。

1. 金融市场的主体

金融市场的主体即金融市场的交易者。按照其与资金的关系可以分为两大类，一类是资金的供给者，另一类是资金的需求者。另外，按部门划分可以把金融市场的主体分为政府、

企业、家庭与个人、金融机构等。在后一种划分方法中，每一个部门作为金融市场的参与者，有可能既是资金的需求者，也是资金的供给者。因此，这两种分类方法可以综合到一起。

（1）政府

政府作为金融市场的交易主体，具有双重身份：一方面具有借款者的身份，一方面具有贷款者的身份。

作为资金的需求者，政府在财政收支出现赤字时，往往是通过发行长短期国家债券来筹措资金。在这种情况下，政府作为资金的借方，与民间企业和个人处于同样的地位。从世界各国来看，政府是金融市场上资金的主要需求者。中央政府通过发行中央政府债券或国库券来筹集资金；地方政府通过发行地方政府债券来融通资金。

政府作为资金的供给者，其活动具有很强的政策性。当政府的财政收入超过支出出现结余时，政府可以通过对地方财政、国有企业等公共部门以及民间部门的特定领域提供稳定的资金来调整经济结构，或影响整个经济活动的规模。尽管财政的资金投放有时不通过金融市场来进行，但财政资金的供应可以改变金融市场的供求关系，所以政府部门仍可认为是金融市场的资金供应者之一。

（2）企业

企业为了弥补其资金不足，除从银行借款外，还通过发行公司债券、股票、借外债等方法筹集资金，因此企业是金融市场上的主要资金需求者。但同时，企业在再生产过程中，也会游离出一部分闲置资金，这部分闲置资金在短期内不能马上使用，因此企业对于金融市场来说又是一个资金的供应者。但从整体上看，企业资金的需求大于对金融市场的资金供给。

企业在生产经营过程中暂时闲置的货币资金，既可以存入银行，又可以投入到证券市场上去购买国家债券和其他企业的债券、股票。随着商品经济的发展，企业规模的扩大，企业之间相互参股的现象非常普通，通过持有其他企业的股票，可以起到资本集中和积聚的作用。企业生产所需要的短期资金，主要通过短期借款和票据贴现形式筹措，至于长期资金需求，则主要通过发行债券和股票的方法来解决。

（3）家庭与个人

家庭与个人是社会财富的最终所有者，是金融市场上的主要资金供应者。大多数家庭都有工资性收入，这些收入一部分用来消费，余下的部分即是储蓄。普通家庭的储蓄有相当大的部分是以金融资产的形式存在的，如购买存单、保险单、股票、债券等，其结果都是向金融市场提供了资金。当然，家庭有时候也需要进行融资，如融入资金购买房地产、耐用消费品等。但从总体上看，个人与家庭仍然是一个资金净剩余的部门。

（4）金融机构

金融机构包括中央银行、各类银行机构和部分非银行金融机构。中央银行是金融市场上的重要参与者，中央银行作为银行的银行，充当最后贷款人的角色，从而成为金融市场的资金提供者；中央银行为了执行货币政策，调节货币供应量，通常采取在金融市场上买卖证券的做法，进行公开市场操作。中央银行的公司市场业务操作不以盈利为目的，但会影响金融市场上资金的供求及其他经济主体的行为。同时，中央银行又是金融市场上的监管者。其管理方式有两种，一种是颁布各种金融法规，为金融市场活动制定行为规范，提供法律保障；另一种是运用经济手段作为政策性工具，调节金融活动，如中央银行调整再贴现率、再贷款率，对金融市场实施影响。

各类银行金融机构作为中介机构，一方面代理筹资者和投资者进行融资与投资活动，另一方面本身也可以发行证券筹集资金，如发行大额可转让存单，进行票据贴现、再贴现业务，向同业拆出拆入资金，购买有价证券从事投资等。此外，市场上还存在一批非银行金融机构作为机构投资者从事各种交易活动，如保险公司、信托投资公司以及各种基金。这些机构把以各自方式筹集的资金，在合同规定的支付期到期之前用于金融投资，购买一些期限长、收益高的金融市场工具，达到保值和增值的目的。

广义上的金融市场参与者还包括为市场活动提供专业性服务的机构，如会计师事务所、律师事务所、资产评估事务所、证券评级机构、清算机构、登记机构等。金融市场主体的数量、结构和素质对金融市场的发展水平具有决定意义。

2. 金融市场的客体

金融市场仅有交易者是不够的，还要有交易工具。交易者是通过买卖金融工具来实现资金融通的，因此我们把金融市场上的金融工具称为金融市场的客体。金融工具是资金短缺部门、单位向资金盈余的部门、单位融入资金所出具的契约或凭证。金融市场上的金融工具种类繁多，主要有票据、债券、股票、基金、外汇等。此外，在金融市场上还存在着直接的融资关系，但并不一定要具有一定形式的工具，如同业拆借资金等。表面上看，金融工具是金融市场交易的对象，实则金融市场交易的是以具体金融工具的形式存在并被转让流通的金融资产和货币资金。具体来说，金融工具具有以下几个特点：

（1）偿还性

各种金融工具按其不同的内容具有不同的期限，债务人有义务按规定的期限偿还本金并支付相应的利息。因为债务性金融工具是一种债务凭证，债权人只是把使用权交给了债务人，因此债务人必须按预定期限偿还。偿还期是债务人归还本金之前所经历的时间，债务人只能在这个期限内使用资金或资产，例如，1年期国库券偿还期为1年，等等。只有两种金融工具没有偿还期：一种是银行的活期存款折，因为存款者随时可以支付，偿还期可视为零；另一种是股票，因为股票只付利息分红而不归还本金，所以它也没有规定期限，准确地说，它是一种无期限凭证。

（2）流动性

流动性是指金融工具的变现能力。在一般情况下，流动性与偿还性成反比，即偿还期越长，流动性越差；与债务人的信誉成正比，即债务人的信誉越高，流动性越好，也就是说，如果债务人信誉很高，即使偿还期很长，往往也具有较强的变现能力，相反，债务人信誉不好，即使是偿还期限很短的金融工具，在金融市场上的变现能力也是很差的。例如，亏损企业短期债券在市场上很难出售，即很难变现；政府发行的短期国库券、银行承兑汇票等，由于其期限短、信用高而具有较强的流动性；而银行的活期存款，由于随时可以提取，则具有完全的流动性。流动性强的金融工具相当于货币，被分别列入货币供给范围之内，并成为中央银行监控的目标。

（3）风险性

风险性是指金融工具的本金和预期收益所具有的风险程度，或其安全的保障程度。任何金融工具的本金和收益都存在着遭受损失的可能性。风险主要有两种：一种是债务人不履行合同，不按期偿还本金和支付利息；另一种是由于市场利率变化引起金融工具市场价格下跌，例如，市场利率上升，股票价格下跌，股票持有者的利益就受到损失。前一种称为信用风险，后一种称为市场风险。

（4）盈利性

盈利性是指金融工具为资金供给者可能带来的收益，主要是利息或股息的多少或高低。盈利性以盈利率表示，即以收益对本金的比率表示。它与金融工具的价格是反方向变动关系，与市场利率是同方向变动关系。

3. 金融市场的媒体

金融市场媒体作为连接资金供给者与资金需求者之间的中介机构，可以提高金融市场的运作效率，是金融市场中不可缺少的部分。金融市场的媒体很多，主要有金融市场中的经纪人、证券公司和证券交易所等。

（1）经纪人

经纪人是指在金融市场上为交易双方成交撮合并从中收取佣金的商人或商号。经纪人一般都对其经手中介的交易业务具有专业知识，熟悉市场行情和交易程序，对交易双方的资信有深刻了解，因此经纪人是金融市场进行中不可缺少的中介体。

金融市场作为一个市场体系，包括许多具体的子市场，金融市场的经纪人种类也很多。主要有以下几类：

① 货币经纪人，是指在货币市场上充当交易双方中介而收取佣金的中间商人。他根据经纪业务的不同分为同业拆借经纪人、票据经纪人、短期证券经纪人。货币经纪人获利的途径为收取佣金和赚取利差。

② 证券经纪人，是指在证券市场上充当交易双中介和代理买卖而收取佣金的中间商人。他可帮助投资人选择投资证券并获得"席位"后直接进入证券交易所进行交易。

③ 外汇经纪人，是指在外汇市场上为促成外汇买卖双方的外汇交易成交的中介人。外汇经纪人既可以是个人，也可以是中介组织，如外汇中介行或外汇经纪人公司。

（2）证券公司

证券公司作为资金供需双方的中介，以最低成本实现资本所有权和使用权的分离。证券公司的业务内容繁多，主要的业务种类有以下几种：

①证券发行业务

证券发行是指商业组织或政府为筹集资金，依据法律规定的条件和程序，向社会投资人出售代表一定权利的有价证券的行为。证券发行业务是传统的证券业务，承担证券发行与销售工作的机构被称为承销商。它通过承购包销证券业务，使证券发行机构与购买证券的投资者完成证券买卖。承销商在证券发行过程中主要行使以下三个功能中的一个或多个：设计发行证券的条款并对发行时间提出建议；从发行者处购买证券；向公众分销证券。

②证券经纪业务

经纪业务是指证券机构作为证券买卖双方的经纪人，按照客户的委托指令在证券交易所代理客户买卖证券的业务。其最大的特点是证券机构无须运用自有资金且不承担任何风险，只需按投资者的指令进行交易，并按交易金额的一定百分比收取佣金。

③自营业务

自营业务是指证券公司以自主支配的资金或证券直接参与证券交易活动，并承担证券交易风险的一项业务。证券公司作为投资者直接买卖已发行的有价证券，使已发行的证券在二级市场上交易更为活跃。

此外，证券公司还从事收购兼并业务、资产管理业务、资产证券化业务、衍生工具业务、投资咨询业务等。

（3）证券交易所

证券交易所是证券买卖双方公开交易的场所，是一个有组织、有固定地点、集中进行证券交易的市场。证券交易所本身并不参与证券的买卖，也不决定证券价格，而是为证券交易提供一定的场所和设施，配备必要的管理和服务人员，并对证券交易进行周密的组织和严格的管理，为证券交易顺利进行提供一个稳定、公开、高效的市场。

此外，商业银行、金融公司、财务公司、票据公司、信托公司、信用合作社以及国外金融机构，也在金融市场上起着重要的中介作用。

4. 金融市场的组织方式

金融市场作为一种存在形式必须有它自己的组织状态和运行方式，在市场中进行交易就要符合市场的游戏规则，因此就需要一种形式把交易双方和交易对象通过交易媒体结合起来，这种形式就是金融市场的组织方式。金融市场的组织方式有两种：拍卖方式和柜台方式。

（1）拍卖方式

在以拍卖方式组织的金融市场上，买卖双方通过公开竞价确定成交价格。公开竞价有两种方式：一种是由出售人高声呼喊、以手势报出金融工具的要价，通过购买人之间的激烈竞争，报出买价，最后将金融工具出售给出价最高的购买人；另一种是买卖双方不直接见面，通过计算机配对，在时间优先、价格优先的原则下，实现成交。所谓时间优先是指同样价格，先提出的优先成交；所谓价格优先是指对购买者而言，在同一时间，价格高的优先，对出售者而言，价格低的优先。

（2）柜台方式

柜台方式是通过作为交易中介的证券公司来买卖金融工具。金融工具的买卖双方都分别同证券公司进行交易，或将出售的金融工具卖给证券公司，或从证券公司那里买进想要购买的金融工具。在以柜台方式组织的金融交易中，买卖价格不是通过交易双方直接竞争来确定，而是由证券公司根据市场行情和供求关系自行确定。对证券公司同意交易的工具，其推出买入价格和卖出价格，宣布愿以该买入价格购买该种工具，同时愿以该卖出价格出售该种工具。这种挂牌方式称为双价制。在证券公司报出的双价中，买入价格略低于卖出价格，其价差便是证券公司的利润。

3.1.2　金融市场的功能

1. 聚敛功能

社会总储蓄向总投资的转化过程，必须借助于一定的中介才能顺利进行，金融市场就充当了这种转化的中介。因为在社会资金的供给者与需求者之间、资金供求的时间之间、资金数量之间和供求方式之间，往往难以取得一致，通过金融市场的介入，通过直接融资方式和间接融资方式，社会资金的流动才成为可能。对于资金需求者，可以通过发行信用工具的办法集中大量的资本；对于资金供给者，提供了有利的资金使用场所。因而，金融市场既是投资的场所，又是融资的场所。

2. 配置功能

在金融市场上，随着金融工具的流动，相应地发生了价值和财富的再分配。金融是物资的先导，金融资产的流动，带动了社会物质资源的流动和再分配，将社会资源由低效部门向高效部门转移。市场信息的变化、金融工具价格的起落，都给人以启示，引导人们放弃一些金融资产而追求另一些金融资产，使资源通过金融市场不断地进行新的配置。

3. 调节功能

在经济结构方面，人们对金融工具的选择，实际上是对投融资方向的选择，由此对运用资金的部门加以划分。这种选择的结果，必然发生优胜劣汰的效应，从而达到调节经济结构的目的。在宏观调控方面，政府实施货币政策和财政政策也离不开金融市场，存款准备金、利率的调节要通过金融市场来进行，公开市场业务更是离不开金融市场，以增减国债方式实施的财政政策，同样要通过金融市场来实现。

4. 反映功能

金融市场是国民经济的信号系统。首先，在证券市场，个股价格的升降变化，反映了该公司经营管理和经济效益的状况；一个企业的贷款运行变化，反映了该企业资金周转状况及其质量。可见，金融市场反映了微观经济的运行状况。其次，金融市场也反映着宏观经济的运行状况。国家的经济政策，尤其是货币政策的实施情况、银根的松紧、通货膨胀的程度以及货币供应量的变化，均会反映在金融市场之中。最后，由于金融机构有着广泛而及时的信息收集、传播网络，国内金融市场同国际金融市场连接为一体，通过它可以及时了解世界经济发展的动向。

§3.2　金融市场的构成

金融市场是由许多具体的子市场组成的庞大的市场体系。许多不同的具体子市场组成的金融市场体系，就构成了金融市场的结构。根据不同的标准对金融市场进行划分，可以分出存在差异的许多具体的子市场。而每个市场又可同时兼备几种市场属性，如股票市场是公开市场、初级市场、次级市场、资本市场等。

3.2.1　货币市场、资本市场、外汇市场与黄金市场

根据交易对象的差异，金融市场包括货币市场、资本市场、外汇市场和黄金市场这四类子市场。货币市场是指以期限在一年以下的金融资产为交易标的物的短期金融市场。由于该市场上的信用工具随时可以在发达的二级市场上出售变现，具有很强的变现性和流动性，功能近似于货币，故称为货币市场。在经济生活中，政府、企业、家庭和金融机构等都需要短期资金用于周转，因而成为货币市场的主体。货币市场使用的金融工具主要有货币头寸、票据和短期债券（国库券）等，因此货币市场又包括同业拆借市场、票据市场、短期债券市场和银行短期信贷市场等。

资本市场是指期限在一年以上的金融资产交易的市场。因为在资本市场上所筹集资金大都参与社会再生产过程，用于建造厂房，购置设备，扩大生产能力，从而起到了"资本"的作用。资本市场主要包括两大部分：一个是银行中长期存贷款市场，另一个是有价证券市场。但是由于从世界金融市场的发展趋势来看，融资证券化特别是长期融资证券化已成为一种潮流，因此一般可将资本市场视同于证券市场。证券市场又可分为股票市场和债券市场。资本市场的交易期限一般较长，短则数年，长则可达数十年。因此资本市场主要是满足政府、企业等部门对长期资本的需求。

外汇市场是进行外币和以外币表示的支付凭证买卖的市场。外汇市场由主体和客体构成，客体即外汇市场的交易对象，主要是各种可自由交换的外国货币、外币有价证券及支付凭证等。外汇市场的主体即外汇市场的参与者，主要包括外汇银行、客户、中央银行、外汇交易商及外汇经纪人。外汇市场按参加者的不同，可分为零售市场和批发市场。外汇零售市场是由外汇银行与个人及公司客户之间的交易构成的外汇市场。个人与银行间的外汇交易，多是为了应急支出或保值，每笔交易数额不一定很大，但交易笔数较多，交易频繁，因而，其交易总量是相当可观的，构成银行外汇交易的重要组成部分。公司与银行的外汇交易则主要由国际贸易活动及投资活动所产生，这类外汇交易是经常的、大量的，构成银行外汇交易的主要部分。外汇批发市场则是由外汇银行同业间的买卖外汇活动构成的，成交数额巨大。银行间的外汇交易多是为了调整自身的外汇头寸，以减少和防止由汇率变动所产生的风险。银行每日与客户的外汇交易，最后总要形成一定的差额或头寸，买入大于卖出要形成外汇头寸的盈余，卖出大于买入要形成外汇头寸的短缺；外汇头寸出现盈余时需要拆出外汇，外汇头寸出现短缺时需要拆入外汇，而不论拆出还是拆入，都要受市场汇率和利率的直接影响。

黄金市场是集中进行黄金买卖的交易场所。世界上生产的黄金总量约 10 万吨左右，年产量 3 000 多吨。世界黄金存量的一半掌握在各国中央银行及各种官方机构手中，其余大部分则分散在私人投资者和珠宝商及个人手里。这些黄金大部分被买下进行收藏，有些以首饰、纪念品的形式加以收藏和佩戴。其中有的是作为投资来保存的，有的则只进行短期买卖。随着黄金交易方式、交易场所和交易手段的多样化，黄金交易的目的更加多样。尽管国际社会对黄金实施非货币化的政策，但由于黄金天然具有的高价值、质地精美等特点，人们对黄金始终情有独钟，而且市场上金价的大起大落，又为投资者盈

利设置了有利的条件，因而，黄金市场的生意长盛不衰。世界上几个大的国际黄金市场集中了绝大部分的交易量。其中，伦敦黄金市场的五大金行尤为引人注目，罗斯柴尔德父子公司、莫卡特公司等金行具有举足轻重的地位。它们不仅拥有巨大的黄金交易量，而且每天举行秘密会议决定世界上的金价水平。此外，苏黎世、纽约、芝加哥、香港、贝鲁特等都成为世界主要黄金集散中心和交易市场。

3.2.2 一级市场、二级市场

按金融资产的发行和流通特征划分，可将金融市场分为一级市场和二级市场。一级市场也称初级市场或发行市场，是资金需求者将金融资产首次出售给公众时所形成的交易市场。一级市场是金融市场的基础环节，其主要功能是为办公机械、设备和货物的新投资筹集金融资本。投资者购买一家公司新发行的股票或是为一个企业或家庭提供抵押或信用贷款的活动均属于一级市场的活动。

二级市场是指证券发行后，各种证券在不同的投资者之间买卖流通所形成的市场，又称次级市场或流通市场。投资者在初级市场上购买证券后，因种种原因需要出售时，便可在二级市场上出售变现。需要证券投资而未在一级市场购买到有价证券的，也可在二级市场上得以实现。二级市场又可分为两种，一是场内市场即证券交易所，另一个是场外交易市场。场外交易市场又称柜台市场或店头市场，是在证券交易所之外进行证券买卖的市场。原则上在场外交易的证券以未上市的证券为主。

一级市场和二级市场紧密联系，互相依存、互相作用。一级市场是二级市场的存在基础，一级市场的发行条件及发行方式影响着二级市场的价格及流动性。而二级市场又能促进一级市场的发展，为一级市场所发行的证券提供变现的场所，同时，二级市场的证券价格及流动性又直接影响一级市场新证券的发行规模和发行条件。

此外，在发达的市场经济国家还存在着第三市场和第四市场，它们实际上都是场外市场的一部分。第三市场是原来在交易所上市的证券移到场外进行交易所形成的市场。第三市场的交易相对于交易所来说，具有限制更少、成本更低的优点。第四市场是投资者和证券的出卖者直接交易形成的市场。一般通过电脑通讯网络，如电脑终端机把买卖双方联系起来。第四市场形成的主要原因是机构投资者在证券交易中所占的比例越来越大，它们之间的买卖数额很大，因此希望避开经纪人直接交易，以降低成本。

3.2.3 现货市场、衍生市场

按交割方式不同，可以将金融市场分为现货市场和衍生市场。现货市场是指市场上的买卖双方成交后须立即办理交割的金融交易市场。在最初的现货交易中，一般是一手交钱，一手交货，成交与交割完全同时进行，但在现代交易技术和结算手段的条件下，钱货两清的含义与最初的含义已有很大区别，成交后在一个较短的时间内进行交割的都属于现货交易。现货市场上，大部分交易是固定交易方式，即成交日和交割日之间相隔1个到5个营业日。当日成交、当日交割被称为 $T+0$ 方式，隔日交割被称为 $T+1$ 方式，依此类推。现货交易是最古老的交易方式，虽然目前出现了许多新的交易方式，但现货交易仍然是一种主要的交易方式。

衍生市场是各种衍生金融工具进行交易的市场。衍生工具的价值由其交易的基础性金融资产的价格决定或衍生出来。衍生市场上主要有期货交易、期权交易、互换交易以及各种混合交易。衍生工具的存在使投资者能够更有效地实施投资决策以达到其财务目标，发行者能够以令人满意的条件更有效地融资。

3.2.4　国内金融市场和国际金融市场

按地域分，金融市场可分为国内金融市场和国际金融市场。国内金融市场上，交易活动发生在本国居民之间，而不涉及其他国家的居民。如果金融活动超越国境，涉及其他国家居民，这些金融活动的总和就形成了国际金融市场。它是国内金融市场在国际范围内的扩展和延伸。

国际金融市场是进行国际金融业务活动的场所。其金融交易活动跨国界进行。国际金融市场分为传统的国际金融市场和离岸国际金融市场两种。传统的国际金融市场，形成于 19 世纪初，是从事市场所在国货币的国际借贷，并受市场所在国政府政策与法令管辖的金融市场。这种类型的国际金融市场，经历了由地方性金融市场，到全国性金融市场，最后发展成为世界性金融市场的历史发展过程。

离岸金融市场在第二次世界大战后的 20 世纪 50 年代形成，它经营的对象是除市场所在国货币以外的任何主要西方国家的货币。离岸金融市场以非居民为交易对象，资金来源于所在国的非居民或来自国外的外币资金。它的借贷活动不受任何国家政府政策与法令的管辖。

欧洲货币市场是离岸金融市场的核心部分。欧洲货币市场是指在某种货币发行国境外从事该种货币借贷的市场。它萌芽于 20 世纪 50 年代初，由于"冷战"期间东西方关系恶化，苏联、东欧国家将其持有的美元结余存入欧洲国家的银行，以防美国冻结或没收，从而形成了最早的欧洲美元。20 世纪 60 年代，美国采取的一系列金融管制措施与欧洲国家放松外汇管制的政策形成反差，促使美元大量流向欧洲。20 世纪 70 年代初，欧洲货币市场开始向亚洲延伸，形成亚洲货币市场，并向北美和拉美地区扩展。

此外，金融市场还可以按照有无固定交易场所分为有形市场和通过电信网络进行交易的无形市场；按成交与定价的方式划分，可分为公开市场、议价市场。公开市场是指金融资产的交易价格是通过众多的买主和卖主公开竞价而形成的市场。议价市场是指金融资产的定价与成交是通过私下协商或面对面的讨价还价方式进行的市场。

§3.3　金融工具

金融市场上的金融工具品种繁多，下面对几个主要的金融工具进行简单的介绍。

3.3.1　货币

"货币"一词在日常生活中运用非常广泛，人们对货币的存在早已习以为常，它的含义也似乎很明显，然而在经济学里货币具有特定的含义。现代经济学对货币的一般性定义可表述为：货币是在商品或劳务的支付中或债务的偿还中被普遍接受的一般等价物，是最基本和最重要的金融工具。马克思认为货币的职能主要有价值尺度、流通手段、贮藏手段、支付手段和世界货币五大职能。在几千年的岁月中，货币的形态经历了从低级到高级不断演变的过程：从实物货币到金属货币，从金属货币到代用货币，再到现代社会的信用货币，并逐渐向电子货币迈进。

我们通常所说的货币其实只是一个很抽象、很广泛的概念，从经济学的严格意义上讲，货币应分为不同的层次，每个层次包含不同的内容，而不同内容的经济意义是不完全相同的。因此，我们不仅需要划分货币的层次，还需要对货币各个层次的分布量进行计算，以便于考察各种具有货币性的资产对经济的影响，并选定与经济变量最密切的货币资产作为中央银行实施控制的重点，为实现货币政策的目标服务。

从世界各国现在的情况来看，绝大多数国家的中央银行都以金融资产的流动性作为标准，对本国的货币进行了层次的划分。所谓流动性，是指金融资产能及时转变为现实购买力并不蒙受损失的能力。由于各国金融工具和金融法规的差异，广义货币供应量的指标也不尽相同。综合各国的情况，货币供应量指标大致划分如下：

$M_1 =$流通中现金$+$支票存款(以及转账信用卡存款)

$M_2 =M_1 +$储蓄存款(包括活期和定期储蓄存款)

$M_3 =M_2 +$其他短期流动资产(如国库券、银行承兑汇票、商业票据等)

当然，各国具体的货币层次划分会比这稍微复杂一些，根据各国自身的实际情况，各国公布的货币供应量指标也有所不同，但是有一点是人们普通承认的，即只有M_1是为人们所普遍接受的交易媒介，算做标准的货币；而M_1以外的短期金融资产只能称为准货币或近似货币，它们不能充当直接的交易中介，但这些广义货币是潜在的购买力，在一定条件下可以转换成为现实的货币，对现金货币的流通以及整个经济都有影响。

3.3.2 银行存款

存款是银行的主要负债，它体现了银行与存款客户之间的一种信用关系。按照存款的期限可将存款分为活期存款、定期存款和储蓄存款三种。

1. 活期存款

活期存款是指存户不需要事先通知，可随时提取或支付的存款，也称为支票存款。持有活期存款账户的存款者可以用各种方式提取存款，如开出支票、本票、汇票，电话转账，自动提款机提取等。由于客户开立这个账户是为了交易的目的，一切经济交易都是通过活期存款账户进行的，所以又称其为交易账户。活期存款传统上只能由商业银行经营，是商业银行创造存款货币的基础，但是目前在西方国家，储蓄银行和其他金融机构也能经营。

2. 定期存款

定期存款是客户与银行事先约定存款期限的存款。存款期限通常为 3 个月、6 个月和 1 年不等，期限最长的可达 5 年或 10 年。定期存款的利率随期限长短而高低不同，但都要高于活期存款。

定期存款对于客户来说，具有利率高、风险小、收益稳定的特点；对银行的经营管理而言，定期存款可以使银行获得稳定的资金来源，同时，定期存款还具有利息成本高而营业成本低的特点。

3. 储蓄存款

储蓄存款主要是指个人为了积蓄货币和取得一定的利息收入而开立的存款。储蓄存款也可分为活期存款和定期存款。储蓄存款一般不能签发支票，支用时只能提取现金或转入活期存款账户。

除上述各种传统的存款业务外，为了吸收更多的存款，西方国家商业银行不断创新存款工具，创新的存款工具主要有可转让支付命令账户、超额可转让支付命令账户、货币市场存款账户和自动可转账服务账户等。

3.3.3　银行贷款

贷款是指商业银行将组织到的资金按照一定的利率贷放给客户，并约定到期还本付息的资金借贷业务。贷款是商业银行最主要的资产业务，一般占商业银行总资产的50%～70%，是商业银行传统业务的核心。贷款业务种类繁多，可以按照不同的标准进行分类。

1. 按照贷款期限，可分为活期贷款、定期贷款和透支

（1）活期贷款。活期贷款是一种偿还期不固定，但银行可以随时通知借款人于一定期限内归还的贷款，故又称为通知放款。

（2）定期贷款。定期贷款即规定偿还期的贷款。根据偿还期的长短，又可以分为：短期贷款，一般期限在1年以下；中期贷款，一般为5～7年；长期贷款，一般高于6年或10年以上。

（3）透支。又称为活存透支，即活期存款客户账户上的资金用完时，银行同意在规定的额度内，客户可以继续签发支票，向银行暂时借用资金。透支实际上是一种临时融通资金的贷款，但它在办理贷款的程序、手续，归还贷款以及贷款利息的计算等方面不同于一般贷款。

2. 按贷款的保障条件，可分为信用贷款、担保贷款和票据贴现

（1）信用贷款。是指凭借借款人的信用作为还款保障的贷款。

（2）担保贷款。按照担保的方式不同，担保贷款又可分为抵押贷款、质押贷款和保证贷款。抵押贷款或质押贷款需要借款人或第三方为贷款的偿还提供抵押物、质押物，一旦借款人不能履行偿还债务的责任，贷款银行可通过处置抵押物或质押物来挽回损失。保证贷款需要有第三方以其全部财产为借款人的偿还作出保证，如果借款人到期不能履行债务责任，由保证人代为履行。

（3）票据贴现。票据贴现是指贷款人以购买借款人未到期商业票据的方式发放的贷款。借款人以未到期的票据（本票、汇票）向银行融通资金，申请贴现，银行扣取一定的费用后发放相应的贷款，银行在票据到期时向票据付款人收取票面金额的款项。商业票据持票人提出贴现要求后，贴现机构根据市场资金供求状况和市场利率以及票据的信誉程度议定一个贴现率，扣去自贴现日至到期日的贴现利息，将票面余额用现款支付给

持票人。例如，某企业持有一张半年后到期的 1 年期汇票，面额为 2 000 元，到银行请求贴现，银行确定该票据的市场贴现率为 5%，则贴现金额为 2 000 × （1 − 5% × 180/360） ＝ 1 950 （元），即扣去 50 元贴现利息，实付 1 950 元。

3. 按贷款质量和风险程度，可分为正常、关注、次级、可疑和损失五类贷款

（1）正常类。是指借款人能够履行合同，有充分把握按时足额偿还本息。

（2）关注类。是指尽管借款人目前有能力偿还贷款本息，但是存在一些可能对偿还产生不利影响的因素。

（3）次级类。是指借款人的还款能力出现了明显的问题，依靠其正常经营收入已无法保证足额偿还本息。

（4）可疑类。是指借款人无法足额偿还本息，即使执行抵押或担保，也肯定要造成一部分损失。

（5）损失类。是指在采取所有可能的措施和一切必要的法律程序之后，本息仍然无法收回，或只能收回极少部分。

3.3.4 商业票据

商业票据是起源于商业信用的一种传统金融工具，也是工商业者之间由于信用关系形成的短期无担保债务凭证的总称。票据是具有法定格式，表明债权债务关系的一种有价凭证。商业票据只反映由此产生的货币债权债务关系，而不反映交易的内容，因为交易行为已经完结，商品已经过户，这叫做商业票据的抽象性或无因性。相应的特征则是不可争辩性，即只要证实票据不是伪造的，应该根据票据所载条件付款的人就无权以任何借口拒绝履行义务。此外，商业票据的签发不需要提供其他保证，只靠签发人的信用。因而，商业票据能否进入金融市场，要视签发人的资信度而定。一般来说，票据包括汇票、本票、支票三种类型。

1. 汇票

汇票是债权人向债务人发出的支付命令书，命令债务人在约定的期限内支付一定的款项给第三人或持票人。在长期的发展中，汇票形成多种类型（见图 3 − 1）。

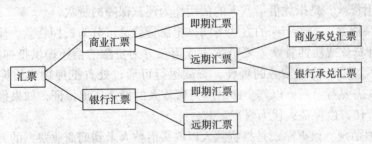

图 3 − 1 汇票的类型

银行汇票是银行受汇款人委托而签发的一种汇票支付命令，汇款人可能将此汇票寄给或随身携带给异地收款人，凭以兑取汇款。银行汇票是由银行信用产生的。按付款时间的不同，可分为即期汇票和远期汇票。前者是指见票即付的汇票，后者是指按约定日期付款的汇票。

商业汇票是指由售货人对购货人签发的书面支付命令，它是由商业信用产生的。按付款时间的不同，也可分为即期汇票和远期汇票。即期汇票是无法流通的，只有远期汇票才须承兑、贴现、再贴现，成为金融市场的融资工具。远期商业汇票按承兑人的不同，又可分为商业承兑汇票和银行承兑汇票。前者是指由售货人出票，由购货人在汇票上签名承诺到期支付货款。后者是指由售货人出票，而由银行在汇票上签字承诺到期支付货款。

汇票的三个基本关系人是出票人、付款人和受款人。出票人指签发汇票并把它交付出去的人，一般由商品交易的债权方出票。付款人是被指示付款的人，又称受票人。远期汇票的付款人承兑汇票后即为承兑人，汇票经承兑后，承兑人成为汇票的主债务人。受款人又称收款人或抬头人，即指收受票款的人。出票人签发汇票交给受款人，受款人就是第一持票人，如果受款人将汇票转让给别人，则须背书而成为第一背书人。受款人是汇票的债权人，他有凭票要求付款权，汇票拒付时他有追索权。

2. 本票

本票是债务人向债权人发出的支付承诺书，承诺在约定的期限内支付一定的款项给债权人。本票具有以下三个特征：一是本票的基本当事人只有两个，即出票人和受票人；二是本票的付款人为出票人；三是本票的出票人自己承担无条件付款的责任，故没有承兑制度。

本票按出票人不同，分为银行本票、商业本票；按付款期限不同，可分为即期本票和远期本票。

3. 支票

支票是由出票人签发的、委托办理支票存款业务的银行或其他金融机构在见票时无条件支付确定金额给收款人或其持票人的票据。支票的出票人必须具备以下条件：一是出票人必须在银行有存款；二是要与存款银行订有使用支票的协定；三是必须使用存款银行统一印制的支票，而不能像汇票和本票一样由出票人自制。

支票一般分为划线支票和未划线支票两种。划线支票即划有两条横跨票面的平行线，这类支票只可转账，不可取现；未划线支票又称为一般支票或开放支票，这类支票既可转账，也可取现。

3.3.5　债券

债券是由债务人发行的承诺在未来某个时间以约定的利率还本付息的债务凭证。债券的种类繁多，有多种分类标准。

1. 根据发行人的差别，债券可以分为国家债券、公司债券和金融债券

国家债券是由一个国家中央政府为弥补预算赤字发行的。短期国债称为国库券，具有流动性强、信誉好的特点，被称为"有利息的钞票"。短期国债通常不标明利率，而是采用贴现发行的方式事先一次性将利息付清。中长期债券则采用固定利率，每年定期支付利息的方式。

公司债券是由公司企业发行的融资工具，以中长期债券居多。其利息多采用固定利率，每年定期支付的方式。由于公司债券的发行不会影响股份公司的控股权，而且还可以享受一定的税收优惠，因此成为企业融资的重要方式。

金融债券是由银行等金融机构发行的融资工具。由于银行的资信水平通常高于一般工商企业，因此其利率通常低于公司债券而高于国债。

2. 按支付利息的方式不同，可以分为附息债券、贴现债券和一次还本付息债券

附息债券，指券面附有息票的债券。息票是按期领取利息的凭证。这种债券的利息不是在债券到期时一次支付，而是分若干次分期支付。附息债券一般是中长期债券，目前发行的分期付息债券多已不附息票。

贴现债券，是指在发行时从债券面值中先行扣除利息，按低于面值的价格折扣发行的债券，到期按面值兑现，一般为中短期债券。

一次还本付息债券，是指在债券到期时一次性向持有人支付利息并还本的债券。

3. 按发行的区域不同，可分为国内债券和国际债券

国内债券，是由一国政府、企业、金融机构在本国境内发行的以本币计值的债券。

国际债券，是一国发行主体在其境外发行的、以某种外币计值的债券。国际债券又可分为外国债券和欧洲债券。外国债券是发行者在国外资本市场上发行的以发行地所在国货币为面值的债券，如在日本发行的"武士"债券，在美国发行的"扬基"债券。欧洲债券是一种境外货币债券，即发行者在本国以外的国际市场上，发行以第三国货币计价的债券。发行外国债券筹资要受发行市场所在国政府金融法规的管制，需经市场所在国政府批准。而欧洲债券的发行不需所在国官方批准，也不受任何国家政府和金融当局的管理和法律约束。

此外，债券按抵押担保条件，可分为信用债券、抵押债券和担保债券；按利率能否调整，可分为固定利率债券、浮动利率债券、利息累进债券；按偿还期限可分为短期债券、中期债券和长期债券等。

3.3.6 股票

股票是由股份有限公司发行的，表示其股东按其持有的股份享受权益和承担义务的可转让的资产凭证。它是股份公司融资的重要工具，也是资本市场重要的投资工具。按股票所赋予股东的权利差别，可以将股票分为普通股和优先股。

1. 普通股

普通股指对股东不加以特别限制，享有平等权利，并随着股份有限公司利润的大小而取得相应收益的股票。普通股的特点是：

（1）普通股股东拥有公司的所有权。具体表现为股东对公司的重大决策的投票表决权；对公司董事的选举权；对公司经营收益的剩余请求权，即公司的经营收益在偿还债务和支付优先股股息后，可由普通股股东享有；优先认股权；当公司停业或破产时，在满足债权人和其他投资者的清算请求后，分得剩余财产的权利。

（2）普通股的股利是非固定的。普通股股利来自公司的税后利润，随公司的利润水

平变动。

(3) 普通股股东在公司的盈余分配和剩余资产分配方面，排在优先股股东之后，因此，普通股的风险较高，股东的利益与公司的命运更为紧密。

2. 优先股

优先股指的是股份有限公司发行的在分配公司收益和剩余资产时比普通股有优先权的股票。优先股的特点是：

(1) 优先股股息率是固定的，即在公司发售股票时就已经确定了今后的股息率。

(2) 优先股可先于普通股分取股息和公司的剩余资产。

(3) 优先股的表决权是有限的。只有在特殊情况下，如股东会议决议直接影响其利益时，才有可能行使否决权。

由上述特点可以看出，优先股实际兼有权益证券和债务证券的特点。

我国企业发行股票有一些特殊的分类方法。如按我国股票发行和交易范围可分为 A 股、B 股、H 股、N 股和 S 股。

A 股是以人民币发行，由境内中国人买卖的记名普通股票；B 股是境内公司发行，以人民币标明面值，在国内交易所上市交易，供境外投资者、境内居民（2001 年 2 月 19 日对内开放）用外币买卖的股票；H 股是指国内的股份公司（在境内注册）向境外证券交易所提出申请，在该地区发行并在该交易所挂牌交易的股票。由于以前我国内地公司主要在香港证券市场上市，故取香港英文名的第一个字母，称为 H 股，后来在纽约证券市场又有上市，便出现了 N 股，在新加坡市场上市称为 S 股。

3.3.7　投资基金

投资基金是通过发行基金股份（或受益凭证），将投资者分散的资金集中成一定规模并进行定向投资的周转资金，由专业管理人员分别投资于股票、债券或其他金融资产，并将投资收益分配给基金持有者的一种金融中介机构。在一些场合，投资基金又可以理解为基金证券，即向社会公开发行的证明其持有人享有对基金资产的所有权、收益分配权、剩余资产分配权的凭证。从这种意义上讲，投资基金是一种可供投资者选择的投资工具。

1. 投资基金根据组织形式不同，可分为公司型基金和契约型基金

契约型基金是根据信托契约组成的投资基金，即由委托人、受托人和受益人三方订立信托投资契约，基金经理公司作为委托人，发行受益凭证筹集资金，负责基金的投资运营，并将基金资产交由基金保管公司（一般是银行、信托公司或其他金融机构）。基金保管公司作为受托人负责保管信托财产，而投资成果则由投资者（受益人）分享的一种投资基金。该种基金无法人资格。

公司型基金是依据公司法成立的、以盈利为目的的股份有限公司形式的基金，其特点是基金公司本身是股份制的投资公司，基金公司通过发行股票筹集资金，投资者通过购买基金公司的股票而成为股东，享有基金收益的索取权。

2. 投资基金按基金规模的变动情况，可分为封闭型基金和开放型基金

封闭型基金是指基金发行总额是限定的，在达到预定发行计划后，基金即宣告成立，并进行封闭，基金规模在一定时期内不再扩大或缩减。基金一般在交易所上市，投资者买卖基金单位，可以在二级市场竞价交易。

开放型基金是指基金规模不是固定不变的，基金组织者可以根据经营策略和实际需要发行新的基金单位，投资者可以随时购买基金单位，并随时将其持有的基金单位卖回给基金，以赎回现金。

3. 投资基金根据投资目标可分为收入型基金、成长型基金和平衡型基金

收入型基金是以获取最大的当期收入为目标的投资基金，其特点是损失本金的风险小，但长期成长的潜力也相应较小，适合较保守的投资者。收入型基金又可分为固定收入型和权益收入型两种，前者主要投资于债券和优先股股票，后者则主要投资于普通股股票。

成长型基金是以追求资本的长期增值为目标的投资基金，其特点是风险较大，可能获取的收益也较大，适合能承受高风险的投资者。成长型基金又可分为三种：一是积极成长型，这类基金通常投资于有高成长潜力的股票或其他证券；二是新兴成长型基金，这类基金通常投资于新行业中有成长潜力的小公司或有高成长潜力行业（如高科技）中的小公司；三是成长收入基金，这类基金在注重成长的同时兼顾收入，通常投资于成长潜力大、红利也较丰厚的股票。

平衡型基金是以净资产的稳定、可观的收入及适度的成长为目标的投资基金，其特点是具有双重投资目标，谋求收入和成长的平衡，故风险适中，成长潜力也不大。

此外，根据投资对象的不同，可以分为股票基金、债券基金、货币市场基金、衍生基金、对冲基金和套利基金等。

3.3.8 金融衍生工具

金融衍生工具是指在金融原生工具基础上衍生出来的一种新的金融资产。这些金融衍生工具是以某种金融原生工具的存在为前提，并以其为标的物进行交易的。因此，金融衍生工具与金融原生工具之间存在密切的联系，特别是二者价格之间的相互影响极为密切。金融衍生工具的种类有很多，其中主要有金融期货、金融期权和金融互换三种基本类型。

1. 金融期货

金融期货是规定交易双方按约定的时间、约定的价格买卖某种金融资产的标准化合约。

（1）金融期货的特征

①期货合约均在交易所进行，交易双方不直接接触，而是各自跟交易所的清算部或专设的清算公司结算。清算公司充当所有期货买者的卖者和所有卖者的买者，因此，交易双方无须担心对方违约。

②期货合约的买者或卖者可在交割日之前采取对冲交易以结束其期货头寸（平仓），而无须进行最后的实物交割。这相当于买者可把原来买进的期货卖掉，卖者可把原来卖

出的期货买回，这就克服了远期交易流动性差的问题。

③期货合约的合约规模、交割日期、交割地点等都是标准化的，即在合约上有明确的规定，无须双方再商定。交易双方所要做的唯一工作是选择适合自己的期货合约，并通过交易所竞价确定成交价格。价格是期货合约的唯一变量。

④期货交易是每天进行结算的，而不是到期一次性进行，买卖双方在交易之前都必须在经纪公司开立专门的保证金账户。经纪公司通常要求交易者在交易之前必须存入一定数量的保证金，这个保证金叫初始保证金。在每天交易结束时，保证金账户都要根据期货价格的升跌而进行调整，以反映交易者的浮动盈亏，这就是所谓的盯市。浮动盈亏是根据结算价格计算的。当天结算价格高于昨天的结算价格（或当天的开仓价）时，高出部分就是多头的浮动盈利和空头的浮动亏损。这些浮动盈利和亏损就在当天晚上分别加入多头的保证金账户和从空头的保证金账户中扣除。当保证金账户的余额超过初始保证金水平时，交易者可随时提取现金或用于开新仓。而当保证金账户的余额低于交易所规定的维持保证金水平（通常是初始保证金水平的75%）时，经纪公司就会通知交易者限期把保证金水平补足到初始保证金水平，否则就会被强制平仓。

（2）金融期货合约的种类

按标的物不同，金融期货可分为利率期货、股价指数期货和外汇期货。

①利率期货是指标的资产价格依赖于利率水平的期货合约，如长期国债期货、短期国债期货和欧洲美元期货。

②股价指数期货的标的物是股价指数。由于股价指数是一种极特殊的商品，它没有具体的实物形式，双方在交易时只能把股价指数的点数换算成货币单位进行结算，没有实物的交割。这是股价指数期货与其他标的物期货的最大区别。例如，芝加哥商品交易所的S&P500指数期货的单位价格（每份合约的价格）规定为指数点数乘以500美元。

③外汇期货的标的物是外汇，如美元、英镑、欧元、日元、澳大利亚元、加拿大元等。

【专栏】

中国金融期货市场的尝试及教训

我国金融期货市场尚处于试点起步阶段，主要品种有人民币外汇期货、国债期货、股票指数期货，这些有益的试点工作开创了我国建国以后金融期货的先例，为我国金融期货市场积累了许多宝贵的经验教训。

（一）人民币外汇期货市场

1992年7月，我国开始试办外汇期货交易。上海外汇调剂中心成为我国第一个外汇期货交易市场，经过半年的运转，到1992年底，上海外汇期货市场共交易标准合约10 813份，交易金额达21 626万美元。其规模不大，与上海每天外汇现货交易高达3 000多万美元的水平很不相配。与此同时，全国各地也涌现出大量的外汇期货经纪公司，而且交易额很大。具体的交易规则参照了国外的做法，同时结合我国的特点，设计了外汇标准合约(见表3-1)。

表 3 – 1　　　　　　　　　　人民币（美元）汇率期货合约规格

项目	规格
交易单位	25 000 美元
最小变动价位	0.0001 美元（每张合约 25 美元）
每日价格最大波动限制	开市 15 分钟内限价为 150 点，15 分钟后无限价
合约月份	3 月、6 月、9 月、12 月和现货月份
交易时间	见交易所通知
最后交易日	合约到期月份的第 22 日
交割日期	交割月份的第 23 日
交割地点	BCE 指定银行
交易管理手续费	每张合约 75 元人民币
初始保证金	每张合约值的 5.5%

由于各种原因的制约，我国的外汇期货试点了一年多，就受到了比较严格的管制，基本上禁止外汇投机交易。1993 年 7 月，国家外汇管理局发出通知，要求各地已设立的外汇期货交易机构必须停止办理外汇期货交易，并限期进行登记和资格审查；办理外汇期货交易仅限于广州、深圳的金融机构进行试点。通知还规定，金融机构办理外汇期货交易，以企业进出口贸易交付和外汇保值为目的，不得引导企业和个人进行外汇投机交易。企业和个人的外汇交易必须是现汇交易，严禁以人民币资金作抵押办理外汇交易，严禁买空卖空的投机行为。实际上，由于严格的管制办法，我国外汇期货的试点已处于停顿状态。

我国的外汇期货交易目前尚未发展起来，主要是因为各方面原因尚不具备。其一，我国外汇仍处于较为严格的管制体制之下；其二，不允许有投机存在，对期货市场上的投机者和投机行为认识不统一；其三，中国企业和金融机构尚不能完全自负盈亏，通过外汇期货市场规避风险的要求并不迫切，这使市场缺少规避外汇汇率变动风险的主体；其四，各种法律制度不健全，管理经验不足，也缺乏相应的专门人才。

（二）我国国债期货市场

我国国债期货是 1992 年 12 月由上海证券交易所首次推出的，最初仅限于各证券公司之间交易，由于各证券公司对我国国债期货了解不多，因而参与者很少，交易清淡。1993 年 9 月份，为活跃国债流通市场，有利于国债的发行，创造更完善的市场环境，上海证券交易所在财政部、上海市政府的支持下，决定扩大我国国债期货交易范围，国债期货市场对个人开放。到 1993 年 10 月底，上交所登记结算公司开户达 230 家，上交所还批准了 27 家证券公司为国债期货自营商。

国债期货交易规则采用国际惯例。以北京商品交易所国债期货交易为例，北京商品交易所制定了 3 年期和 5 年期国债期货合约的规格（见表 3 – 2）。

表 3 – 2　　　　　　　　　　　　　我国国债期货合约规格

项目	规格
交易单位	面值为 100 000 元的 1992 年三年期国库券 面值为 100 000 元的 1992 年五年期国库券 面值为 100 000 元的 1993 年三年期国库券
最小变动价位	每 100 元面值国库券 0.05 元（每张合约 5 元）
每日价格最大波动限制	每 100 元面值国库券不高于或不低于上一交易日结算价格 2 元（每张合约200元）
合约月份	3 月、6 月、9 月、12 月
交易时间	1995 年 6 月 1996 年 2 月 1997 年 3 月
最后交易日	交易所公告
交割日期	合约到期月份的最后一个工作日
交易管理手续费	每张合约 0.5 元
初始保证金	每张合约值的 2%

　　从我国国债期货的试点情况来看，由于国债流通市场规模迅速发展，迫切要求发展国债期货市场，通过期货市场功能促进国债的流通，帮助国债的发行者、交易者规避利率波动所引起的价格风险。经过几年的试点，国债期货市场迅速活跃起来，但是由于我国各方面条件还存在一些问题，包括体制上、管理上等因素，国债期货发展过猛，投机气氛过重，最终导致 1995 年震动全国的上海万国证券公司严重违规事件，即"327"事件，不久，国务院发出通知，暂停国债期货市场的试点工作。至此，我国首次进行国债期货的尝试告一段落。从试点的经验教训来看，国债期货市场的建立和发展是我国完善国债流通市场的客观要求，随着我国经济体制向市场经济转变，重新开设国债期货市场只是一个时间问题。

　　（三）我国股指期货的推出

　　股指期货在我国曾有一段短暂的历史：1994 年 1 月，海南证券报价交易中心曾推出过股指期货合约，但立即被中国证监会通报批评，累计成交 111 手后停止交易。随着中国证券市场的进一步发展，推出股指期货交易、发展股指期货市场已成为市场内外关注的热点。尤其是证券市场法规体系的完善、集中统一监管体系的建立、证券市场的规模不断扩大，使得推出股指期货的条件越来越成熟。

　　股指期货最主要的功能是给我们带来了一种风险转移机制。首先，股指期货为我们提供了一个专业化的风险管理市场。有了这个市场，实体经济运行中客观存在的各种风险就有了转移的可能。通过精心设计的标准化合约，使原来在质上捆绑在一起的风险得以分解，在量上每种风险可以分割，也就是说，原来很抽象也很难计量的风险，现在变成了大家都很容易理解和度量的可交易产品。其次，股指期货市场还为从实体经济中转移出来的风险提供了一个高效的交易市场。不同投资者群体在这个集中管理的风险再分配场所中，通过反复的交易，风险规避者可以将风险转移给风险偏好者；当两个风险规避者之间面临的风险具有互补性时，双方都可通过交易规避风险；两个风险偏好者之间通过交易，也可能使得双方的风险配置及时调整。如此反复，投资者通过这个风险转移市场，通过改变各自面临的风险状况，改善了各自的风险偏好。

2006 年 9 月 8 日，中国金融期货交易所经国务院同意、中国证监会批准，由上海期货交易所、郑州商品交易所、大连商品交易所、上海证券交易所和深圳证券交易所共同发起设立，在上海成立。中国金融期货交易所的成立，对于深化资本市场改革，完善资本市场体系，发挥资本市场功能，具有重要的战略意义。2010 年 4 月 16 日，沪深 300 指数期货合约正式在中国金融期货交易所上市。中国金融期货交易所实行结算会员制度，采用电子化交易方式，致力于为提高经济的风险承受能力、增加经济弹性以及促进经济增长发挥积极作用。

2. 金融期权

金融期权是指赋予其购买者在规定期限内按双方约定的价格（以下简称协议价格）或执行价格购买或出售一定数量某种金融资产的权利的合约。对于期权的购买者来说，期权合约所赋予他的只有权利，而没有任何义务。他可以在规定期限以内的任何时间或期满日行使其购买期权的权利，也可以不行使这个权利。对期权的出售者来说，他只有履行合约的义务，而没有任何权利。当期权买者按合约规定行使其买进或卖出标的资产的权利时，期权卖者必须依约相应地卖出或买进该标的资产。作为给期权卖者承担义务的报酬，期权买者要支付给期权卖者一定的费用，称为期权费或期权价格。期权费视期权种类、期限、标的资产价格易变程度的不同而不同。

金融期权按不同的标准，可有如下分类：

（1）按期权买者的权利，期权可分为看涨期权和看跌期权。凡是赋予期权买者购买标的资产权利的合约就是看涨期权，而赋予期权买者出售标的资产权利的合约就是看跌期权。

（2）按期权买者执行期权的时限，期权可分为欧式期权和美式期权。欧式期权的买者只能在期权到期日执行期权（行使买进或卖出标的资产的权利），而美式期权允许买者在期权到期前的任何时间执行期权。

（3）按照期权合约的标的资产，金融期权合约可分为利率期权、货币期权（或称外汇期权）、股票指数期权以及金融期货期权。

3. 金融互换

金融互换（Financial Swaps）是约定两个或两个以上当事人按照商定条件，在约定的时间内交换一系列现金流的合约。传统的金融互换主要有利率互换和货币互换两种。

（1）利率互换。是指交易双方达成协议，相互掉换相同货币不同利率的债权或债务，即双方根据各自的相对优势，将同一种货币的不同利率的债务进行对双方有利的安排。利率互换又包括相同货币浮动利率与固定利率的互换和相同货币浮动利率与浮动利率的互换两种基本类型。

（2）货币互换。是指交易双方达成协议，将一种货币的本金和利息与另一货币的等价本金和利息进行交换。利率互换又包括不同货币固定利率与固定利率的互换、不同货币浮动利率与固定利率的互换、不同货币浮动利率与浮动利率的互换三种类型。

§3.4　金融市场的交易规则

3.4.1　股票市场的交易规则

1. 股票的发行

股票发行市场也称为一级市场、初级市场，它是指股份公司向社会增发新股的交易场所，包括公司初创期发行的股票及公司增资扩股所发行的股票。在这个市场上，是股票从无到有的增创过程，也是股份公司得以筹集资金的过程。一级市场的整个运作过程通常由咨询与准备、认购与销售两个阶段构成。

（1）咨询与准备阶段

这是股票发行的前期准备阶段，发行人（公司）须听取投资银行的咨询意见并对一些主要问题作出决策，这个过程包括下面几个环节。

①选择发行方式

股票发行的方式一般可分为公募和私募两类。

公募是指面向市场上大量的非特定的投资者公开发行股票。其优点是：可以扩大股票的发行量，筹资潜力大；无须提供特殊优厚的条件，发行者具有较大的经营管理独立性；股票可在二级市场上流通，从而提高发行者的知名度和股票的流动性。其缺点则表现为工作量大，难度也大，通常需要承销者的协助，发行者必须向证券管理机关办理注册手续，必须在招股说明书中如实地公布有关情况以供投资者作出正确的决策。

私募是指只向少数特定的投资者发行股票，其对象主要有个人投资者和机构投资者两类，前者如使用发行公司产品的客户或本公司的职工，后者如大的金融机构或与发行者有密切业务往来关系的公司。私募具有节省发行费用、通常不必向证券管理机关办理注册手续、有确定的投资者从而不必担心发行失败等优点，但也有需向投资者提供高于市场平均条件的特殊优厚条件、发行者的经营管理易受干预、股票难以转让等缺点。

②选定作为承销商的投资银行

公开发行股票一般都通过投资银行来进行，投资银行的这一角色称为承销商。许多公司都与某一特定承销商建立起牢固的关系，承销商为这些公司发行股票而且提供其他必要的金融服务。当股票发行数量很大时，常由多家投资银行组成承销团来处理整个发行，其中一家投资银行作为牵头承销商。我国当前尚未组建专门的投资银行，其职能只能由证券公司或信托投资公司来承担。

在私募的情况下，发行条件通常由发行公司和投资者直接商定，从而绕过了承销环节。在这种情况下，投资银行的中介职能就减弱了。

③准备招股说明书

招股说明书是公司公开发行股票的书面说明，是投资者了解和准备购买的依据。招股说明书必须包括财务信息和公司经营历史的陈述、高级管理人员的状况、筹资目的和

使用计划，以及公司内部悬而未决的问题，如诉讼等。

④制定发行价格

发行定价是一级市场的关键环节。如果定价过高，会使股票的发行数量减少，进而使发行公司不能筹到所需的资金，股票承销商也会遭受损失；如果定价过低，则股票承销商的工作容易，发行公司却会蒙受损失。对于再发行的股票，价格过低还会使老股东受损。发行价格主要有平价、溢价和折价三种。平价发行是指以股票票面所标明的价格发行；溢价就是指按超过票面金额的价格发行；折价发行就是指按低于票面金额的价格发行。其中，溢价发行又可分为时价发行和中间价发行，前者即按发行时的市场供求状况决定发行价格，后者则介于时价和平价之间。

（2）认购与销售阶段

发行公司着手完成准备工作之后，即可按照预定的方案发售股票。对于承销商来说，就是执行承销合同批发认购股票，然后售给投资者。具体方式通常有包销和代销两种。

包销是指承销商以低于发行定价的价格把公司发行的股票全部买进，再转卖给投资者，这样，承销商就承担了在销售过程中股票价格下跌的全部风险。承销商所得到的买卖差价是对承销商所提供的咨询服务以及承担包销风险的报偿，也称为承销折扣。

代销是指承销商许诺尽可能多地销售股票，但不保证能够完成预定的销售额，没有出售的股票可退给发行公司。这样，承销商不承担风险，但所收取的手续费也较低。

2. 股票的交易

股票交易市场也称二级市场、流通市场，是投资者之间买卖已发行股票的场所。股票交易按照交易场所的不同，划分为交易所交易（场内交易）和场外交易。这里我们主要介绍交易所交易的程序。

（1）选择经纪商

由于目前世界上的证券交易都实行经纪制度，普通投资者不能直接进入证券交易所买卖证券，必须通过作为证券交易所会员的证券经纪商代为买卖，因此，投资者在二级市场上进行证券投资时，必须首先选择一家从事证券经纪业务的证券经营机构作为自己的代理人。

（2）开设账户

在实行无纸化交易的情况下，投资者进入证券市场必须先开设账户，这是进入市场的通行证。投资者开设的账户包括证券账户和资金账户。证券账户一般是由证券中央登记结算机构及其代理机构来办理，投资者通过证券账户取得证券交易资格；资金账户一般由投资者确定的证券公司或商业银行开立，通过开设资金账户确定投资者与证券商之间的委托代理关系。

（3）买卖委托

买卖委托就是投资者向证券商发出买进或卖出某种证券指令的行为。买卖委托的内容以委托书为载体，具体包括证券的委托方式、委托有效期、委托价格等内容。

（4）竞价成交

证券商接受投资者委托后就迅速将委托指令传入本公司驻交易所的场内交易员，各会员单位的场内交易员通过双边拍卖的方式申报竞价。申报竞价方式有口头唱报竞价、书面申报竞价和电脑申报竞价三种方式。

（5）清算与交割

清算是在证券形成交易后，买卖双方核算应该支付的价款或收取证券的行为。证券的清算分为两级清算，即证券商之间的清算和证券商与投资者之间的清算。证券清算往往与交割交织在一起的。交割是卖方向买方交付证券而买方向卖方支付价款的行为。交割也分为证券商与证券商之间的交割和证券商与投资者之间的交割。

（6）过户

证券的过户是指通过法定程序变更证券持有者身份的手续。证券有记名与无记名之分，只有记名证券才有过户之说。

3.4.2　债券市场的交易规则

1. 债券的发行

从企业债券看，它的发行与股票类似，不同之处主要有发行合同书和债券评级两个方面。同时，由于债券是有期限的，因而其一级市场多了一个偿还环节。

发行债券应制定具体的发行基准和发行条件，一般在发行章程或发行合同书中加以确定。发行基准是指企业的经营状况和财务状况，包括资产负债率、盈利水平及累积利润额、资本比率等项指标；发行条件是指发债的一些具体安排，它要使发行者和投资者均能接受。这些条件是发行对象、时间、期限、方式，以及债券种类、期限、利率、面额、总发行额、还本付息方式等。

债券违约风险的大小与投资者的利益密切相关，也直接影响着发行者的筹资能力和成本。为了较客观地估计不同债券的违约风险，通常需要由中介机构进行评级，但评级是否具有权威性则取决于评级机构。目前，国际上最著名的两大评估机构是标准普尔公司和穆迪投资者服务公司，前者的评级标准按信用水平分为 AAA、AA、A、BBB、BB、B、CCC、CC、C 九级，另外，还设置了 CI 级（无利息收入的债券）和 D 级（处于违约状态的债券）。在我国，发行债券须经认可的债券评级机构加以评级。

发债企业将发债申请书、发行章程、经审计的财务报告、营业执照、评级报告等项材料上报债券管理机构进行审批，经批准后方可发行。

经批准发行的债券，实物债券即可按照国家对票面样式的要求，印制债券加以发行，记账式债券则无凭证而由计算机记载。债券的发行一般由证券经营机构承销。

债券的偿还一般可分为定期偿还和任意偿还两种方式。定期偿还是在经过一定限期后，每过半年或一年偿还一定金额的本金，到期时还清余额。这一般适用于发行数量巨大、偿还期限长的债券，但国债和金融债券一般不使用该方法。任意偿还是债券发行一段时间（称为保护期）以后，发行人可以任意偿还债券的一部分或全部，具体操作可根据早赎或以新偿旧条款，也可在二级市场上购回予以注销（买入注销）。投资银行往往是具体偿还方式的设计者和操作者，在债券偿还的过程中，投资银行有时也为发行者代理本金的偿还。

2. 债券的交易

债券的二级市场与股票类似，也可分为证券交易所、场外交易市场以及第三市场和第四市场几个层次。证券交易所是债券二级市场的重要组成部分，在证券交易所申请上市的债券主要是公司债券，但国债一般不用申请即可上市，享有上市豁免权。然而，上市债券与非上市债券相比，它们在债券总量中所占的比重很小，大多数债券的交易是在场外市场进行的，场外交易市场是债券二级市场的主要形态。债券二级市场的交易机制与股票并无差别，只是由于债券的风险小于股票，其交易价格的波动幅度也较小。

3.4.3 投资基金的交易规则

1. 投资基金的发行

在基金的发行市场上主要进行基金的发行和认购，二者是同时进行的。无论是封闭型基金还是开放型基金，初次发行总额都要分成若干等额份数（股份化），每份就是一个基金单位（或称一股）。如果某投资基金初次发行总额1亿元分为1亿份，那么其每一个基金单位（或每股）面值就为1元。不过其价格不一定是1元，发行价往往是面值加2%左右的手续费，以后价格依赖其每份净资产或市场供求状况变化。在基金的发行市场上，从投资者角度来说就是认购基金券，认购开放型基金时，开放型基金虽然总额变动，但初次发行时也要设定基金发行总额和发行期限，只有在3个月后才可能允许赎回和续售。对于封闭型基金，除规定了发行价、发行对象、申请认购方法、认购手续费，最低认购额外，还规定了基金的发行总额和发行期限。只要发行总额一经售完，不管是否到期，基金都要进行封闭，不再接受认购申请。

2. 投资基金的交易

基金券的流通原则上与股票流通相似，但开放型基金的二级市场与股市有较大区别。在基金初次发行完毕后，持有基金券的投资者希望卖出基金变现，持有现金的投资者希望买进基金投资，这些都要在证券二级市场实现。但是，对开放型基金而言，基金券的流通实质上是通过基金经理公司赎回或再次发行的行为实现。它的二级市场就在一级市场——基金经理公司柜台之中，广大投资者关于基金券的交易对象一般总是经理公司而非其他投资者。对封闭型基金而言，基金成立3个月后基金经理公司就会申请基金上市（在证交所上市或地区证交中心上市），此后基金券的买卖都像股票买卖一样在二级市场委托证券公司代理买卖，其价格由市场供求决定，大家竞价买卖。

【本章小结】

1. 金融市场是指以金融资产为交易对象而形成的供求关系及其机制的总和。金融市场的主体、客体、媒体和组织方式便构成了金融市场四大要素。金融市场发挥着聚敛、配置、调节和反映四大功能。

2. 金融市场是由许多具体的子市场组成的庞大的市场体系。根据不同的标准对金融市场进行划分，可以分出存在差异的许多具体的子市场。根据交易对象的差异，金融市场包括货币市场、资本市场、外汇市场和黄金市场这四类子市场。按金融资产的发行和流通特征划分，可分为一级市场和二级市场。按交割方式不同，可分为现货市场和衍生市场。按地域分，可分为国内金融市场和国际金融市场。

3. 金融市场上的金融工具品种繁多，主要的金融工具有货币、银行存款、银行贷款、商业票据、债券、股票、投资基金和各种金融衍生工具。货币是在商品或劳务的支付中或债务的偿还中被普遍接受的一般等价物。存款是银行的主要负债，它体现了银行与存款客户之间的一种信用关系。贷款是指商业银行将组织到的资金按照一定的利率贷放给客户，并约定到期还本付息的资金借贷业务。票据是具有法定格式，表明债权债务关系的一种有价凭证，包括汇票、本票、支票三种类型。债券是由债务人发行的承诺在未来某个时间以约定的利率还本付息的债务凭证。股票是由股份有限公司发行的、表示其股东按其持有的股份享受权益和承担义务的可转让的资产凭证。投资基金是通过发行基金股份（或受益凭证），将投资者分散的资金集中成一定规模并进行定向投资的周转资金，由专业管理人员分别投资于股票、债券或其他金融资产，并将投资收益分配给基金持有者的一种金融中介机构。金融衍生工具是指在金融原生工具基础上衍生出来的一种新的金融资产。金融衍生工具的种类有很多，其中主要有金融期货、金融期权和金融互换三种基本类型。

4. 股票发行市场的整个运作过程通常由咨询与准备、认购与销售两个阶段构成。股票交易一般需要经过选择经纪商、开设账户、买卖委托、竞价成交、清算与交割、过户等程序。从企业债券看，它的发行与股票类似，不同之处主要有发行合同书和债券评级两个方面。同时，由于债券是有期限的，因而其一级市场多了一个偿还环节。债券的交易市场与股票类似，也可分为证券交易所、场外交易市场以及第三市场和第四市场几个层次。在基金的发行市场上主要进行基金的发行和认购，二者是同时进行的。基金券的流通原则上与股票流通相似，但开放型基金的二级市场与股市有较大区别。

【关键概念】

金融市场　股票　普通股　优先股　债券　投资基金　金融衍生工具

【复习思考题】

1. 如何理解金融市场的内涵？
2. 金融市场由哪些要素构成？
3. 在当代经济中，金融市场具有哪些功能？
4. 金融市场由哪些子市场构成？
5. 普通股和优先股的区别是什么？
6. 金融期货的特点是什么？
7. 股票有哪几种发行方式？

【本章参考文献】

[1] 黄达. 货币银行学 [M]. 北京：中国人民大学出版社，1999.

[2] 江其务. 货币银行学 [M]. 西安：陕西人民出版社，2002.

[3] 王松奇. 金融学 [M]. 北京：中国金融出版社，2000.

[4] 张亦春. 金融市场学 [M]. 北京：高等教育出版社，1999.

[5] 夏德仁，王振山. 金融市场学 [M]. 大连：东北财经大学出版社，2002.

[6] 杜金富. 金融市场学 [M]. 大连：东北财经大学出版社，2005.

[7] 曹龙骐. 货币银行学 [M]. 北京：高等教育出版社，2000.

[8] 路透. 金融衍生工具导论 [M]. 北京：北京大学出版社，2001.

[9] 李小赣，田昆. 投资基金与基金投资 [M]. 北京：华文出版社，1998.

[10] [美] 乔治·考夫曼. 现代金融体系：货币、市场和金融机构 [M]. 北京：经济科学出版社，2001.

[11] 李扬，王国刚. 资本市场导论 [M]. 北京：经济管理出版社，1998.

[12] 叶永刚，郑康彬. 金融工程概论 [M]. 武汉：武汉大学出版社，2000.

第 4 章

利率体系

【导读】

利率是重要的经济杠杆之一，也是金融系统中最为重要的经济变量之一。它是理解金融决策行为的基石。本章首先介绍利息的含义与本质、利率的表现形式，然后分析主流的利率决定理论，如流动性偏好理论、可贷资金模型理论、利率的期限结构理论等，并具体分析利率水平的主要决定和影响因素。

§4.1 利息及利率的分类

4.1.1 利息及其本质

利息的定义多种多样，一般认为，利息是借款人支付给贷款人的报酬。利息是伴随着信用关系的发展而产生的经济范畴，并构成信用基础。研究利息的本质问题主要有两个方面内容：一是利息从何而来；二是利息体现什么样的生产关系。

马克思认为，在资本主义制度下，资本所有权和使用权分离，货币资本家将货币资本贷给职能资本家，经过一段时期，职能资本家将所借资本归还给货币资本家。在借贷资本回流中，职能资本家除了还本以外，还要将增值的一部分作为利息支付给货币资本家。因此，利息本质上是部分平均利润、剩余价值的特殊转化形式。马克思认为，资本所有权与资本使用权分离，借贷资本成为资本商品是利息产生的经济基础。在资本主义商品经济活动中，必然产生货币资本的闲置和对闲置的货币资本的需要。在闲置的货币资本属于不同经济利益的所有者的情况下，必然产生资本所有权与资本使用权的分离。货币资本家在贷出期内，将资本商品的使用价值即生产利润的能力让渡给职能资本家，后者运用借入的资本，购买生产资料和特殊商品——劳动力进行生产，生产出的商品价值大于预付资本的价值，这个增值额就是剩余价值。剩余价值转化为利润。职能资本家与借贷资本家共同瓜分剩余价值，利润分割为两部分：企业主收入和利息。所以，利息是利润的一部分，是剩余价值的转化形式。

关于利息的含义，西方经济学中有多种说法，但基本上是沿袭这样一个思路：利息是对放弃货币的机会成本的补偿。具体而言，可分为资产阶级古典政治经济学派和近现代资产阶级经济学派两部分的观点。

1. 资产阶级古典政治经济学派关于利息来源与本质的观点

资产阶级古典政治经济学派中，对利息的认识也有两个角度。配第、洛克、诺思等人认为利息是与借贷货币资本相联系的一个经济范畴，并且从借贷货币资本的表面运动来分析利息的来源和本质。自马西开始，利息的研究倾向于对利息来源的分析，认为利息是与分配理论相联系的一个范畴。利息是社会总收入的一部分，是资本所有者的报酬。

配第和洛克都从地租的存在来推导利息的来源、本质和利息存在的合法性。洛克认为利息源于货币分配不均，因此，利息的性质就是放弃货币所有权的报酬。配第认为出租土地能够收取地租，那么出租货币也应收取货币租金，利息就是一种货币租金，而且利息的多少至少要等于用借到的货币所能够买到的土地所生产的地租，不然货币所有者就不会贷出他的货币，而宁愿将其货币用来购买土地，然后出租以获取地租。洛克也认为借款人付利息，其理由和租地人因为租用土地而付地租一样，因此，利息和地租一样具有合法性。

坎蒂隆的利息理论与配第和洛克不同，他认为利息源于贷出者要承担贷出货币的风险，利息实质上是风险的补偿。坎蒂隆认为：贷款者在贷出资金后要承担不同的风险。在没有担保和抵押品的情况下，贷出者要承担损失全部资金的风险。在有担保和抵押品的情况下，贷出者要承担借入者信誉、生产经营状况、利润的高低和生活费用的花销等因素引起的违约风险。因此，借入者从利润中拿出一部分支付贷出者作为承担风险的报酬，这就是利息。

诺思比洛克更进一步，他认为利息源于资本的余缺。一部分人掌握资金，但缺乏经营的经验、技能和条件，另一部分人具有这些才干，但缺乏资金，于是就出现多余资本的出租行为——借贷。他将借贷与贸易结合起来考察利润的产生。贸易是剩余产品的交换，而借贷是剩余资本的交换，贸易产生利润，借贷产生利息。利息率的高低受借贷资本供求关系的影响。在诺思那里，利息是资本的租金。

马西是首次从利息的来源分析利息的性质的经济学家。在他看来，货币可以转化为资本，由此获得了一种特殊的使用价值即生产利润的能力，货币资本家贷给职能资本家的实际上就是货币的这种使用价值，利息就是所借的东西生产的利润的一部分。马西的主要观点是：利息是利润，并且是利润的一部分。

亚当·斯密在此基础上更进一步指出利润是剩余价值的转化形式。他把利息的来源分解为两种：一是如果把借贷的资金用于投资，利息来源于利润，是剩余价值转化形式；二是如果把借贷的资金用于直接消费，利息来源于别的收入，像地租之类。

2. 近现代资产阶级经济学家关于利息来源与本质的观点

在近现代资产阶级利息理论中，对利息性质的研究角度与古典经济学不同。后者主要从借贷关系和分配关系来研究利息的产生和性质，前者主要从资本的范畴、人的主观意愿和心理活动等角度来研究利息的性质。

从资本的范畴来研究利息的性质主要有资本生产力论和资本使用论，主要代表人物是萨伊。资本生产力论认为利息是资本生产力的产物。萨伊认为，借贷资本的利息由两个部分组成：保险费性质的利息和利息本身。保险费性质的利息是借出资本者承担一定风险的报酬。它在整个利息中所占的比重，视贷款风险而定。这种保险费性质的利息不同于利息本身，利息本身指纯利息。它是对借用资本所付的代价。这种利息源于资本的生产力。因此，利息是资本自身生产力的产品。

资本使用论是资本生产力论的发展。主要内容是：资本的使用是资本的一种品质，这种品质与资本本体相分离而独立。资本的"使用"有其独立的性质，相应地有其独立的价值。要想从资本中获得收益，在生产过程中单独牺牲资本的本体是不够的，资本的"使用"也必须同时牺牲。所以产品价值总要大于资本本体的价值。增值是资本"使用"的牺牲，利息是资本"使用"牺牲部分的报酬。

从人性和人的心理活动来研究利息性质的理论有节欲论、人性不耐论和时间偏好论等。节欲论的倡导者是西尼尔。他认为节欲是利息来源的原始因素。利息是资本家节欲行为的报酬。西尼尔用"节欲"这个词代替资本，强调资本由储蓄形成，而增加储蓄就必须减少当前消费，这需要人们忍受额外的牺牲。因此，利息就是资本家牺牲自己的消费来增加资本的报酬。

库西尔—塞尼尤尔则把劳动分为两种：俭省劳动和体力劳动。俭省劳动是指为积储资本而抑制目前的享乐，用于应付未来欲望的节俭。所以，节俭可通称为劳动。既然体力劳动可以得到工资报酬，那么节省劳动同样应得到报酬。节省劳动的报酬就是利息。

马歇尔和尤塞尔倡导的利息等待论其实是西尼尔的节欲论的翻版。马歇尔的等待论与西尼尔的节欲论都是从等待的必要性中寻找利息的最终根据，并把时间看做是原始利息。他们一致认为等待或节欲是资本家的一种牺牲，利息是等待或节欲的报酬。

时差利息论是奥地利著名学者庞巴维克提出的。他认为：（1）现在物品通常比同一种类和同一数量的未来物品更有价值。（2）通常人们都对现在的物品评价高，而对未来的货物评价低。人生的短促和生命周期的不确定，使人们在选择现在享受还是未来享受时，偏重现在享受，而将计划用于将来的钱财提前消费，因此人们具有偏爱现在、低估未来的倾向。（3）现在物品较将来物品具有技术上的优越性，即资本家运用现在的物品从事迂回生产，即延长生产过程以获得较高的生产率，在未来得到更多的物品。因此，将现在物品与未来物品相比较，这种价值上的差别正是一切资本利息的来源，利息就是时间的报酬。

费雪则完全从人的主观因素来分析利息的产生和性质。他认为人们宁愿现在获得财富而不愿将来获得财富的不耐心情或时间偏好是利息理论的基础。利息是"人性不耐"的结果，与生产完全无关。

凯恩斯在批判古典学派利息理论的基础上建立了自己的流动性偏好论。他认为，由于交易动机、预防动机和投机动机的存在，人们乐于持有现金。这样，人们对具有完全流动性的资产有一定偏好。企业和商人欲取得一定货币，就必须以支付一定的报酬为条

件，来诱使公众让渡出一部分货币。利息是公众放弃对货币灵活性偏好的一种报酬。

希克斯与凯恩斯一样，把利息问题当做是一种纯粹的货币现象，但是他认为利息起源于证券的不完全货币性。证券是一种不具有普遍接受性的近似货币，因而其现在的价值总是低于其票面价值，利息就是对他们的不完全的货币性的衡量。

关于西方经济学者对利息本质的看法，可归纳为表 4 – 1 的内容。

表 4 –1　　　　　　　　　　西方关于利息来源和本质的理论

威廉·配第	利息是因暂时放弃货币使用权而获得的报酬
约翰·洛克	利息是一种货币租金
坎蒂隆	利息是贷出者承担贷出货币的风险补偿
达德利·诺思	利息是资本的租金
约瑟夫·马西	利息是借款者为获得货币资本的使用价值而付出的代价，它源于货币资本在适当使用时能够产生的利润
亚当·斯密	利息是一部分剩余价值的转化形式
萨伊	利息是资本自身生产力的产品
N. W. 西尼尔	利息是资本家节欲来增加资本的报酬
阿弗里德·马歇尔	利息从贷者看是等待的报酬，从借者看是使用资本的代价
约翰·克拉克	利息来源于资本的边际生产力
庞巴维克	利息是未来财富对现在财富的时间贴水
凯恩斯	利息是放弃流动性偏好的报酬
欧文·费雪	利息是由供给方自愿延迟消费的倾向和投资机会或资本的边际生产率两个因素共同决定的
希克斯	利息是对证券不完全货币性的衡量

4.1.2　利率及其分类

利息率，简称利率，是指一定时期内利息额和本金额的比率，即利率 = 利息/本金。利率按照不同的标志，可以有多种不同的分类。如，按照计算期限的不同，利率分为年利率、月利率和日利率三种；按照管理方式的不同，利率可分为固定利率和浮动利率；按利率是否按市场规律自由变动可分为市场利率、官定利率、公定利率；按照是否包含通货膨胀因素，利率可分为名义利率和实际利率。

1. 年利率、月利率和日利率

按照为了获得利息所需要等待的时间的长短为标准，可以把利率分为年利率（Annual Interest Rate）、月利率（Monthly Interest Rate）和日利率（Daily Interest Rate）。年利率是指按年计算的利率，通常用百分数表示；月利率是指按月计算的利率，通常用千分数表示；日利率是指按天计算的利率，通常用万分数表示。三者可相互换算：

$$年利率 = 12 \times 月利率 = 365 \times 日利率$$
$$日利率 = 月利率 \div 30 = 年利率 \div 365$$

2. 固定利率和浮动利率

固定利率是指利息率在借贷期内不随借贷资金的供求状况而波动的利率。固定利率的最大特点是利息率不随市场利息率的变化而变化，因而具有简便易行、易于计算借款成本等优点。在借款期限较短或市场利率变化不大的条件下，可采用固定利息率。但是，当借款期限较长或市场利率变化较快时，其变化趋势很难预测，借款人或贷款人可能要承担利率变化的风险，因此，对于中长期贷款，借贷双方都不愿采用固定利率，而乐于选择浮动利率。

浮动利率又称可变利率，是指随市场利率的变化而定期调整的利息率。调整期限和调整时作为基础的市场利率，由借贷双方在借款时议定。例如，欧洲货币市场上的浮动利率，调整期限一般为 3~6 个月，调整时作为基础的利率大多采用伦敦银行间同业拆借市场的同期利率。

实行浮动利率，借款人在计算借款成本时要困难一些，利息负担也可能加重，但是，借贷双方承担的利率变化风险较小，利息负担同资金供求状况紧密结合。因此，一般中长期贷款都选用浮动利率。

3. 市场利率、官定利率和公定利率

按利率是否按市场规律自由变动可分为市场利率、官定利率、公定利率。市场利率是指在借贷货币市场上由借贷双方通过竞争而形成的利息率，包括借贷双方直接融通资金时商定的利率和在金融市场上买卖各种有价证券时的利率。市场利率是借贷资金供求状况变化的指示器。当资金供给超过需求时，利率呈下跌趋势，反之，当资金需要超过供给时，利率呈上升趋势。由于影响资金供求状况的因素十分复杂，因而市场利率变动非常频繁、灵敏。

官定利率是指一国政府通过中央银行而确定的各种利息率。例如，中央银行对商业银行和其他金融机构的再贴现率和再贷款利率加以规定。在现代经济中，利息率作为国家调节经济的重要经济杠杆，利率水平不再是完全随资金供求状况自由波动，国家通过中央银行确定的利率调节资金供求状况，进而调节市场利率水平。因此，官定利率在整个利率体系中处于主导地位。

公定利率是指由非政府部门的金融民间组织如银行公会等确定的利率。它对会员银行有约束作用。

4. 名义利率和实际利率

在纸币流通的条件下，由于纸币代表的价值量随纸币数量的变化而变化，因此，当流通中纸币数量超过市场上的货币需要量时，单位纸币实际代表的价值量必然下降，于是就产生了纸币的名义价值与实际价值之分，进而出现了名义利率与实际利率之分。

名义利率是以名义货币表示的利息率，即我们平时所说的利息率。例如，我们说存款利率为 9%，这个利率就是名义利率。

实际利率就是名义利率剔除通货膨胀因素以后的真实利率。其计算公式为
$$1 + i = (1 + r)/(1 + P) \quad 或 \quad i \approx r - P$$

式中：i 表示实际利率，r 表示名义利率，P 表示借贷期间的通货膨胀率（物价上涨率）。

当 $r > P$，则 $i > 0$，实际利率为正数，借贷资金增值；$r = P$，则 $i = 0$，实际利率为零，借贷资金保值；$r < P$，则 $i < 0$，实际利率为负数，借贷资金贬值。

5. 即期利率与远期利率

资金借贷合约按照是否立即进行交易，可分为即期交易和远期交易，相对应地，其合约约定的利率分别叫做即期利率和远期利率。所谓即期利率，是指从目前时点开始计算的未来一定期限的利率水平。如果目前投资的 1 元本金在一年末得到 1.05 元，那就意味着 1 年期的即期利率为（1.05 - 1）/1 = 5%。所谓远期利率，是指在当前确定的未来两个时点之间的利率水平。如果一份远期协议规定，贷款人同意在一年后向借款人提供 1 年期的贷款 100 万元，到期借款人归还 106 万元，那么这个（106 - 100）/100 = 6% 的年利率就是一种远期利率，即一年之后的年利率。

远期利率是由一系列即期利率所决定的。例如，有两个其他条件完全相同的债券（同一个发行主体、合同期内物价水平不变、经济不确定性程度不变等），一种债券是 1 年期，即期年利率 5%；另一种债券是 2 年期，即期利率为 5.2%。那么其隐含的相同条件下的第一年末到第二年末的远期年利率 i 可以根据下式确定，即（1 + 5%）（1 + i）= (1 + 5.2%)^2，解此方程可得第一年末到第二年末的远期利率为 5.4%。

§4.2 利率水平的决定

4.2.1 流动性偏好理论

凯恩斯建立和发展了一种通过货币的供求关系来分析利率的决定机制的理论框架。凯恩斯的这一理论模型称为流动性偏好理论。

凯恩斯把人们用来储藏财富的资产分为两类：货币和债券。在这个假定下，凯恩斯认为经济中的财富总量等于经济中的债券总量与货币总量之和，即等于债券的供应量 B_s 与货币的供应量 M_s 之和。由于人们购买资产的数量受到所拥有的财富总量的限制，因此人们愿意持有的债券数量 B_d 与愿意持有的货币数量 M_d 之和也必须等于财富总量，B_d 为债券需求量，M_d 为货币需求量。这样，就得到如下等式：

$$M_s + B_s = M_d + B_d$$

把有关债券的项全部放到左边，有关货币的项全部放到右边，则上述等式可改写为

$$B_s - B_d = M_d - M_s$$

$B_s - B_d$ 为债券的超额供应，是过多供给的债券数量，人们没有持有它们。$M_d - M_s$ 是货币的超额需求，是人们愿意过多持有的货币数量。该等式说明，经济中过多供给的债券数量等于人们愿意过多持有的货币数量。

由等式可知，如果货币市场处于均衡状态，即货币需求 M_d 等于货币供给 M_s，那么债券的超额供应为零，即债券供给等于债券需求，债券市场也处于均衡状态。同样，如

果债券市场处于均衡，那么货币市场也就处于均衡之中。这样一来，通过让债券供求相等来决定利率，与通过让货币供求相等来决定利率，就没有什么区别。

凯恩斯在收入水平既定的前提下讨论货币供求决定利率的问题。凯恩斯货币需求理论将货币需求视做收入 Y 和利率 i 的函数，与收入同向变动，与利率反向变动。这里，利率是指债券的利率。现在，由于假定了收入既定，因此货币需求就只是利率的函数——$M_d = M_d (i)$，收入只是决定了货币需求曲线的位置。根据货币需求量同利率之间的反向变动关系，货币需求曲线向右下方倾斜（如图 4-1 所示）。

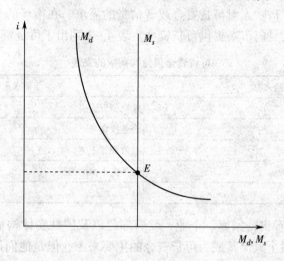

图 4-1　货币供求决定利率

凯恩斯还假定，经济中的货币供应量是由中央银行直接控制的。由于收入既定，货币供应量总量便是一个不随利率变化而变化的量，设中央银行控制下的货币供应量为 M_s，则货币供应函数是常值函数——$M_s (i) = M_s$，从而货币供应曲线是一条垂直于横轴的直线（如图 4-1 所示）。

如果在当前利率下存在着货币的超额需求，即需求大于供给，货币供不应求，那么在市场力量的推动下利率将要上升，使货币需求量减少下来（债券价格下降，人们将增加对债券的购买量，从而使人们持有的货币数量减少下来）。相反，如果当前利率下存在货币的超额供给，即货币供过于求，那么市场力量又会推动利率的下降，使货币需求量增加（债券价格上涨，人们将出售持有的债券，从而使人们的货币持有量增加）。

货币持有量的这种变动过程，在达到图 4-1 中 E 点所表示的需求量等于供给量的状态时停止下来，利率的变动也就随之停止下来。此时，市场交易才最终做成（因为非此时刻，利率处于不断变动之中，交易双方仍在商定利率）。可见，货币需求与货币供给相等是货币市场的一种相对静止的均衡状态，是使市场利率最终得以确定下来的状态，称这种状态为货币市场均衡，相应的利率就是均衡利率。所以，方程 $M_d(i) = M_s$ 的解 i^* 就是通过货币供求所确定的市场利率，即均衡利率。

4.2.2 可贷资金理论

凯恩斯的流动性偏好理论和货币数量决定利率水平的理论在 20 世纪 30 年代后期遭到了瑞典学派的俄林和凯恩斯早年在剑桥大学任教时的学生罗伯逊的批评，俄林和罗伯逊提出了可贷资金论，可贷资金模型经常成为经济学家和金融分析家用于预测利率的方法。在此模型中，利率被定义为取得借款权或可贷资金使用权而支付的价格。借款者——社会上的负债消费方发行债权，为超出当前他们收入或手中资金的那部分支出融资。这些债权构成了借款人对可贷资金或者信贷的需求。在市场的另一面，贷款者试图购买金融债权，也就是向市场提供可贷资金。表 4-2 列出了可贷资金的供给与需求。

表 4-2 可贷资金供给和需求的来源

供给来源	需求来源
个人储蓄	家庭信贷购买
商业储蓄	企业投资
政府预算盈余	政府预算赤字
货币供给的增加	国外向本国的借款
国外向本国的贷款	

从表 4-2 可以看出，家庭、企业、政府部门以及国外实体构成了可贷资金市场的供求双方。家庭通过个人储蓄成为可贷资金的主要来源，但是他们通过消费者信贷购买和房屋抵押贷款等方式成为资金的需求者。企业储蓄也是可贷资金的一个来源途径，同时，企业对厂房、设备以及存货的投资又产生了对可贷资金的需求。中央政府和地方政府以购买债券或其他的支付方式向市场注入闲置现金提供可贷资金的供给，而另一方面，政府的预算赤字又产生了对可贷资金的需求。最后，国外贷款也是一种资金来源，而国外借款则意味着对本国资金的需求。

如果我们以净额为基础考察可贷资金市场的话，将发现可贷资金的需求者通常（债务工具的发行者）包括政府、市政以及商业企业。而这些债权的纯买入者——资金供给者主要包括家庭和国外贷款者。

就像市场上小麦的供求数量取决于小麦的价格一样，可贷资金的供求数量也决定于可贷资金的价格——利率。这种原理如图 4-2 所示。在图中，S_{LF} 和 D_{LF} 分别表示对可贷资金的供给和需求曲线。这些曲线的形状（斜率）可以直观地通过反映各个资金供求来源的利率的估算来解释。

可贷资金供给曲线（S_{LF}）是一条向上倾斜的利率函数曲线。古典经济学家认为利率是对放弃当前消费而用于储蓄的一种激励。作出储蓄的决定，意味着个体以未来的消费替代当前的消费。利率越高，未来消费的数量越多——通过放弃当前消费储蓄获得。因此，高利率有助于克服人类的时间偏好——对当前消费的偏好超过对未来消费的偏好的特性并由此而鼓励储蓄。

通常来看，经济学研究没有发现储蓄对利率的变化有极强的反应。就其本身而言，

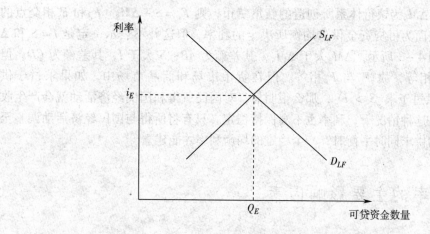

图 4 - 2 可贷资金的供给和需求与利率的决定

这种发现可能意味着图 4 - 2 中的供给曲线更陡或接近垂直。而其他因素的作用使资金供给的数量对利率变化产生反应。比如，货币供应可能直接随利率而改变，因为随着利率的上升，银行愿意提供更多的贷款。此外，一国利率上升可以把外部资金吸引到该国的金融市场中，因为巨大的金融游资可以为了获得较高的收益率而不断地从一国转移到另一国。因此，S_{LF} 曲线是向上倾斜的。

可贷资金的需求曲线是向下倾斜的。这是因为利率下降将刺激融资项目的支出。此外，如果其他因素不变的话，一国的低利率将通过借款——购买耐用品、新房屋，向厂房、设备、存货以及非本地不动房产的投资等方式增加外国人对该国的借款。

利率则由可贷资金的供求曲线相交点决定。这种理论的优点是兼顾了实质因素储蓄和投资，又同时运用了流量和存量分析方法，如图 4 - 3 所示。

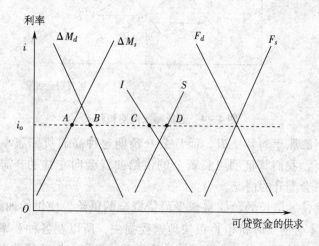

图 4 - 3 俄林—罗伯逊可贷资金供求决定利率的曲线

F_d 为可贷资金的总需求，I 为当前投资与固定资本重置和补偿的总和，ΔM_d 为现金新增累积和窖藏量。根据定义，$F_d = I + \Delta M_d$。F_s 为可贷资金总供应，S 为当前储蓄和过

去储蓄的总和，ΔM_s 为银行体系所创造的新增货币，则 $F_s = S + \Delta M_s$。F_d 和 F_s 相交点的利率水平虽然表面为可贷资金供求均衡所决定的利率，但这并不表示一定是 $I = S$ 和 $\Delta M_d = \Delta M_s$。如图 4 – 3 所示，ΔM_d 大于 ΔM_s，其差额为 AB；S 大于 I，其差额为 CD。但由于 AB 和 CD 相等，故 F_d 与 F_s 相等。但在货币市场和商品市场中，如果求过于供（$M_d > M_s$）或供过于求（$S > I$），那么很明显，对国民所得和国民经济活动就会产生收缩性的压力，在这种情况下，利率也不会保持稳定。只有将所得与国民经济活动调整至货币供求和实物供求同时平衡时，一个稳定的均衡利率才能建立。

§4.3 利率的主要影响因素

4.3.1 通货膨胀预期

在预期通货膨胀率上升的期间，利率水平有很强的上升趋势；而当预期通货膨胀率下降时，利率水平也将下降。可贷资金模型可以解释这种现象。假设几年来通货膨胀相对温和，在这种情况下，可贷资金的供给和需求曲线以图 4 – 4 中的 S_{LF}^1 和 D_{LF}^1 表示，均衡点为 A，均衡利率为 i_1。

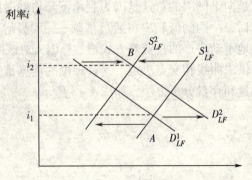

图 4 – 4 通货膨胀预期和利率

现在假设通货膨胀率每年上升，而且公众预期这种高通货膨胀率仍将持续一段时间。在这种情况下，我们将证明可贷资金的供给曲线会向左移动、需求曲线则向右移动、均衡利率水平会上升的情况。

对通货膨胀率持续增长的预期将减少可贷资金的供给，使供给曲线从 S_{LF}^1 向左移动到 S_{LF}^2。由于预期本金的实际价值将很快地遭受损失，所以在各种利率水平下愿意贷出的货币数量减少。贷款者会考虑选择贷款的替代方式投资。有些贷款者可能会选择购买普通股股票、黄金和其他贵重金属、不动产或者其他被认为能比债务工具更有效地抵御通货膨胀的资产。由于这些原因，可贷资金的供给减少（向左移动）。在任意给定的利率水平下，由于预期通货膨胀增加了，贷款变得没有吸引力了。

同时，预期通货膨胀的上升也增加了对可贷资金的需求。在各种利率水平下，由于借款的意愿增大，需求曲线从 D_{LF}^1 向右移动到 D_{LF}^2。这是因为用借来的资金购买的商品或资产的价格或名义价值预期将随通货膨胀率的上升而升高，而借款本金的名义价值则不会变。或者也可以说成，用借贷资金建设的项目或购买商品的实际价值在通货膨胀期间保持不变，而实际的债务负担却减少了。因此，预期通货膨胀率上升将导致在每一个可能的利率水平上的房屋开工率上升，房屋信贷购买增加，对厂房、设备和存货的投资增多。所以在预期通货膨胀率上升时，图 4-4 中的可贷资金的需求曲线会向右移动。

由于预期通货膨胀率上升，使可贷资金的供给减少而需求增加，所以均衡点从 A 点移到了 B 点，可贷资金的均衡价格——利率升高。假设存在一个不受控制的竞争性的金融市场，图 4-4 中的利率将从 i_1 上升到 i_2。预期通货膨胀率变化引起利率水平发生变动的效应被称为费雪效应（Fisher Effect），它是以最先发现利率和预期通货膨胀率之间联系的美国经济学家费雪（Irving Fisher）命名的。

费雪效应指出名义利率与预期通货膨胀率有如下关系：

$$i = r + \beta p^e$$

式中：i 为名义利率；r 为实际利率，即通货膨胀率为零时的利率；p^e 为预期的通货膨胀率；β 为名义利率相对预期通货膨胀率变化调整的系数。

如果真实利率（r）保持恒定而 β 等于1，则实际利率（i）的变动将完全决定于预期通货膨胀率（p^e）的变动。费雪假说的激进派认为 β 值等于1，也就是说利率与预期通货膨胀率按 1:1 的方式变动。费雪假说的保守派仅认为 β 值是正的并有重要作用，即预期通货膨胀率对利率有较大影响。比如，如果真实利率（r）保持恒定且为 2%，而预期通货膨胀率从 3% 增至 8%，那么在费雪假说的激进派看来，实际利率将从 5% 上升到 10%。这被称为通货膨胀中性现象，因为在这一实际现象中，利率的上升中和了高通货膨胀使财富在贷款人和借款人之间再分配的影响。

4.3.2 违约风险

债券发行人可能违约，即不能支付利息或者在债券到期日不能清偿面值，这是债券所具有的风险，它影响着债券的利率。遭受巨大损失的公司，很可能延期支付债券利息，这些公司债券的违约风险很大。相反，政府总是能够通过增加税收或印刷钞票的办法来清偿其债务，因此政府债券几乎没有什么违约风险，这类债券被称为无违约风险债券。有违约风险债券与无违约风险债券之间的利率差额，称为风险升水（Risk Premium），它是人们为持有某种风险债券所必须获得的额外利息。运用债券供求分析，我们可以解释具有违约风险的债券通常具有正的风险升水且风险越大、风险升水越大的原因。

为了考察违约风险对债券利率的影响，我们观察一下公司长期债券（有违约风险）和财政债券（无违约风险）的供给和需求情况。假定最初这两种债券都没有违约风险。因此，最初这两种债券具有相同的属性（相同的风险和期限）、相同的初始均衡价格和

相同的初始均衡利率，所以公司债券的风险升水为零。用 i_1^c 和 P_1^c 分别表示公司债券最初的均衡利率和均衡价格，用 i_1^T 和 P_1^T 分别表示财政债券最初的均衡利率和均衡价格，则 $i_1^c = i_1^T$ 且 $P_1^c = P_1^T$，从而风险升水等于零，即 $i_1^c - i_1^T = 0$。

如果公司在其后的生产经营中遭受了惨重的损失，则公司债券的违约风险增大，预期收益率降低，公司债券的收益率变得不确定，相对于无违约风险的财政债券来说，公司债券的预期收益率较低，风险相对较大，因而受投资者欢迎的程度降低，导致需求下降。这样，公司债券违约风险的增加使公司债券的需求曲线向左移动，由于其他条件不变，供给曲线位置不动，因此公司债券的均衡价格下降，均衡利率上升。

在公司债券均衡利率变动的同时，无违约风险的财政债券的预期收益率相对上升，相对风险变得更小，从而更受投资者的欢迎，导致需求增加，需求曲线向右移动。其结果是财政债券的均衡价格上升，均衡利率下降。我们可以断定：有违约风险的债券，总是具有正的风险升水，并且风险升水随着违约风险的增加而增加。

违约风险对债券的风险升水大小有着如此重要的影响，债券购买者在购买公司债券时就需要了解该公司违约的可能性到底有多大。穆迪公司和标准普尔公司是两家主要的投资顾问公司，它们依据债券违约的可能性大小对债券作出信用评级，向债券购买者提供有关违约风险的信息。表 4-3 描述了这两家公司对债券作出的信用评级。根据标准普尔和穆迪的标准，等级在 BBB 级或 Baa 级以上的债券都被认为是投资级债券（Investment - Grade Bonds），信用等级较低的如 BB 级或 Ba 级以下的债券则被认为是投机级债券（Speculative - Grade）或垃圾债券（Junk Bonds）。

表 4-3　　　　　　　　　穆迪公司和标准普尔公司的债券信用评级

债券质量	标准普尔公司级别	穆迪公司级别	说　明
高级债券	AAA 级	Aaa 级	最高资信等级，被称为金边债券。投资风险最低，本息偿付的保证很强
	AA 级	Aa 级	与最高级债券相比仅有细微的风险增加，因此投资者要求的收益率也会增加
中级债券	A 级	A 级	与高级债券相比，财务能力欠稳定，易受经济活动的影响
	BBB 级	Baa 级	遇到不利情况时，偿债能力较差
投机性债券	BB 级 B 级 CCC 级 CC 级	Ba 级 B 级 Caa 级 Ca 级	就偿债能力而言，这些信用等级的债券均被认为是具有投机性的债券
违约债券	C 级 D 级	C 级	这种类别的债券目前不付息，往往拖欠利息，甚至拖欠到期的本金或不还本

资料来源：W. F. Sharpe. Investments（5th Edition）［M］. Prentice Hall, 1998, p. 295.

4.3.3　税率水平

税率水平之所以影响金融资产的利率，是因为金融资产持有人真正关注的是金融资产的税后收益。如果金融资产利息收入的税收待遇因金融资产的种类不同而存在差异的话，这种差异应当会反映在税前的利率上。在其他条件相同的情况下，金融资产利息收入的税率越高，它的利率也应当越高，否则金融资产持有人的税后实际收入将减少。

举一个常见的例子。假如你有 1 000 元闲置资金想投资于 1 年期的金融资产。经过研究，你决定在如下两个金融工具之间进行选择，一是 1 年期的国有商业银行定期存款，年利率为 2.52%；另一个是 1 年期的国债券，年利率为 2.2%。假定在你的心目中认为这两种金融工具的违约风险和流动性相同，是否意味着你就应当选择具有更高利率的 1 年期的定期存款呢？回答是不一定。在作出决策之前，我们有必要了解一下不同金融工具投资收益的税收政策。例如，按照我国目前的有关税法规定，购买国债券的利息所得免缴个人所得税，而银行存款利息所得则要按照 20% 的税率缴纳个人所得税。投资者真正关心的是投资的税后收益。考虑税收因素后，以上两种金融工具的税后投资收益分别为 1 年期定期存款 2.52% ×（1−20%）＝2.016%、1 年期国债券 2.2%。表面看上去利率较高的银行存款，其实际税后收益率却低于国债券。

税收因素能够解释一些违约风险和流动性风险无法说明的问题。例如，美国的地方政府债券的利率曾经在很长一段时期内高于联邦政府债券，如果只根据违约风险和流动性风险来看，这应当是不合理的，因为不论是就违约风险还是流动性风险而言，联邦政府债券都低于地方政府债券。事实上，美国的税法规定地方政府债券可以免缴联邦所得税，从而相对于联邦政府债券具有税收优惠，因此其利率低于联邦政府债券也就不难理解了。

4.3.4　经济周期

利率的波动表现出很强的周期性，在商业周期的扩张（繁荣）阶段上升而在经济紧缩（衰退）阶段下降。在经济扩张期，随着企业和消费者借款增多，对资金的需求迅速上升。此外，通过费雪效应拉升利率的通货膨胀压力增加而且中央银行可能采取措施限制可供资金以抵消随经济增长而产生的通货膨胀。所有三种力量都将推高利率水平。在商业衰退期，会发生相反情况。随着企业和消费者缩减支出，对资金的需求下降，通货膨胀压力减轻，中央银行也开始增加可贷资金供给。这三种力量合起来又降低了利率水平。

§4.4　利率的期限结构

4.4.1　利率的期限结构

金融工具期限的长短对其收益有重要影响，最具代表的是债券。具有相同风险、流动性和税收待遇的债券，由于离到期日的长短不同，其利率也可能不同。不同期限债券的利率之间的关系，称为利率的期限结构，这种关系通常用收益率曲线加以描述。它把

债券样本在某一特定的时间上的偿还期限和到期收益率联系在一起。它代表一类债券收益率的交叉部分，这类债券除了到期日外，其他方面是相同的。因此，期限结构的概念有两个限制条件：（1）它只同固定收入证券中的债务性证券（Debt Securities）有关；（2）仅指其他条件（风险、税收待遇、流动性等）都相同，只是期限不同的债券收益率之间的关系。你可以为国债、政府代理机构债券、一流的市政债券、AAA级公共事业债券等构造不同的收益率曲线。

通常，收益曲线（Yield Curve）有三种情况：（1）正收益曲线（Positive Yield Curve），见图4-5（a）；（2）反收益曲线（Inverse Yield Curve），见图4-5（b）；（3）平收益曲线（Flat Yield Curve），见图4-5（c）。

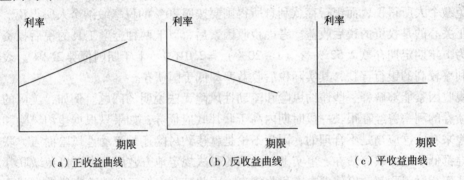

（a）正收益曲线　　　　　（b）反收益曲线　　　　　（c）平收益曲线

图4-5　收益率曲线的不同形状

4.4.2　利率的期限结构理论

在任一时点上，有三种可能影响利率期限结构之形状的因素：（1）对未来利率变动方向的市场预期；（2）债券预期收益率中可能存在的流动性溢价；（3）市场效率低下或资金从长期（短期）市场流向短期（长期）市场可能存在的障碍。围绕上述因素人们分别提出了偏向不同因素解释的理论，这就是金融理论中非常著名的市场纯预期理论（Pure　Expectational Theory）、流动性偏好理论（Liquidity Preference）、市场分割理论（Segmented Market Theory）以及期限偏好理论（Preferred Habitat Theory）。

1. 期限结构的纯市场预期理论

费雪是第一个提出市场预期影响期限结构形状的人，后来由希克斯和卢茨（1940）提炼成市场预期理论。该理论认为，期限结构完全取决于对未来利率的市场预期，市场因素使任何期限的长期债券的收益率等于当前短期债券收益率与当前预期的超过到期的长期债券收益率的未来短期债券收益率的几何平均值，即

$$(1 +_tR_L)^n = (1 +_tR_1)(1 +_{t+1}r_1)(1 +_{t+2}r_1)\cdots(1 +_{t+(n-1)}r_1)$$

提出 $_tR_L$，得

$$_tR_L = \sqrt[n]{(1 +_tR_1)(1 +_{t+1}r_1)(1 +_{t+2}r_1)\cdots(1 +_{t+(n-1)}r_1)} - 1$$

式中：$_tR_L$ 表示长期债券收益率，$_tR_1$ 表示短期债券（1年期）收益率，$_{t+(n-1)}r_1$ 表示远期的1年期利率。

这个方程的含义为当前长期债券的收益率$_tR_L$是当期 1 年期债券收益率$_tR_1$与当前预期的在长期债券到期前未来 $n-2$ 个 1 年期债券收益率的几何平均值，这就是纯预期理论的基本含义。

2. 期限结构的流动性偏好理论

希克斯是第一位提出期限结构的流动性偏好理论的人。他基本上承认期限结构的纯预期理论，但是对它又做了一个重大修正。因为长期债券比短期债券负担着更大的市场风险——价格波动风险，所以长期收益应当包括相应这种风险而产生的对投资者的补偿。这种由于增加市场风险而产生的长期债券收益的报酬被称为流动性报酬。

根据这一结论，纯预期理论计算长期利率的公式必须得到修正：

$$_tR_L = \sqrt[n]{(1 +_t R_1)(1 +_{t+1} r_1)(1 +_{t+2} r_1)\cdots(1 +_{t+(n-1)} r_1)} - 1 + TP$$

该理论中，长期利率大于当前和预期的未来短期利率的几何均值，二者之差为流动性报酬 TP。

按照在纯预期理论中的例子，市场可能并不将 5 年期债券看做是 1 年期债券的理想替代物。下面通过描述 1 年期与 5 年期债券的概率分布来讨论这个问题。

市场预期理论认为：如果我们讨论的是没有违约可能的政府债券，那么，1 年期债券的收益率是确切可知的，其概率分布是方差为零的单峰形状。然而，在下一年的过程中，5 年期债券的收益率是不确定的：利率下降，债券的价格将会上升，并且从利息收入或资本利得来看，收益率可能是很大的；利率上升，债券的价格会下降，资本损失将大于利息收入，年收益率可能是负的。这样，收益率的概率分布具有一个正方差。在预期理论中，两种分布具有相同的期望值。

流动性偏好理论认为：若投资者不愿承担风险，他们可能降低 5 年期债券对于 1 年期债券的现时价格，以使 5 年期债券包含一定的风险溢价。由于已知溢价的存在，我们就可能愿意投资于 5 年期债券，尽管它的潜在风险更大。希克斯是第一个提出预期理论是不完善的观点的人，流动性偏好理论考虑到了期限结构中可能存在的风险或流动性溢价。

3. 市场分割理论

市场分割理论最早是由卡尔伯特森提出来的。该理论假定：市场是由不愿承担风险的单个投资者和将生存看得至关重要的公司及金融机构组成。他们都为自己的投资组合寻求免疫力。如果他们的资产的持续期限与负债的有效期限相匹配的话，那么他们的投资组合就取得了免疫力。

这意味着，一家商业银行，将总是购买短期债券，因为商业银行的负债都是存款，而这些存款大多是短期的。对于养老基金而言，它们将愿意购买长期债券，因为养老基金要在缴纳养老金者退休以后的年份按合约支付长期年金。如果经理人员想使支持养老基金的公司股票的市场价值最大化，那么他们就可以积极地管理债券投资组合。当经理人员认为利率将要下降时，就购买长期债券；利率将要上升时，就转而购买短期债券。

市场分割理论假设这些机构的生存是客观要求。为了保证生存，需要将风险降到最低程度，这意味着要合理搭配资产与负债的期限，而不管其他期限的资产有更吸引人的收益率。我们将期限结构分为两部分：短期部分和长期部分。每一部分都有一个可贷资金的供给和需求表。可贷资金的供给者是那些投资于证券的个人和机构，可贷资金的需求者是那些发行债券的部门。市场上短期资金的供给者是商业银行和非金融性公司。非金融性公司将现金余额用于投资，直到需要以此购买原材料、支付工人工资或进行厂房设备支出。鉴于此，这些公司的财务主管会将这些资金投资于市场的短期方面，非金融性公司想到的是自己的生存。如果将资金投资于长期方面，且利率上升了，公司的投资决策者会导致公司的流动性危机。

长期资金的供给者包括人寿保险公司和养老基金。人寿保险公司基于其雄厚的财力出售其产品。为使投资者相信其财力确实坚实，它们将投资的风险降到最低程度，这当然包括合理搭配资产和负债的期限。

资金的需求者包括财政部和一些想为它们的投资筹集资金的非金融性公司。市场分割理论还假设，非金融性公司的筹资战略是根据其渴求生存的愿望制定的。正如金融机构追求搭配合理的资产与负债的期限一样，非金融性公司同样努力使其负债与投资的期限相匹配。如果想投资增加存货，它们就要举借短期贷款来为增加存货筹集资金；如果要筹资建设一栋主厂房，预计这一厂房几年后将为公司带来现金流入，它们就可能通过发行长期公司信用债券或抵押债券来筹集这一投资。在任何情况下，长短期可贷资金的需求都是由公司投资机会的性质所决定的。

市场上每一部分的收益率都决定于供给和需求的交叉点，每一部分市场的供给表都随着资金流入或流出各种金融机构而前后移动。如资金流出养老基金而流入商业银行，就会导致长期供给下降，利率上升，短期供给增加，短期利率下降。需求表是随着公司所筹投资的性质的变化而移动的。例如，在经济周期上升的初期阶段，对长期资金的需求将会增加，从而促使长期利率上升；随着周期上升阶段的结束，企业开始积累存货，为存货筹资对短期贷款的需求增加，从而促使短期利率上升。

在上述框架中，期限结构不是由对利率未来变化方向的市场预期形成的，也非由流动性溢价的结构形成的，而是由资金从一种金融机构向另一种金融机构流动的方向、由工商企业经济投资的密度和性质所决定的，在这种情况下，收益率曲线的变化是整体的转动而不是向前面两个理论中描述的那样——上升或下降。显然市场分割理论是一种市场低效理论。

4. 期限结构的期限偏好理论

期限偏好理论综合了期限结构前三种理论的内容。它的倡议者假设借款人和贷款人对特定期限都有很强的偏好，因而收益曲线不会严格地服从纯预期理论和流动性报酬理论的预测。但是，如果不符合机构偏好的期限赚取的预期额外回报变大，实际上它们将修正原来偏好的期限。比如当长期债券的预期收益远远超过短期债券的收益时，银行和货币市场共同基金将增加该期限的资产，也就是说，它们将购买中期和长期债券。如果购买的短期债券的预期收益变大，从事资本市场交易的长期机构投资者将暂时放弃只投资长期市场的做法，并在它们的资产组合中加入适当的短期债券。

例如，假设投资者对短期债券的偏好大于长期债券，那么，即使短期债券的预期收益率比长期债券略低一些，投资者也愿意持有短期债券，而不愿购买长期债券；只有当长期债券的预期收益率高出短期债券很多时，才会考虑选择长期债券进行投资。这意味着为了让具有短期偏好的投资者购买长期债券，必须在预期假说所给出的长期债券利率的基础上，再向投资者支付一定的期限升水，即必须让投资者为持有所不偏好的期限的债券而得到补偿。

【本章小结】

　　利息的定义多种多样，一般认为，利息是借款人支付给贷款人的报酬。马克思认为，利息是利润的一部分，是剩余价值的转化形式。凯恩斯认为，利息是公众放弃对货币灵活性偏好的一种报酬。

　　利息率，简称利率，是指一定时期内利息额和本金额的比率，即利率＝利息/本金。利率按照不同的标志，可以有多种不同的分类。如，按照计算期限的不同，利率分为年利率、月利率和日利率三种；按照管理方式的不同，利率可分为固定利率和浮动利率；按利率是否按市场规律自由变动可分为市场利率、官定利率、公定利率；按照是否包含通货膨胀因素，利率可分为名义利率和实际利率。

　　凯恩斯的流动性偏好利率理论认为，利率是一种纯粹的货币现象，它取决于货币的供求关系，货币供求相等时的利率称为均衡利率。

　　可贷资金利率理论认为，利率是为取得借款权或可贷资金使用权而支付的价格。可贷资金的需求主要包括企业投资、家庭消费信贷、政府赤字；可贷资金的供应主要包括家庭和企业的储蓄、政府预算盈余等。可贷资金市场的供求达到平衡时，均衡的利率水平也就随之确定。

　　利率的主要影响因素包括通货膨胀预期、违约风险、税率水平、经济周期等。

　　具有相同风险、流动性和税收待遇的债券，由于离到期日的长短不同，其利率也可能不同。不同期限债券的利率之间的关系，称为利率的期限结构，这种关系通常用收益率曲线加以描述。

　　在任一时点上，有三种可能影响利率期限结构之形状的因素：(1) 对未来利率变动方向的市场预期；(2) 债券预期收益率中可能存在的流动性溢价；(3) 市场效率低下或资金从长期（短期）市场流向短期（长期）市场可能存在的障碍。围绕上述因素，人们分别提出了偏向不同因素解释的理论，这就是金融理论中非常著名的市场纯预期理论、流动性偏好理论、市场分割理论以及期限偏好理论。

【关键概念】

　　利息　利率　固定利率　浮动利率　名义利率　实际利率　即期利率　远期利率
　　流动性偏好　费雪效应　违约风险　期限结构　收益率曲线　风险升水　流动性升水

【复习思考题】

1. 如何理解利息的本质？
2. 如何理解名义利率与实际利率的关系？
3. 流动性偏好理论如何分析利率的决定？
4. 可贷资金理论是如何分析利率的决定的？它与流动性偏好理论有何联系？
5. 现实中利率的影响因素主要有哪些？
6. 债券风险增加会对利率产生什么样的影响？
7. 为什么期限相同的债券会具有不同的利率？
8. 各种不同期限债券的收益曲线为什么会在不同时间里具有不同的形状？如何理解利率的期限结构？

【本章参考文献】

[1] 李社环. 利率自由化——理论、实践与绩效 [M]. 上海：上海财经大学出版社，2000.

[2] 岳忠宪，陈伟光. 中国利率机制与市场化研究 [M]. 北京：航空工业出版社，1998.

[3] 课题组. 国外利率市场化的经验教训 [J]. 中国金融，2002 (4).

[4] 艾希贝格尔，哈珀. 金融经济学（中文版）[M]. 成都：西南财经大学出版社，2000.

第 5 章

货币的时间价值及现金流贴现分析

【导读】

金融学的核心是研究在不确定的环境下资源的跨时配置问题。金融分析的三大支柱是货币的时间价值、金融资产价值评估和风险管理。本章首先介绍货币的时间价值概念，对单利和复利、终值和现值作初步的解释；然后讨论货币时间价值应用于投资决策的几个法则；讲解多重现金流的终值和现值计算问题，并重点介绍规律性多重现金流——年金的终值和现值问题；最后分析考虑通货膨胀、税收、现金流不确定性等因素时的现金流贴现问题。

§5.1 货币的时间价值及复利计息

5.1.1 货币时间价值的含义

货币资金的时间价值概念是研究货币资金跨时配置问题的基石。一般认为，货币的时间价值是指当前拥有一定量的货币比未来拥有的一定量的货币具有更高的价值。围绕货币的时间价值概念，我们要回答的问题概括起来有两个：一个是为什么处于不同时点的同样数额的货币资金会具有不同的价值；另一个是如何计算（评价）处于不同时点的货币资金的价值。

对于第一个问题，回顾上一章关于利息和利率的有关内容，我们知道，如果你存入银行1 000元钱的1年期定期存款，银行会承诺一年以后你不仅可以取回这1 000元，还可以多得25.2元。这25.2元就是银行支付给你的利息。利息与本金的比率就是利率。在这个例子中，我们可以算出银行存款的年利率是2.52%。利息是你转让一段时间的货币使用权而获得的报酬。利息从一定程度上反映了货币的时间价值。这是货币具有时间价值的第一个原因。第二个原因是，货币的购买力会因通货膨胀的影响而随时间改变。相同数额的货币在不同时点会因物价水平的变化而具有不同的实际购买力。第三个原因是，一般来说，未来的预期收入具有不确定性，所以当前的确定性的货币资金不能直接

简单地与未来不确定性的货币资金进行比较。

关于如何评价处于不同时点的货币资金的价值问题，实质上就是要充分考虑与时间相联系的投资利息、物价水平变动、取得货币资金的不确定性，在此基础上，量化评价不同时点的货币资金的价值。本章以下内容重点研究第一个因素，即如何考虑利息。通货膨胀和不确定性只在本章最后作简要介绍。

5.1.2　利息的计算

利用利息率计算利息分为两种情况：单利和复利。

单利是指在计算利息时，不论期限长短，仅按本金计算利息，所生利息不再加入本金计算下期利息。单利计算公式为

$$I = P \cdot r \cdot n \tag{5-1}$$
$$S = P(1 + r \cdot n) \tag{5-2}$$

式中：I 表示利息额；P 表示本金；r 表示利息率；n 表示借贷期限；S 表示本金和利息之和，简称本利和。

例如，为期 5 年，年利率为 6% 的 1 万元贷款，利息总额为 $10\,000 \times 6\% \times 5 = 3\,000$（元），本利和为 $10\,000 \times (1 + 6\% \times 5) = 13\,000$（元）。

复利是指计算利息时，按一定期限（如一年），将所生利息加入本金再计算利息，逐期滚算。其计算公式为

$$S = P \cdot (1 + r)^n \tag{5-3}$$
$$I = S - P \tag{5-4}$$

若将上述实例按复利计算，则

$$S = 10\,000 \times (1 + 6\%)^5 = 13\,382.26(\text{元})$$
$$I = 133\,822.56 - 100\,000 = 3\,382.26(\text{元})$$

由此可见，按复利计息，可多得利息 382.26（3 382.26 - 3 000）元。

在单利下，前一期得到、尚未提取的利息不再计息，而是滞留在银行的手中，全然不顾在计息后、提取前这段时间资金的时间价值。但是，事实上，这部分资金仍然是得到利用的，例如对于银行来说，既然这部分利息必须等到存款期满才能到期，银行就可以暂时占用这部分资金用于贷款，获得高于资金本身的收益。换一个角度说，如果存款人可以及时提取出第一年的利息 600 元，他就可以把这部分利息再存入银行，获得相应的存款利息。

概括地说，用单利计算利息，手续简便，有利于减轻借款人的利息负担。用复利计算利息，有利于加强资金的时间观念，促使企业关心加速资金周转，提高资金使用效益，同时还便于比较不同期限的资金使用效益。因为复利法更加符合资金的时间价值的概念，所以，在本书以后有关货币资金时间价值的分析中，除非特别说明，均采用复利法。

5.1.3　计息次数

前面我们介绍的复利是假设一年计复利一次，或者说一年计息一次。事实上，复利

还可以是一季度计息一次，一个月计息一次，甚至每日计息一次。而在金融实务中，不管计息次数如何，金融工具的利息通常以年利率表示（如每年6%），这种利率叫做年度百分率（Annual Percentage Rate）。我们应当知道，由于计息次数不同，这种年度百分率并不能直接比较谁高谁低。我们应当剔除复利次数的差异后再进行比较，如比较有效年利率（Effective Aannual Rate），即每年进行一次计息时的对应利息率。

例如，你想向银行申请一笔 1 年期贷款 10 000 元，银行提供三种产品供你选择：A 产品是每月支付一次利息，年利率（年度百分率）12%；B 产品是每半年支付一次利息，年度百分率12.2%；C 产品是贷款到期时一次性支付利息和本金，年利率12.5%。这时你究竟该选择哪一种贷款产品呢？当然是选择利率低的产品，但不是年度百分率，而应当看有效年利率孰高孰低。

对于年度百分率和有效年利率，二者有如下关系：

$$1 + EAR = \left(1 + \frac{APR}{m}\right)^m \qquad (5-5)$$

式中：EAR 表示有效年利率，APR 表示年度百分率，m 表示每年计息次数。

运用上述公式，我们计算 A、B、C 三个贷款产品的有效年利率，计算结果如表 5-1 所示。从表中我们看到，C 产品的有效年利率最低，即该种贷款对借款人而言成本最低，所以应当选择 C 产品。

表 5-1   年度百分率与有效年利率

贷款产品	计息次数	m	APR（%）	EAR（%）
A 产品	一月一次	12	12	12.68
B 产品	半年一次	2	12.2	12.57
C 产品	一年一次	1	12.5	12.5

当每年计息次数 m 趋向于无穷大时，即连续不断地进行复利时（连续金融概念），有

$$1 + EAR = \lim_{m \to \infty} \left(1 + \frac{APR}{m}\right)^m = e^{APR} \qquad (5-6)$$

§5.2 现金流贴现分析与投资决策准则

5.2.1 终值、现值与贴现

1. 终值与终值系数

终值是用复利计息方法计算的一定金额的初始投资在未来某一时期结束后获得的本息总和。如果我们用 PV 表示初始投资，r 表示利率，n 表示计息的期限数，FV 表示终值，每期计息一次，终值的计算公式可以表示为

$$FV = (1 + r)^n PV \qquad (5-7)$$

这样，在已知 r、n、PV 的情况下，我们就可以计算出终值 FV。例如，上一节关于复利的例子，初始投资 10 000 元，年利率 6%，期限 5 年，按年复利，其终值 $FV = (1 + 6\%)^5 \times 10\ 000 = 13\ 382.26$（元）。

现在我们来改变 r、n 和 PV 的数值，不过每次只改变这三个变量中的一个，得到的结果如表 5-2 所示。我们可以从表 5-2 中看出，在期限 n 和本金 PV 不变时，利率 r 越高，终值 FV 越大；在利率 r 和本金 PV 不变时，期限 n 越长，终值 FV 越大；在利率 r 和期限 n 不变时，本金 PV 越大，终值 FV 越大。可见，终值大小与利率、期限和初始投资同方向变化。

表 5-2　　　　　　　　　　　终值与利率、期限和初始投资的关系

	初始值	利率改变	期限改变	初始投资改变
$R(\%)$	6	10	6	6
N(年)	5	5	8	5
PV(元)	10 000	10 000	10 000	12 000
FV(元)	13 382.26	16 105.10	15 938.48	16 058.71

在式（5-7）中，$(1 + r)^n$ 被称为终值系数，用 $FVIF$ 表示，即

$$FVIF = (1 + r)^n \qquad (5-8)$$

终值系数会随着利息率的提高、投资期限的延长而增大。从表 5-3 可以看出不同的利息率和持有期限与终值系数之间的关系：在利率不变的情况下，期限越长，终值系数越大；在期限不变的情况下，利率越高，终值系数越大。

表 5-3　　　　　　　　　　　不同期限和利率下 1 元的终值

期限(年) \ 利率 r(%) 终值(元)	2	4	5	6	8	10	15
1	1.0200	1.0400	1.0500	1.0600	1.0800	1.1000	1.1500
2	1.0404	1.0816	1.1025	1.1236	1.1664	1.2100	1.3225
3	1.0612	1.1249	1.1576	1.1910	1.2597	1.3310	1.5209
4	1.0824	1.1699	1.2155	1.2625	1.3605	1.4641	1.7490
5	1.1041	1.2167	1.2763	1.3382	1.4693	1.6105	2.0114
10	1.2190	1.4802	1.6289	1.7908	2.1589	2.5937	4.0456
15	1.3459	1.8009	2.0789	2.3966	3.1722	4.1772	8.1371
20	1.4859	2.1911	2.6533	3.2071	4.6610	6.7275	16.3665

利用终值系数可以大大简化计算终值的过程。如果我们知道利率和年限，就可以方

便地从表5-3中找出终值系数，与初始投资相乘，得到终值。例如，当利率为8%，期限为15年时，终值系数是3.1722，这时，如果初始投资是10 000元，15年后就变成了31 722元。如果利率下降为5%，15年后原来的10 000元就会变成20 789元。

2. 现值与贴现

了解了终值以后，我们有时还是会碰到一些问题。例如，如果我们想知道的是为了在将来的某一天获得一定量的货币，现在需要投资多少，那应该怎么计算呢？假如我们在8年后需要20 000元用于支付子女的大学教育费，现在必须投资多少钱呢？回答此类问题实际上是计算未来一定金额的现值。

现值与终值是相对应的概念。现值是在复利计息方式下，未来一定金额按照某一利率折算出的现在的价值。假定1年后我们需要1 000元。如果我们现在进行投资，则每年能获得8%的利息，那么，现在我们必须投资的货币量就是1年后1 000元的现值。因此，我们可以这样写：

$$FV = (1 + r)^n PV \Rightarrow 1\ 000 = (1 + 8\%)^1 \times PV$$

由上式我们可以解出PV的值，$PV = 1\ 000/(1 + 8\%) = 925.93$（元）。也就是说，当年利率为8%时，我们只要投资925.93元，1年后就可以得到1 000元。

假如这1 000元不是1年后需要，而是两年后需要。当年利率为8%时，现在我们需要的投资金额明显会少于925.93元，因为我们可以获得两年8%的利息。同样，我们可以使用终值的计算方法倒推现值：

$$FV = (1 + r)^n PV \Rightarrow 1\ 000 = (1 + 8\%)^2 \times PV$$

在该例中，现值为$1\ 000/(1 + 8\%)^2 = 857.34$（元）。这样，以8%的年利率，857.34元两年后就会变成1 000元。

通过以上分析，我们不难发现，按利率r（每期）计算，n期后得到的货币FV的现值PV的计算公式为

$$PV = FV/(1 + r)^n \qquad (5-9)$$

式中：$1/(1 + r)^n$被称为现值系数，为终值系数的倒数。

我们称现值的计算为贴现，用于计算的利率通常称为贴现率。金融中的贴现与商业活动中的折扣有很大的不同。在商业活动中，折扣是指为了销售更多的商品而降低价格；在金融中，贴现是指计算将来一定金额货币的现值。为了区分这两种折扣，现值的计算又称为现金流贴现分析。

因为贴现是终值计算的逆运算，所以我们可以用前面所使用的终值系数表计算现值。与计算终值相反，贴现不是乘，而是除以该系数。例如，要计算年利率为8%，5年后1 000元的现值，在表5-3中，我们查到相应的终值系数为1.4693，相除就得到8%的年利率下，5年后1 000元的现值：$1\ 000/1.4693 = 680.60$（元）。

同样，我们也可以编制类似于表5-3的现值系数表，见表5-4。

表 5-4			不同期限和利率下 1 元的现值				
利率 r(%) 现值(元) 期限(年)	2	4	5	6	8	10	15
1	0.9804	0.9615	0.9524	0.9434	0.9259	0.9091	0.8696
2	0.9612	0.9246	0.9070	0.8900	0.8573	0.8264	0.7561
3	0.9423	0.8890	0.8638	0.8396	0.7938	0.7513	0.6575
4	0.9238	0.8548	0.8227	0.7921	0.7350	0.6830	0.5718
5	0.9057	0.8219	0.7835	0.7473	0.6806	0.6209	0.4972
10	0.8203	0.6756	0.6139	0.5584	0.4632	0.3855	0.2472
15	0.7430	0.5553	0.4810	0.4173	0.3152	0.2394	0.1229
20	0.6730	0.4564	0.3769	0.3118	0.2145	0.1486	0.0611

从表 5-4 中我们可以看出不同的利息率和持有期限与现值系数之间的关系：在利率不变的情况下，期限越长，现值系数越小；在期限不变的情况下，利率越高，现值系数越小。

5.2.2 投资决策准则

前面所研究的现金流贴现这一概念，在进行投资决策时，是一个非常有用的工具。其基本思想都包含在下面这个由现值、终值、利率和期限组成的等式中：

$$FV = (1 + r)^n PV$$

只要给出了上式中任意三个变量，我们就可以计算出第四个变量，并在此基础上总结出投资决策准则。

1. 净现值法则

净现值（NPV）法则可简单地表述为：未来现金流的现值大于初始投资额的项目是可以接受的。例如，假设 3 年期 1 000 元的国债当前的销售价格为 900 元。在其他可供选择的投资方案中，最好的方案是年利率为 5% 的银行存款。购买国债是否是一个好的投资呢？我们可以首先分析 3 年后 1 000 元的现值。采用的贴现率是假如不投资于国债，该资金所能获得的利率。我们称此贴现率为该项投资的资金的机会成本，即假如不投资于正在评估的项目，而投资于其他项目所能得到的最高的利率。在本例中，投资于国债的机会成本是存到银行所得的利率，每年 5% 。按现值计算公式，我们得到

$$PV = \frac{1\ 000}{(1 + 5\%)^3} = 863.8(元)$$

这意味着，为了在 3 年后得到 1 000 元，我们只需要存入银行 863.8 元的存款；而如果我们购买国债却需要支付 900 元。很显然，这样看来，购买国债不是一个好的投资项目。

净现值法则可以正式表述为：净现值等于所有的未来流入现金的现值减去所有流出现金现值的差额。如果一个项目的 NPV 是正数，就采纳它；如果一个项目的 NPV 是负

数，就拒绝它。在上例中，3 年期国债投资项目的净现值 NPV = 863.8 − 900 = −36.2（元），为负数，所以应当拒绝该投资项目。

2. 终值法则

另一种略微不同的法则——终值法则，可以得出同样的结论。简单地说，终值法则可以表述为：如果该项目的终值大于其他项目的终值，则可以对它进行投资。例如，上例中，初始投资 900 元，如果用于购买国债，3 年后到期可以实现终值 1 000 元；而如果这 900 元存入银行，则 3 年后的终值为

$$900 \times (1 + 5\%)^3 = 1\,041.84（元）$$

通过以上计算，我们发现，购买国债实现的终值小于银行存款的终值，所以不应当投资购买该国债。

终值法更加直观，但在实际操作中并不常使用。这是因为，在许多情况下（如本章后面将要提到的永续年金），一个投资项目的终值可能无法计算，而 NPV 法则仍可适用；当两个投资项目的投资期限不同，比较它们的终值则没有任何意义。

3. 内涵报酬率法则

内涵报酬率（IRR）或到期收益率，是指使未来现金流入的现值等于现金流出现值的贴现率。换言之，IRR 是指 NPV 恰好为零的贴现率。内涵报酬率法则可以表述为：投资于那些内涵报酬率大于资金的机会成本的项目。因为，当使 NPV 为零的利率（IRR）高于资金的机会成本时，以资金的机会成本计算的 NPV 一定为正。例如，上例中，初始投资 900 元，3 年后实现终值 1 000 元的投资，其内涵报酬率可通过如下表达式计算：

$$1\,000 = 900 \times (1 + IRR)^3 \Rightarrow IRR = (1\,000/900)^{1/3} - 1 = 3.57\%$$

因此，投资于国债的内涵报酬率（IRR）为每年 3.57%。将它与存入银行所得的每年 5% 的利率相比较，显然我们应当选择把钱存入银行。

内涵报酬率是一个收益率概念，是一个相对数；净现值则是一个收益额概念，是一个绝对数。在评估单一的、没有负的未来现金流的投资项目时，内涵报酬率法则等同于净现值法则。但是，当初始投资额不相同时，或者在未来投资期内，不同时点的净现金流符号发生改变时，则运用内涵报酬率法则就不可能得到可靠的结论（关于这一点，本书会在后面关于投资项目评估的章节进行详细阐述）。

4. 投资回收期法

在上例中，我们知道，当前投资 900 元用于购买国债，3 年后可实现终值 1 000 元。我们可以思考这样一个问题，如果我们把这 900 元不是用于购买国债，而是存入银行，多长时间之后可以实现终值 1 000 元？对这一问题，我们可以通过如下表达式来计算：

$$1\,000 = 900 \times (1 + 5\%)^n \Rightarrow n = \ln(1\,000/900)/\ln(1 + 5\%) = 2.16（年）$$

这意味着，如果我们将钱存入银行，2.16 年后 900 元就将增长到 1 000 元。而如果选择购买国债，要花 3 年的时间 900 元才能增长到 1 000 元。从中我们可以悟出又一条投资决策法则，即选择投资回收期最短的投资项目。换言之，选择能在最短时间内实现你的投资目标的投资项目。

§5.3 多重现金流及年金

5.3.1 多重现金流的现值与终值

上一节关于货币资金终值和现值的介绍，都是假设在整个投资期内只在投资期初或投资期结束时才有现金流发生，要么是给定初始投资额，计算其对应的投资期末的终值，要么是给定投资期末的金额，计算其相对应的投资期初现值，研究的是单笔现金流的现值和终值问题。这一节，我们要研究更为复杂、更为普遍的问题，即当整个投资期内有多笔现金流发生时的现值与终值问题。

分析现金流的时间价值问题，为了更加直观和便于理解，我们可以借助于时间轴工具来进行，如图 5-1 所示。

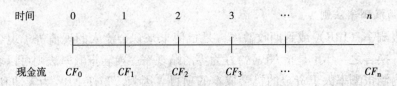

图 5-1 现金流时间轴

在图 5-1 中，CF_i 表示在时点 i 发生的现金流（$i=0$，1，2，…，n）。CF_i 如果是负数，则表示在该时点你投入资金（资金从你那里流出）；如果 CF_i 是正数，则说明在该时点你得到一定量的资金（资金流入你手中）。

1. 多重现金流的终值

关于多重现金流的终值问题，可以先计算每一笔现金流各自的终值，然后加总求和，即多重现金流的终值等于每笔现金流终值之和，如图 5-2 所示。

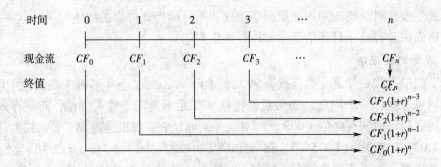

图 5-2 多重现金流的终值

如图 5-3 所示，多重现金流终值之和 $= CF_0(1+r)^n + CF_1(1+r)^{n-1} + CF_2(1+r)^{n-2}$

$$+ CF_3(1 + r)^{n-3} + \cdots + CF_n$$

$$= \sum_{i=0}^{n} CF_i (1 + r)^{n-i} \qquad (5-10)$$

例如，假设你打算在第 4 年末购买一辆价值 15 万元的汽车，决定从现在起每年初储蓄一部分钱，计划现在储蓄 3 万元，第 1 年末储蓄 2 万元，第 2 年末储蓄 5 万元，第 3 年末储蓄 4 万元。我们想知道，如果对应的银行存款年利率为 5%，这个储蓄计划能否实现你的购车愿望。这时，我们就可以利用上面的原理来计算这笔多重现金流的终值，如图 5-3 所示。

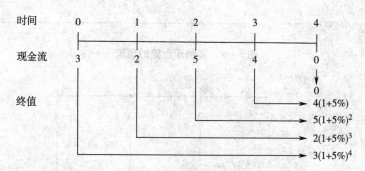

图 5-3 储蓄计划的终值

如图 5-3 所示，该储蓄计划的终值为

$$3(1 + 5\%)^4 + 2(1 + 5\%)^3 + 5(1 + 5\%)^2 + 4(1 + 5\%)$$
$$= 3 \times 1.2155 + 2 \times 1.1576 + 5 \times 1.1025 + 4 \times 1.05$$
$$= 15.69(万元)$$

通过计算，我们发现，该储蓄计划的终值为 15.69 万元，大于 15 万元。所以，这个储蓄计划能够实现你的购车愿望。

2. 多重现金流的现值

多重现金流的现值计算问题，与多重现金流终值的计算原理相似，即先计算每一笔现金流各自的现值，然后把所有现金流的现值加总求和，如图 5-4 所示。

如图 5-4 所示，多重现金流现值之和 $= CF_0 + CF_1/(1 + r) + CF_2/(1 + r)^2$
$$+ CF_3/(1 + r)^3 + \cdots + CF_n/(1 + r)^n$$
$$= \sum_{i=0}^{n} CF_i/(1 + r)^i \qquad (5-11)$$

例如，假设你 1 年后需要 3 万元，2 年后需要 5 万元，第 3 年末需要 2 万元。如果年利率为 5%，为了满足上述要求，你现在需要将多少钱存入银行账户？回答这个问题，首先要分别计算这三笔现金流各自的现值，然后加总求和，如图 5-5 所示。

上述多重现金流的现值之和为

$$3/(1 + 5\%) + 5/(1 + 5\%)^2 + 2/(1 + 5\%)^3$$
$$= 3 \times 0.9524 + 5 \times 0.9070 + 2 \times 0.8638$$

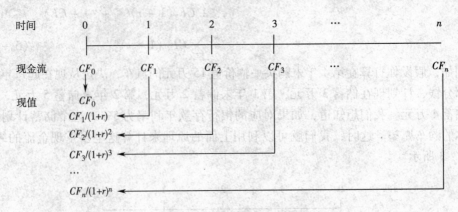

图 5-4　多重现金流的现值

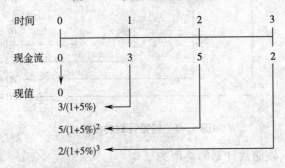

图 5-5　多重现金流的现值

$$= 9.12（万元）$$

通过计算，我们知道，当年利率为5%时，现在存入银行9.12万元，就能满足今后3年的现金流出计划需要。

5.3.2　年金的现值与终值

在许多情况下，储蓄计划、投资项目或贷款偿付所产生的未来现金流每期都是相等的，我们把这系列均等的现金流或付款称为年金（Annuity）。该术语来自人寿保险业，年金合同就是保险公司承诺在未来一定时期内向寿险购买人支付一系列等额现金的合同。在金融业，年金一词应用更为广泛，可用于任何等额的现金流。

年金实质上是上面所介绍的多重现金流的一个特例，其特殊性在于每期发生的现金流金额完全相同。如果现金流发生在每期的期末，我们称之为普通年金；如果现金流在每期期初发生，则称之为即时年金，或预付年金。如果年金的现金流发生的次数趋向于无穷大，则称为永续年金。因为年金的现金流有其规律性，所以我们可以利用等比数列求和、求极限等数学方法，推导出一些简便的计算公式，从而使得年金的终值和现值计算问题变得更加方便。

1. 普通年金

普通年金（Ordinary Annuity）是指每期期末发生的现金流金额完全相同的多重现金

流，即 $CF_1 = CF_2 = \cdots = CF_n = PMT$。用时间轴表示，如图 5-6 所示。

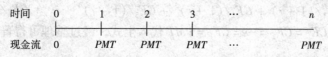

图 5-6　普通年金的时间轴

回顾上面关于多重现金流终值的表达式：

$$CF_0(1 + r)^n + CF_1(1 + r)^{n-1} + CF_2(1 + r)^{n-2} + CF_3(1 + r)^{n-3} + \cdots + CF_n$$

将 $CF_0 = 0, CF_1 = CF_2 = \cdots = CF_n = PMT$ 代入上式，经过整理可得普通年金终值的计算公式：

$$FVOA = PMT\left[(1 + r)^{n-1} + (1 + r)^{n-2} + (1 + r)^{n-3} + \cdots + 1\right]$$

$$= PMT\left[\frac{(1 + r)^n - 1}{r}\right] \tag{5-12}$$

例如，假设你打算在今后 3 年每年末储蓄 100 元，如果年利率为 5%，3 年后你能积蓄多少钱？要回答这个问题，实际上就是要求计算普通年金的终值：

$$FVOA = 100 \times \left[\frac{(1 + 5\%)^3 - 1}{5\%}\right] = 315.25（元）$$

式（5-12）中，$\left[\frac{(1 + r)^n - 1}{r}\right]$ 表示 1 元普通年金的终值，即普通年金的终值系数。同样，我们可以编制普通年金的终值系数表，如表 5-5 所示。

表 5-5　　　　　　　　　不同期限和利率下 1 元普通年金的终值

利率 r(%) 终值(元) 期限(年)	2	4	5	6	8	10	15
1	1.0000	1.0000	1.0000	1.0000	1.0000	1.0000	1.0000
2	2.0200	2.0400	2.0500	2.0600	2.0800	2.1000	2.1500
3	3.0604	3.1216	3.1525	3.1836	3.2464	3.3100	3.4725
4	4.1216	4.2465	4.3101	4.3746	4.5061	4.6410	4.9934
5	5.2040	5.4163	5.5256	5.6371	5.8666	6.1051	6.7424
10	10.9497	12.0061	12.5779	13.1808	14.4866	15.9374	20.3037
15	17.2934	20.0236	21.5786	23.2760	27.1521	31.7725	47.5804
20	24.2974	29.7781	33.0660	36.7856	45.7620	57.2750	102.4436

我们可以利用普通年金的终值系数表来减轻计算工作量。如在上例中，可以直接用每期的现金流发生额乘以对应的期限和利率下的终值系数，即 $100 \times 3.1525 = 315.25$（元）。

许多时候我们需要计算普通年金的现值而不是终值。例如，如果为了能在今后 3 年每年末得到 100 元，以年利率 5% 计算，你当前需要投入多少资金？答案就是该普通年金的现值。

回顾前面关于多重现金流现值的表达式：

$$CF_0 + CF_1/(1 + r) + CF_2/(1 + r)^2 + CF_3/(1 + r)^3 + \cdots + CF_n/(1 + r)^n$$

将 $CF_0 = 0$，$CF_1 = CF_2 = \cdots = CF_n = PMT$ 代入上式，经过整理可得普通年金现值的计算公式：

$$PVOA = PMT[1 + 1/(1 + r) + 1/(1 + r)^2 + \cdots + 1/(1 + r)^n]$$

$$= PMT\left[\frac{1 - (1 + r)^{-n}}{r}\right] \tag{5-13}$$

式 （5-13） 中，$\left[\dfrac{1 - (1 + r)^{-n}}{r}\right]$ 表示 1 元普通年金的现值，即普通年金的现值系数。类似地，我们可以编制普通年金的现值系数表，如表 5-6 所示。

表 5-6   不同期限和利率下 1 元普通年金的现值

现值（元） 期限（年） \ 利率 r（%）	2	4	5	6	8	10	15
1	0.9804	0.9615	0.9524	0.9434	0.9259	0.9091	0.8696
2	1.9416	1.8861	1.8594	1.8334	1.7833	1.7355	1.6257
3	2.8839	2.7751	2.7232	2.6730	2.5771	2.4869	2.2832
4	3.8077	3.6299	3.5460	3.4651	3.3121	3.1699	2.8550
5	4.7135	4.4518	4.3295	4.2124	3.9927	3.7908	3.3522
10	8.9826	8.1109	7.7217	7.3601	6.7101	6.1446	5.0188
15	12.8493	11.1184	10.3797	9.7122	8.5595	7.6061	5.8474
20	16.3514	13.5903	12.4622	11.4699	9.8181	8.5136	6.2593

在上例中，该普通年金的现值为

$$PVOA = 100 \times \left[\frac{1 - (1 + 5\%)^{-3}}{5\%}\right] = 100 \times 2.7232 = 272.32（元）$$

也就是说，现在投入 272.32 元，能够保证在年利率 5% 的情况下，今后 3 年每年末获得 100 元。

2. 即时年金

即时年金 （Immediate Annuity） 是指每期期初发生的现金流金额完全相同的多重现金流，即 $CF_0 = CF_1 = CF_2 = \cdots = CF_{n-1} = PMT$。用时间轴表示，如图 5-7 所示。

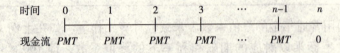

图 5-7 普通年金的时间轴

对于即时年金的终值和现值，可以按照上面计算普通年金终值和现值的方法进行，即将 $CF_0 = CF_1 = CF_2 = \cdots = CF_{n-1} = PMT$，$CF_n = 0$ 代入多重现金流终值和现值计算的表达式，再整理出比较简洁的公式。

或者，我们可以换个思路，设法把即时年金转化为普通年金，然后运用上面的普通年金公式进行计算。我们思考一个问题，即每期期初的 PMT 现金流，其在每期期末的价值是多少？这个问题很简单，如果每期利率为 r，则每期期初的 PMT，在该期期末的价值为 $PMT(1+r)$。如图 5-8 所示。

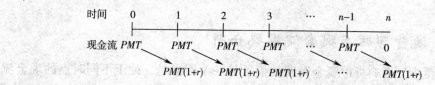

图 5-8 PMT 的期末价值

从图 5-8 我们可以看出，每期发生 PMT 现金流的即时年金等同于每期发生 $PMT(1+r)$ 的普通年金。因此，即时年金的终值 $FVIA$ 为

$$FVIA = PMT(1+r)\left[\frac{(1+r)^n - 1}{r}\right] = \left\{PMT\left[\frac{(1+r)^n - 1}{r}\right]\right\}(1+r)$$

$$= FVOA(1+r) \tag{5-14}$$

也就是说，即时年金的终值等于普通年金的终值乘以 $1+r$。

即时年金的现值 $PVIA$ 也可以表示为

$$PVIA = PMT(1+r)\left[\frac{1-(1+r)^{-n}}{r}\right] = \left\{PMT\left[\frac{1-(1+r)^{-n}}{r}\right]\right\}(1+r)$$

$$= PVOA(1+r) \tag{5-15}$$

同样，我们发现，即时年金的现值等于普通年金的现值乘以 $1+r$。

3. 永续年金

一种重要的特殊类型的年金叫做永续年金（Perpetuity）。永续年金是指永远持续的一系列现金流。最典型的例子是英国政府在 19 世纪发行的"安慰"债券，它每年按照债券的票面价值支付固定的利息，但没有到期日。另一个可能更相关的例子是优先股，它每一期都要支付固定的现金股利给优先股持有人，同样没有到期日。

关于永续年金的终值和现值问题，实际上是对上面介绍的年金的终值和现值表达式，求当期限 n 趋向于无穷大时的极值。永续普通年金的终值为

$$FVP = \lim_{n\to\infty}FVOA = \lim_{n\to\infty}PMT\left[\frac{(1+r)^n - 1}{r}\right] = \infty \tag{5-16}$$

同理，永续即时年金的终值也为无穷大。

永续普通年金的现值为

$$PVP = \lim_{n\to\infty}PVOA = \lim_{n\to\infty}PMT\left[\frac{1-(1+r)^{-n}}{r}\right] = PMT/r \tag{5-17}$$

同理，永续即时年金的现值为 $(PMT/r) \times (1+r)$。

从上面的数学计算中，我们发现一个比较有意思的现象，那就是，作为永续年金，我们无法计算它的现金流的终值；但是，它却具有非常明确的、可以计量的现值。例

如，设想一个每年末支付 100 元的永恒现金流，如果利率为每年 5%，这一永续年金的现值是多少？由上面的计算公式，我们很容易得出 100/5% = 2 000（元）。

§5.4　通货膨胀、税收及不确定性对货币时间价值的影响

5.4.1　通货膨胀与现金流贴现分析

在现实生活中，影响货币资金时间价值的另一个因素是，处于不同时点的现金流，需要面对物价水平的变动，即通货膨胀因素。同样数额的现金流，在不同的物价水平下，其实际购买力不同。

例如，你在 20 岁时节省下 100 元，并将它进行投资，每年可以得到 5% 的利息。到你 65 岁时，这笔投资的价值将达到 $100 \times (1 + 5\%)^{45} = 898.50$（元）。到那时，这笔钱你到底能购买多少商品和服务，取决于当时的物价水平。如果你需要购买的所有的商品和服务的价格在今后 45 年中每年提高 5%，那么这 898.50 元能够买到的东西和你今天 100 元购买的差不多，实际上你根本没有挣到任何利息。所以，要进行真正有意义的长期储蓄决策，必须同时考虑利率和通货膨胀率。

当同时考虑利率和通货膨胀率时，就需要区分名义利率和实际利率。名义利率是以名义货币表示的利息率，也即我们平时所说的利息率。实际利率是以商品单位表示的利率，即名义利率剔除通货膨胀因素之后的真实利率。二者的关系，我们在上一章已经介绍，可表示如下：

$$1 + 实际利率 = \frac{1 + 名义利率}{1 + 通货膨胀率}$$

在连续计算复利的情况下，二者的关系可近似表示为

实际利率 ＝ 名义利率 － 通货膨胀率

1. 通货膨胀与终值

根据名义利率与名义现金流计算的终值是名义终值。但很多情况下，我们更关心该名义终值的实际购买力，即它的实际终值。

计算实际终值有两种方法：第一种方法，利用名义利率计算名义终值，然后剔除通货膨胀因素得到实际终值；第二种方法，先由名义利率和通货膨胀率计算出对应的实际利率，然后利用实际利率计算实际终值。

举例说明如下。在上例中，你在 20 岁时节省下 100 元，并将它进行投资，每年可以得到 5% 的利息，到你 65 岁时取出使用。假设这期间每年的通货膨胀率为 3%。

第一种方法：

先计算名义终值，$100 \times (1 + 5\%)^{45} = 898.50$（元）

然后计算 45 年后的物价水平，$(1 + 3\%)^{45} = 3.7816$

最后，将名义终值除以 45 年后的物价水平，就可以求得实际终值：

$$实际终值 = \frac{名义终值}{未来的物价水平} = \frac{898.50}{3.7816} = 237.60（元）$$

第二种方法：

先计算实际利率，$(1 + 5\%) / (1 + 3\%) - 1 = 1.9417\%$

再用实际利率计算实际终值，$100 \times (1 + 1.9417\%)^{45} = 237.60（元）$

通过以上计算，我们发现，两种方法得到了相同的实际终值。到底采用哪种方法，取决于投资决策时的特定情况。

2. 通货膨胀与现值

在许多现实的金融决策问题中，我们需要计算未来名义现金流的现值。考虑通货膨胀因素时，我们计算未来现金流的现值，同样有两种方法。第一种方法是对名义现金流用名义利率作为贴现率进行贴现计算现值。第二种方法是把名义现金流转化为实际现金流，用实际利率作为贴现率进行贴现计算现值。具体使用哪种方法，取决于金融分析时的实际情形。

例如，你计划在第 5 年末购买一辆汽车，其当前价格为 15 万元。你打算现在存入银行一笔钱，用于未来购买汽车。假设银行存款年利率为 5%，问现在应当存入银行多少钱？

很自然地可能会让人认为这就是要计算出 5 年后 15 万元以及年利率 5% 为贴现率的现值：$15 / (1 + 5\%)^5 = 11.75$（万元）。所以，你可能认为现在投资 11.75 万元就足够支付 5 年后的汽车货款。

但这是错误的，因为，一辆现在售价 15 万元的汽车 5 年后的价格可能会更高。具体高多少，主要取决于通货膨胀率。如果汽车价格的通货膨胀率为每年 3%，那么这辆汽车 5 年后的价格将会是 $15 \times (1 + 3\%)^5 = 17.40$（万元）。

这里同样可以有两种方法考虑通货膨胀的问题。第一种方法是利用每年 5% 的名义贴现率计算名义终值 17.40 万元的现值：$17.40 / (1 + 5\%)^5 = 13.63$（万元）。第二种方法是先计算实际利率：$(1 + 5\%) / (1 + 3\%) - 1 = 1.9417\%$；然后用实际利率计算 15 万元实际终值的现值：$15 / (1 + 1.9417\%)^5 = 13.63$（万元）。

根据以上分析，我们可以总结出如下观点：在进行现金流贴现分析时，对名义现金流，应使用名义利率进行贴现；对实际现金流，应采用实际利率作为贴现率。如果二者混淆使用，就会误导我们的金融决策。

5.4.2 税收与现金流贴现分析

到目前为止，我们一直没有谈到收入所得税问题。但是，实际上，我们所能支配的收入，是扣除我们应当向政府缴纳所得税之后的余额。因此，当考虑所得税因素时，进行现金流贴现分析，应当把缴纳的所得税视同现金流流出，研究税后净现金流的现值和终值。

在现实生活中，对不同投资项目、不同金融产品、不同投资主体，各国法律法规都实行了差别的所得税政策，使得现实的金融决策分析变得更加复杂。例如，在美国，市

政债券利息收入免缴个人所得税，个人退休账户的存款和利息在取出之前不需要缴纳个人所得税；我国税法规定，个人银行存款利息应当缴纳个人所得税，而国债利息收入免缴个人所得税；等等。

上一章我们已经简单分析了税收政策对金融产品利率水平的影响。这里，我们换个角度，研究税收政策差别对现金流贴现分析的影响。

例如，在美国，个人退休账户的存款和利息在取出之前不需要缴纳个人所得税。假设约翰的个人所得税税率为20%。他打算从当前收入中拿出2万元，用于投资留待20年后退休时使用。现在他有两个选择，一是把这2万元存入个人退休账户，年利率为5%；另一个是存入普通储蓄账户，年利率6%。你认为约翰应当选择哪一种方式？

要回答这个问题，我们需要计算两种投资方式下，约翰在第20年末所能得到的税后现金流。在第一种投资方式下，约翰的这2万元收入及其产生的利息在取出之前不需要缴纳所得税，因此其税前终值为 $2 \times (1 + 5\%)^{20} = 5.30669$（万元），扣除20%的个人所得税，第20年末得到的税后现金流为 $5.30669 \times (1 - 20\%) = 4.2453$（万元）。

在第二种投资方式下，约翰的这2万元收入首先要缴纳20%的个人所得税，余款1.6万元，存入普通储蓄账户，每年6%的利息也要在当期缴纳20%的个人所得税，即个人只能得到 $6\% \times (1 - 20\%)$ 的利息，第20年末得到的税后现金流为 $1.6 \times [1 + 6\% \times (1 - 20\%)]^{20} = 4.0864$（万元）。

从以上计算中，我们发现，虽然个人退休账户利率比普通储蓄账户低，但其延期缴纳个人所得税的待遇，却使它产生了更高的税后终值。

5.4.3 不确定性与现金流贴现分析

货币资金具有时间价值的第三个重要原因是，未来现金流的可靠程度与时间有关，时间越久，受不确定性因素影响程度越大。不同投资项目即使在同一时点产生的现金流，也会因为其各自的项目特性而具有不同程度的风险。

在对未来现金流进行贴现计算现值时，如果考虑不确定性因素，大抵可以从两个角度进行。第一个角度是把具有不同的不确定性程度的未来现金流设法调整为等价的确定性现金流，然后用无风险利率作为贴现率，计算确定性现金流的现值。第二个角度是选择与未来现金流的不确定性程度相匹配的利率作为贴现率，即用风险调整的贴现率对未来现金流进行贴现计算现值。

关于不确定性对货币资金时间价值的影响及其评价问题，更多的是属于风险管理的内容，这里不展开分析。

【本章小结】

货币资金的时间价值概念是研究货币资金跨时配置问题的基石。一般认为，货币的时间价值是指当前拥有一定量的货币比未来拥有的一定量的货币具有更高的价值。

货币之所以具有时间价值，至少有三个方面的原因：（1）货币可用于投资，获得利息，从而在将来拥有更多的货币量；（2）货币的购买力会因通货膨胀的影响而随时间改变；(3) 一般来说，未来的预期收入具有不确定性。

利用利息率计算利息分为两种情况：单利和复利。单利是指在计算利息时，不论期限长短，仅按本金计算利息，所生利息不再加入本金计算下期利息。复利是指计算利息时，按一定期限 (如一年)，将所生利息加入本金再计算利息，逐期滚算。

在金融实务中，不管计息次数如何，金融工具的利息通常以年利率表示，这种利率叫做年度百分率 (Annual Percentage Rate)。我们应当知道，由于计息次数不同，这种年度百分率并不能直接比较谁高谁低。我们应当别除复利次数的差异后再进行比较，如有效年利率 (Effective Annual Rate)，即每年进行一次计息时的对应利息率。

终值是用复利计息方法计算的一定金额的初始投资在未来某一时期结束后获得的本息总和。终值系数会随着利息率的提高、投资期限的延长而增大。现值与终值是相对应的概念。现值是在复利计息方式下，未来一定金额按照某一利率折算出的现在的价值。

净现值 (NPV) 法则可简单地表述为：未来现金流的现值大于初始投资额的项目是可以接受的。如果一个项目的 NPV 是正数，就采纳它；如果一个项目的 NPV 是负数，就拒绝它。

内涵报酬率 (IRR) 或到期收益率，是指使未来现金流入的现值等于现金流出现值的贴现率。换言之，IRR 是指 NPV 恰好为零的贴现率。内涵报酬率法则可以表述为：投资于那些内涵报酬率大于资金的机会成本的项目。

关于多重现金流的终值问题，可以先计算每一笔现金流各自的终值，然后加总求和，即多重现金流的终值等于每笔现金流终值之和。多重现金流的现值计算问题，与多重现金流终值的计算原理相似，即先计算每一笔现金流各自的现值，然后把所有现金流的现值加总求和。

年金实质上是上面所介绍的多重现金流的一个特例，其特殊性在于每期发生的现金流金额完全相同。如果现金流发生在每期的期末，我们称之为普通年金；如果现金流在每期期初发生，则称之为即时年金，或预付年金；如果年金的现金流发生的次数趋向于无穷大，则称为永续年金。因为年金的现金流有其规律性，所以我们可以利用等比数列求和、求极限等数学方法，推导出一些简便的计算公式，从而使得年金的终值和现值计算问题变得更加方便。

当同时考虑利率和通货膨胀率时，就需要区分名义利率和实际利率。名义利率是以名义货币表示的利息率，也即我们平时所说的利息率。实际利率是以商品单位表示的利率，即名义利率别除通货膨胀因素之后的真实利率。

当考虑所得税因素时，进行现金流贴现分析，应当把缴纳的所得税视同现金流流出，研究税后净现金流的现值和终值。

【关键概念】

货币的时间价值　单利　复利　现值　终值　年度百分率　有效年利率　年金
普通年金　即时年金　永续年金　名义终值　实际终值

【复习思考题】

1. 什么是货币的时间价值，怎样计算货币的时间价值？

2. 什么是单利？什么是复利？两者之间有什么联系？

3. 如何理解现值和终值？利率的变动对现值和终值有什么影响？

4. 年度百分率和有效年利率之间的关系是怎样的？

5. 如何理解年金的含义？普通年金和即时年金有什么区别？

6. 如何理解净现值法则的含义？

7. 通货膨胀和税收因素如何影响现金流的贴现分析？

8. 假如你的存款按6%的年度百分率每月计复利，那么与其对应的有效实际年利率是多少？

9. 假定现在你有两种选择，甲方案是1年后得到1 000元，乙方案是现在得到900元。假设你认为现在用900元进行投资，1年后能赚取12%的利息。问：（1）你会选择哪个方案？（2）如果你认为现在用900元进行投资，1年后只能赚取10%的利息，你的答案会改变吗？（3）在什么利率下，两种选择对你来说是无差异的？

10. 某公司拟购置一处房产，房主提出两种付款方案：（1）从现在起，每年初支付20万元，连续支付10次，共200万元；（2）从第五年开始，每年初支付25万元，连续支付10次，共250万元。假设该公司的资金成本率为10%，你认为该公司应选择哪个方案？

11. 如果以每年10%的利率计算，下面现金流的现值分别是多少？A. 5年后获得的1 000元；B. 30年后获得的1 000元；C. 从第1年末开始，每年获得1 000元，共10年；D. 从现在开始，每年获得1 000元，共10年；E. 从第1年末开始，每年获得1 000元，并永远持续下去。

12. 第11题中C和D现金流的终值是多少？二者有何数量关系？

13. 下面各种情况的有效年利率是多少？（1）年度百分率为12%，按月计复利；（2）年度百分率为10%，按年计复利；（1）年度百分率为6%，按日计复利。

【本章参考文献】

［1］米什金. 货币金融学（中文版）［M］. 北京：中国人民大学出版社，1998.

［2］博迪，莫顿. 金融学（中文版）［M］. 北京：中国人民大学出版社，2000.

［3］艾希贝格尔，哈珀. 金融经济学（中文版）［M］. 成都：西南财经大学出版社，2000.

第6章

资产价值评估

【导读】

一般来说，任何一项金融资产的价值都表现为其未来现金流量的现值。对于一项金融资产，如何评估、确定其价值，是进行金融决策的逻辑前提。本章从财务模型的角度介绍一般资产、金融资产价值评估的内容和有关理论。

《新帕尔格雷夫经济学大辞典》对金融学的解释是："金融学最主要的研究对象是金融市场的运行机制，以及资本资产的供给和定价。"由此可见，资产价值评估是金融学研究的重要内容之一。本章对其相关理论加以介绍。

§6.1 资产价值评估一般理论

6.1.1 货币时间价值理论

从财务学的角度出发，任何一项投资或筹资的价值都表现为未来现金流量的现值，表现为货币的时间价值。货币时间价值理论是资产价值评估中的重要理论和基础，其基本思想对资产价值评估的结果有着重要影响。

在货币时间价值理论中，影响现值的因素主要有现金流量发生的时间域、不同时点的现金流量和折现率。在财务决策中，不但要估算或确定投资或筹资机会的现金流量，还应根据折现率将不同时点的现金流量调整为同一时点的现金流量，以便进行比较。如果现金流量序列是确定的，可采用无风险利率进行调整；如果现金流量序列是不确定的，可采用风险调整折现率或资本机会成本（Opportunity Cost of Capital）进行调整。

现金流量可分为简单现金流量和系列现金流量两种。不同时点的现金流量既可以调整为现值，也可以调整为终值。为简化分析，假设现金流量均发生在期末；决策时点为 $t=0$，除非特别说明，"现在"即为 $t=0$；现金流量折现频数与收付款项频数相同。

1. 简单现金流量现值

简单现金流量是指某一特定时间内的单一现金流量，通过对这个现金流量的折现，

使之转化为现值。一旦现金流量转化为现值，它就可以进行比较与加总；如果现值估计是正确的，那么，未来现金流量或其现值对投资者来说就是无差异的。

$$P = CF_t (1 + r)^{-t} = CF_t (P/F, r, n) \tag{6-1}$$

式中：P 为现值；F 为终值；CF_t 为现金流量；r 为利率或折现率；n 为期数。

在其他条件不变的情况下，现金流量的现值与折现率和时间呈反向变动，现金流量所间隔的时间越长，折现率越高，现值越小。

采用适当的利率可以将即期现金流量调整成未来现金流量，即

$$F = CF_0 (1 + r)^n = CF_0 (F/P, r, n) \tag{6-2}$$

在其他条件一定的情况下，现金流量的终值与利率和时间呈同向变动，现金流量时间间隔越长，利率越高，终值越大。

2. 名义利率与有效利率

现值或终值是根据复利原理计算的，在运用上述公式时，时期必须是复利计算期，利率或折现率必须是每个单一复利期对应的利率或折现率。在实务中，金融机构提供的利率为年利率，通常称做名义利率（Nominal Rate）。如果年复利期数大于 1，如每半年、每季度或每月复利一次，则按不同计息期计算的现值或终值就会发生很大差别。通常将以年为基础计算的利率称为名义利率，将名义利率按不同计息期调整后的利率称为实际利率或年有效利率（Effective Annual Rate，EAR）。设一年内复利次数为 m 次，名义利率为 r_{nom}，则有效利率（EAR）为

$$EAR = \left(1 + \frac{r_{nom}}{m}\right)^m - 1 \tag{6-3}$$

假设年名义利率为 6%，具有不同复利次数的有效利率如表 6-1 所示。

表 6-1 　　　　　　　　不同复利次数的有效利率

频率	m	r_{nom}/m（%）	EAR（%）
按年计算	1	6.000	6.00
按半年计算	2	3.000	6.09
按季计算	4	1.500	6.14
按月计算	12	0.500	6.17
按周计算	52	0.115	6.18
按日计算	365	0.016	6.18
连续计算	∞	0	6.18

表 6-1 表明，如果每年复利一次，名义利率和有效利率相等；随着复利次数的增加，有效利率逐渐趋于一个定值。从理论上说，复利次数可以为无限大的值，当复利间隔趋于零时（Continuous Compounding），就可得到所谓的连续复利，此时：

$$EAR = \lim_{m \to \infty} \left[\left(1 + \frac{r_{nom}}{m}\right)^m - 1 \right] = e^{r_{nom}} - 1 \tag{6-4}$$

3. 系列现金流量

系列现金流量又称年金，按照现金流量发生的不同情况，年金可分为普通年金、预付年金、增长年金和永续年金等形式。

（1）普通年金

普通年金又称后付年金，是指一定时期每期期末等额的现金流量。普通年金现值的计算公式为

$$P = A\left[\frac{1 - (1 + r)^{-n}}{r}\right] = A(P/A, r, n) \tag{6-5}$$

［例6-1］ABC公司以分期付款方式向XYZ公司出售一台大型设备。合同规定XYZ公司在10年内每半年支付5 000元欠款。ABC公司为马上取得现金，将合同向银行折现。假设银行愿意以14%的名义利率、每半年计息一次的方式对合同金额进行折现，ABC公司将获得多少现金？

$$P = 5\,000 \times \left[\frac{1 - (1 + 7\%)^{-20}}{7\%}\right] = 5\,000 \times (P/A, 7\%, 20)$$

$$= 52\,970(元)$$

在年金现值公式中，如果给定现金流量的现值和折现率，就可以计算每年等额的现金流量A，即

$$A = \frac{P}{\left[\frac{1 - (1 + r)^{-n}}{r}\right]} = \frac{P}{(P/A, r, n)} \tag{6-6}$$

［例6-2］假设你准备抵押贷款400 000万元购买一套房子，贷款期限20年，每月偿还一次；如果贷款的年利率为8%，每月贷款偿还额为多少？

贷款的月利率 = 0.08/12 = 0.0067（%），复利计算期为240期，则

抵押贷款月支付额 = $400\,000 \times \left[\frac{0.0067}{1 - (1 + 0.0067)^{-240}}\right] = 3\,355.72(元)$

上述贷款的名义利率为8%，有效利率为

$$EAR = \left(1 + \frac{0.08}{12}\right)^{12} - 1 = 8.3\%$$

普通年金终值是一定时期内每期期末现金流量的复利终值之和，其计算公式为

$$F = A\left[\frac{(1 + r)^n - 1}{r}\right] = A(F/A, r, n) \tag{6-7}$$

如果给定现金流量的终值和利率，就可以计算每年等额的现金流量A，即

$$A = \frac{F}{\left[\frac{(1 + r)^n - 1}{r}\right]} = \frac{F}{(F/A, r, n)} \tag{6-8}$$

在实际工作中，公司可能根据要求，在贷款期内建立偿债基金，以保证在期满时有足够的现金偿付贷款本金或兑现债券。例如，如果一家公司在10年后要偿还面值为100万元的债券，假设利率为10%，那么，公司每年的偿债基金为

偿债基金 $= 1\ 000\ 000\left[\dfrac{0.10}{(1+0.10)^{10}-1}\right] = 62\ 745(元)$

（2）预付年金

预付年金又称先付年金，是指一定时期内每期期初等额的系列现金流量。预付年金与普通年金（后付年金）的差别仅在于现金流量的时间不同。预付年金现值和终值的计算公式如式（6-9）和式（6-10）所示：

$$P = A\left[\frac{1-(1+r)^{-(n-1)}}{r}+1\right] = A\left[\frac{1-(1+r)^{-n}}{r}\right](1+r) \qquad (6-9)$$

$$F = A\left[\frac{(1+r)^{n+1}-1}{r}-1\right] = A\left[\frac{(1+r)^n-1}{r}\right](1+r) \qquad (6-10)$$

上述计算公式表明，预付年金现值与终值比普通年金现值与终值多了一期的利息。

（3）增长年金与永续年金

增长年金是指按固定比率增长，在相等间隔期连续支付的现金流量。设 A 为第 0 期的现金流量，g 表示预计增长率，第 $1\sim n$ 期的增长年金分别为 $A(1+g)$，$A(1+g)^2$，$A(1+g)^3$，…，$A(1+g)^n$。增长年金现值可按下式计算：

$$P = A(1+g)\left[\frac{1-\dfrac{(1+g)^n}{(1+r)^n}}{r-g}\right] \qquad (6-11)$$

永续年金是指无限期支付的年金，永续年金没有终止的时间，即没有终值。永续年金的现值可以通过普通年金现值的计算公式导出：

$$P = A\left[\frac{1-(1+r)^{-n}}{r}\right]$$

当 $n\rightarrow\infty$ 时，$(1+r)^{-n}$ 的极限为零，故上式可写成

$$P = A\times\frac{1}{r} \qquad (6-12)$$

在一项业务中，有时可能包含不同类型的现金流量（普通现金流量、年金、永续年金），这时必须独立计算每一项现金流量现值。如每期支付利息，到期一次还本的债券，就必须分别计算利息现值和到期本金现值。

6.1.2 资产价值评估的途径与方法

资产价值评估途径是判断资产价值的技术思路，以及实现该评估技术思路的各种评估技术方法的总称或集合。目前最具代表性的资产评估途径主要有三条，分别是市场途径、收益途径和成本途径。

1. 市场途径

（1）市场途径的基本含义

市场途径是指利用市场上同样或类似资产的近期交易价格，经过直接比较或类比分析来估测资产价值的评估技术思路和实现该评估技术思路的各种评估方法的总称。

从市场途径的含义中可以发现，市场途径是若干资产评估思路中的一种，它是根据

替代原则，采用比较和类比的思路及其方法判断资产价值的评估技术规程。任何一个正常的投资者在购置某项资产时，他所愿意支付的价格不会高于市场上具有相同用途的替代品的现行市价。运用市场途径及其方法要求充分利用类似资产成交价格信息，并以此为基础判断和估测被评估资产的价值。运用已被市场检验了的结论来评估被评估对象，显然是容易被资产业务各当事人接受的。因此，市场途径是资产评估中最为直接、最具说服力的评估途径之一。当然，通过市场途径及其方法进行资产评估，尚需满足一些最基本的条件。

通过市场途径及其方法进行资产评估需要满足两个最基本的前提条件：其一是要有一个活跃的公开市场；其二是公开市场上要有可比的资产及其交易活动。

公开市场是一个充分的市场，市场上有自愿的买者和卖者，他们之间进行平等交易。这就排除了个别交易的偶然性，市场成交价格基本上可以反映市场行情。按市场行情估测被评估资产价值，评估结果会更贴近市场，更容易被资产交易各方接受。

资产及其交易的可比性是指选择的可比资产及其交易活动在近期公开市场上已经发生过，且与被评估资产及资产业务相同或相似。这些已经完成交易的资产就可以作为被评估资产的参照物，其交易数据是进行比较分析的主要依据。

（2）市场途径的基本程序

通过市场途径及其方法进行资产评估大体上要经历以下程序：选择参照物、在评估对象与参照物之间选择比较因素、指标对比、量化差异、在各参照物成交价格的基础上调整已经量化的对比指标差异、综合分析确定评估结果。

按照一般要求，运用市场途径及其方法通常应选择三个以上参照物，所以，在一般情况下，运用市场途径及其方法评估的初步结果也在三个以上。根据资产评估的一般惯例的要求，正式的评估结果只能是一个，这就需要评估人员对若干评估初步结果进行综合分析，以确定最终的评估值。在这个环节上没有什么硬性规定，主要是取决于评估人员对参照物的把握和对评估对象的认识。当然，如果参照物与评估对象可比性都很好，评估过程中没有明显的遗漏或疏忽，采用加权平均的办法或算术平均的办法将初步结果转换成最终评估结果也是可以的。

（3）市场途径中的具体方法

市场途径实际上是指在一种评估思路下的若干具体评估方法的集合，它由若干个具体评估方法组成。这些具体评估方法按照参照物与评估对象的差异程度，以及需调整的范围又可以划分为直接比较法和类比调整法。

①直接比较法，是指直接利用参照物价格或利用参照物的交易价格及参照物的某一基本特征直接与评估对象的同一基本特征进行比较而判断评估对象价值的各种具体评估技术方法。直接比较法直观简捷，便于操作，但通常对参照物与评估对象之间的可比性要求较高。参照物与评估对象要达到相同或基本相同的程度，或参照物与评估对象的差异主要体现在某一明显的因素上，例如新旧程度或交易时间早晚等。直接比较法主要包括现行市价法、市价折扣法、功能类比法、价格指数法和成新率价格法等。

②类比调整法，是市场途径及其方法中最基本的评估方法。该法并不要求参照物与

评估对象必须一样或者基本一样，只要参照物与评估对象在大的方面基本相同或相似即可。该法通过对比分析调整参照物与评估对象之间的差异，在参照物成交价格的基础上调整估算评估对象的价值。类比调整法具有适用性强、应用广泛的特点。但该法对信息资料的数量和质量要求较高，而且要求评估人员要有较丰富的评估经验、市场阅历和评估技巧。因为类比调整法可能要对参照物与评估对象的若干可比因素进行对比分析和差异调整，没有足够的数据资料，以及对资产功能、市场行情的充分了解和把握，很难准确地评定估算出评估对象的价值。

在具体操作过程中有市场售价类比法、成本市价法、市盈率倍数法等。

2. 收益途径

（1）收益途径的基本含义

收益途径是指通过估测被评估资产未来预期收益的现值来判断资产价值的各种评估方法的总称。

收益途径是若干资产评估思路中的一种，它是根据将利求本的思路，采用资本化和折现的思路及其方法来判断和估算资产价值的评估技术规程。任何一个理智的投资者在购置或投资于某一资产时，他所愿意支付或投资的货币数额不会高于他所购置或投资的资产在未来能给他带来的回报，即收益额。收益途径正是利用投资回报和收益折现等技术手段，把评估对象的预期产出能力和获利能力作为评估标的来估测评估对象的价值。根据评估对象的预期收益来评估其价值，显然这个评估结果是容易被资产业务各方所接受的。所以，从理论上讲，收益途径是资产评估中最为科学合理的评估途径之一。当然，运用收益途径评估尚需要满足一些基本条件。

（2）收益途径的基本前提

收益途径及其方法是依据资产未来预期收益经折现或本金化处理来估测资产价值的，它涉及三个基本要素：一是被评估资产的预期收益；二是折现率或资本化率；三是被评估资产取得预期收益的持续时间。因此，能否清晰地把握上述三要素就成为能否恰当运用收益途径及其方法的基本前提。从这个意义上讲，应用收益途径必须具备的前提条件是：①被评估资产的未来预期收益可以预测并可以用货币衡量；②资产拥有者获得预期收益所承担的风险也可以预测并可以用货币衡量；③被评估资产预期获利年限可以预测。

（3）收益途径的具体方法

收益途径实际上是在预期收益还原思路下若干具体方法的集合。从大的方面来看，收益途径中的具体方法可以分为若干类，其一是针对评估对象未来预期收益有无限期的情况划分，分为有限期和无限期的评估方法；其二是针对评估对象预期收益额的情况划分，又可分为等额收益评估方法、非等额收益方法等。

3. 成本途径

（1）成本途径的基本含义

成本途径也是资产评估的基本途径之一。成本途径具体是指首先估测被评估资产的重置成本，然后估测被评估资产业已存在的各种贬损因素，并从其重置成本中予以扣除而得到被评估资产价值的各种评估方法的总称。成本途径始终贯穿着一个重建或重置被评估资产的思路。在条件允许的情况下，任何一个潜在的投资者在决定投资某项资产时，他所愿意支付的价格不会超过购建该项资产的现行购建成本。如果投资对象并非全新，投资者所愿支付的价格会在投资对象全新的购建成本的基础上扣除资产的实体有形损耗；如果被评估资产存在功能和技术落后，投资者所愿支付的价格会在投资对象全新的购建成本的基础上扣除资产的功能性贬值；如果被评估资产及其产品面临市场困难和外力影响，投资者所愿支付的价格会在投资对象全新的购建成本的基础上扣除资产的经济性贬损因素。上述评估思路用数学公式可概括为

$$资产的评估值 = 资产的重置成本 - 资产实体有形损耗 - 资产功能性陈旧贬值$$
$$- 资产经济性陈旧贬值 \qquad (6-13)$$

式（6-13）所概括的成本途径是从成本途径各构成要素出现的概率的大小排列而成，因此该式亦称成本途径的理论表达式。

如果在资产评估实际操作中，被评估资产确实存在三种贬值，在此种情况下具体运用成本途径时，则应按成本途径的逻辑顺序进行操作。成本途径的逻辑顺序是

$$资产的评估值 = 资产的重置成本 - 资产经济性陈旧贬值 - 资产功能性陈旧贬值$$
$$- 资产实体有形损耗 \qquad (6-14)$$

成本途径是以再取得被评估资产的重置成本为基础的评估途径。由于被评估资产的再取得成本的有关数据和信息来源较广泛，并且资产重置成本与资产的现行市价及收益现值也存在着内在联系和替代关系，因而在市场发育欠完善的条件下，成本途径经常被广泛应用。

（2）成本途径的基本前提

成本途径作为一条独立的评估思路，它是从再取得资产的角度来反映资产的交换价值的，即通过资产的重置成本反映资产的交换价值。只有当被评估资产处于继续使用状态下，再取得被评估资产的全部费用才能构成其交换价值的内容。资产的继续使用不仅仅是一个物理上的概念，还包含着其使用的有效性的经济意义。只有当资产能够继续使用并且在持续使用中为潜在所有者和控制者带来经济利益，资产的重置成本才能为潜在投资者和市场所承认和接受。从这个意义上讲，成本途径主要适用于继续使用前提下的资产评估。可能资产的继续使用并不是决定成本途径能否运用的唯一前提，但是，对于非继续使用前提下的资产，如果运用成本途径进行评估，需对成本途径的基本要素作必要的调整。从相对准确合理、减少风险和提高评估效率的角度，把继续使用作为运用成本途径的前提是有积极意义的。

（3）成本途径中的具体方法

通过成本途径评估资产的价值不可避免地要涉及被评估资产的重置成本、有形损耗、功能性贬值和经济性贬值四大参数。成本途径中的各种技术方法实际上都是在成本途径总的评估思路基础上，围绕着四大参数采用不同的方式方法测算形成的，例如测算重置成本的重置核算法、功能价值法、价格指数法，估测资产有形损耗的观测法和使用年限法，等等。

§6.2 证券价值评估

由于金融市场上证券的价格瞬息万变，忽高忽低，所以投资者在进行证券投资时，首先要了解证券的价值是如何决定的，影响证券价格变化的因素都有哪些，以便作出正确的投资决策，选择适当的投资对象与买卖时机，实现回避风险、获得收益的目标。

6.2.1 债券价值评估

1. 债券价值评估模型

债券价值既可以用金额来表示，也可以用发行者预先承诺的收益率来描述。前者可采用现值模型，通过单一折现率计算债券的价值；后者可采用收益率模型，根据债券当前价格来计算承诺的收益率。

（1）现值模型

从财务学的角度出发，债券（或任何其他资产）的价值都等于其预期现金流量的现值。债券价值 P_b 的计算公式为

$$P_b = \sum_{t=1}^{n} \frac{CF_t}{(1 + r_b)^t} \tag{6-15}$$

式中：CF_t 代表第 t 期债券现金流量，主要指利息（I）和到期本金（F）；r_b 代表投资者要求的收益率或债券资本成本。

假设债券投资要求的收益率各期不变，债券现值或内在价值 P_b 的计算公式为

$$P_b = \frac{I_1}{(1 + r_b)} + \frac{I_2}{(1 + r_b)^2} + \cdots + \frac{I_n}{(1 + r_b)^n} + \frac{F}{(1 + r_b)^n} \tag{6-16}$$

一般来说，债券内在价值既是发行者的发行价值，又是投资者的认购价值。如果市场是有效的，债券的内在价值与票面价值应该是一致的，即债券的票面价值可以公平地反映债券的真实价值。但债券的价值不是一成不变的，债券发行后，虽然债券的面值、息票率和债券期限一般会依据债券契约保持不变，但必要收益率会随市场状况的变化而变化，由此引起债券的价值（未来现金流量序列的现值）也会随之变化。

［例6-3］ASS 公司 5 年前发行一种面值为 1 000 元的 25 年期债券，息票率为 11%。同类债券目前的收益率为 8%。要求计算 ASS 公司债券现在的市场价格，假设每年付息一次。

$$P_b = \sum_{t=1}^{20} \frac{110}{(1 + 8\%)^{20}} + \frac{1\,000}{(1 + 8\%)^{20}} = 1\,294.54(元)$$

如果每半年计息一次，每次利息 = 1 000 × 11% ÷ 2 = 55（元），计息期数 = 2 × 20 = 40（期），则债券的现值为

$$P_b = \sum_{t=1}^{20} \frac{55}{(1 + 4\%)^{40}} + \frac{1\,000}{(1 + 4\%)^{40}} = 1\,296.89(元)$$

上述计算结果表明，该公司债券价值大于其面值，其原因是该债券半年息票率5.5%大于市场同类债券的收益率4%。

如果债券契约中载明允许发行公司在到期日前将债券从持有者手中赎回的条款，则当市场利率下降时，公司会发行利率较低的新债券，并以所筹措的资本赎回高利率的旧债券。在这种情况下，可赎回债券持有者的现金流量包括两部分：赎回前正常的利息收入和赎回价格（面值＋赎回溢价）。

［例6-4］ABC 公司按面值1 000 元发行可赎回债券，票面利率12%，期限20 年，每年付息一次，到期偿还本金。负债契约规定，5 年后公司可以1 120 元价格赎回。目前同类债券的利率为10%。要求计算 ASS 公司债券市场价格，假设每年支付利息一次。

如果债券被赎回，则债券价值为

$$P_b = \sum_{t=1}^{5} \frac{1\ 000 \times 12\%}{(1 + 10\%)^t} + \frac{1\ 120}{(1 + 10\%)^5} = 1\ 150.33(元)$$

如果债券没有赎回条款，则持有债券到期日时债券的价值为

$$P_b = \sum_{t=1}^{20} \frac{1\ 000 \times 12\%}{(1 + 10\%)^t} + \frac{1\ 000}{(1 + 10\%)^{20}} = 1\ 170.27(元)$$

在上述计算结果中，1 150.33 元表示如果债券被赎回，ABC 公司承诺的现金流量的现值；1 170.27 元表示如果债券不被赎回，该公司承诺的现金流量的现值。这两者之间的差额表示如果债券被赎回该公司将节约的数额。在这里，由于债券被赎回的可能性很大，因此与投资者相关的最可能价格是1 150.33 元。

在债券的息票率、到期期限和票面价值一定的情况下，决定债券价值（价格）的唯一因素就是折现率或债券的必要收益率。图6-1 描述了息票率为8%、期限为20 年、必要收益率分别为2%至16%时的债券价格。价格—收益率曲线反映了以下两个要点：第一，当必要收益率低于息票率时，债券溢价销售；当必要收益率高于息票率时，债券折价销售；当必要收益率等于息票率时，债券等价销售。第二，价格—收益率之间的关系不是呈直线的，而是向下凸（Convexity）的，当必要收益率下降时，债券价格以加速度上升；而当必要收益率上升时，债券价格却以减速度下降。

（2）收益率模型

在上述分析中，是通过必要收益率（假设折现率已知）对债券的现金流量资本化而实现对债券价值评估的。在收益率模型中，假设用债券当前的市场价格代替债券的内在价值（P_b）来计算折现率或预期收益率，如果计算出来的收益率等于或大于必要收益率，则应购买该种债券；反之则应放弃。在价值评估中，可从公式中引申出三种收益率：到期收益率、赎回收益率和实现（期间）收益率。

①债券到期收益率

债券到期收益率（Yield To Maturity，YTM），是指债券按当前市场价值购买并持有至到期日所产生的预期收益率。如果同时满足以下两个假设条件，债券到期收益率就等于投资者实现的收益率：第一，假设投资者持有债券直到到期日；第二，假设所持有期间的现金流量（利息支付额）都以计算出的 YTM 进行再投资。具体来说，到期收益率

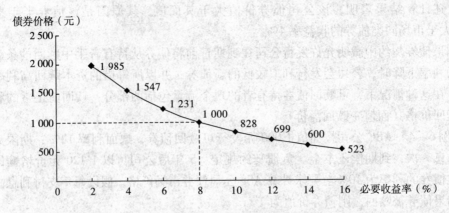

债券价格（元）

图 6 - 1　息票率为 8% 的 20 年期债券价格—收益率曲线

是指债券预期利息和到期本金（面值）的现值与债券现行市场价格相等时的折现率。其计算公式为

$$P_b = \sum_{t=0}^{n} \frac{CF_t}{(1 + YTM)^t} \qquad (6 - 17)$$

计算债券到期收益率一般需要借助于财务计算器或根据 Excel 内置函数来完成。在实务中，也可采用简化方式计算到期收益率，其计算公式为

$$YTM = \frac{I + (F - P_b)/n}{(F + P_b)/2} \qquad (6 - 18)$$

②赎回收益率

如果债券被赎回，投资者应根据债券赎回时的收益率（Yield To Call，YTC）而不是到期收益率来估算债券的预期收益率。在［例 6 - 4］中，如果 5 年后市场利率从 12% 下降到 8%，债券一定会被赎回，那么债券赎回时的收益率计算如下：

$$P_b = 1\ 000 = \sum_{t=1}^{5} \frac{1\ 000 \times 12\%}{(1 + YTC)^t} + \frac{1\ 120}{(1 + YTC)^5}$$

在实务中，一般是根据 Excel 中的 RATE 函数来计算债券赎回收益率。本例中，在 Excel 电子稿中输入 = RATE（5，- 120，1 000，- 1 120），回车后即可得到 YTC 为 13.82%。

赎回收益率为 13.82%，表面上看投资者似乎从债券赎回中得到好处，其实不然。每年从每张债券收到 120 元的投资者，现在将收到一笔 1 120 元的新款项，假设将这笔款项按目前市场利率 8% 进行 15 期的债券投资，这样每年的现金流量就会从 120 元降到 89.6 元（1 120 × 8%），即投资者在以后 15 年中每年收入减少了 30.4 元（120 - 89.6）。尽管现在投资者可以在赎回日收到 1 120 元，但由于投资者减少的收入现值约为 260 元 ［30.4（P/A，8%，15）］，超出了赎回溢价 120（1 120 - 1 000）的现值 38 元 ［120 ×

（P/F，8%，15）］。因此，债券赎回会使投资者蒙受损失。[①]

从投资收益率看，虽然债券赎回可使投资者得到 13.82% 的高收益率，但仅仅是在 5 年期间，在其后的几年里，收益率就下降到 8%。20 年期、利率为 12% 的债券收益率将优于前 5 年收益率为 13.82%、后 15 年收益率为 8% 的债券。假设债券在 5 年后被赎回，并且投资者把从债券回收得到的 1 120 元再按 8% 的利率进行投资，则此时 20 年期债券的预期收益率为

$$1\ 000 = \sum_{t=1}^{5} \frac{120}{(1+YTC)^t} + \sum_{t=1}^{15} \frac{89.6}{(1+YTC)^t} \times \frac{1}{(1+YTC)^5} + \frac{1\ 120}{(1+YTC)^{20}}$$

采用财务计算器或 Excel 中 RATE 函数求出预期收益率为 10.56%。这表明，如果债券被赎回，投资者的债券收益率就会由原来的 12% 下降到 10.56%，下降了 1.44 个百分点。

在以上的讨论中都没有考虑个人所得税问题，如果投资者缴纳个人所得税，那么与其相关的现金流量就应当是证券投资收益扣除个人所得税后的现金流量，并且与投资者有关的收益率也应是税后收益。

③实现（期间）收益率

实现收益率（Realized Yield，RY）或期间收益率（Horizon Yield，HY）主要用于计量投资者在到期日之前卖掉债券时的预期收益率。在计算公式中，投资者的持有期 hp 或投资期小于 n，除此外，投资者必须估计未来债券在持有期末的预期售价 P_f，估计债券变现之前，已获利息的再投资收益率。实现（期间）收益率 RY 一般采用简化的方式计算，其公式如下：

$$RY = \frac{I + (P_f - PV_b)/hp}{(P_f + PV_b)/2} \tag{6-19}$$

2. 即期利率与债券估价

采用现值模型进行债券估价时是假设所有的现金流量都以相同的收益率折现，该收益率反映了债券总体必要收益率。在收益率模型中，债券收益率（YTM、YTC 和 HY）作为单一利率来折现债券的所有现金流量并使之与债券的当前市场价格相等。特别是 YTM 的第二个假设（将所有的现金流量以计算出的 YTM 进行再投资）通常是不现实的，因为它要求有一条平坦、恒定的收益率曲线。事实上，在任何时点上，投资者对不同时间内的现金流量会要求不同的收益率。例如，投资者买入不同的零息债券，其到期期限分别为 2 年、3 年和 5 年，那么投资者会对其要求不同的收益率。

用来折现某一时点现金流量的利率称为即期利率，由于不同到期期限的债券即期利率不同，因此，需要把不同时点的现金流量采用相应的即期利率 r_{bt} 进行折现，公式如下：

$$P_b = \sum_{t=1}^{n} \frac{CF_t}{(1+r_{bt})^t} \tag{6-20}$$

[①]（P/A，8%，15）为折现率为 8%、期限为 15 年的年金现值系数；（P/F，8%，15）为折现率为 8%、期限为 15 年的 1 元现值系数。

表 6-2 列示了两种剩余期限为 5 年的国库券，在到期收益率分别为 7% 和 8% 的条件下债券的价值。表 6-3 是采用即期利率对 5 年期的不同现金流量折现的现值。

表 6-2 　　　　　　　　　A、B 国库券的不同到期收益率和价值

债券	息票率（%）	剩余年限（年）	债券价值（7%）	债券价值（8%）
A	5	5	918.00	880.22
B	10	5	1 123.01	1 079.85

表 6-3 　　　　　　　　　按即期利率计算的国库券的现值

期间（t）	债券收益率（利率）	息票率5%，剩余年限5年		息票率10%，剩余年限5年	
		CF_t	PV	CF_t	PV
1	0.04	50	48.08	100	96.15
2	0.05	50	45.35	100	90.70
3	0.06	50	41.98	100	83.96
4	0.07	50	38.14	100	76.29
5	0.08	1 050	714.61	1 100	748.64
合计	—	—	888.17	—	1 095.75

由于即期收益率曲线是上升的，因此 YTM 应介于 7% ~ 8%。也就是说，用这些单一利率估计出的国库券价值要比用即期利率曲线得出的大。这说明，用单一利率估价高估了债券的价值。将债券的现金流量视为单个债券，按其相应的即期利率折现将更为准确。

在证券市场上，债券买卖交易价格是以其内在价值为基础的，围绕内在价值上下波动，影响债券价格变化的因素纷繁复杂，外部会受到市场利率、经济发展状况、物价波动、货币政策、汇率的变化、政治因素、投机因素等因素的影响。

6.2.2 股票价值评估

1. 股票价值的含义

在股票的价值中，有面值、净值、清算价值、内在价值和市场价值五种。

（1）面值。面值是股份公司在所发行的股票上标明的票面金额，用来表明每一张股票所包含的资本数额。标明股票票面价值的最初目的，是为了保证股票持有者在退股之时能够收回票面所标明的资产。

（2）净值。净值又称为账面价值，也称为每股净资产，指的是用会计的方法计算出来的每股股票所包含的资产净值。其计算方法是将公司的注册资本加上各种公积金、累积盈余，也就是通常所说的股东权益，将净资产除以总股本就是每股的净值。股票的账面价值是股份公司剔除了一切债务后的实际资产，是股份公司的净资产。

（3）清算价值。清算价值是指股份公司破产或倒闭后进行清算之时每股股票所代表的实际价值。从理论上讲，股票的每股清算价值应当与股票的账面价值相一致，但企业

在破产清算时，其财产价值是以实际的销售价格来计算的，而在进行财产处置时，其售价都低于实际价值，所以股票的清算值就与股票的净值不相一致，一般都要小于净值。股票的清算价值只是在股份公司因破产或因其他原因丧失法人资格而进行清算时才被作为确定股票价格的根据，在股票发行和流通过程中没有什么意义。

（4）内在价值。内在价值是由公司未来收益所决定的股票价值。投资者购买股票的最终目的在于获得公司的未来收益，这种收益可以表现为公司盈利水平的提高，也可以表现为公司净资产的增长或股票账面价值的提高。投资者对股份公司的财务状况、盈利前景以及其他影响因素进行分析，得出股票的内在价值。股票的内在价值又常常称为根据公司未来收益所预期的股票价值，实际上就是股票未来预期现金流按必要的报酬率计算出来的现值。

（5）市场价值。市场价值又称为股票的市值，是指股票在交易过程中交易双方达成的成交价。股票的市值直接反映着股票市场行情，是投资者买卖股票的依据。由于受众多因素的影响，股票的市场价值处于经常性的变化之中。股票的市场价值是与股票价格紧密相连的，股票价格是股票市场价值的集中表现，前者随后者的变化发生相应的波动。在股票市场中，投资者是根据股票的市场价值（股票行市）的高低变化来分析判断和确定股票价格的，所以通常所说的股票价格也就是股票的市场价值。

2. 股票价值评估模型

股票价值评估主要有股利贴现法、乘数估价法和期权估价法三种。最为常用的方法是股利贴现法与市盈率法。

（1）股利贴现法

股利贴现法就是采用现金流贴现方法确定股票价值，即对股票预期现金流进行贴现，计算出现值，并将其作为股票的内在价值。股票预期的现金流就是公司支付给股东的红利（股息），因此，股票的价值等于未来所有股利的贴现值之和，所以股票价值的一般计算公式是

$$P_S = \frac{D_1}{1+r} + \frac{D_2}{(1+r)^2} + \cdots = \sum_{t=1}^{\infty} \frac{D_t}{(1+r)^t} \qquad (6-21)$$

式中：P_S 为股票价值；D_t 为第 t 期的现金红利；r 为市场资本报酬率，指为吸引投资者购买该股票而应达到的预期收益率。

由于企业的盈利能力存在着很大的差异，因此企业未来分红的方式也不相同。例如，进入成熟期的企业，可能每年的分红水平都差不多；而有些处于成长期的企业可能每年的红利都不断增加；等等。根据上面的公式我们可以推导出不同分红方式的股利贴现模型（具体推导过程省略）。

股利贴现法主要适用于现金流量相对确定的资产（如公用事业），特别适用于当前处于早期发展阶段，并无明显盈利或现金流量，但具有可观增长前景的公司，通过一定期限的现金流量的折现，可确保日后的增长机会被体现出来。股利贴现法模型的局限性是：估价结果取决于对未来现金流量的预测以及对与未来现金流量的风险特性相匹配的折现率的估计，当实际情况与假设的前提条件有差距时，就会影响估价结果的可信度。

①零增长模型

零增长模型假定股利增长率等于零，也就是说未来的股利按一个固定数量支付。其股票价值计算公式为

$$P_s = \frac{D}{r} \qquad\qquad (6-22)$$

[例6-5] 假定某公司在未来无限时期每年支付的每股股利都是8元，其市场资本报酬率为10%，则该公司股票每股的价值为8/0.10 = 80（元）。

零增长模型的应用似乎受到相当的限制，毕竟假定对某一种股票永远支付固定的股利是不合理的。但在特定的情况下，尤其是在决定优先股的内在价值时，这个模型是相当有用的。因为大多数优先股支付的股利不会因每股收益的变化而发生改变，而且由于优先股没有固定的生命期，预期支付显然是能永远进行下去的，因此，我们在对优先股进行价值评估时，使用的就是式（6-22）。

②不变增长模型

如果一个企业每年按一个固定的增长率支付股息，我们可以得出股利稳定增长的股票的价值计算公式的简化形式：

$$P_s = \frac{D_0(1+g)}{r-g} = \frac{D_1}{r-g} \qquad\qquad (6-23)$$

式中：P_s 为股票价值；D_0 为上一期支付的股利；g 为股利增长率；D_1 为预期下一期的股利；r 为投资者对该股票要求的收益率或者资本市场报酬率。

[例6-6] 假如去年某公司支付每股股利为1.80元，预计在未来日子里该公司股票的股利按每年5%的速率增长，假定必要收益率是11%，则该公司股票价值为

$$P_s = \frac{1.8 \times (1+5\%)}{11\% - 5\%} = 31.5（元）$$

在不变增长模型中，如果 D_t 和 r 保持不变，则 g 越大，股票的价格就越高，但是，当 g 趋近于 r 时，股票的价格趋向于无限。所以，只有当股利的增长率小于市场资本报酬率时，该模型才是有效的。

从以上两种模型来看，虽然不变增长的假设比零增长的假设有较小的应用限制，但在许多情况下仍然被认为是不现实的。但是，不变增长模型却是多元增长模型的基础，因此这种模型极为重要。

更为复杂的股利分配方式及其应当如何定价，在相关的投资学教科书中有详细的介绍，这里就不再详细阐述了。

（2）乘数估价法

①价格乘数的基本含义

乘数估价法又称做相对估价法，主要是通过拟估价公司的某一变量乘以价格乘数来进行估价。因此，确定适当的变量和乘数是应用这一方法的关键。在实务中，乘数是指股价与财务报表上某一指标的比值，常用的报表指标有每股收益、息税折旧摊销前收益、销售收入、账面价值和现金流量等，利用它们可以分别得到价格收益乘数（P/E

Ratio)、公司价值乘数（EV/EBITDA Ration）、销售收入乘数（P/S Ration）以及账面价值乘数（P/BV Ration）等。只要估价变量与公司价值保持有相对长期稳定的关系，就可以作为价格乘数的备选变量。这些比率或乘数只采用了财务报表的部分信息，计算方法简单易学，在实务中应用比较广泛。

②价格/收益乘数

价格/收益乘数（P/E），也称市盈率法，是股票价格相对于当前会计收益的比值。该方法自从20世纪20年代出现于华尔街以来，经 Benjamin Graham 在其1934年的名著《证券分析》中正式表述得以流传，目前已成为股票价值评估最常用的类比估价模型。价格/收益乘数的数学意义表示每1元年税后收益对应的股票价格；经济意义为购买公司1元税后收益支付的价格，或者按市场价格购买公司股票回收投资需要的年份，因此，又称为本益比。P/E 的投资意义是以一定的价格/收益乘数为基准，超过视为高估，低于视为低估。但这一投资方法的实践意义并不明确，因为基准价格/收益乘数和高估或低估的数值界限很难确定。

价格/收益乘数把股价和公司盈利能力结合起来，在一般情况下可以真实地反映股票价格的高低。采用价格/收益乘数进行估价的一般公式为

$$P_0 = EPS_1 \times P/E \tag{6-24}$$

应用式（6-24）确定股票价值（格），主要取决于每股收益与价格/收益乘数两个因素。在确定每股收益时，应注意以下几个问题：第一，对于那些偶发事件导致的非正常收益，在计算每股收益（Earnings Per Share，EPS）时应加以剔除；第二，对于受商业周期或行业周期影响较大的企业，应注意不同周期（如成长期和衰退期）对 EPS 的影响；第三，对于会计处理方法变更引起的 EPS 的差异，应进行相应的调整；第四，如果公司有发行在外的认股权证、股票期权、可转换优先股或可转换债券，应注意这些含有期权性的证券行权后对每股收益的影响，即 EPS 稀释（Diluted EPS）。

此外，采用合适的价格/收益乘数也是正确评估公司价值的关键。在正常情况下，价格乘数的决定因素与股利折现法的决定因素基本相同。在股利以固定比率增长的条件下，股票估价公式为

$$P_0 = \frac{D_1}{r_s - g} \tag{6-25}$$

如果以 b 代替留存收益比率，股利支付率为 $(1 - b)$，则 $D_1 = EPS_0 \times (1 - b)(1 + g)$，将其代入式（6-25），则下一期预期股利和当前股票价格的关系为

$$P_0 = \frac{EPS_0 \times (1 - b)(1 + g)}{r_s - g} \tag{6-26}$$

重新整理式（6-26），可得到价格/收益乘数的表达式：

$$\frac{P_0}{EPS_0} = \frac{(1 - b)(1 + g)}{r_s - g} \tag{6-27}$$

如果价格/收益乘数用下一年的预期收益来表示，则式（6-27）可简化为

$$\frac{P_0}{EPS_1} = \frac{1 - b}{r_s - g} \tag{6-28}$$

在实务中，估计一家公司价格/收益乘数最普遍使用的方法是选择一组可比公司，计算这一组公司的平均价格/收益乘数，然后根据待估价公司与可比公司之间的差别对平均价格/收益乘数进行主观上的调整。

此外，价格/收益乘数的高低不仅与公司的发展前景、获利能力有关，更与整个经济形势和市场景气状况有关。一般而言，新兴证券市场中的上市公司普遍有较好的发展潜力，收益增长率比较高，因此，新兴证券市场的整体价格/收益乘数水平会比成熟证券市场的价格/收益乘数水平高。欧美等发达国家股市的价格/收益乘数一般保持在 15～20 倍，而亚洲一些发展中国家的股市正常情况下的价格/收益乘数在 30 倍左右。另一方面，价格/收益乘数的倒数相当于股市投资的预期利润率，因此，由于社会资本追求平均利润率的作用，一国证券市场的合理价格/收益乘数水平还与其市场利率水平有倒数关系。从我国股市自身运行规律来说，1996 年至 1999 年的大盘价格/收益乘数始终是围绕着 1 年期实际利率水平的倒数而波动的。

价格/收益乘数在估价中得到广泛应用，其原因主要是：第一，价格/收益乘数计算简单，资料易于得到；第二，价格/收益乘数指标将公司当前股票价格与其盈利能力的情况联系在一起；第三，价格/收益乘数指标能够反映出公司风险性与成长性等重要特征。

采用 P/E 乘数模型的不足主要表现在：第一，当 EPS 为负数时，则无法使用 P/E 乘数评估价值；第二，会计政策选择，包括盈余管理和职业判断可能扭曲 EPS，进而导致不同公司间的 P/E 乘数缺乏可比性；第三，在股票市场上，一个公司股票的价格/收益乘数可能会被非正常地抬高或压低，无法反映该公司的资产收益状况，从而很难正确地评估股票价值。

③公司价值乘数

公司价值乘数（EV/EBITDA）是指公司价值（Enterprise Value）与息税折旧摊销前收益或息税前收益的比率，其计算公式为

$$\frac{EV}{EBITDA} = \frac{股权市场价值 + 债务市场价值 - 现金和短期投资}{EBITDA} \qquad (6-29)$$

$$\frac{EV}{EBIT} = \frac{股权市场价值 + 债务市场价值 - 现金和短期投资}{EBIT} \qquad (6-30)$$

公式中企业价值不包括现金和短期投资，主要原因在于 EBIT 中不包括现金和短期投资的利息收益。EV/EBITDA（EBIT）是关于公司总体而非股权资本的估价指标。企业价值乘数的优点主要表现在以下方面：第一，应用范围大于 P/E 乘数法，无论公司是盈利还是亏损都可采用这一乘数评估公司价值，而 P/E 乘数法只限于评估收益大于零的公司。第二，EBITDA 没有扣除折旧和摊销，减少了由于折旧和摊销会计处理方法对净收益和经营收益的影响程度，有利于同行业比较分析，例如，根据 EBITDA 占销售收入的百分比，可比较同行业经营效率。第三，在对跨国并购价值评估中，可消除不同国家税收政策的影响。

EV/EBITDA 乘数法的不足之处在于 EBITDA 是收益而不是现金流量，但这一指标没

有考虑营运资本和资本支出对收益的影响，因此，用 EBIT 或 EBITDA 衡量公司的收益不够准确。

④销售收入乘数

销售收入乘数（P/S）是指股权市场价值与销售收入之间的比率关系，其计算公式如下：

$$P/S = \frac{股权市场价值}{销售收入总额} \qquad (6-31)$$

采用 P/S 乘数的优点主要是：第一，适用范围较大，无论公司盈利或亏损，都可采用这一乘数进行价值评估；第二，与利润和账面价值不同，销售收入不受折旧、存货和非经常性支出所采用的会计政策的影响；第三，在检验公司定价政策和其他一些战略决策变化所带来的影响方面，这一乘数优于其他乘数。这一模型的缺点是采用销售收入作分母，会因为无法识别各个公司在成本控制、利润等方面的差别，而导致错误的评价。

⑤账面价值乘数

账面价格乘数（P/BV）又称市净率，反映股票市价与股权资本账面价值之间的比率关系，其计算公式为

$$P/BV = \frac{每股市价}{股权资本每股账面价值} \qquad (6-32)$$

式（6-32）中的股权资本一般是指普通股。在实务中也可以直接用股权资本市场价值与股权资本账面价值比率代表这一乘数。计算这一乘数时应注意剔除不同会计政策对账面价值的影响。

采用账面价值乘数进行估价，可以反映市场对公司资产质量的评价。账面价值乘数可用于投资分析。股权资本每股账面价值是用成本计量的，而每股市价是这些资产的现时价值，它是证券市场上交易的结果。市价高于账面价值时企业资产的质量较好，有发展潜力，反之则资产质量差，没有发展前景。优质股票的市价都超出每股净资产许多，一般说来，账面价值乘数为 3 时可以树立较好的公司形象。

采用 P/BV 乘数的优点主要有：第一，账面价值提供了一个相对价值的稳定和直观的衡量标准，投资者可以将其直接与市场价值进行比较；第二，适用于亏损公司的价值评估；第三，由于每股账面价值比 EPS 更稳定，当 EPS 过高、过低或变动性较大时，P/BV 比 P/E 乘数更具有现实意义。

P/BV 乘数的缺点主要是：第一，由于会计计量等原因，一些对公司生产经营具有非常重要的资产没有确认入账，如商誉、人力资源等。第二，根据会计制度，资产的账面净价等于原始购买价格减去折旧，由于通货膨胀和技术进步，账面价值与市场价值可能存在很大的背离，这将使各公司之间的 P/BV 缺少可比性。

⑥乘数估价方法

采用乘数法估价时，通常采用比较分析法，其步骤是：第一，选择一家（或一组）与被估价公司相近的可比公司作为样本公司。一般应选取在行业、主营业务或主导产品、资本结构、企业规模、市场环境以及风险度等方面相同或相近的公司。第二，确认

乘数变量。一般应选择与可比公司股票价格密切相关的变量,这一(些)变量通常是可比公司的基本财务指标,如每股收益、EBIT、EBITDA、销售收入、账面价值或每股净资产、现金流量等。第三,根据可比公司样本得出的乘数(如 P/E 乘数、P/BV 乘数、P/EBITDA 乘数等),结合被估价的公司的具体情况进行适当的调整,最后确定股票价值。

上述方法假设被估价公司与可比公司的股票价值相一致,假设市场对可比公司的估价是正确的。在实务中,一般用于股票首次公开发行(IPO)、私募公司或交易量很小的上市公司的价格评估。采用可比公司确定价格乘数时需要注意以下三个问题:第一,"可比公司"的定义在本质上是主观的。利用同行业的其他公司作为参考有时并不合理,因为同行业的公司可能在业务组合、风险程度和增长潜力方面存在很大的差异,而且这种方法很可能会存在许多潜在的偏见。第二,即使能够选择出一组合理的可比公司,待估价公司与这些公司在基本因素方面仍然存在差异,根据这些差异进行主观调整并不能很好地解决这个问题。第三,不同比率给出的估价是不同的,运用不同的价格乘数得出的股票价格区间最小的是价格收益乘数法,最大的是账面价值乘数法,到底哪一种方法确定的股票价格最合理,其实是比较难确定的。

从理论上说,运用上述各种估价模型预测或分析股票价值(格)一般可以得到正确的结果,但其前提是估价所采用的各种参数必须是正确的,也就是说,普通股价值评估的质量最终取决于所获得信息的质量。因为不论什么参数,都会得到某种答案,如果各种参数不真实,则估计的股票价值就毫无用处。利用估价模型需要注意的另一个问题就是获得信息的成本。任何答案的值必须与利用这一模型的成本相权衡,如果获得充分信息的成本太高,这个模型就毫无意义。

(3)期权估价法

期权作为一种衍生证券,其价值取决于标的资产的价值。在过去的 30 年中,期权定价模型得到了迅速的发展,利用这些模型可以评估具有期权特性的任何资产的价值。

应当指出的是,上述股票价值的定价公式只是从理论上说明其内在价值应该如何来计算。但是,在金融市场上,股票的实际交易价格并不一定与其内在价值一致,受供求关系的影响,实际交易的价格与其内在价值经常有相当大的背离,其交易价格经常大起大落。影响证券供求关系的因素纷繁复杂,既有经济因素,也有政治因素与投机因素。概括起来,主要有:经济因素,包括宏观经济状况、货币政策、财政政策、国际收支及汇率、国际金融市场的变化等;政治因素;行业因素;公司自身因素;心理因素。影响股票价格变动的还有其他因素,如股票买卖的投机因素、技术性因素等。

§6.3　资本资产定价理论

马科维茨创立的资产组合理论告诉我们,根据投资组合中的每一种证券的预期收益率、标准差和所含所有证券间的协方差矩阵,可以找出其有效组合和有效边界。考虑到多样化投资减少风险的可能性，用方差来评价证券组合的风险，不仅依赖于各个资产报酬的方差，而且也依赖于各资产之间的协方差，这里有一个基本的观念，即资产选择不能仅仅依据资产本身的某一特征，还必须考虑该资产与其他资产的相互作用，也就是说，考虑资产之间相互作用而构建的资产组合，在期望收益率相同的条件下，其风险更低一些。马科维茨模型的问题是计算太复杂，它采用的公式在计算投资组合方差时是精确的，但当处理含有大量的证券组合时，是难以做到的。因此，自马科维茨发表论文以后的数十年时间里，他的后继者们致力于简化投资组合分析的研究，从而引出了资本资产定价模型（Capital Asset Prices Model，CAPM）。资本资产定价模型理论的主要部分是由夏普（Sharpe）、林特纳（Lintner）和摩森（Mossin）三个人几乎同时分别独立提出的。CAPM 断言理性投资者为之定价的唯一风险是系统性风险，因为系统性风险不能通过分散化而得以消除。CAPM 的本质内容是证券或证券组合的预期收益率等于无风险投资的利率加上风险溢价。CAPM 的风险溢价是风险数量和风险的市场价格的乘积。证券或证券组合的 β 值是资产的系统性风险指标，通过统计方法可以对它进行估计。从资产收益率和市场证券组合收益率的历史数据中可以求得 β 值。在实践中，很多专家用它来估计资产收益，指导投资行为，确定投资策略。然而，1976 年以后，这一模型又遭到了批评，因为这一模型永远无法用经验事实来检验。与此同时，史蒂夫·罗斯（Steve Ross）提出另一种资本资产定价模型，被称为套利定价理论（Arbitrage Pricing Theory，APT）。

6.3.1　资产组合理论

1952 年，马科维茨在《财务学刊》上发表了"资产组合的选择"一文，最先采用风险资产的预期收益率和收益率的方差（或标准差）这两个参数表示资产的收益和风险，运用数理模型研究资产组合的选择问题，这种研究方法后来被称为均值—方差（Mean – Variance）分析法。1959 年，马科维茨又出版了与论文同名的专著，进一步系统地阐述了均值—方差资产选择模型的理论基础、基本假设和资产选择原则，奠定了均值—方差分析法的理论框架。

资产组合理论的基本假设为：①每次资产组合分析都是在特定的单一时期进行；②所有资产无限可分；③资产收益率概率分布的两个参数——均值和方差（或标准差）是可知的，所有投资者都以此作为投资决策的依据；④不考虑交易费用、个人所得税等因素的影响，即市场无摩擦；⑤投资者是理性的，即在相同风险水平下，追求收益最大，或者在相同收益水平下，追求风险最小。

1. 收益和风险

在一定时期内，资产收益率为该资产期初与期末价格的相对数，即

$$r_{it} = \frac{(P_{it} - P_{it-1}) + D_{it}}{P_{it}} \times 100\% \tag{6 – 33}$$

式中：r_{it} 为资产 i 在第 t 期的收益率；P_{it}、P_{it-1} 分别为资产 i 在第 t、$t-1$ 期的期末价格；D_{it} 为资产 i 在第 t 期的红利；$t = 1, 2, \cdots, T$。

由于未来收益的不确定性，任何一种资产都存在着风险，将资产视为随机变量，可利用收益率的均值和方差（或标准差）来估计该资产的未来收益和风险：

$$\mu_i = E(r_i) = \frac{1}{T} \sum_{i=1}^{T} r_{it} \qquad (6-34)$$

$$\sigma_i^2 = var = \frac{1}{T} \sum_{i=1}^{T} (r_{it} - \mu_i)^2 \qquad (6-35)$$

N 种资产构成的资产组合 p 中，资产组合的收益和风险为

$$\mu_p = E(r_p) = E(\sum_{i=1}^{T} x_i r_i) = \sum_{i=1}^{T} x_i E(r_i) = \sum_{i=1}^{T} x_i \mu_i \qquad (6-36)$$

$$\sigma_p^2 = var(r_p) = var(\sum_{i=1}^{N} x_i r_i) = \sum_{i=1}^{N} \sum_{j=1}^{N} x_i x_j \sigma_{ij} = \sum_{i=1}^{N} \sum_{j=1}^{N} x_i x_j \rho_{ij} \sigma_i \sigma_j \qquad (6-37)$$

式中：x_i 为资产 i 在资产组合中所占权重；σ_{ij} 为资产 i 与 j 收益率之间的方差，且 $\sigma_{ij}^2 = \frac{1}{T} \sum_{i=1}^{T} (r_{it} - \mu_i)(r_{jt} - \mu)$ ；ρ_{ij} 为资产 i 与 j 收益率之间的相关系数，且 $-1 \leqslant \rho_{ij} \leqslant 1$。

2. 标准的均值—方差模型

标准的均值—方差模型是指 1952 年马科维茨提出的模型，该模型除了上述基本假设外，还包括不允许卖空和无风险借贷这两个限制条件。这一模型实际上是个二次规划问题。

$$\min \sigma_p^2 = \sum_{i=1}^{N} \sum_{j=1}^{N} x_i x_j \qquad (6-38)$$

$$s.t. \sum_{i=1}^{T} x_i \mu_i = \mu_p \qquad (6-39)$$

$$\sum_{i=1}^{N} x_i = 1 \qquad (6-40)$$

$$x_i \geqslant 0 (i = 1, 2, \cdots, N)$$

该模型不仅精确地描述了资产及其组合的收益和风险关系，而且解决了最优资产组合的选择问题，使得资产组合分析和管理真正地科学化、程序化。均值—方差模型提出后，不少学者对此进行了大量研究，并在此基础上提出了许多改进模型，大大丰富和完善了资产选择均值—方差模型的理论内容。马科维茨的均值—方差模型是一系列抽象化的经济计量模型。

6.3.2 资本资产定价模型

1. 资本市场线

在资本资产定价模型假设下，当市场达到均衡时，市场组合 M 成为一个有效组合；所有有效组合都可视为无风险证券 R_f 与市场组合 M 的再组合。

在均值标准差平面上，所有有效组合刚好构成连接无风险资产 R_f 与市场组合 M 的射线，这条射线被称为资本市场线（Capital Market Line，CML），如图 6-2 中 $R_f MT$ 这条射线就成了资本市场线。资本市场线上的点代表无风险资产和市场证券组合的有效

组合。

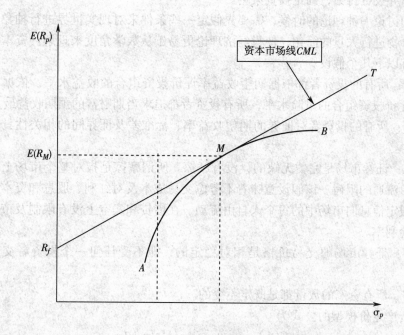

图6-2　无风险证券与风险证券组合的有效边界

资本市场线揭示了有效组合的收益和风险之间的均衡关系，这种均衡关系可以用资本市场线的方程来描述：

$$E(R_p) = R_f + \frac{R_M - R_f}{\sigma_M}\sigma_p \tag{6-41}$$

式中：$E(R_p)$ 为有效组合 P 的期望收益率；σ_p 为有效组合 P 的标准差；R_M 为市场组合 M 的期望收益率；σ_M 为市场组合 M 的标准差；R_f 为无风险证券收益率。

资本市场线方程式对有效组合的期望收益率和风险之间的关系提供了十分完整的阐述。有效组合的期望收益率由两部分构成：一部分是无风险收益率 R_f，它是由时间创造的，是对投资者放弃即期消费的补偿；另一部分是风险溢价 $\frac{R_M - R_f}{\sigma_M}\sigma_p$，它与所承担风险的大小成正比，是对投资者承担风险 σ_p 的补偿，其中系数 $\frac{R_M - R_f}{\sigma_M}$ 代表了对单位风险的补偿，通常称之为单位风险的市场价格。

2. 资本资产定价模型和证券市场线

CAPM 断言理性投资者为之定价的唯一风险是系统性风险，因为系统性风险不能通过分散化消除。CAPM 的本质内容是证券或证券组合的预期收益率等于无风险投资的利率加上风险溢价。CAPM 的风险溢价是风险数量和风险的市场价格的乘积。证券或证券组合的 β 值是资产的系统性风险指标，通过统计方法可以对它进行估计。从资产收益率和市场证券组合收益率的历史数据中可以求得 β 值。在实践中，很多专家用它来估计资

产收益，指导投资行为，确定投资策略。

当我们讨论一种理论的时候，需要先假定一些条件来对现实世界进行抽象，这些假设对现实事物进行大量的简化，使得经济理论更易于从数学角度来理解。资本资产定价模型理论有以下几个假设。

假设1：所有的投资者都依据期望收益率评价投资组合的收益水平、依据方差（或标准差）评价投资组合的风险水平，所有投资者都追求当期财富的预期收益最大化。

假设2：所有的投资者对证券的期望收益率、标准差及证券间的相关性具有完全相同的预期。

假设3：证券市场是完美无缺的，没有摩擦。所谓摩擦是指对整个市场上的资本和信息的自由流通的阻碍。该假设意味着不考虑交易成本及对红利、股息和资本收益的征税，并且假定信息向市场中的每个人自由流动、在借贷和卖空上没有限制及市场上只有一个无风险利率。

假设4：证券市场的交易价格是相对稳定的，即不受任何一个投资者交易行为的影响。

假设5：所有资产的数量都是既定不变的。

资本资产定价模型的公式为

$$E(r_i) = r_f + [E(r_m) - r_f]\beta_i \qquad (6-42)$$

式中：$E(r_i)$ 为单个证券 i 或第 i 种投资组合的期望收益率；r_f 为无风险利率；$E(r_m)$ 为所有证券的平均收益率；β_i 为单个证券 i 或第 i 种投资组合的 β 系数。

无论单个证券还是证券组合，均可将其 β 系数作为风险的合理测定，其期望收益与由 β 系数测定的系统风险之间存在线性关系。这个关系在以 $E(r_p)$ 为纵坐标、β_p 为横坐标的坐标系中代表一条直线，这条直线被称为证券市场线（SML）。图6-3 给出的就是证券市场线或资本资产定价模型的图形。

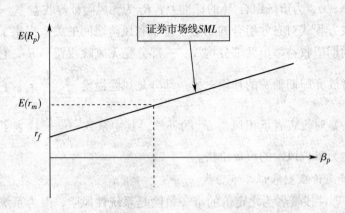

图6-3　证券市场线

当 P 为市场组合 M 时，$\beta_p = 1$，因此，证券市场线经过点 $[1, E(r_m)]$，当 P 为无风险证券时，β 系数为0，期望收益率为无风险利率 r_f，因此证券市场线亦经过点 $(0, r_f)$。

从 CAPM 和证券市场线 SML 可以看出，任意证券或组合的期望收益率由两部分构成：一部分是无风险利率 r_f ，它是由时间创造的，是对放弃即期消费的补偿；另一部分则是 $[E(r_m) - r_f]\beta_i$ ，它是对承担风险的补偿，通常称为风险溢价，它与承担的风险 β_i 的大小成正比，其中的 $[E(r_m) - r_f]$ 代表了对单位风险的补偿，通常称之为风险的价格。

另外，从 CAPM 可以看出，任意证券或组合的总风险也由两部分构成：一部分是因为市场组合 M 收益变动而使资产 i 收益发生的变动，即 β 系数值，这是系统风险；另一部分，即剩余风险被称为非系统风险。因为非系统风险是可以通过多元化投资分散掉，所以当投资者持有市场组合时，就可以说是没有非系统风险。

因此，单个资产的价格只与该资产的系统风险的大小有关，而与其非系统风险的大小无关。

β_i 表示某一证券的收益率对市场收益率的敏感性和反应程度，用于测量某一证券风险相对于市场风险的比率。β 系数在 CAPM 中成为衡量证券承担系统风险或市场风险的一个标准，用来反映证券或组合的收益水平对市场平均收益水平变化的灵敏度。一般来说，β 系数的绝对值越大；表明证券承担的系统风险越大；β 系数的绝对值越小，表明证券承担的系统风险越小。如果一只股票的 β 系数大于 1，则这只股票被称为进取型股票，因为该股票收益率的变化大于市场组合收益率的变化；如果一只股票的 β 系数小于 1，则这种股票被称为防守型股票，因为该股票的收益率变化小于市场组合收益率的变化。

3. 资本市场线与证券市场线的关系

资本市场线与证券市场线是资本资产定价模型中两个重要结论，二者存在着内在的关系。

第一，资本市场线表示的是无风险资产与有效率风险资产再组合后的有效资产组合期望收益与总风险 σ_p 之间的关系，因此在资本市场线上的点就是有效组合；而证券市场线表明的是任何一种单个资产或组合的期望收益与其系统风险 β 之间的关系，因此在证券市场线上的点不一定在资本市场线上。

第二，证券市场线既然表明的是单个资产或组合的期望收益与其市场风险或系统风险之间的关系，因此在均衡情况下，所有证券都将落在证券市场线上。

第三，资本市场线实际上是证券市场线的一个特例，当一个证券或一个证券组合是有效率的时候，该证券或证券组合与市场组合的相关系数等于 1，此时证券市场线与资本市场线就是相同的。

4. 资本资产定价模型的应用

资本资产定价模型从理论上说主要应用于资产估值、资金成本预算以及资源配置等方面。这里，就资本资产定价模型在资产估值和资源配置两方面的应用作简要介绍。

（1）资产估值

在资产估值方面，资本资产定价模型主要被用来判断证券是否被市场错误定价。根据 CAPM 计算出来的资产预期收益，是资产的均衡价格，即市场处于均衡状态时的价格。这一价格与资产的内在价值是一致的。但市场均衡毕竟是相对的，在竞争因素的推动下，市场永远是处于由不均衡向均衡转化、再到均衡被打破的过程中，因此实际市场中的资产收益率往往并非均衡收益率，可能比其高，也可能比其低。如果我们相信用

CAPM 计算出来的预期收益是均衡收益的话，我们就可以用它与实际资产收益率进行比较，从而发现价值高估或低估的资产，并根据低价买入、高价卖出的原则指导投资行为。

（2）资源配置

CAPM 的思想在消极的和积极的组合管理中都可应用。在消极的资产组合管理中，根据 CAPM，投资者可以按照自己的风险偏好，选择一种或几种无风险资产和一个风险资产的市场组合进行资源配置，只要投资偏好不改变，资产组合就可不变。

积极的组合管理者是那些喜欢追踪价格、赚取价差的人。利用 CAPM 的理念，他们将在预测市场走势和计算资产产值上下工夫，根据市场走势，调整资产组合的结构。例如，当预测到市场价格将呈上升趋势时，他们将在保持无风险资产和风险资产比例的情况下，增加高产值资产的持有量；反之，将增加低产值资产的持有量。

6.3.3 因素模型及套利定价理论

由马科维茨创立的证券组合理论为精确测量证券的风险和收益提供了良好的手段，但由于该模型的复杂性制约了其实际应用，因此，他的后继者一直致力于简化证券组合分析的研究，从而引出了单因素模型、多因素模型和套利定价理论。

1. 单因素模型概述

（1）单因素模型的基本含义

单因素模型的基本思想是认为每一个证券的收益率都与一种共同的因素 F 有关。因此，就可以用这一共同因素解释每个证券的收益。模型为

$$r_i = a_i + b_i F + \varepsilon_i \qquad (6-43)$$

式中：b_i 表示证券 i 对因素 F 的敏感度，与 β 系数类似，用以反映证券风险相对于因素风险的大小。影响证券收益率的共同因素可以是经济增长率，也可以是股票市场价格指数等。

每一个证券的风险（方差）可以分成两部分，一部分是受共同要素影响的部分，也就是系统风险 $b_i^2 \sigma_F^2$；另一部分是非要素，即证券自身因素的影响 $\sigma^2(\varepsilon_i)$。因此，证券 i 的方差可写为

$$\sigma_i^2 = b_i^2 \sigma_F^2 + \sigma^2(\varepsilon_i) \qquad (6-44)$$

$$\sigma_{ji} = b_i b_j \sigma_F^2 \qquad (6-45)$$

单因素模型的优点是减少了有效边界上的有效组合的计算量。

（2）单指数模型或市场模型

在单因素模型中，如果我们用证券市场的股票价格指数作为宏观共同因素的代表，则这种单因素模型又称为单指数模型（SIM）。单指数模型由威廉·夏普于 1963 年首先提出，其基本思想是认为证券收益率只与一个因素有关。假定每种证券或多或少地受股票市场股价指数的影响。投资者观察证券市场时可以发现，当股价指数上涨时，大部分股票的价格也上涨；当股价指数下跌时，大部分股票的价格也下跌。这说明，各种证券对市场变化有共同的反应。因此，可以用一种证券的收益率和股票市场股价指数的收益率的相关关系得出以下模型：

$$r_i = a_i + b_i r_m + \varepsilon_i \qquad (6-46)$$

单指数模型有两个基本假设：

假设1：证券的风险分为系统风险与非系统风险，因素对非系统风险不产生影响；

假设2：一个证券的非系统风险对其他证券的非系统风险不产生影响，两种证券的回报率仅仅通过因素的共同反应而相关联。

2. 多因素模型概述

单因素模型依据的基本假设是证券的价格或收益随着市场指数的变化而同步运动，即证券收益仅与市场指数这一单一因素有关。这显然与现实情况不符。多年来，很多研究人员已经发现，在市场以外还有许多因素影响证券的收益。在认识到单因素模型的缺陷之后，证券投资家和证券组合研究人员又用多因素模型取代单一因素模型来研究证券的价格或收益。模型假设证券的收益率受多种因素的影响，即影响证券价格的共同因素除了单指数模型中的股票市场价格指数以外，还包括：（1）通货膨胀率的变化；（2）失业率的变化；（3）国民生产总值的变化；（4）贸易赤字的变动；（5）政府预算开支的变化；（6）利率水平的变化；（7）汇率的变化等。

多因素模型的一般公式为

$$r_i = a_i + b_{i1}F_1 + b_{i2}F_2 + \cdots + b_{in}F_n + \varepsilon_i \qquad (6-47)$$

式中：a_i 为在没有任何因素影响下的固定收益；b_{in} 为证券收益对第 i 个因素的敏感程度；F_i 为第 i 个影响因素；ε_i 为剩余收益部分，是一个随机变量，它们之间互不相关，并且 ε_i 与共同因素 F_1、$F_2 \cdots F_n$ 也不相关。

利用多因素模型同样可以建立组合模型，以计算有效组合，计算量虽然比单因素模型要多，但显然比马科维茨组合模型方法要少得多。

3. 套利定价理论模型

套利定价理论（Arbitrage Pricing Theory，APT）是由斯蒂夫·罗斯（Stephen Ross）于1976年提出的。他试图提出一种比传统 CAPM 更好的解释资产定价的理论模型。经过十几年的发展，APT 在资产定价理论中的地位已不亚于 CAPM。

相对于 CAPM 而言，APT 模型更一般化，在一定条件下我们甚至可以把传统的 CAPM 视为 APT 模型的特殊形式。

（1）基础性假设

套利定价模型的假设条件和价格形成过程与 CAPM 都是不同的。其中最重要的一点在于，APT 不像 CAPM 那样依赖于市场组合，也没有假设只有市场风险影响资产的预期收益，套利定价模型的假设如下：

假设1：投资者都相信证券 i 的收益率随意受一种或多种因素的影响，可由因素模型决定。

假设2：投资者喜欢获利较多的投资策略；市场上有大量不同的资产；允许卖空等。

（2）套利定价理论及模型

所谓套利行为指的是不需要投资就可以利用同一实物资产或证券的不同价格来赚取无风险利润的行为。最典型的例子就是利用同一种货币在不同市场上的价格差异，在价

格水平较低的市场上买入该种货币，再在价格水平较高的市场上卖出，以获取价差收益的行为。这种套利行为直接改变着这两个市场上该种货币的供求，最终导致二者供求实现均衡。在一个高度竞争的、流动性很强的市场体系中，这种套利机会一经被发现，就会立即引起市场的反应，机会稍纵即逝，也正是这种套利行为推动着有效率市场的形成。在证券市场体系中也是如此。

套利定价理论认为，如果市场处于竞争性均衡状态就不会存在套利机会，即没有一个投资者不承担风险、不需要额外资金就能获得收益的机会。如果市场未达到均衡状态的话，市场上就会存在无风险的套利机会。由于理性投资者具有厌恶风险和追求收益最大化的行为特征，因此，投资者一旦发现有套利机会就会设法利用它们，随着套利者的买进和卖出，有价证券的供求状况将随之改变，套利空间逐渐减少直至消失，有价证券的均衡价格得以实现。这种推论实际上也隐含了对一价定律的认同。

而且，套利机会不仅存在于单一证券上，还存在于相似的证券或组合中，也就是说，投资者还可以通过对一些相似的证券或组合部分买入、部分卖出来进行套利。对于套利行为可以有多种定义方式，其中之一是用广泛影响证券价格的因素来解释。

因素模型表明，具有相同因素敏感性的证券或组合，除了非因素风险外，将以相同的方式行动，因而，具有相同因素敏感性的证券或组合必然要求有相同的预期收益率，如若不然，"准套利"机会便会存在，投资者必将利用这一机会。而他们的行动最终将会使套利机会消失，均衡价格得以形成。这就是套利定价理论逻辑推演的核心。

根据上述对市场套利行为及其影响的分析，罗斯是基于以下两个基本点来推导 APT 模型的。

在一个有效率的市场中，当市场处于均衡状态时，不存在无风险的套利机会。既然不存在套利机会，市场便达到了均衡，此时不可能产生套利组合。

对于一个高度多元化的资产组合来说，只有几个共同因素需要补偿。证券 i 与这些共同因素的关系为

$$r_i = \lambda_0 + b_{i1}\lambda_1 + b_{t2}\lambda_2 + \cdots + b_{ik}\lambda_k \tag{6-48}$$

式中：$\lambda_0 = r_F$ 为无风险收益率；b_{ik} 为证券 i 对第 k 个共同因素具有的单位敏感系数；λ_k 表示对所有资产都起作用的共同因素对其期望值的偏离，其本身的期望值为零。这就是套利定价模型。

（3）套利定价理论与 CAPM 的应用

APT 和 CAPM 都是确定资产均衡价格的经济模型，两者只是在具体的决策依据和思路方面依模型的不同而有差异而已。APT 分析了影响证券收益的多种因素以及证券对各个因素的敏感程度，而 CAPM 中只有一个因素，即市场证券组合，一个敏感系数，即证券的 β 系数，因此 APT 比 CAPM 更具有一般的现实意义，也能更好地描述均衡的证券价格。APT 的缺点是没有指明有哪些因素影响证券收益以及它们的影响程度，因而影响了它的实际应用，而 CAPM 却能对此提供具体帮助。显然，如果能将两者结合起来就能比单纯的 APT 作出更精确的预测，又能比 CAPM 作出更广泛的分析，从而为投资决策提供更充分的指导。

【本章小结】

从财务学的角度出发，任何一项投资或筹资的价值都表现为未来现金流量的现值，表现为货币的时间价值。在货币时间价值理论中，影响现值的因素主要有现金流量发生的时间域、不同时点的现金流量和折现率。现金流量可分为简单现金流量和系列现金流量两种。

资产价值评估途径是判断资产价值的技术思路，以及实现该评估技术思路的各种评估技术方法的总称或集合。目前最具代表性的资产评估途径主要有三条，分别是市场途径、收益途径和成本途径。学习时须注意各自含义、前提、具体方法的区别。

证券价值评估的内容主要包括债券价值评估和股票价值评估。债券价值评估模型包括现值模型、收益率模型。对于股票价值评估，主要有股利贴现法、乘数估价法和期权估价法三种，最为常用的是股利贴现法与市盈率法。

资本资产定价理论按进程主要有：马科维茨创立的资产组合理论；夏普、林特纳和摩森的资本资产定价模型理论；单因素模型、多因素模型和套利定价理论。

【关键概念】

简单现金流量　名义利率　有效利率　资本市场线　套利定价理论
资本资产定价模型理论（CAPM）　　套利定价理论（APT）

【复习思考题】

1. 货币时间价值理论包含哪些内容？
2. 名义利率与有效利率有何内在联系？有何意义？
3. 资产评估的途径有哪些？包含哪些具体内容？
4. 试述资本资产定价理论的发展历程。
5. 资产组合理论的基本假设是什么？

【本章参考文献】

[1] ［美］斯坦利·G. 伊肯思著，曹廷贵主译. 金融学 ［M］. 成都：西南财经大学出版社，2005.

[2] ［美］Arthur J. Keown 等著，朱武祥译. 现代财务管理基础（第七版）［M］. 北京：清华大学出版社，2001.

[3] 邢天才，王玉霞. 证券投资学 ［M］. 大连：东北财经大学出版社，2007.

[4] 姜楠. 资产评估 ［M］. 大连：东北财经大学出版社，2007.

[5] 唐建新，周娟. 资产评估教程 ［M］. 北京：清华大学出版社，2005.

第 7 章

风险管理

【导读】

我们已经知道，金融学主要研究人们在不确定的环境中如何进行资源的跨时配置问题。风险管理是金融学的重要分析支柱之一。风险是未来实际结果偏离预期结果的可能性及其程度。金融系统的一个重要功能就是进行风险管理。本章我们首先界定风险的含义，介绍风险的类型及人们对风险的态度；然后，概述风险管理的过程与基本方法；在此基础上，重点讲解如何借助金融系统，运用期货和期权进行套期保值和风险转移。

§7.1 风险概述

7.1.1 风险的定义

1. 不确定性与风险

为了提高资源配置的效率和人们的消费效用，人们需要在现在对未来事件发生的结果进行认知和判断。如果人们在现在能够准确预知未来事件发生的结果，则该事件被称为确定性事件；如果人们不能在事前准确预知其结果，则称之为不确定事件。不确定性是人类社会生存与发展中无法回避的现象。但是，风险并不等同于不确定性。20 世纪 20 年代初，美国经济学家奈特对风险与不确定性进行了明确的区分，指出风险是可测定的不确定性。风险是指那种未来的结果不确定，但未来哪些结果会出现，以及这些结果出现的概率是已知的或可以估计的一类特殊的不确定性事件。这奠定了现代风险管理和保险学的理论基础。

我们认为，风险是指在特定的客观情况下，在特定期间内，某一事件实际结果与预期结果间的偏离程度。其偏离程度越大，风险越大；反之，则风险越小。这一定义首先确认风险是客观存在的，其大小可以用概率论和数理统计方法进行衡量；其次，风险是动态变化的，即风险的存在与客观环境和一定的时空条件有关，当这些条件发生变化时，风险也可能发生变化；最后，风险伴随着人类活动的开展而存在，若没有人类的活动，不会有什么预期结果，也就不存在风险。只有人们进行某项活动时，才会对该活动有一个预期结果，这是风险存在的前提。

从未来事件发生的实际结果与预期结果的偏离方向上来看，风险有两种形态：一种是实际结果高于预期结果；另一种是实际结果低于预期结果。在许多情况下，可以用一种简单而直接的方式将可能的结果分为损失或收益。例如，假定你投资于股票市场，如果你持有的股票价格下跌，这就是损失；如果价格上扬，便是收益。人们通常把损失增加看做是风险，因而在实际风险管理中体现为更多地关注实际结果低于预期结果的可能性。

但是，如果只研究实际结果与预期结果偏离的一种形态，在有些情形下，就会显得很片面。例如，如果你计划召开一个朋友聚会，请了 12 位朋友。你预计这 12 个人中会有 10 人来参加聚会，因此你就准备 10 人的食物。这时，无论实际出席聚会人数是高于还是低于你的预期人数，都会产生不好的后果，或者说都会产生损失。这是因为，如果实际上来了 12 位客人，食物就不够了，有些客人就会饿肚子，不满意你的招待，你会因为这个结果而心中不快；如果实际上只来了 4 位客人，那就有了过多的食物，产生了浪费，同时因为人很少，聚会的气氛也大打折扣，这时你也会不高兴。所以说，在这种情形下，无论是实际结果高于预期结果，还是实际结果低于预期结果，对你来说，都是一种损失，都必须当做风险来进行研究。

2. 金融系统的风险管理职能

金融系统的重要功能之一就是进行风险管理。如果没有金融系统的存在，我们会面临许多风险。例如，如果不能利用股票和债券筹集资金，企业的创立者就要独自承担企业破产倒闭的风险；同样的道理，如果没有银行，每一个资金盈余者都不得不直接面临资金短缺者可能不按时还本付息的风险，银行以其雄厚的资金实力和有效的分散风险机制降低了资金盈余者面临的风险。因此，无论是金融市场还是金融中介机构，都提供了分散或降低风险的功能。许多金融工具的创新也和风险密切相关。例如，我们在第 3 章提到的衍生金融工具，如期货。期货产生的主要原因就是为商品的买卖双方预先确定未来的交易价格，避免未来价格波动带来的不确定性，减少双方面临的风险。

我们同时还应当看到，金融活动本身也蕴涵了大量的风险。金融市场和金融中介机构提供了分散和降低风险的功能，但是，这并不意味着金融系统没有风险。事实上，金融工具、金融市场和金融中介机构本身都有风险。对于金融工具，如债券，发行主体可能无法按时还本付息；又如期货，由于只需要缴纳少量的保证金就可以进行大额实物交易的买卖，一旦出现价格的剧烈变化，交易一方有可能会无法履行交易合约。金融市场的风险有很大的传染效应，有时甚至会转化为金融危机。金融中介机构本身也会因委托—代理问题、操作事故、流动性不足等因素而产生各种各样的风险。

正是由于金融系统具有风险管理的职能，同时金融系统本身也存在一定的风险，所以，我们不难理解为什么风险成为金融学研究中的一个重要议题。

7.1.2 风险的类型

对风险进行分类，是为了进一步理解风险的内涵，并进行有针对性的风险管理。按不同的标准，风险可以分为不同的类型。例如，按照风险的来源划分，可分为信用风险、市场风险、操作风险和其他风险；按风险是否可分散，可划分为系统性风险和非系统性风险；按风险的对象，可划分为财产风险、人身风险、责任风险等。

1. 按风险的来源划分

（1）信用风险（Credit Risk）。信用风险又称违约风险（Default Risk），是指各种经济活动的签约人到期不能履约而给其他签约人带来损失的风险。例如，企业发行债券时承诺到一定的时间支付利息、偿还本金。可是，如果企业发生了某种突变或者存在欺诈的动机，到期不能还本付息，在这种情况下，投资者将无法按时得到本金和利息的偿付，或无法得到足额偿付，甚至根本无法得到偿付，这些都是违约。如果企业违约，债券的持有人就不可避免地要遭受不同程度的损失。再如，银行向企业发放贷款，也面临企业的违约风险，这些不能得到按时还本付息的贷款又被称为不良贷款。银行贷款按照其违约风险的程度不同，可以分为正常贷款、关注贷款、次级贷款、可疑贷款和损失贷款。

交易一方的违约风险可能来源于两个方面：一方面，可能是签约方主观上不履行合约，或积极实施一些导致可能无力执行合约的行为。这一类风险有时也被称为道德风险。例如，银行提供贷款给企业，双方会在合同中约定资金的用途，但企业可能会出于赚取更多回报的投机动机，而把资金投入到具有更高风险的项目中去。一旦项目投机成功，银行只能得到协议约定的利息，额外的收益归企业所有；而项目一旦失败，受损失的将会是银行。另一方面，交易一方不履行合约，可能不是主观上故意违约，而是无力履行，这可能是因为被第三方违约拖累、被禁止支付（如外汇管制）或禁止履约（如禁止技术转让）、产品市场行情变化导致企业亏损甚至破产等。对于违约风险的防范，可以采取的措施主要包括对企业进行信用等级评定、实施抵押担保、购买信用保险等。

（2）市场风险（Market Risk）。市场风险是指由基础经济变量变化带来的风险。这些基础变量的变化会引起金融资产的市场价值发生波动，导致家庭财富价值和购买力变化，影响企业的融资成本和产品销售，导致企业盈利能力发生改变。这些变化可能会给金融决策主体带来不同程度的损失。这些基础变量包括利率、物价水平和汇率等因素。

利率风险（Interest Rate Risk）是指市场利率变化影响具体资金交易或借贷的价格波动使投资者遭受损失的可能性。在资金融通过程中，利率变动对资金盈余者而言，体现为收益的波动，对资金短缺者而言，反映的是资金使用成本的变化。在金融资产定价和投资项目评价时，市场利率是计算货币资金时间价值的贴现率的参照标准。市场利率的变动，对金融资产的价值会产生重要的影响。在其他条件不变的情况下，如果市场利率上升，金融资产的价格就会下降。另外，如果人们对未来的利率波动不能有较准确的预期，就会影响人们当前的金融决策。

物价水平的变动体现为两个方面：其一是一般物价水平的变化，即通货膨胀风险

（Inflation Risk）。由于通货膨胀率上升时，单位货币的购买力下降，这时货币持有者持有同样的货币只能购买到比原来少的商品和服务，因此，通货膨胀风险又被称为购买力风险（Purchasing Power Risk）。其二体现为特定商品的价格变化。例如，原材料价格上升会导致企业生产成本上升，企业生产的产品市场价格下降，会导致企业销售收入减少。

汇率风险（Exchange Rate Risk）是指汇率的不确定性变动给相关经济主体带来损失的可能性。例如，在人民币汇率升值的情况下，企业出口商品，如果其出口商品的国际市场价格保持不变，则其出口外汇收入折算为人民币的数额就会减少。这种由于汇率波动产生的损失就是汇率风险。在开放经济条件下，汇率风险应当引起经济主体更多的关注。

（3）操作风险（Operational Risk）。关于操作风险，目前金融界还没有一个统一的定义。概括而言，它是指公司在业务操作过程中发生损失的可能性。对操作风险定义的争论可以分为两类：①狭义的定义。有些金融机构仅将存在于被称为"运营部门"的操作性风险定义为操作风险，并将其界定为由于控制、系统及运营过程的错误或疏忽而可能引致潜在损失的风险；其他的操作风险，如声誉、法律、人力资源则或者交给一个全面风险管理机构管理，或隶属于某个特殊部门。因此，一些金融机构认为没有必要将操作风险的管理工作独立出来。②广义的定义。另一些金融机构认为操作风险是除市场和信用风险以外的所有风险。正因为定义广泛，不少金融机构感到全面管理它困难较大，而不得不将其限定在相对易于计量的范围内。

巴塞尔银行监管委员会将操作风险定义为：由于内部程序、人、系统的不适当或失败，或外部事件导致产生损失的风险。该定义包括法律风险，但不包括战略风险和声誉风险。这是目前大多数金融机构接受和采用的定义。巴塞尔银行监管委员会将操作风险损失事件类型按照导致损失发生的原因分为七类：内部欺诈（Internal Fraud）；外部欺诈（External Fraud）；雇佣合同以及工作状况带来的风险事件；客户、产品以及商业行为引起的风险事件；有形资产的损失；经营中断和系统出错；涉及执行、交割以及交易过程管理的风险事件。

（4）其他风险。其他风险包括流动性风险、国家风险和法律风险等。流动性风险（Liquidity Risk）是指经济主体由于持有的资产的流动性不能满足其负债的流动性需要而遭受损失的可能性。例如，在很多情况下，企业陷入破产清算的境地，并不是因为资不抵债，而是因为没有足够的现金流用于支付到期的债务。国家风险（National Risk）是指在经济活动中，经济主体因为一国政府的行为变化而遭受损失的可能性。例如，由于一国政权更迭、政局动荡，投资人可能无法收回在该国的投资。法律风险是指由于交易不符合法律规定从而造成损失的可能性。在跨国经济活动中，东道国和母国不同的法律制度往往是法律风险产生的主要原因。

2. 按风险是否可分散划分

风险按照是否可以分散，可划分为系统性风险和非系统性风险，从而风险可以表示为

总风险 = 系统性风险 + 非系统性风险

系统性风险（Systematic Risk）是经济体系中所有资产都面临的、无法通过分散投资而消除的风险。大家比较熟悉的谚语"不要把所有鸡蛋放在同一个篮子里"就是说明在投资风险中，有一些风险可以通过持有多种资产而相互抵消。但是，即使充分多样化，也不能完全消除风险，这部分风险影响所有金融活动，是系统性风险，又称为不可分散风险。例如，全球气候变暖、空气污染等因素，会影响全球人类的生产和生活，无法通过分散化手段来消除，除非搬到其他星球上去；由于经济周期或金融危机的影响，股票市场所有股票的价格都面临下跌的趋势，这种风险也无法通过资产多样化加以规避。

非系统性风险（Non - systematic Risk）是一项资产特有的、可以通过分散投资而消除的风险。非系统性风险又称可分散风险，它通常与特定公司或行业相关，与经济、政治等影响所有金融变量的因素无关。例如，一些随机事件仅仅影响一家公司的前景，如合同纠纷、核心员工跳槽、新产品开发失败等。这些事件造成的随机损失在不同的金融资产之间是不相关的，因而可以通过分散化投资予以抵消。所以，来自这类事件的风险损失也被称为公司特有风险。

7.1.3　风险态度

从前面关于风险内涵的介绍，我们已经知道，风险不仅是一种客观现象，同时也与人们的主观认识和评价密不可分。在进行风险管理之前，我们不仅要认识风险的客观属性，也要理解经济决策主体对风险的主观评价，即风险态度。在日常生活中，我们常常会听到不同的人发表对风险的不同看法，有的人谨小慎微，有的人大大咧咧，有的人喜欢冒险和刺激，这些不同的个体对待风险的态度是不一样的。例如，现在有两个方案供你选择：A 方案是确定性地给你 100 元，B 方案是你有 50% 的可能性得到 200 元，还有 50% 的可能性得到 0 元。你会选择哪一个方案呢？多数人可能会选择 A 方案，也有人会选择 B 方案，还有人会认为两个方案没有区别。你对类似问题的不同选择，也就在一定程度上反映出了你的风险态度。

人们对待风险的态度通常可以分为三类，即风险厌恶、风险中立和风险追逐。人们对未来结果 Y 的主观评价，可以用效用 U 来表示。正如上例中，如果你选择 A 方案，就意味着你认为确定性地得到 100 元给你带来的效用比不确定地得到期望值为 100 元的效用要大，即

$$U(E[Y]) > E(U[Y]) \Rightarrow U(100) > 0.5U(200) + 0.5U(0)$$

持有这种风险态度的人，我们认为，他是风险厌恶型的。

如果你觉得 A 方案和 B 方案没有区别，就意味着你认为确定性地得到 100 元给你带来的效用与不确定地得到期望值为 100 元的效用相等，即

$$U(E[Y]) = E(U[Y]) \Rightarrow U(100) = 0.5U(200) + 0.5U(0)$$

持有这种风险态度的人，我们认为，他是风险中立型的。

如果你选择 B 方案，就意味着你认为确定性地得到 100 元给你带来的效用比不确定地得到期望值为 100 元的效用要小，即

$$U(E[Y]) < E(U[Y]) \Rightarrow U(100) < 0.5U(200) + 0.5U(0)$$

持有这种风险态度的人，我们认为，他是风险追逐型的。

在现实生活中，大多数人的风险态度是属于风险厌恶型的。当然，不同的人，风险厌恶程度也会有所不同。有一种衡量风险厌恶程度的方法叫做 Arrow - Pratt 风险厌恶系数，其有两个表现形式：一是绝对风险厌恶系数 $R_A(Y) = -\dfrac{U''(Y)}{U'(Y)}$；二是相对风险厌恶系数 $R_A(Y) = -\dfrac{U''(Y)}{U'(Y)}Y$。

应当引起注意的是，人们的风险态度并不是固定不变的，许多因素都会影响人们的风险态度和风险承受能力。这些因素包括年龄大小、收入和财富、家庭状况、投资额大小和心理预期等。

首先，投资者的收入或持有的财富会影响投资者的风险态度。如果一个人的收入只能勉强维持基本生活，那么多半他会是一个风险厌恶者，因为他无法承受高风险损失下的后果；而收入稳定或持有大笔财富的人，就相对可以承受较大的风险，可能会成为风险中立者，甚至追求高风险下的高收益。

其次，投资额的大小也是影响风险态度的因素。例如，人们在购买住房时，总是谨小慎微，努力寻找风险最小的购买机会；而在购买彩票时，很多人明明知道获利的机会很小，还是会毫不在乎地购买。因此，对于数额很大的投资，许多人都会是风险厌恶型；而对于小额投资，人们会更多地表现出风险追逐的特征。

最后，投资者对经济前景和市场风险变化的预期也会影响风险偏好。如果投资者预期经济会稳定发展，看好市场的发展前景，他们往往就会偏好于承担较大的风险；相反，如果投资者预期市场状况会恶化，他们往往会表现出过度谨慎。

§7.2 风险管理过程与方法

7.2.1 风险管理的目标

风险管理是研究风险发生规律和风险控制技术的一门新兴学问。它是指各经济主体通过对风险的识别、衡量和控制，以最小的成本将风险导致的不利后果减少到最低限度的科学管理过程。

为了正确理解风险管理的内涵，我们有必要明确以下几点：

1. 风险管理的目标

风险管理的目标并不是要追求风险越低越好，而是要讲求消除风险所获得的收益与风险管理成本之间的权衡。例如，作为一个出口企业，为了减少或消除由于汇率变动而导致的销售收入损失风险，可能购买保险或期权，但必须为此支付一定的保险费或期权费，企业在进行有关决策时必须进行权衡，讲求风险管理的效率。

2. 风险管理的主体

风险管理的主体是各个经济决策单位，不存在一个唯一的风险管理方案对所有决策主体都适用。因为不同的经济主体，风险态度和风险承受能力不同，所面临的风险事件也具有不同的风险特性，所以应当有针对性地实施有效风险管理。所以说，存在一些对所有经济主体都适用的风险管理原理和技术，但无法找到一个对所有经济主体都适用的最优的风险管理方案。

3. 风险管理的过程性

风险管理不是一次性决策行为，而是一个动态的过程。经济主体应当根据变化的经济形势、市场趋势，及时评价和调整风险管理方案。

4. 风险管理的信息前提

对风险管理决策正确性的判断应当基于作出决策时可获得的信息。例如，你觉得有可能会下雨而带雨伞去上班，如果没下雨，你也不应当谴责自己作出了错误的决定；假设气象台预报有雨，你却没带伞，而恰恰也没下雨，你也不应当自以为聪明而沾沾自喜。因为风险管理决策是在不确定的情况下作出的，所以在事后对这之前的决策的评判，关键是看我们所作的决策对当时所能获得的信息来说是否是最好的决策。

7.2.2 家庭及企业面临的风险

家庭面临的风险主要有五类：（1）家庭成员的健康风险。家庭成员的意外疾病和事故伤害的治疗和陪护的需要，以及无法工作造成的收入损失，会给家庭增加巨大的开销。（2）失业风险，即家庭主要成员失去工作的风险。（3）耐用消费品风险。这一风险源自房子、汽车或其他耐用消费品所有权的损失。这些损失可能是因为火灾或偷盗引起，也可能是由于技术进步或消费者偏好的变化而使原有耐用消费品过时或废弃而引起。（4）负债风险。若你应当对其他人蒙受的损失承担责任，当他向你提出经济索赔时，便产生负债风险。例如，家庭成员因为开车粗心大意而造成车祸，便需要承担他人人身伤害和财产损失的费用。（5）金融资产风险。家庭持有的金融资产的市场价值会随市场价格的波动而发生变化，也可能会因为发行人的违约而损失本金和利息。

企业的存在主要是为了通过生产产品和提供服务，从而为企业所有者创造财富。事实上，企业的每一项活动都要承担风险。企业风险大致有以下几种类型：（1）自然风险。自然风险是自然力因素造成的、意外事故引起的风险，如由于雷电、水灾、火灾、地震等自然灾害给企业造成的严重经济损失。（2）市场风险。例如，企业生产产品的原材料价格上升，会使企业的生产成本增加；消费者消费偏好的变化有可能会使企业的产品市场价格下降；市场利率的上升会提高企业的融资成本；等等。（3）生产风险。企业生产经营过程中要选择合适的生产方式、技术设备，确定产品的数量和质量，生产过程中的任何一个环节选择不当或操作错误，都会带来风险。（4）技术风险。技术风险是指由于缺乏有关技术知识而不能维持生产过程的正常进行，或由于新技术的出现而使企业正在使用的工艺技术变得过时，由此产生工作效率上的差异，使企业在遭受无形损耗的同时，因产品成本过高而在竞争中处于劣势。（5）决策与经营风险。企业的各种决策都有失败的可能性，有时，决策失误甚至会导致企业破产。

风险是影响企业组织形式和规模大小的一个重要因素。例如，企业是实行合伙制还是公司制、是否实行横向兼并或纵向兼并等问题的决策，有时重点考虑的是风险管理的需要。

7.2.3　风险管理过程

风险管理过程是为了分析和应付风险而进行的动态系统管理过程。这一过程可分为以下五个步骤。

1. 风险识别

风险识别包括指出分析对象所面临的重要风险是什么，分析对象包括家庭、公司或其他实体。有时家庭或公司并不完全知道其面临的所有风险。另外，一个人可能购买了某种保险，但风险并不存在。有效的风险识别需要我们把组织作为一个整体来观察，把所有可能产生影响的不确定性考虑在内。为识别风险暴露程度，有必要设一个检验表，列出组织承担的所有潜在风险及其相互关系。对一个公司而言，这需要大量的具体知识，包括企业所处产业的经济学知识、行业发展规律、公司所处的发展阶段、生产经营技术及供货来源等。

2. 风险评估

风险评估是与风险管理的第一步——识别风险有关的量化分析。最简单的风险衡量就是对单个风险因素的期望值、标准差进行测量（这一知识点会在下一章"投资组合"部分予以介绍）。另外，为了对分散投资提供指导，还要研究不同风险事件之间的相关关系，如协方差、相关系数等。目前比较常用的风险衡量方法有百分位分析、极值理论、压力测试、情景分析等。风险评估是一项极其复杂和困难的工作，但却是风险管理中不可缺少的一环。它的重要性不仅是使风险管理建立在科学的基础上，而且是使风险分析定量化，为选择最佳风险管理技术提供了较可靠的依据。

3. 风险管理方法的选择

可供选择的风险管理方法有四种基本类型：风险回避、预防并控制损失、风险留存和风险转移。我们将在后面的内容中具体解释每一种类型。

4. 实施风险管理措施

对于已识别的风险，在决定了采取何种措施以后，接下来就是实施这些措施。这一阶段风险管理的基本原则是使实施费用最小化。例如，如果你决定购买某种健康险，你应当选择提供最低价格的保险公司；如果你已决定投资于股票市场，你应当比较通过基金购买股票和通过股票经纪人购买股票的成本。

5. 风险管理措施实施效果的评价和修正

风险管理是一个动态反馈过程，在这一过程中需要对决策进行定期的评价和修正。随着时间的推移和情况的变化，可能产生新的风险，有关风险可能性和严重性的信息可能更容易获得，管理这些风险的方法可能越来越便宜。例如，如果你是单身，你很可能

决定不购买人寿保险；而如果你已结婚并有了孩子，就很可能作出相反的决定；或者你会改变投资组合中投资于股票的资产的比例。

7.2.4 风险管理方法的选择

减少风险有四种基本方法：风险回避、预防并控制损失、风险留存、风险转移。

1. 风险回避

风险回避是一项有意识地避免某种特定风险的决策。因为考虑到某种风险太大，人们可能会决定避免从事某些职业，企业会避免从事某些经营活动。但是，并非所有风险都是能够回避的。例如，所有的人都必须面临疾病的风险，这是任何人都无法回避的，除非他选择结束生命。

对企业而言，风险回避并非就是放弃有风险的业务，去做无风险的业务，而是放弃那些它们不熟悉的、没有把握或不具备相当条件和能力去经营与控制的风险业务。企业应该去做那些自己比较熟悉、比较有把握和优势去经营和控制的风险业务。

当然，我们也不能否认，风险回避是一种较为保守的风险控制办法。不承担风险自然也就不会蒙受风险损失，但同时也意味着市场份额的降低和盈利机会的丧失，从而使自身在竞争激烈的市场中处于不利地位。所以，企业经营管理者应该持有的正确态度是：正确权衡风险与效益的关系，主动回避那些风险与效益不相匹配的业务，主动争取那些风险与效益相匹配的业务，既要保证企业资产的安全，又要保证股东的经济效益。

2. 预防并控制损失

预防并控制损失是经济主体为降低损失的可能性或严重性而采取的行动。这种行动可以在损失发生之前、之中或之后采取。例如，为避免得病，可以在事前注意饮食规律、经常锻炼、睡眠充足、不抽烟、远离感冒人群等。如果你已感冒，可以躺在床上休息，及时观察动向，降低转成肺炎的可能性。再如，企业对投资项目的风险管理，在项目实施之前，可以加强项目的可行性论证，谨慎决策；在项目实施过程中，加强内部控制，及时发现问题；在项目投资风险实际发生之后，进行客观评价，及时作出补救、停产或转产的决策。

3. 风险留存

风险留存是指经济主体自己承担风险并以自己的财产来弥补损失。这种情况有时是因为过失而产生，如某人没有觉察到风险的存在或没有对风险给予足够的重视；但也有人可能是有意识地决定自己承担风险，如有的人可能选择用其积累的财富负担治疗疾病的费用，而不购买健康保险。家庭预防性储蓄正是为了承担留存的风险；企业建立坏账准备金制度是为了承担企业应收账款不能收回的部分风险；银行普通呆账准备金和专项呆账准备金的提取是为了防备并补偿贷款本息可能遭受的损失；银行上缴法定的存款准备金，保持一定数额的超额准备金，是为了保证存款的提取和贷款的发放；企业和银行都保持一些资本损失准备金是为了防备因灾害、失窃等原因造成的资本损失。

4. 风险转移

所谓风险转移，顾名思义，是指自己不承担风险而将风险转移给他人。将带有风险的资产卖给他人，或购买保险，便是这种风险管理方法的例子。

风险转移是一种事前控制风险的手段。它是指利用某些合法的交易方式和业务手段，将可能发生的风险全部或部分转移给他人承担，以保证自身资金安全的行为。

在复杂多变的市场环境中，各经济主体对风险的看法及承担风险的能力是各不相同的。在一定时期内，有人预计未来市场利率趋升，而有的人则认为相反；银行认为对某客户的贷款会有较大的风险，而有人却甘愿为其贷款提供担保；银行认为某项业务可能遭受较大的风险，而保险公司却认为它有利可图。这种认识上的差异以及不同的风险承担力为企业之间转移风险创造了条件，并提供了可能。

风险转移的途径和方式主要有：风险资产出售，即将企业不愿意承担风险的资产出售给他人，而购买者一般对该种风险具有较强的控制能力或拥有更多的经验，愿意通过承担此种风险来获取可能的收益。担保，即要求客户贷款时采用保证贷款的方式，一旦风险由可能转化为现实，银行除了追索借款人的直接经济责任外，还可以通过对担保物或担保人的追索，挽回部分贷款风险的损失，从而使贷款风险得以转移。保险，即向保险公司投保，支付一定保险费，一旦保险事故发生，产生损失，投保人可以从保险公司得到赔偿。市场交易，即通过在金融市场上进行期货、期权等交易活动，并根据市场发展趋势，决定自己的买卖行为，将价格波动的风险转嫁给愿意承担该风险的机构与个人。

7.2.5　风险转移的主要方法

风险转移的制度安排通过两种基本方式对经济效率作出贡献：其一是将现有的风险重新分配给最愿意承担该风险的人；其二是根据新的风险承担状况在生产和消费上重新进行资源的分配。概括而言，实现风险转移有三种基本方法：套期保值、保险与期权交易、分散化投资。

1. 套期保值

当一种行为不仅降低了一个人面临的风险，同时也使他放弃了收益的可能性时，我们就说这个人是在套期保值。例如，农场主为了规避收获时农作物价格降低的风险，在收获之前以固定价格出售未来收获的农作物，就意味着他放弃了收获时农作物价格升高而获得利润的可能性，他是在套期保值以规避农作物价格下降的风险。

金融系统提供了多种对不确定的商品价格、股票价格、利率以及汇率进行套期保值的机制。下面介绍几种比较常用的方法：

（1）运用远期协议和期货合约规避风险。如果交易双方在当前达成协议，约定在将来某一时刻按照预先确定的价格交割商品，双方签订的就是一个远期协议。例如，你计划 1 年后从北京去伦敦旅游。订飞机票时，航空公司订票人员告诉你，你可以现在以 1 000 英镑购票，也可以出发时再按照那时的价格购票。在两种情况下都是在出发当天支付票款。如果你决定以 1 000 英镑订票，则意味着你已经和航空公司签订了一个远期协议。签订这个远期协议之后，你消除了机票超过 1 000 英镑的风险。如果 1 年后票价为 1 200 英镑，你将为自己明智地锁定 1 000 英镑的远期价格而庆幸；相反，如果出发时票

价是 800 英镑，而你仍然要依照协议按 1 000 英镑的远期价格支付机票，这时你就会遗憾于自己的选择了。

期货合约实质是在有组织的交易所交易的标准化远期合约。交易所介于买卖双方之间，买卖双方各自同交易所订立合约。标准化是指所有期货合约的条款（交割的数量与质量等）都是一致的。

（2）运用互换合约规避风险。互换是另一种用于规避风险的合约。互换合约中双方在当前约定，在未来的一定期限内双方按照约定的条件交换一系列现金流或商品。原则上，互换合约可以用来交换任何东西。在当今的实践中，大多数互换合约交换的是货币、证券的收益或某种具体商品。例如，A 企业从国外购进一条生产线，分期付款，每年必须支付 10 万美元；B 公司在国外有一处房产，用于出租，收取租金，恰好每年能收取租金 10 万美元。A 企业担心未来汇率变动，为支付 10 万美元货款可能需要花费更多的人民币现金流；同样，B 企业也会担心，由于未来汇率变动每年收取的 10 万美元租金折算为人民币后的现金流会减少。所以，双方可以签订一个互换合约来规避未来汇率波动的风险。如双方约定，每年末 A 企业用 80 万元人民币与 B 企业交换 10 万美元，这样无论将来人民币与美元之间的汇率如何波动，A 企业支付的和 B 企业收取的人民币现金流都不会受到影响。

（3）通过资产负债匹配规避资金缺口风险。这种方法在金融机构应用得比较普遍。例如，商业银行的主要业务是吸收存款、发放贷款。为了赚取利润，商业银行往往大量吸收小额的、分散的、期限短的资金，并将之应用于发放大额的、长期的贷款。当市场利率发生波动时，如果存款利息支出和贷款的利息收入变化不相一致的话，商业银行就会面临利润减少的风险。防范这种风险的方法之一便是设法使商业银行的资产与负债的期限结构尽量相匹配。再比如，那些出售保险储蓄计划或其他保险合约的保险公司，需要使客户确信自己购买的产品没有违约风险。使客户确信没有违约风险的一种方法是保险公司将在金融市场筹得的负债投资于与负债的特性相匹配的资产以规避风险。

2. 保险与期权交易

保险意味着支付额外的费用（保险费）以避免损失。通过购买保险，你以一项确定的损失（为购买保险而支付的额外费用）替代了如果不保险而遭受更大损失的可能性。例如，如果你有一辆车，为应付毁坏、偷盗、伤害自己或他人的风险，你决定购买车辆保险。为防止明年因为这些意外情况而造成的潜在损失，现在你需要支付 1 000 元的保险费。这样，这 1 000 元的确定损失就代替了明年成千上万元的可能损失。

保险与套期保值之间有着本质的区别。套期保值是放弃潜在的收益来消除潜在损失的风险；而保险是支付保费以消除潜在损失的风险，同时保留获取潜在收益的权利。例如，在前面订购机票的例子中，你计划 1 年后从北京去伦敦旅游。订飞机票时，航空公司订票人员告诉你，你可以现在以 1 000 英镑购票，也可以出发时再按照那时的价格购票。如果你决定以 1 000 英镑订票，则意味着你已经和航空公司签订了一个远期协议。这是对损失的风险进行规避，但同时你也放弃了 1 年后票价低于 1 000 英镑时的可能收益。或者，航空公司可以让你现在支付 20 英镑保险费，公司保证你 1 年后有权利按

1 000英镑购买机票。如果 1 年后票价超过 1 000 英镑，你有权利按 1 000 英镑购买，这样规避了票价升高的风险；同时，如果 1 年后票价低于 1 000 英镑，你可以选择按当时的实际价格购买机票。付出 20 英镑，你实际上对以高于 1 000 英镑的价格购票的风险购买了一份保险，这样，你可以确保总成本不会超过 1 020 英镑（1 000 英镑票价加上 20 英镑保险费）。

期权是一种特殊的保险形式。它是指合约持有人拥有在规定的期限内按约定价格买进或卖出某种特定商品（资产或指数）的权利，但不承担必须买或卖的义务。在上面订购机票的例子中，支付 20 英镑保险费，实际上就是购买了一项期权，即以 1 000 英镑买进机票的权利。任何一项赋予交易一方以预定的价格买入或卖出某种商品的权利的合同就是期权。有多少商品可以进行买卖，就有多少种不同的期权合同，如商品期权、股票期权、利率期权、外汇期权等。一些期权合同有标准化的条款，在有组织的交易所进行交易，如美国芝加哥期权交易所、日本大阪期权交易所等。

3. 分散投资

风险分散是为了控制风险过于集中而将风险组合多元化的一种措施。其最基本的做法就是通过资产结构的多样化，选择彼此相关系数较小的资产进行合理组合与搭配，使高风险资产的风险向低风险的资产扩散，以降低经济主体资产组合的整体风险程度，即通常所说的"不要把鸡蛋放在一个篮子里"。

分散化投资可以由个人投资者直接投资于市场，也可以通过公司或金融中介机构进行。例如，因为相信生物制药在未来几年内将提供巨大的潜在利润，你考虑投资 100 万元于生物制药领域。你可以把钱全部投资于正在生产生物药品的一家公司，在这种情况下，你的投资是集中的而不是分散的，如果公司破产，你将损失你的全部或大部分投资。为了降低投资风险，你可以考虑通过如下方式分散你在生物制药行业的投资：（1）投资于多家生产生物药品的公司；（2）投资于生产多种类型生物药品的一家企业；（3）投资于一只共同基金，该共同基金的主要投资领域是多家生产生物药品的公司。

商业银行风险分散的方式很多，其中包括：

（1）银行客户分散，即指银行在吸收存款、发放贷款时，应尽可能地分散到众多的客户之中去，避免因存款或贷款数量过于集中而导致银行资金过于依赖个别客户的经营状况所带来的可能损失。

（2）银行信贷资金的期限分散，即指银行在一定时期内的信贷资金总量应按照期限的短、中、长合理进行搭配。在兼顾银行盈利目标的同时，保证银行必要的流动性要求，在兼顾银行贷款客户的期限要求的同时，保证银行存款客户的到期支取，使银行的"三性"原则达到最佳的协调和统一。

（3）银行贷款利率分散，即指在银行贷款总量中，固定利率和浮动利率的贷款均应各占一定的比例。这样可以以不变应万变，最大限度地保证银行自身效益的稳定性，从而避免或减少由于市场利率波动而给银行造成的损失。

（4）银团贷款，即指由一家银行牵头，联系多家银行共同为同一项目进行贷款。这种贷款方式既可以抓住有利的获利机会，还可以有效地分散贷款风险。

除此之外，银行风险的分散还包括银行信贷资产在行业、地区、币种等方面的结构性分散。

§7.3 基于远期协议、期货交易的套期保值

7.3.1 基于远期利率协议的套期保值

远期利率协议（Forward Rate Agreement，FRA）是有关利率的远期合约，它并不是进行贷款的远期义务。FRA的双方就远期利率、名义本金数量和结算日都达成协议。在结算日，他们按照实际利率与合约利率之差的大小，损失的一方就会支付给盈利的一方一笔现金。远期利率协议可用于为未来的借款成本或为未来的存贷款利息收入（支出）进行套期保值，或期望获利而进行投机。现举例说明如下。

例如，一家企业为购买设备融资，向银行借款100万元，需要在3个月后提取贷款用于支付设备款，企业计划在提款6个月后归还这笔贷款（贷款期限为6个月）。企业与银行约定的贷款利率为提款时的6个月期同业拆借利率加1%。这意味着要到提款之日才知道贷款的利息成本（3个月后才知道）。如果今天的6个月期同业拆借利率为每年6%，企业怎样才能保护自己避免因提款日同业拆借利率上升而需要多支付贷款利息的风险呢？

一种可供选择的方法是购买远期利率协议。企业在与银行达成100万元贷款协议的同时，可以购买一份远期利率协议，约定远期利率的结算日即为3个月后的贷款提取日，远期利率的合同期与贷款期限相同，也为6个月，约定的远期利率为6%。假定在3个月后的结算日（这也是贷款提取日）6个月期同业拆借利率为6.25%，那么远期利率协议卖方就付给企业一笔根据实际利率与远期利率之间的利差计算的现金流。

由于远期利率协议是在结算日提前执行的（协议签订后3个月），但贷款的利息通常是在贷款本金到期时支付（提取贷款之日起6个月后），所以远期利率协议的卖方付给企业的金额要根据与合同期相等的期限折算。

因此，远期利率协议的卖方付给企业的金额为

$$(6.25\% - 6\%) \times 1\,000\,000 \times \frac{180}{365} = 1\,232.88(元)$$

折算为结算日的金额为

$$1\,232.88 \times \frac{1}{1 + 6.25\% \times \frac{180}{365}} = 1\,196.01(元)$$

对企业而言，净利息成本为6%+1%，如图7-1所示。

如果在3个月后的结算日6个月期同业拆借利率为5.70%，那么企业就应当付款给远期利率协议卖方，金额为

$$(6\% - 5.70\%) \times 1\,000\,000 \times \frac{180}{365} = 1\,479.45(元)$$

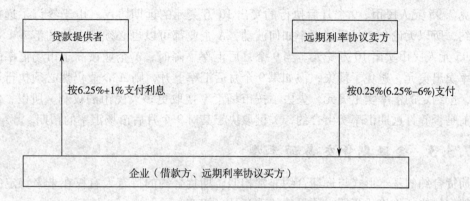

图 7 - 1 企业的净利息支出

折算为结算日的金额为

$$1\,479.45 \times \cfrac{1}{1 + 5.70\% \times \dfrac{180}{365}} = 1\,439(元)$$

对企业而言, 净利息成本仍然为 $6\% + 1\%$, 如图 7 - 2 所示。

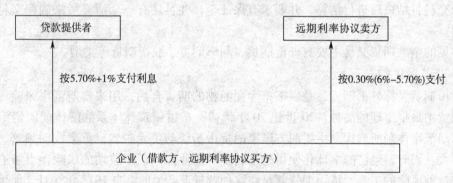

图 7 - 2 企业的净利息支出

7.3.2 基于远期外汇合约的套期保值

远期外汇合约是指交易双方约定在将来某一特定时期按事先约定的汇率交换货币的承诺。进出口企业为了规避外汇风险, 经常使用远期外汇合约进行套期保值。

例如, A 企业的产品主要出口国外, 按照销售合同, 企业将于 9 个月后收到一笔货款 10 万美元。对于 A 企业, 如果不采取任何规避风险措施, 则于 9 个月后收到外汇时, 按当时实际的市场汇率转换为人民币。如果那时的即期汇率与今天的即期汇率相同, 那么 A 企业的境遇既未变好也未变坏; 如果汇率上升, 人民币贬值, 则对 A 企业有利, 能换得更多的人民币; 如果汇率下降, 人民币升值, 则对 A 企业不利, 能换回的人民币会减少。

为了规避汇率下降给 A 企业带来损失的风险，企业可以选择签订远期外汇合约。假设当前美元兑人民币的汇率为 1 美元兑 8 元人民币，A 企业与银行签订了一份汇率为 1 美元兑 7.95 元人民币、9 个月后执行的卖出 10 万美元的远期协议。由于签订了远期外汇合约，所以无论 9 个月后的汇率如何波动，A 企业都可以也必须按合约的汇率 1 美元兑 7.95 元人民币卖出 10 万美元。当 9 个月后汇率下降时，A 企业按高于市场汇率的约定汇率卖出美元，避免了损失；但如果 9 个月后汇率上升，则 A 企业仍然必须执行远期合约，按约定的汇率卖出美元，失去了按市场汇率换取更多人民币的权利。所以，A 企业当前是否签订远期汇率卖出合约，关键取决于其对 9 个月后市场汇率的预期。

7.3.3 金融期货交易的类型

期货合约的基本形式与远期合约非常相似。期货合约的持有人有权在未来特定的日期以特定的执行价格购买特定数量的特殊商品（资产）。

期货合约是标准化的、在交易所交易的金融工具。这就使得期货合约比远期合约具有更大的流动性。远期合约是非标准化的，在场外店头市场交易。二者亏损或获利的实现方式也不同：远期合约的亏损或获利只有在到期日才能实现，而期货合约的损益可以每天实现。

与远期合约相比，期货合约的违约风险很小。期货合约是按市场价来计算价值的，在每个交易日结束后进行结算，并要求有保证金，并且还有一个清算所来确保交易双方的信用。

常见的金融期货交易主要有外汇期货、利率期货、股指期货等类型。

1. 外汇期货交易

货币期货又称外汇期货，是以汇率为标的物的期货合约，用来规避汇率风险。它是金融期货中最早出现的品种。20 世纪 70 年代初，布雷顿森林体系的解体使固定汇率体制被浮动汇率体制所取代，主要西方国家的货币纷纷与美元脱钩，汇率波动频繁，市场风险加大。同时，经济的全球化使得越来越多的企业面临汇率波动的风险，市场迫切需要规避这种风险的工具，货币期货就是在这种背景下产生的。自 1972 年 5 月芝加哥商品交易所（CME）的国际货币市场分部推出第一张外汇期货合约以来，随着国际贸易的发展和世界经济一体化进程的加快，外汇期货交易一直保持着旺盛的发展势头。它不仅为广大投资者和金融机构等经济主体提供了有效的套期保值的工具，而且也为套利者和投机者提供了新的获利手段。

目前，外汇期货交易的主要品种有美元、英镑、欧元、日元、瑞士法郎、加拿大元、澳大利亚元等。从世界范围看，外汇期货的主要市场在美国，其中又基本上集中在芝加哥商品交易所的国际货币市场（IMM）、中美洲商品交易所（MCE）和费城期货交易所（PBOT）。国际货币市场主要进行澳大利亚元、英镑、加拿大元、日元和瑞士法郎的期货合约交易；中美洲商品交易所主要进行英镑、加拿大元、欧元、日元和瑞士法郎的期货交易；费城期货交易所主要进行英镑、加拿大元、澳大利亚元、日元、瑞士法郎和欧元的期货交易。此外，外汇期货的主要交易所还有伦敦国际金融期货交易所

（LIFFE）、新加坡国际货币交易所（SIMEX）、东京国际金融期货交易所（TIFFE）、法国国际期货交易所（MATIF）等，每个交易所基本都有本国货币与其他主要货币交易的期货合约。

外汇期货合约是以外汇作为交割内容的标准化期货合同。它主要包括以下几个方面的内容：第一，外汇期货合约的交易单位。每一份外汇期货合约都由交易所规定标准交易单位。例如，欧元期货合约的交易单位为每份 125 000 欧元。第二，交割月份。国际货币市场所有外汇期货合约的交割月份都是一样的，为每年的 3 月、6 月、9 月和 12 月。交割月份的第三个星期三为该月的交割日。第三，通用代号。在具体操作中，交易所和期货佣金商以及期货行情表都是用代号来表示外汇期货。七种主要货币的外汇期货的通用代号分别是：英镑——BP；美元——USD；加拿大元——CD；欧元——EURO；日元——JY；墨西哥比索——MP；瑞士法郎——SF。第四，最小价格波动幅度。国际货币市场对每一种外汇期货报价的最小波动幅度做了规定。在交易场内，经纪人所作的出价或叫价只能是最小波动幅度的倍数。第五，每日涨跌停板额。每日涨跌停板额是一项期货合约在一天之内高出或低于前一交易日的结算价格的最大波动幅度。一旦报价超过涨跌停板额，则报价无效。

2. 利率期货交易

利率期货是指以债券类证券为标的物的期货合约，它可以规避银行利率波动所引起的证券价格变动的风险。利率期货一般可分为短期利率期货和长期利率期货，前者大多以银行同业拆借市场 3 月期利率为标的物，后者大多以 5 年期以上长期债券为标的物。利率波动使得金融市场上的借贷双方均面临利率风险，特别是越来越多持有国家债券的投资者，急需规避风险、套期保值的工具，在此情形下，利率期货应运而生。

在市场经济条件下，利率的波动是一个重要的经济现象。利率的波动给企业和金融机构的生产经营带来了极大的风险。利率期货的出现，适应了投资者避免利率波动风险的要求。1975 年 10 月，美国芝加哥商品交易所首先推出了国民抵押协会的抵押存款证（GNMA）的利率期货交易，开创了利率期货交易的先河。随后，美国其他的期货交易所也纷纷推出各种利率期货合约。与此同时，世界其他国家的交易所也纷纷引入利率期货交易。虽然利率期货的产生较外汇期货晚了三年多，但其发展速度却比外汇期货快得多，其应用范围也远较外汇期货广泛。目前，在期货交易比较发达的国家和地区，利率期货早已超过农产品期货而成为成交量最大的一个类别。在美国，利率期货的成交量甚至已占到整个期货交易总量的一半以上。

在我国，国债期货交易曾有过一段波澜沉浮的历程。1992 年 12 月，上海证券交易所率先推出了我国标准化的国债期货合约，这标志着我国金融期货的开端。当时第一次设计了 12 个品种，包括在 3 月、6 月、9 月和 12 月分别交收的 3 年期和 5 年期 1992 年国库券、3 年期 1991 年国库券。经过一段时间的试行后，1993 年 10 月，上海证券交易所在重新设计了国债期货合约品种、交易机制的基础上，正式向社会广泛推开。

伴随着国债期货交易网点的拓展和国债期货交易量的迅猛增加，潜伏着的一系列严重问题日益显现且呈愈演愈烈之势，比如许多交易场所规章制度不健全、品种设置不合

理、忽视风险控制和严格管理、过度投机和操纵市场等。尽管财政部和证监会及时下发了《国债期货交易管理暂行办法》等监管法规，各交易场所也陆续采取了涨跌停板制度和提高保证金比率等办法，但市场上投机气氛仍然十分严重，透支、超限额持仓和恶性造市行为仍时有发生。终于，1995 年 5 月 17 日，中国证监会发出紧急通知，宣布"在全国范围内暂停国债期货交易试点"。

3. 股指期货交易

股票指数期货（以下简称股指期货）是一种以股票价格指数作为标的物的金融期货合约。股市投资者在股票市场上面临的风险可分为两种：一种是股市的整体风险，又称为系统风险，即所有或大多数股票的价格一起波动的风险；另一种是个股风险，又称为非系统风险，即持有单只股票所面临的市场价格波动风险。通过投资组合，即同时购买多种风险不同的股票，可以较好地规避非系统风险，但不能有效地规避整个股市下跌所带来的系统风险。进入 20 世纪 70 年代之后，西方国家股票市场波动日益加剧，投资者规避股市系统风险的要求也越来越迫切。由于股票指数基本上能代表整个市场股票价格变动的趋势和幅度，人们开始尝试将股票指数改造成一种可交易的期货合约并利用它对所有股票进行套期保值，规避系统风险，于是股指期货应运而生。

利用股指期货进行套期保值的原理是根据股票指数和股票价格变动的同方向趋势，在股票的现货市场和股票指数的期货市场上作相反的操作来抵消股价变动的风险。股指期货合约的价格等于某种股票指数的点数乘以规定的每点价格。各种股指期货合约每点的价格不尽相同，比如，恒生指数每点价格为 50 港元，即恒生指数每降低一个点，该期货合约的买者（多头）每份合约就亏 50 港元，卖者每份合约则赚 50 港元。

比如，某投资者在香港股市持有总市值为 200 万港元的 10 种上市股票。该投资者预计东南亚金融危机可能会引发香港股市的整体下跌，为规避风险，进行套期保值，在13 000点的价位上卖出 3 份 3 个月到期的恒生指数期货。随后的 2 个月，股市果然大幅下跌，该投资者持有股票的市值由 200 万港元贬值为 155 万港元，股票现货市场损失 45万港元。这时恒生指数期货亦下跌至 10 000 点，于是该投资者在期货市场上以平仓方式买进原有 3 份合约，实现期货市场的平仓，盈利 45 万港元，期货市场的盈利恰好抵消了现货市场的亏损，较好地实现了套期保值。同样，股指期货也像其他期货品种一样，可以利用买进、卖出的差价进行投机交易。

7.3.4 运用期货交易进行套期保值的原理与程序

1. 期货交易的套期保值原理

期货市场基本的经济功能之一就是提供价格风险的管理机制。为了避免价格风险，最常用的手段便是套期保值。期货交易存在的基本目的是将某项商品的价格风险从生产者和用户转移给投机商（期货交易商）。当现货商利用期货市场来抵消现货市场中价格的反向运动时，这个过程就叫套期保值。它的基本做法就是买进或卖出与现货市场交易数量相当，但交易地位相反的商品期货合约，以期在未来某一时间通过卖出或买进相同的期货合约，对冲平仓，结清期货交易带来的盈利或亏损，以此来补偿或抵消现货市场价格变动所带来的实际价格风险或利益，使交易者的经济收益稳定在一定的水平。

期货交易之所以能够套期保值、避免价格风险，其基本原理在于：

第一，期货交易过程中期货价格与现货价格尽管变动幅度不会完全一致，但变动的趋势基本一致，即当特定商品的现货价格趋于上涨时，其期货价格也趋于上涨；反之则反是。这是因为期货市场与现货市场虽然是两个各自分开的不同市场，但对于特定的商品来说，其期货价格与现货价格主要的影响因素是相同的。这样，引起现货市场价格的涨跌的因素，就同样会影响到期货市场价格同向的涨跌，套期保值者就可以通过在期货市场上做与现货市场相反的交易来达到保值的功能，使价格稳定在一个目标水平上。

第二，现货价格与期货价格不仅变动的趋势相同，而且到合约期满时，两者将大致相等或合二为一。这是因为，期货价格通常高于现货价格，在期货价格中包含有贮藏该项商品直至交割日为止的一切费用，当合约接近于交割日时，这些费用会逐渐减少乃至完全消失，这样，两者价格的决定因素实际上已经几乎相同了。这就是期货市场与现货市场的价格走势趋同性原理。

当然，期货市场毕竟是不同于现货市场的独立市场，它还会受一些其他因素的影响，因而，期货价格的波动时间与波动幅度不一定与现货价格完全一致，加之期货市场上有规定的交易单位，两个市场操作的数量往往不尽相等，这些就意味着套期保值者在冲销盈亏时，有可能获得额外的利润或亏损，从而使他的交易行为仍然具有一定的风险。因此，套期保值也不是件一劳永逸的事情。

2. 期货交易的套期保值方法

（1）卖方套期保值

卖方套期保值是为了防止现货价格在交割时下跌的风险而先在期货市场卖出与现货同样数量的合约所进行的交易方式。卖方套期保值通常是在农场主为防止收割时农作物价格下跌、矿业主为防止矿产开采以后价格下跌、经销商或加工商为防止货物购进而未卖出时价格下跌而采取的保值方式。

例如，某农场主在 7 月份担心到收割时玉米价格会下跌，于是决定在 7 月份将售价锁定在 1 080 元/吨，因此，在期货市场上以 1 080 元/吨的价格卖出一份合约以进行套期保值。到收割时，玉米价格果然下跌到 950 元/吨，农场主将现货玉米以此价卖给经营者。同时，期货价格也同样下跌，跌至 950 元/吨，农场主就以此价买回一份期货合约来对冲初始的空头，从中他赚取的 130 元/吨正好用来抵补现货市场上少收取的部分，而为此所付出的代价就是丧失了有利的价格变动可能带来的利益。但是，由于经济主体通过套期保值规避了不利价格变动的风险，其可以集中精力于自己的生产经营活动，以获取正常利润。

（2）买方套期保值

例如，7 月 1 日，大豆的现货价格为 2 040 元/吨，某加工商对该价格比较满意，卖出 100 吨现货大豆。为了避免将来现货价格可能上升，从而提高原材料成本的出现，该加工商决定在大连商品交易所进行大豆套期保值交易。此时大豆 9 月份期货合约的价格为 2 010 元/吨，基差 30 元/吨，于是该加工商在期货市场上买入 10 手 9 月份大豆合约。

8月1日，他在现货市场上以2 080元/吨的价格买入大豆100吨，同时在期货市场上以2 040元/吨的价格卖出10手9月份大豆合约，来对冲7月1日建立的空头头寸。从基差的角度看，基差从7月1日的30元/吨扩大到8月1日的40元/吨。交易情况如表7-1所示。

表7-1　　　　　　　　　　　　　　某加工商交易情况

时间	交易品种	现货市场	期货市场	基差
7月1日	大豆	卖出100吨大豆：价格2 040元/吨	买入10手9月份大豆合约：价格2 010元/吨	30元/吨
8月1日	大豆	买入100吨大豆：价格2 080元/吨	卖出10手9月份大豆合约：价格2 040元/吨	40元/吨
套利结果		亏损40元/吨	盈利30元/吨	亏损10元/吨
净损失		100×40 −100×30 = 1 000（元）		

注：1手 = 10吨。

在该例中，现货价格和期货价格均上升，但现货价格的上升幅度大于期货价格的上升幅度，基差扩大，从而使得加工商在现货市场上因价格上升买入现货蒙受的损失大于在期货市场上因价格上升卖出期货合约的获利，盈亏相抵后仍亏损1 000元。

同样，如果现货市场和期货市场的价格不是上升而是下降，加工商在现货市场获利，在期货市场损失，但是只要基差扩大，现货市场的盈利不仅不能弥补期货市场的损失，而且会出现净亏损。

3. 运用利率期货合约的套期保值

在利用期货合约进行套期保值中最主要的决定因素是套期保值比率，套期保值比率由下式给出：

$$套期保值比率 = \frac{将要套期保值的债券的价值波动}{用做套期保值的金融工具的波动} \tag{7-1}$$

例如，新时代食品公司计划发行5 000万美元的债券，需要1个月的时间准备有关的文件。该公司担心在它发行债券之前，市场利率会上升1个百分点。这时，该公司就可以通过卖出美国国债期货来进行套期保值。若条件允许，该公司还可发行长期债券，其利率为10%，在30年后一次性支付本金。若发行新债券的利率上升到11%，则利率为10%的债券每100美元面值将下降到

$$PV = \sum_{t=1}^{60} \frac{5}{(1.055)^t} + \frac{100}{(1.055)^{60}} = 91.2751（美元）$$

每100美元债券面值的变动是8.7249（100 −91.2751）美元。

新时代食品公司预测年息8%、为期20年的国债的收益也将上升1%（从当前的9%上升到10%），收益率为9%，那么年息8%的国债每100美元面值将值

$$PV = \sum_{t=1}^{40} \frac{4}{(1.045)^t} + \frac{100}{(1.045)^{40}} = 90.7992（美元）$$

每100美元国债面值若收益率为10%，它将值

$$PV = \sum_{t=1}^{40} \frac{4}{(1.05)^t} + \frac{100}{(1.05)^{40}} = 82.8409（美元）$$

国债面值的变动是 7.9583 美元 (90.7992 - 82.8409)。

根据式 (7 - 1) 可以计算出套期保值比率:

$$套期保值比率 = \frac{8.7249}{7.9583} = 1.0963$$

为了对债券进行套期保值, 新时代食品公司需要为每一张新发行的债券卖空年息 8% 的国债期货合约 1.0963 张。因此, 该公司需要卖空的期货合约数量由下式给出:

$$合约数量 = 套期保值比率 \times \frac{需要套期保值的本金数量}{套期保值工具的面值} \qquad (7 - 2)$$

由于每张国债期货合约的本金数量为 10 万美元, 因此按式 (7 - 2), 新时代食品公司需要卖空的合约数量为

$$合约数量 = 1.0963 \times \frac{50\ 000\ 000}{100\ 000} = 548(张)$$

为简单起见, 假定市场利率上升 1 个百分点, 新时代食品公司若失去了发行机会, 这将使公司耗费

$$50\ 000\ 000 \times 0.087249 = 4\ 362\ 450(美元)$$

但是, 它可以从期货合约中获利

$$548 \times 100\ 000 \times 0.79583 = 4\ 361\ 148(美元)$$

获得的利润将冲销掉 99.97% 的机会成本。

§7.4　利用期权交易转移风险

7.4.1　期权交易的原理与程序

期权 (Options) 是一种选择权, 期权的买方向卖方支付一定数额的权利金后, 就获得这种权利, 即拥有在一定时间内以一定的价格 (执行价格) 出售或购买一定数量的标的物 (实物商品、证券或期货合约) 的权利。期权的买方行使权利时, 卖方必须按期权合约规定的内容履行义务。相反, 买方可以放弃行使权利, 此时买方只是损失权利金, 同时, 卖方则赚取权利金。总之, 期权的买方拥有执行期权的权利, 无执行的义务; 而期权的卖方只是履行期权的义务。

期权主要有如下几个构成因素: (1) 执行价格 (又称履约价格), 指期权的买方行使权利时事先规定的标的物买卖价格。(2) 权利金, 指期权的买方支付的期权价格, 即买方为获得期权而付给期权卖方的费用。(3) 履约保证金, 指期权卖方必须存入交易所用于履约的财力担保。(4) 看涨期权和看跌期权。看涨期权是指在期权合约有效期内按执行价格买进一定数量标的物的权利; 看跌期权是指卖出标的物的权利。当期权买方预期标的物价格会超出执行价格时, 他就会买进看涨期权, 相反就会买进看跌期权。

按执行时间的不同, 期权主要可分为两种: 欧式期权和美式期权。欧式期权是指只有在合约到期日才被允许执行的期权, 它在大部分场外交易中被采用。美式期权是指可

以在成立后有效期内任何一天被执行的期权，多为场内交易所采用。

7.4.2 金融期权交易的主要类型

1. 外汇期权

外汇期权是常见的一种期权产品，其交易对象就是一项将来可以买卖货币的权利。在一笔外汇期权交易中，期权的买方支付一笔权费（如同商品买卖中支付的价款）给卖方，从而获得一项可于约定的到期日（或到期日前的任意一天）按预先确定的汇率（执行价格），用一定数量的一种货币买入另一种货币（或者卖出一种货币）的权利。到期时，期权的买方根据市场情况来决定是否执行这项权利。

外汇期权也可以分成两种方向：一种是看涨期权，比如美元对日元的汇率目前的中间价为119，你预期未来一段时间这一汇率将上升为121，那么你就可以购入一份看涨期权；同样的道理，如果你认为未来日元可能走强，美元对日元的汇率将要降低到117，你就可以购入一份看跌期权。在购入期权时你需要支付一笔期权费，这一费用由多种因素决定，如市场的判断、到期日的长短等。待到行权日，根据当时的汇率报价，你就可以确定要不要执行这份期权。如果实际汇率的走势与你当初的判断是一致的，那么你就可以按照合约约定的金额来清算（不需要提供合约所需的大笔资金），实际的获利 = 期权面值金额 × （实际汇率 - 协定汇率） - 期权费，或为期权面值金额 × （协定汇率 - 实际汇率） - 期权费。如果市场走势与你的判断不符，那么你可以放弃行权，损失的就是自己的那笔期权费的支出。

2. 股票期权

股票期权也类似于外汇期权，是指交易一方可以按照事先约定的价格在将来一段时间或特定日期买进或卖出一定数量的股票的权利。股票期权也可以同股票一样在交易所集中交易。例如，在美国的芝加哥期权交易所、宾夕法尼亚股票交易所、太平洋交易所，有500多种股票期权挂牌交易。普通股期权通常代表100股的标的物股票。执行价格（或履行价格）是在期权合同执行的情况下，期权拥有者购买（如果是看涨期权）或卖出（如果是看跌期权）的每股标的物的价格。执行价格是期权合同的一项固定的指标，不应将其与权利金（期权费）混淆。权利金是期权交易的价格，每日浮动。在不同的价格区间，普通股期权的执行价格的单位增长为1点、2点、$2\frac{1}{2}$点、5点或10点。普通股期权的拥有者不享有股票拥有者所享有的权利。这些权利包括投票权、定期的现金股利或特别股息等。看涨期权的拥有者必须执行期权并拥有标的物的股票后才拥有这些权利。在交易市场中，所有的交易都是以拍卖市场中的竞争方式进行的，由交易市场中的买家和卖家确定期权价格。

7.4.3 运用金融期权转移风险的原理

1. 看涨期权

如果投资者预测基础资产的未来价格趋于上升，他可以购买看涨期权，转移基础资产价格上升给自己带来损失的风险。与签订远期协议和购买期货相比，持有看涨期权，不仅使投资者规避了未来基础资产价格上涨的风险，同时他保留了获取基础资产价格下降时的潜在收益的权利。

例如，1 月 1 日，标的物是铜期货，它的期权执行价格为 1 850 美元/吨。A 买入看涨期权，付出 5 美元；B 卖出看涨期权，收入 5 美元。2 月 1 日，铜期货价上涨至 1 905 美元/吨，看涨期权的价格涨至 55 美元。A 可采取两种策略：

（1）行使权利——A 有权按 1 850 美元/吨的价格从 B 手中买入铜期货。B 在 A 提出这个行使期权的要求后，必须予以满足，即便 B 手中没有铜，也只能以 1 905 美元/吨的市价在期货市场上买入而以 1 850 美元/吨的执行价卖给 A，而 A 可以 1 905 美元/吨的市价在期货市场上抛出，获利 50 美元。B 则损失 50 美元。

（2）售出权利——A 可以 55 美元的价格售出看涨期权，获利 50（55－5）美元。

如果铜价下跌，即铜期货市价低于敲定价格 1 850 美元/吨，A 就会放弃这个权利，只损失 5 美元权利金，B 则净赚 5 美元。

从以上例子中，我们可以看出，买入看涨期权的投资者，其投资成本为其付出的期权费，投资收益表现为：如果基础资产到期市场价格高于执行价格，则二者的差额即为投资者的收益；如果基础资产的到期市场价格低于执行价格，则投资者可以选择放弃执行期权，其投资收益为零。

2. 看跌期权

如果投资者预测基础资产的未来价格趋于下降，他可以购买看跌期权，转移基础资产价格下降给自己带来损失的风险。与签订远期协议和购买期货相比，持有看跌期权，不仅使投资者规避了未来基础资产价格下降的风险，同时他保留了获取基础资产价格上升时的潜在收益的权利。

例如，1 月 1 日，标的物为铜期货的看跌期权执行价格为 1 750 美元/吨，A 买入这个权利，付出 5 美元；B 卖出这个权利，收入 5 美元。2 月 1 日，铜价跌至 1 695 美元/吨，看跌期权的价格涨至 55 美元。此时，A 可采取两种策略：

（1）行使权利——A 可以按 1 695 美元/吨的市价从市场上买入铜期货，而以 1 750 美元/吨的价格卖给 B，B 必须接受，A 从中获利 50 美元，B 损失 50 美元。

（2）售出权利——A 可以 55 美元的价格售出看跌期权，获利 50 美元。

如果铜期货价格上涨，A 就会放弃这个权利而损失 5 美元，B 则净赚 5 美元。

从以上例子中，我们可以看出，买入看跌期权的投资者，其投资成本为其付出的期权费，投资收益表现为：如果基础资产到期市场价格低于执行价格，则二者的差额即为投资者的收益；如果基础资产的到期市场价格高于执行价格，则投资者可以选择放弃执行期权，其投资收益为零。

通过上面的例子，可以得出以下结论：一是作为期权的买方（无论是看涨期权还是看跌期权）只有权利而无义务，他的风险是有限的（亏损最大值为权利金），但在理论上获利是无限的。二是作为期权的卖方（无论是看涨期权还是看跌期权）只有义务而无权利，在理论上他的风险是无限的，但收益是有限的（收益最大值为权利金）。三是期

权的买方无须付出保证金，卖方则必须支付保证金以作为履行义务的财务担保。

3. 利用国债期权进行套期保值

假设专业资产管理公司（PAM）购买了 1 000 万美元的 30 年期国债期权，年利率为 8%。自它 1 年前购进债券后市场利率上升了 100 个基点（1%）。为了避免在未来 6 个月内由于利率再上升而导致债券的价值再度下跌的风险，PAM 将采取措施进行套期保值。专业资产管理公司可以购买一份为期 6 个月的看跌期权。由于债券的收益率是 9%，它的当前价格是

$$PV = \sum_{t=1}^{58} \frac{4}{(1.045)^t} + \frac{100}{(1.045)^{58}} = 89.7539(美元)$$

若市场收益率未变，在未来的 6 个月内，债券的价格将上升到

$$PV = \sum_{t=1}^{57} \frac{4}{(1.045)^t} + \frac{100}{(1.045)^{57}} = 89.7928(美元)$$

若专业资产管理公司购买了一份看跌期权，执行价格是 89.7928 美元，名义本金是 1 000 万美元，它就可完全避免由于收益率上升高于 9% 而带来的风险。假定在未来 6 个月内市场利率会上升到 10%，则债券的价格会下降到 81.2395 美元，PAM 的 1 000 万美元债券，每 100 美元面值将损失 8.5533 美元（89.7928 – 81.2395），总损失为 855 330 美元。但是，由于它购进了看跌期权，每张债券盈利 8.5533 美元（89.7928 – 81.2395），总盈利为 855 330 美元。将看跌期权的利润冲减债券的价值损失，专业资产管理公司同样实现了 3 890 美元（8 979 280 – 8 975 390）的价值增加，即利率仍保持在 9% 水平时的价值增加。

【本章小结】

风险是未来实际结果偏离预期结果的可能性及其程度。金融系统的一个重要功能就是进行风险管理。

按不同的标准，风险可以分为不同的类型。例如，按照风险的来源划分，可分为信用风险、市场风险、操作风险和其他风险；按风险是否可分散，划分为系统性风险和非系统性风险；按风险的对象，可分为财产风险、人身风险、责任风险等。

人们对待风险的态度通常可以分为三类：风险厌恶、风险中立和风险追逐。人们的风险态度并不是固定不变的，许多因素都会影响人们的风险态度和风险承受能力。这些因素包括年龄大小、收入和财富、家庭状况、投资额大小和心理预期等。

风险管理是研究风险发生规律和风险控制技术的一门新兴学问。它是指各经济主体通过对风险的识别、衡量和控制，以最小的成本将风险导致的不利后果减少到最低限度的科学管理过程。

家庭面临的风险主要有五类：（1）家庭成员的健康风险。（2）失业风险。（3）耐用消费品风险。（4）负债风险。（5）金融资产风险。企业风险大致有以下几种类型：（1）自然风险。（2）市场风险。（3）生产风险。（4）技术风险。（5）决策与经营风险。

风险管理过程是为了分析和应付风险而进行的动态的系统管理过程。这一过程可分

为如下五个步骤：（1）风险识别。（2）风险评估。（3）风险管理方法的选择。（4）实施风险管理措施。（5）风险管理措施实施效果的评价和修正。

减少风险有四种基本方法：风险回避、预防并控制损失、风险留存、风险转移。

风险转移的制度安排通过两种基本方式对经济效率作出贡献：其一是将现有的风险重新分配给最愿意承担该风险的人；其二是根据新的风险承担状况在生产和消费上重新进行资源的分配。概括而言，实现风险转移有三种基本方法：套期保值、保险与期权交易、分散化投资。

如果交易双方在当前达成协议，约定在将来某一时刻按照预先确定的价格交割商品，双方签订的就是一个远期协议。期货合约实质是在有组织的交易所交易的标准化远期合约。交易所介于买卖双方之间，买卖双方各自同交易所订立合约。标准化是指所有期货合约的条款（交割的数量与质量等）都是一致的。

保险意味着支付额外的费用（保险费）以避免损失。通过购买保险，你以一项确定的损失（为购买保险而支付的额外费用）替代了如果不保险而遭受更大损失的可能性。

保险与套期保值之间有着本质的区别。套期保值是放弃潜在的收益来消除潜在损失的风险；而保险是支付保费以消除潜在损失的风险，同时保留获取潜在收益的权利。

期权是一种特殊的保险形式。它是指合约持有人拥有在规定的期限内按约定价格买进或卖出某种特定商品（资产或指数）的权利，但不承担必须买或卖的义务。

风险分散是为了控制风险过于集中而将风险组合多元化的一种措施。其最基本的做法就是通过资产结构的多样化，选择彼此相关系数较小的资产进行合理组合与搭配，使高风险资产的风险向低风险的资产扩散，以降低经济主体资产组合的整体风险程度，即通常所说的"不要把鸡蛋放在一个篮子里"。

常见的金融期货交易主要有外汇期货、利率期货、股指期货等类型。

期货交易之所以能够套期保值、避免价格风险，其基本原理在于：第一，期货交易过程中期货价格与现货价格尽管变动幅度不会完全一致，但变动的趋势基本一致。第二，现货价格与期货价格不仅变动的趋势相同，而且到合约期满时，两者将大致相等或合二为一。

看涨期权是指在期权合约有效期内按执行价格买进一定数量标的物的权利；看跌期权是指卖出标的物的权利。当期权买方预期标的物价格会超出执行价格时，他就会买进看涨期权，相反就会买进看跌期权。

按执行时间的不同，期权主要可分为两种：欧式期权和美式期权。欧式期权是指只有在合约到期日才被允许执行的期权，它在大部分场外交易中被采用。美式期权是指可以在成立后有效期内任何一天被执行的期权，多为场内交易所采用。

【关键概念】

不确定性　风险　系统风险　非系统风险　风险态度　风险管理　风险回避

风险留存　风险转移　套期保值　远期协议　期货　期权

【复习思考题】

1. 什么是风险？如何理解风险与不确定性的区别与联系？

2. 如何理解金融系统的风险管理职能？

3. 风险主要有哪几种类型？

4. 风险态度如何影响人们的风险管理行为？

5. 风险态度大致可以分为哪几种类型？如何评价人们的风险态度？人们的风险态度主要受哪些因素影响？

6. 家庭及企业面临的主要风险有哪些？

7. 可供选择的风险管理方法主要有哪些？

8. 下列各种情况分别选择了哪种风险管理方法：(1) 在家中安装烟雾探查器；(2) 投资于国债券而非股票；(3) 决定不购买汽车交通险；(4) 为自己购买人寿保险单。

9. 假定你决定 1 年后到英国留学，届时需要支付学费 10 000 英镑。你将如何通过套期保值应对外汇风险？你又将如何通过保险应付外汇风险？

10. 保险与套期保值有何区别？如何理解期权的套期保值功能？

11. 金融期货的类型主要有哪些？

12. 假设你拥有一只股票，目前的交易价为 65 元，你是用 60 元买入的。由于考虑到该股票很可能继续上涨，所以你想等一段时间再售出。(1) 你如何构造一个交易，即使价格下跌到 60 元或 55 元，也能确保以 65 元出售该股票？(2) 如果期权交易的成本是 5 元，当你卖出股票时股价为 75 元，你的盈利是多少？你执行期权吗？为什么？购买期权是在浪费金钱吗？(3) 如果股票价格下跌至 57 元，你的盈亏是多少？

【本章参考文献】

[1] 刘钧. 风险管理概论 [M]. 北京：中国金融出版社，2005.

[2] 顾孟迪. 风险管理概论 [M]. 北京：清华大学出版社，2005.

[3] 中国银行业从业人员资格认证办公室. 风险管理——银行业从业人员资格认证考试辅导材料 [M]. 北京：中国金融出版社，2005.

第 8 章

家庭的金融决策

【导读】

当前，居民个体的投资理财意识被极大地激发起来，可以预见，这将是一个不可逆转的趋势。本章介绍家庭金融决策的基本类型、储蓄投资的持续收入假说以及生命周期理论。通过本章的学习，应能够熟练地运用家庭投资、融资的基本策略进行基本的家庭理财规划。

家庭是金融市场的基本客户，尽管家庭在金融市场上也存在资金的需求，但总体而言，家庭是金融市场资金的供给者和长期投资者。家庭金融是以家庭为标的，研究家庭的金融行为，它全面考察与家庭相关的一切金融活动，这些金融活动包括家庭需要的由金融机构设计或提供的储蓄、借贷、投资、保险等金融服务。家庭的组成和规模各不相同，大到几代同堂的扩展式家庭（Extended Family），小到一人独居的单人式家庭，都是金融学家庭金融决策的研究主体。

一般来说，家庭的金融决策包括四种基本类型：

（1）消费和储蓄决策。例如，将收入的多少用于消费，多少储蓄起来以备日后之需？

（2）投资决策。例如，如何投资用于储蓄的货币资金以获得价值的保值增值？

（3）融资决策。例如，家庭在何时及如何使用他人的钱来完成消费和投资计划？

（4）风险管理决策。例如，如何减少家庭面临的金融方面的不确定性？

本章将主要介绍家庭前三个方面的金融决策，家庭的风险管理决策在《保险学》中有详细介绍。

§8.1　家庭的消费和储蓄决策

家庭的金融决策中包括储蓄与消费决策，在不同的生命周期，由于收入的变化，家庭的储蓄与消费的数额是不同的，本节主要研究如何确定合理的储蓄与消费数额。

8.1.1 持久收入假说

持久收入的消费函数理论是由美国著名经济学家弗里德曼提出来的。该理论认为，消费者的消费支出不是由他的现期收入决定的，而是由他的持久收入决定的。也就是说，理性的消费者为了实现效应最大化，不是根据现期的暂时性收入，而是根据长期中能保持的收入水平即持久收入水平来作出消费决策的。这一理论将人们的收入分为暂时性收入和持久性收入，并认为消费是持久收入的稳定函数，用公式表示为

$$C_t = cYP_t \qquad\qquad (8-1)$$

式中：C_t 为现期消费支出；c 为边际消费倾向；YP_t 为现期持久收入。

弗里德曼认为，所谓持久收入，是指消费者可以预期到的长期收入，即预期在较长时期中（3年以上）可以维持的稳定的收入流量。持久收入大致可以根据所观察到的若干年收入的数值的加权平均数来计算。估算持久收入的计算公式是

$$YP_t = Y_{t-1} + \theta(Y_t - Y_{t-1}) = \theta Y_t + (1-\theta)Y_{t-1} \qquad (0 < \theta < 1) \qquad (8-2)$$

式中：YP_t 为现期持久收入；Y_t 为现期收入；Y_{t-1} 为前期收入；θ 为加权数。

式（8-2）说明，现期的持久收入等于前期收入和两个时期收入变动的一定比率，或者说等于现期收入和前期收入的加权平均数。加权数 θ 的大小取决于人们对未来收入的预期。这种预期要根据过去的经验进行修改，称为适应性预期。如果人们认为前期和后期收入变动的时间较长，θ 就大；反之，前期和后期收入变动的时间较短，θ 就小。

根据持久收入的估算公式，持久收入假说的消费函数可以写为

$$C_t = cYP_t = c\theta Y_t + c(1-\theta)Y_{t-1} \qquad\qquad (8-3)$$

弗里德曼认为，持久收入不仅包括劳动收入，而且还包括财产收入，因此，持久收入假说理论认为，消费不仅取决于收入，而且还取决于财产。这一点与生命周期假说理论相同。

把收入分为持久性收入和暂时性收入，从而把收入变动分为持久性收入变动和暂时性收入变动是持久收入函数理论假说的贡献。这一区别既解释了短期消费函数的波动，又解释了长期消费函数的稳定性。这一理论认为，在长期中，持久性收入是稳定的，所以消费函数是稳定的；暂时性收入变动通过对持久性收入变动的影响而影响消费，所以短期中暂时性收入的变动会引起消费波动。

8.1.2 生命周期储蓄假说

美国经济学家弗兰科·莫迪利亚尼认为，储蓄是社会进步的促进力量，他和理查德·布伦伯格合写了《效用分析与消费函数对抽样数据的分析》和《效用分析与总消费函数一次综合的尝试》两篇论文，提出了"生命周期储蓄说"。该理论将储蓄与终生收入和个人的生命周期紧密联系在一起，富于创见地探讨了影响储蓄行为的各种因素，并相应地提出了政策性建议。

1. 储蓄的决定因素

莫迪利亚尼认为储蓄既不是取决于本期收入，也不是取决于额外收入，储蓄主要取

决于人的终生收入，储蓄的变化与生命周期息息相关，并因此提出了著名的储蓄生命周期论。

2. 生命周期储蓄模型与推论

莫迪利亚尼首先说明，储蓄生命周期说的立论基础是欧文·费雪的效用最大化原则。费雪在1930年曾提出一个著名的论断：消费者是按合理的、效用最大化原则把他们所有的收入最优地安排在一生的消费中。莫迪利亚尼认为，这一论断的重要含义在于，一个典型的消费者对于他在各年龄阶段的消费安排多少，将取决于他的终生收入，即一生的全部收入，而不是取决于本期收入。据此，储蓄生命周期说的命题是："消费者将选择一个合理的、稳定的消费率，接近于他预期一生的平均消费。"由此，可以得出个人储蓄行为的基本结论：短期中储蓄的多少，在本期收入与终生平均收入二者之间波动，长期储蓄的变化则与个人生命周期和家庭规模紧密相关。

为了便于分析论证，莫迪利亚尼做了两个假定：（1）收入不变，直到退休。退休后收入为零，利息收入也为零。（2）一生中消费不变，没有遗产。这样就可以建立一个基本的模型，来表明储蓄的生命周期轨迹。

$$\sum_{T=1}^{D} \frac{C}{(1+r)^{T}} = \sum_{T=1}^{R} \frac{Y_{T}}{(1+r)^{T}} \qquad (8-4)$$

式中：R 表示距离退休的年数；D 表示未来生存的年数；r 为利息率；Y_T为第 T 年的劳动收入。

式（8-4）说明，未来工作的劳动收入现值与未来（从工作起到生命结束止）消费现值相等。经济学家把一个人未来劳动收入的现值称为人力资本，把与人力资本有相同现值的不变消费水平称为持久收入。也就是说，在式（8-4）中，C 是持久收入，而等式的右边是人力资本。

莫迪利亚尼将人生大致分为三个年龄阶段：未成年期 t_1、成年期 t_2、老年退休期 t_3。在 t_1、t_3 阶段，消费大于收入，储蓄为负数；在 t_2 阶段，收入大于消费，储蓄为正数。

莫迪利亚尼作了以下推论：（1）从一个国家来看，经济的长期增长率越高，总储蓄变化率将上升；经济增长率为零时，总储蓄变化率为零。（2）即使没有遗产继承，通过储蓄，人们还可以从收入中积累相当多的财产总额。（3）在一定的增长率下，制约消费率和储蓄率的主要参数是普遍的退休期长度。

［例8-1］ Richard 今年25岁，35年后（60岁）退休，每年可获得不变实际劳动收入50 000元（年底支付），预计可以活到85岁。假设 Richard 退休后没有收入，且尚未积累任何资产，税收和通货膨胀忽略不计，实际年利率为3%。根据生命周期储蓄模型，为了保持退休前后相同的消费水平，Richard 应把收入的多少用于当前消费，多少用于储蓄以备退休之用（所有现金流量均发生在年末）？

根据生命周期储蓄模型，得到

$$\sum_{T=1}^{60} \frac{C}{(1+3\%)^{T}} = \sum_{T=1}^{35} \frac{50\ 000}{(1+3\%)^{T}}$$

解出 $C = 38\ 813.62$ 元，即为了保持退休前后相同的消费水平 38 813.62 元，从现在

起至退休止，Richard 每年应储蓄 11 186.38 元（50 000 – 38 813.62）。Richard 的劳动收入、消费和储蓄如表 8 – 1 所示。

表 8 – 1		Richard 一生的收入、消费和储蓄				单位：元
年龄	劳动收入	消费	储蓄	人力资本	退休基金	总资产
25	0.00	0.00	0.00	1 074 361.00	0.00	1 074 361.00
26	50 000.00	38 813.62	11 186.38	1 056 591.83	11 186.38	1 067 778.21
30	50 000.00	38 813.62	11 186.38	980 022.07	59 390.01	1 039 412.08
40	50 000.00	38 813.62	11 186.38	743 873.74	208 054.52	951 928.26
50	50 000.00	38 813.62	11 186.38	426 510.14	407 847.19	834 357.33
60	50 000.00	38 813.62	11 186.38	0.00	676 351.83	676 351.83
61	0.00	38 813.62	– 38 813.62	0.00	657 828.76	657 828.76
70	0.00	38 813.62	– 38 813.62	0.00	464 005.64	464 005.64
80	0.00	38 813.62	– 38 813.62	0.00	178 630.13	178 630.13

从表 8 – 1 可以看出，随着年龄的不断增加，剩余劳动收入不断下降，人力资本稳步下降，直到退休时降为零。退休基金在工作伊始（25 岁）从零开始逐渐增长，到退休时达到最高峰（676 351.83 元），接着开始下降，直到生命终结时将为零。作为人力资本和退休基金之和的个人总资产，随着年龄的增加持续下降。图 8 – 1 显示了 Richard 一生中收入、储蓄、消费的变化情况，而图 8 – 2 显示了人力资本的时间序列图、退休基金的累积数量以及总资产变化情况。

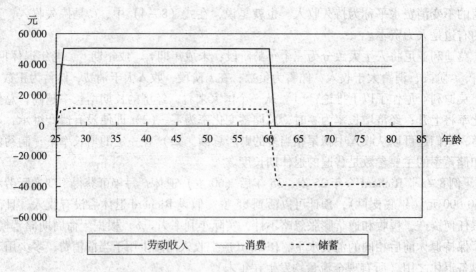

图 8 – 1　生命周期的收入、消费和储蓄

通过上述例题的计算过程，似乎可以得到这样的结论：实际利率极大地影响持久收入和人力资本。但是，实际利率究竟是怎样影响持久收入和人力资本的呢？我们将例 8 – 1 中其他条件保持不变，只将实际利率从 0 变动到 10%，计算结果如表 8 – 2 所示。

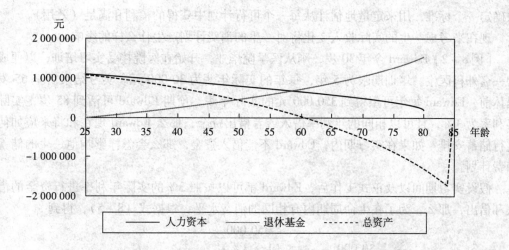

图 8-2　生命周期的人力资本、退休基金和总资产

表 8-2　　　　　　　　实际利率对人力资本、持久收入和储蓄的影响　　　　　　单位：元

实际利率	人力资本	持久收入	储蓄
0	1 750 000.00	29 166.67	20 833.33
1%	1 470 429.00	32 708.88	170 291.12
3%	1 074 361.00	38 819.84	11 180.16
5%	818 709.71	43 250.95	6 749.05
7%	647 383.62	46 112.63	3 887.37
10%	482 207.95	48 379.69	1 620.31

　　表 8-2 说明，实际利率越高，人力资本价值越低，但持久收入水平越高。这是因为在工作期间储蓄，即使人力资本价值较低，也可以在较高的利率水平下生活得较好。

　　3. 修正的生命周期储蓄模型

　　为了便于分析论证生命周期储蓄模型，在基本模型中假设初始资产为零，没有遗产。但是，如果在工作时有一定的储蓄，而又想在故去后留下一些遗产，这些会对终生消费产生什么样的影响呢？这就需要修正的生命周期储蓄模型的帮助。

　　所谓修正的生命周期储蓄模型，就是在基本生命周期储蓄模型的基础上，增加了初始财产、遗产对终身消费的作用，具体公式如下：

$$\sum_{T=1}^{D} \frac{C_T}{(1+r)^T} + \frac{B}{(1+r)^T} = W_0 + \sum_{T=1}^{R} \frac{Y_T}{(1+r)^T} \qquad (8-5)$$

式中：C_T 为第 T 年的消费水平；Y_T 为第 T 年的劳动收入；B 为遗产；W_0 为初始财产价值；D 为未来生存年数；R 为距离退休的年数；r 为利息率。

　　式（8-5）说明一生的消费开支和遗产的现值等于包括初始财产和未来劳动收入在内的一生资源的现值，这是决定一生消费计划时所面临的跨期预算约束。由于任何满足预算约束的终生消费开支计划都是可行的计划，为了在许多可行的计划中进行选择，必

须确定一个标准，用来定量地估计从每一个可行计划中获得的福利和满足（效用）。

现在来考虑一生的实际收入变化将对一生的消费计划产生什么样的影响。

[例8-2] Edward 今年30岁，刚从医学院毕业，开始在医院接受实习培训，以便成为一名外科医生。培训期限为5年，每年的实际年薪为30 000元。实习结束后至65岁退休前，Edward 每年可望得到350 000元的实际年薪。预期 Edward 可活到85岁，实际年利率为3%，且可以相同的年利率借入或者借出资金，那么 Edward 现在和将来应如何进行储蓄安排？如果在实习期内，Edward 不能借入资金，那么会怎样影响他一生的储蓄消费计划？

假设实习期间以及正式工作后，Edward 都可以按照3%的实际年利率进行资金的借入和借出，那么，为了在生命周期内有相同的消费水平，根据式（8-5），得到

$$\sum_{T=1}^{5} \frac{30\ 000}{(1+3\%)^T} + \frac{\sum_{T=1}^{30} \frac{350\ 000}{(1+3\%)^T}}{(1+3\%)^5} = \sum_{T=1}^{55} \frac{C}{(1+3\%)^T}$$

解出 $C = 226\ 149.40$ 元。为了能在实习期内每年消费226 149.40元，Edward 必须在实际年薪30 000元基础上按照年利率3%的水平借入（动用储蓄）196 149.40（226 149.40 - 30 000）元。

表8-3和图8-3表明了在假定每年要获得相同的实际消费时，Edward 预期的收入、计划消费及储蓄模式。可以看出，其人力资本在35岁时达到最高峰，而其为了满足5年实习期内的额外花销，5年总债务高达1 041 383.80元，从36岁到65岁，因每年有123 850.60元的储蓄，债务才逐渐下降，在43岁时，Edward 才还清债务。

表8-3　　　　　　　　　　　Edward 一生的储蓄计划　　　　　　　　　　单位：元

年龄	劳动收入	消费	储蓄	人力资本	其他资产或负债
30	0.00	0.00	0.00	3 610 487.94	0.00
31	30 000.00	226 149.40	-196 149.40	3 668 802.57	-196 149.40
32	30 000.00	226 149.40	-196 149.40	3 728 866.65	-398 183.28
33	30 000.00	226 149.40	-196 149.40	3 790 732.65	-606 278.18
34	30 000.00	226 149.40	-196 149.40	3 854 454.63	-820 615.93
35	30 000.00	226 149.40	-196 149.40	3 920 088.27	-1 041 383.80
36	350 000.00	226 149.40	123 850.60	3 837 690.92	-948 774.72
42	350 000.00	226 149.40	123 850.60	3 288 721.68	-331 770.19
43	350 000.00	226 149.40	123 850.60	3 187 383.33	-217 872.69
50	350 000.00	226 149.40	123 850.60	2 387 587.02	681 044.61
60	350 000.00	226 149.40	123 850.60	915 941.44	2 335 075.34
65	350 000.00	226 149.40	123 850.60	0.00	3 364 531.96
66	0.00	226 149.40	-226 149.40	0.00	3 239 318.51
67	0.00	226 149.40	-226 149.40	0.00	3 110 348.67
80	0.00	226 149.40	-226 149.40	0.00	1 035 697.94
85	0.00	226 149.40	-226 149.40	0.00	-0.10

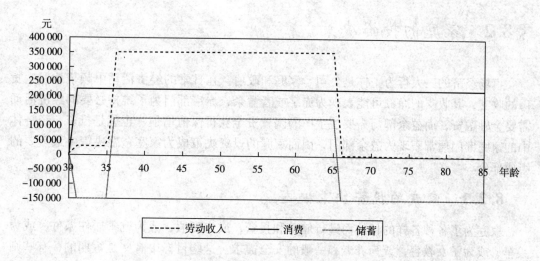

图 8 – 3　Edward 的生命周期储蓄计划

假设 5 年实习期内不能借入款项，那么，Edward 只能量入为出，开始 5 年，每年花销 30 000 元。5 年后，其消费可以增加到与持久收入相同的水平。根据式（8 – 4）得到

$$\sum_{T=1}^{30} \frac{350\ 000}{(1 + 3\%)^T} = \sum_{T=1}^{50} \frac{C}{(1 + 3\%)^T}$$

解出 $C = 266\ 623.30$ 元。为了保持退休前后相同的消费水平 266 623. 30 元，从正式工作起直至退休为止，Edward 每年需储蓄 83 376.70 元（350 000 – 266 623. 30）。表 8 – 4 表明了这一过程。

表 8 – 4　　　　　　　　　不能借款时的消费储蓄计划　　　　　　　　　单位：元

年龄	劳动收入	消费	储蓄	其他资产或负债
30	0. 00	0. 00	0. 00	0. 00
35	30 000. 00	30 000. 00	0. 00	0. 00
36	350 000. 00	266 623. 30	83 376. 70	83 376. 70
40	350 000. 00	266 623. 30	83 376. 70	442 658. 22
50	350 000. 00	266 623. 30	83 376. 70	1 550 716. 06
60	350 000. 00	266 623. 30	83 376. 70	3 039 853. 14
65	350 000. 00	266 623. 30	83 376. 70	3 966 681. 16
66	0. 00	266 623. 30	– 266 623. 30	3 819 058. 30
70	0. 00	266 623. 30	– 266 623. 30	3 182 931. 32
80	0. 00	266 623. 30	– 266 623. 30	1 221 056. 21
85	0. 00	266 623. 30	– 266 623. 30	– 0. 51

§8.2 家庭的投资决策

市场经济的三大行为主体是公司、家庭和政府，在日常的经济活动中频繁地发生货币的收支，其收支的净额可能表现为赤字或者盈余，赤字部门为了维持必要的经济活动需要金融融资，而盈余部门需要使手中的闲置资金获得保值增值，也就是投资。经济体中的家庭部门通常表现为盈余部门，因而家庭的投资决策成为家庭金融决策中最重要的组成部分。

8.2.1 家庭的投资决策概述

家庭为了各种各样的目的而进行储蓄和投资，或为度假，或为改善居住条件，或为买车，或为子女教育，或为养老和一般的安全需求。这些目标中有些是短期的，有些则是长期的，投资周期的长短会影响投资的性质，为短期假日而储蓄的资金不会投到股票这样高风险的资产上，而为养老进行储蓄的资金一般也不会投资到低回报率的产品上，如存入银行账户等。

1. 投资计划的建立

为达到家庭的长期投资规划目标，建立一个投资计划的决策是非常关键的第一步。

（1）创立投资目标

有效的投资目标必须明确、可以衡量，而且符合你的特殊需求。以下问题将帮助家庭建立有效的投资目标：

① 你的资金用途是什么？

② 你需要多少钱才能达到投资目标？

③ 你如何得到这些钱？

④ 你需要多长时间积累这些钱？

⑤ 你愿意为投资计划承担多少风险？

⑥ 考虑到你的经济状况，你的投资目标是否合理？

⑦ 你愿意为达到投资目标而作出牺牲吗？

⑧ 如果你没有达到投资目标，后果是什么？

家庭的投资目标是面向未来的，依据这些问题，可以把投资目标分为短期（少于2年）、中期（2到5年）和长期（5年以上）。这种分类对于投资计划的设计很有裨益。

（2）检查财务状况

在实施投资计划之前，家庭的财务状况应该处于健康状态。这里我们将讨论在作出第一笔投资之前应该考虑的几个事项。

① 确保收支平衡。在投资前人们应该首先学会量入为出。在信用卡、分期付款以及相应的财务费用没有减少或者偿还完毕之前，投资计划是没有必要开始的。所以，应该只贷款购买生活必需品或应急用品。一个好的方法是将每月的分期付款限制为月税后收

入的 10%。这样，支付所有费用后的净现金收入就会逐渐增加，你就可以开始储蓄或进行投资。这里需要注意的是：纠正错误往往耗时很长，你不可能一夜之间就扭转劣势。

② 适当保险。这部分内容我们将在本章第 4 节详细说明。在启动投资计划前有必要考虑保险的需求。每个人对险种和覆盖的保险额度需求各不相同。在投资前应该检查人寿保险、住院保险、住房及其他房地产所有权保险、汽车保险以及其他需要保险的财产的保障额度。

③ 启动应急基金。应急基金是指急需时可以立即提取的资金。这笔资金应该存放在可以立即提现且利息最高的储蓄账户或者货币市场共同基金中。每个家庭的应急基金规模各不相同，但大多数理财规划师认为应急基金的合理规模大约为 3 个月到 9 个月的生活开支。例如，Martin 每年的收入是 3 万美元，他的月开支大约是 1 600 美元，开始投资之前，Martin 必须在储蓄账户或其他准现金类投资中积累至少 4 800 美元以便应付紧急状况。

④ 应付紧急需求的其他现金来源。你可能还希望在商业银行、信用卡公司等机构建立自己的信贷额度。信贷额度是指在你需要资金时允许使用的短期贷款。由于所有的书面文件业已完成，贷款业已批准，你需要时可随时获得贷款。大型信用卡公司的透支规定也可以应用于紧急状况，但信用额度或信用卡透支都有最高金额限制。如果日常开支耗尽了这两种信贷资源，紧急情况出现时就无法再使用了。

（3）获取所需的足够资金

明确投资目标，完成家庭财务状况检查之后，你还必须拥有足够的资金以启动投资计划。下面的建议对于获得所需的投资资金会有所帮助。

① 首先支付必需品消费。人们常常先消费，后储蓄或投资，但很多时候消费完毕之后已经没有剩余资金进行投资了，从而投资计划只好推迟。更好的做法是：第一，支付每月必需开支；第二，储存合理金额的资金；第三，将剩余资金用于购买服装、娱乐等个人消费。

② 充分利用雇主发起的退休计划。许多雇主会根据雇员缴纳的退休金金额为雇员缴纳同等金额或同比例的退休金。这部分内容我们在后面详细介绍。

③ 参加选择性储蓄计划。可以选择在发薪日从工资上扣除一定资金自动转存到储蓄账户中。使用这种选择权后，资金存放比资金支取更加方便。也可以安排让共同基金或经纪公司每月自动从你的银行账户中扣除固定金额资金进行投资。选择性储蓄计划是为传统个人退休账户提供资金的好方法。

④ 1 年中花 1 到 2 个月特别努力地储蓄。每年花 1 到 2 个月的时间把全部收入扣除必需品消费以外的部分用于投资。

⑤ 利用赠品、遗产以及其他额外收入。一个家庭的成员可能会收到礼品、遗产、加薪、年终奖或税收返还等收入。人们常常用这些收入购买正常情况下无法支付的东西，但更好的方法是把这些收入用于投资。

2. 投资决策的影响因素

在这里我们将说明安全性、风险性、收益性、成长性与流动性如何影响投资决策。

（1）安全性与风险性

安全性与风险性实际上是同一事物的两个方面。如果不衡量安全性与风险性之间的关系，你就无法评估任何投资。投资的安全性要求投资损失最小化；而投资的风险性是投资收益不确定性的一种衡量指标。投资对象的一端是安全性极高的保守型投资者喜好的投资品种。此类投资品种包括政府债券、储蓄账户、存单以及一些股票和债券。共同基金与房地产业一般有较高的安全性，投资者选择这类投资的原因是他们知道这类投资不太可能出现损失。投资对象的另一端是投机型投资品种。投机型投资是预期短期获得相对较高的利润的高风险投资。这类投资可能会产生较高的资本升值，但一旦失败，很可能损失大部分甚至全部的初始投资。投机型股票、某些债券、金融衍生工具、商品期权期货、贵金属、珍稀宝石以及收藏品都是有风险的投资品种。后面将详细说明这些投资品种。

（2）风险要素构成

一种投资的风险因素会时常变换。比如，电脑制表记录公司的股票一度被视为高风险的投资，但后来这家公司更名为国际商用机器公司（IBM）并最终成为电脑行业的领袖。20世纪80年代初期，许多保守的投资者购买IBM的股票，因为它既安全又有收益保障，但到90年代初期，其中许多人抛售了IBM的股票，因为计算机行业的各种变迁使IBM出现了一定的财务问题，所以许多人又认为它的风险太大了。现在由于成功地解决了许多财务问题，IBM又变成了大多数投资者的最佳选择。在选择投资时，投资者必须仔细衡量风险的变化。总体风险水平可以分成五种：

①通货膨胀风险。投资能帮助你抵御或超越通货膨胀的影响。在高通货膨胀阶段，投资的资金收益率可能低于通货膨胀率。不同投资品种的通货膨胀率调整后的收益率也不尽相同。高通货膨胀时期的实际收益率是非常重要的考虑因素。

②利率风险。优先股、政府债券以及企业债券等固定收益投资品种的利率风险指经济中总体利率水平变化的影响。当总体利率水平上升时，优先股、政府债券以及企业债券的价值相应下降；反之，它们的价值上升。

③企业经营不善的风险。普通股、优先股以及企业债券存在企业经营不善的风险。这些投资都存在因企业管理不善、产品失败、竞争或一系列其他使企业经营业绩低于预期等因素而带来的风险。最好的预防措施是仔细衡量发行股票和债券的企业的经营状况；购买一家以上企业的股票，分散投资也是一种办法。

④市场风险。市场投资者的行为会导致股票、债券、共同基金以及其他投资品种的价格发生波动，所以经济增长并不是大多数投资者以为的那样有序并可预期。经济萧条时期，要出手如房地产等投资可能变得十分困难；而股票和债券市价的波动可能与企业财务状况的基本面没有任何关系，这种波动可能是政治环境或社会环境变化的结果。

⑤全球投资风险。今天越来越多的投资者投资于外国企业发行的股票和债券以及全球性共同基金，这会增加投资的额外风险。在投资于这类金融资产以前，应该考虑两方面的因素：第一，全球投资与国内投资一样必须经过分析评估；第二，汇率变动会影响投资的收益率。

（3）投资收益

有时投资者购买某些投资品种是为了得到稳定的收益来源。最安全的投资品种，如银行储蓄存折、存单以及国库券都是最可靠的收益来源，因为你明确地知道这些投资的利率以及何时支付多少收益。

如果投资收益是你的主要投资目标，你还可以选择政府债券、企业债券、优先股、公用事业股或某些普通股。大多数投资者为了获得收益而购买股票或企业债券时，常常关心发行企业的总利润水平、未来收益水平以及股利政策。

其他可能提供收益的投资还有共同基金和房地产租赁。共同基金不保证确定的收益，但你可以选择那些主要目标是提供收益的共同基金。房地产租赁的收益也无法得到保障，因为会有房产闲置或临时性的维修费用。不过那些投机型更强的投资，如商品期货、贵金属、宝石、收藏品等一般很少提供定期的收益。

（4）投资增长

增长对投资者而言，就是投资价值上升。增长机会最大的常常是普通股投资。在 20 世纪 90 年代，投资者发现电子、高科技、能源以及医疗保健业企业发行的股票的增长潜力最大，而这些行业的企业提供的产品和服务在 21 世纪更受欢迎。

购买成长型股票时，投资者通常牺牲近期现金红利以获得未来的价值升值。如微软、戴尔、美国在线以及其他高科技企业被视为成长型企业，它们很少或基本不发放股利。大多数成长型企业将通常支付给股东的红利以留存收益的形式保留在企业里进行再投资。这些留存资金至少能满足企业未来发展和扩张的一部分资金需求，从而降低融资的成本。所以，这类企业以较快的速度增长。留存利润资助的增长一般会增加投资者持有股票的市场价值。

政府债券、企业债券、共同基金以及房地产也可以提供一定的增长潜力。投机性更强的投资，如贵金属、宝石以及收藏品等的未来增长变数较大，而商品期权等投资的投机性更强，所以更强调即期收益，而不是持续的长期增长。

（5）投资流动性

流动性指在无须极大影响投资价值的前提下迅速购买或出售投资的能力。从准现金式投资到无法变现的冻结式投资，投资的流动性越来越小。活期存款账户与储蓄账户流动性极强，它们可以迅速变现。存单在到期之前提取必须支付罚息。

其他投资品种，有些能迅速变现，但市场状况、经济环境或其他许多因素都可能导致你无法收回初始的投资成本。比如，房地产所有者要寻找买主，可能要降低售价，而寻找收藏品的买主则更为困难。

3. 投资品种概览

当你考虑了有关风险，建立了应急基金，并且积累了一定的资金用于投资后，你就可以选择各种投资品种了。首先你应该尽量了解各种投资品种；然后你可以决定是把钱放在银行，还是购买股票、债券、共同基金、房地产或其他投资品种。这里我们将概括地介绍各种投资品种。

① 股票。股权资本是企业所有者向企业提供的资金。如果企业是个体或合伙企业，

当企业所有者向企业提供自有资金时，企业就得到了股权资本。对公司制企业而言，股权资本是股东通过购买企业股票出资的形式。所有股东都是企业的所有者，所以他们有权分享公司的成功，因此购买股票是很有吸引力的投资机会。但在投资股票前，至少有两个因素需要考虑：第一，企业出售股票后，不需要偿还投资者购买股票的资金，以后也不需要赎回股票，资金的流动性受到市场条件的制约。第二，公司没有义务向股东支付股利。股利指公司支付给股东的现金、股票或其他财产，因而以股利为主要生活来源将是不明智的选择。

② 企业债券和政府债券。家庭投资者可以考虑两类债券：企业债券和政府债券。企业债券是企业以书面形式作出将偿还一定数量资金并支付利息的承诺。政府债券指政府以书面形式作出将偿还一定数量资金并支付利息的承诺。当你购买了债券，实际上是你借钱给公司或政府实体使用一段时间。无论发行债券的主体是谁，投资者都应该在进行投资前考虑两个问题：第一，债券会在到期时兑付吗？大多数债券的到期时间是 1 年到 30 年。购买债券的投资者有两种选择：持有债券直到到期，然后兑付，或将债券出售给另一个投资者。债券价值与企业或政府在到期时偿付债券的能力息息相关。第二，企业或政府能够向债券持有人支付利息吗？债券持有人一般每半年获得利息收入。另外，如果企业或政府无法支付利息，这些债券的价值将应声下跌。

③ 共同基金。共同基金是人们将资金聚集起来交给一家投资公司的专业经理购买股票、债券以及其他证券的一种投资品种。对那些只有很少或没有理财经验的投资者而言，专业管理是一个非常重要的因素。投资者选择共同基金的另一原因是多元化经营。共同基金投资于一定数量的证券，其中一种证券的损失往往能用其他证券的收益抵消，因此共同基金的多元化特征降低了风险水平。投资者的目标往往各有不同。共同基金管理人知道这一点，并让基金尽量满足个人的不同需求与目标。共同基金的投资对象迥异，因而产生了从极端保守型到极端激进型等各具特色的投资者。虽然共同基金提供了专业管理的优势，但即使是最好的管理人也难免会犯错误。选择共同基金的责任依然必须由投资者根据他们自己对共同基金投资的评估来承担。

④ 房地产。房地产的规律是逐渐升值，因此可以高价出售房地产，当然也有例外。房地产投资是否能取得成功，取决于你是否能准确地评估各种投资方案。地点是房地产投资最重要的因素，此外还有一些因素也能左右房地产投资决策。比如，你在决定购买任何房地产时应该回答以下问题：

第一，该房地产的价格与同类房地产的价格是否有可比性？

第二，如果需要，你可以使用什么融资方式？

第三，税金是多少？

第四，邻近地区的建筑和房屋环境如何？

第五，现在的业主为什么要出售？

第六，这个房地产会贬值吗？

房地产投资的缺点在于，地理位置不好会使房产贬值。另外，要出售房产，你还必须找到一个既有兴趣也有能力得到足够的资金或贷款来支付房款的买主；如果你不得不持有投资比预计的时间更长，你还必须考虑税收以及还贷等问题。

　　⑤ 其他投资品种。投机性投资是高风险的投资，其目的是在短时间内获得较高的收益。投资的本质就是投机，换句话说，所有投资都可能是高风险的，但一个真正投机性的投资我们之所以说它是投机，是因为投资者往往采用迅速获利的方式。通常的投机性投资包括买入卖出期权、其他金融衍生工具、商品期货、贵金属、宝石、钱币、邮票、古董和其他收藏品。这些投资虽然能够带来高的资本收益，但任何不完全了解有关风险的投资者都不宜贸然介入。

　　评估一般投资品种的要素归纳如表 8 - 5 所示。

表 8 - 5　　　　　　　　　　　　　　　评估一般投资品种的要素

投资品种		安全性	风险性	收益性	增长性	流动性
传统投资	普通股	中	中	中	高	中
	优先股	中	中	高	中	中
	企业债券	中	中	高	低	中
	政府债券	高	低	低	低	高
	共同基金	中	中	中	中	中
	房地产	中	中	中	中	低
风险投资	期权	低	高	无	低	中
	衍生工具	低	高	无	低	中
	商品	低	高	无	低	中
	贵金属、宝石和收藏品	低	高	无	低	低

8.2.2　储蓄存款

　　银行的储蓄存款是我们了解最多、使用频率最高的理财工具。它具有风险低、流动性相对较高的特点，能满足投资者保本与高流动性的需要，同时满足交易、预防和投机性动机。但与此相对应，其获利也最低，有时甚至低于通货膨胀率。因此，银行储蓄存款作为投资工具，最适合小额投资人、重视资金安全性者、可能需要急用款者、个性保守的投资人。根据储蓄的动机不同，储蓄投资的策略也有差异。

　　1. 基于保值增值的储蓄动机

　　储蓄投资策略选择要注意利率的水平和变化。在利率尚未市场化或未充分市场化以前，银行储蓄存款利率是固定的或相对固定的，在这种情况下，储蓄投资的选择只能在不同种类的储蓄和不同期限的储蓄之间进行选择，即比较不同种类和期限，择优而行。在这一方面值得注意的策略和技巧就是不同种类和期限的组合。在投资金额一定的条件下，如能实现最佳组合，保值增值的程度会不一样。

　　2. 基于预防动机

　　储蓄投资策略选择要注意阶段性和灵活性。在人们的生活中，一旦发生始料未及的事情，产生费用开支时，需要储蓄支持。在这种情况下，家庭的财产就要以较高的变现

性或以较低成本的资产的形式储存起来。基于这方面的储蓄投资策略选择，主要在于家庭财产的数量分配，合理的分配比例有利于减少利息的损失。

3. 基于消费动机

储蓄投资策略选择要注意变现性和时间性。消费是有时间性和层次性的，不同时间、层次的消费对货币的支付能力需要不同。因此，基于这方面的储蓄投资策略选择，主要在于支付能力的合理搭配。

8.2.3 证券投资

1. 固定收益的投资工具

作为一种固定收益型证券，债券是表明债权债务关系的凭证，证明持券者有按约定的条件向发行人取得利息和到期收回本金的权利。它包含三个基本要素：（1）票面价值，即面值，包括币种和面值金额两个基本内容。面值、币种取决于发行者的需要和债券的种类。面值的数额从一个货币单位到上百万个货币单位不等。（2）偿还期限，指从债券发行之日起至清偿本息之日止的时间。债券偿还期限的确定主要取决于债务人的资金需求期限、未来市场利率的变化趋势以及证券市场的发达程度等因素。（3）票面利率，即债券的利息与债券面值之比。债券利率有固定利率与浮动利率之分，前者在发行时确定并延续至期满，后者则随某个参照利率的变动而变动。影响债券利率的因素主要有银行利率水平、发行人的资信状况、债券偿还期限和资本市场资金供求状况等。

债券按照发行者的不同，可以分为公司债券和政府债券。政府债券是中央政府、地方政府或者政府担保的公用事业单位发行的债券。公司债券是公司根据法定程序发行的、约定在一定时期还本付息的债券。一般来说，公司债券每半年支付一次利息。公司债券与政府债券相比风险较高，具有违约风险；为了吸引投资者，一些公司发行以抵押品作为担保的担保债券（Secured Bonds）。如果没有抵押品的担保，则为无担保债券（Debenture），这类债券的偿还完全靠公司的信用。如果公司破产时，某债券对公司的索取权比一般债券的等级低，该债券叫做次级无担保债券（Subordinated Debenture）。从风险来看，次级无担保债券的风险最大，其次是无担保债券，最后是担保债券，因而投资者对次级无担保债券要求的收益率是最高的。

2. 权益性投资工具

股票是最主要的权益性投资工具。股票分为两种：普通股与优先股。

（1）普通股

普通股（Common Stock）表示股东在公司的所有权份额。股东凭借所持有的股份参加股东大会，参与企业的经营管理，并拥有剩余利润及剩余财产的索取权。普通股投资升值有三种基本方式：分红收益、股票市值上升以及股票分拆带来的升值机遇。

①分红收益。虽然公司董事会成员没有法律义务向股东分发红利，但大多数董事会成员愿意让股东满意。分红降低或取消分红时，股东会以前所未有的速度团结起来，成为强大的反对势力。所以，只要公司的税后利润足够，董事们一般都乐意作出分红的决定。普通股的红利可以采取现金、股票或者产品的形式发放。当董事会成员决定发放现

金红利后，每个股东得到的每股红利是一样的。

②股票价格升值。大多数时候，投资者购买了股票会持有一段时间。如果股票的市值上升，你必须决定是以较高价格出售股票还是继续持有；如果你决定出售股票，买入价与卖出价之间的差额就是你的利润。

③股票分拆带来的升值机遇。投资者可以通过股票分拆获利。股票分拆指原有股东的普通股股份拆分成更多股份的过程。大多数时候，公司管理层对该公司股票有一个理想的价格区间。如果该股票的市值超过了理想价格区间的上限，股票分拆能将股价拉回到合理区间内；在公司总市值等同的情况下，股票总数增加会使股票价格下降。另外，股票分拆决议以及股价降低会使其成本降低而受到投资者青睐，这是因为大多数公司只有在公司财务前景看好时才会进行股票分拆。这样做的直接影响是投资者预期公司未来增长，这种对未来增长的预期可能意味着公司销售收入和利润的增加以及公司股价的上升。

（2）优先股

优先股（Preferred Stock）指股东享有某些优先权（如优先分配公司盈利）的股票。优先股常被视为"中间"投资，因为其是介于普通股（所有者持有）和企业债券（债权人持有）之间的投资产品。与普通股红利分配不同的是，优先股的红利金额早在优先股发行之前就已确定，而且是每股固定红利，或是每股票面价值的固定比例；与债券的利息支付不同的是，优先股的股利支付不能作为利息费用，所以不能在应税收入中扣除。作为股权凭证，优先股代表对公司的所有权，但是优先股股东和债券持有者一样都没有表决权。公司对优先股股东没有还本付息的压力，只在条件允许的时候支付一定的红利。虽然优先股不是必须偿还的合法债权，但当公司解散或宣布破产时，优先股股东是列在债权人之后、对公司的剩余资产拥有优先求偿权的人。

一些公司为了使优先股更具吸引力，可能会增加三种特色：

①可累积特色。如果公司的董事会认为应该取消红利，那么它可能同时取消普通股股东和优先股股东的分红。如果优先股股东不希望遇上这种情况，他们可以购买可累积优先股。可累积优先股是指所有未支付的红利都可以累积，且其现金红利支付权优于普通股股票。如果企业在一个分红时段没有向可累积优先股股东支付红利，这部分未支付的红利将计入下一年度的优先股红利中。

②可参与特色。公司有时还增加参与权的特征。该特征允许优先股股东与普通股股东共享公司的收益。参与优先股较为少见，只有在公司需要采取特别手段吸引投资者时才会采纳这种方法。优先股参与特色的性质如下：优先股股东获得规定的分红；普通股股东获得规定的分红，红利金额一般等于优先股股利；剩余的可分配利润由优先股股东和普通股股东分享。

③可转换特色。可转换优先股可以根据股东的选择转换成一定数量的普通股。可转换特征增加了优先股的安全性，同时可转换为普通股的特征又使投资者能够获得更高的投机性收益。将优先股转换成普通股的决定受到三方面因素的影响：优先股的分红比普通股的分红更可靠；优先股的红利高于普通股的红利；由于可转换的特征，可转换优先股的市场价值将随着普通股股价的上升而上升。

3. 证券投资的策略选择

在证券投资的策略选择上，主要注重在流通中如何避免风险。对股票进行分析有两种主要的方法：基础分析和技术分析。

（1）证券投资的基础分析

证券投资的基础分析（Fundamental Analysis）是通过对影响股票市场供求关系的基本因素，即一般宏观经济状况、行业动态变化，发行公司的业绩前景、财务结构、经营状况，以及股票市场中的一些技术因素、政治因素、心理因素等进行分析，确定股票的真正价值，判断股市走势，提供投资者选择股票的依据。

基础分析的前提假设是：股票都有"真正价值"或内在价值，这个价值的高低主要取决于发行公司的获利能力等基本因素。市场上的股价与这个内在价值经常不相符合，但是迟早会向它的内在价值调整。因此，基础分析较多地从影响股价变动的基本因素角度出发，通过理论价值与市场价格相比较，确定何时买卖股票、买卖何种股票。

基础分析的主要内容包括宏观经济分析、行业分析和公司分析三个方面。宏观经济分析通过对经济周期或景气度变动、足以影响股票价格的国内外政治活动和政府的政策因素、通货膨胀水平以及利率的变动进行分析、整理和判断，以期对投资进行指导。行业分析通过分析经济周期对行业的影响、解读行业所处的生命周期，以及对行业的市场结构进行分析，进而对股票的价格作出判断。上市公司的财务分析主要是对公司财务报表的分析，通过分析公司的收益力比率、公司的安定力比率、公司的活动力比率、公司的成长力比率，可以了解公司的盈利能力、债务清偿能力以及未来的发展趋势。

（2）证券投资的技术分析

技术分析（Technical Analysis）是一种根据股市行情变化分析股票价格走势的方法。它通过对某些历史资料（成交价、成交量或成交额）的分析，判断整个股市或个别股价未来的变化趋势，探讨股市里投资行为的可能轨迹，给投资者提供买卖股票的信号。

技术分析注重市场本身的活动，其基本假设是：股价由市场上股票的供给与需求关系决定；供求关系又受许多理性和非理性因素的影响；股价除受市场短期波动影响外，其变动趋势可以持续一段时期，但供求关系的改变会引起股价趋势的变动；不管影响股票供求关系变动的原因为何，迟早可以从表示市场活动的图形中察觉出来；历史会不断重演，面对同样的情况，不同时期的投资者会有同样的反应，某些股价变动形态会反复出现。因此，投资者可以从过去交易资料和股价变化过程中显示出来的有意义的形态和信号的分析与研究中，预测股价的变动，选择买卖股票的合适时点。

技术分析有图形分析和指标分析两个流派。

① 图形分析。早期的技术分析只是单纯的图形解析，通过市场行为所构成的图标形态来推测未来的股价变动趋势。然而，这种方法在实际运用上容易受个人主观意识影响而产生截然不同的判断。图形分析主要包括K线分析、切线分析、形态分析。K线分析是指用K线记录每只股票每天的开盘价、收盘价、最低价、最高价，从而以K线的颜色、实体的长短、上下影线的长短反映股市当天多空双方的力量对比。切线分析是一种典型的趋势分析的方法，运用支撑线和阻力线、缺口、趋势线和轨道线、黄金分割线和

百分比线、扇形原理、速度线和甘氏线等各种各样的切线，帮助投资者判断证券市场的大势是继续维持原来的方向还是调头反转这一重大问题。形态分析实际上是 K 线理论的一种延伸，它将 K 线的组合所包含的 K 线根数扩大，通过研究股价所走过的轨迹和形态，分析和挖掘多空双方力量对比的信息。根据形态理论，股票价格移动有两种基本形态——持续整理形态和反转突破形态。

② 指标分析。为减少图表判断的主观性，市场逐渐发展了一些可运用数据计算的方式，来辅助个人对图形形态的知觉与辨认，使分析更具客观性和透彻性。

8.2.4　基金投资

投资基金是通过信托、契约或公司的形式，通过发行基金证券或份额，将众多的、不确定的社会闲散资金募集起来，形成一定规模的信托资产，交由基金托管人托管，由基金管理人管理和运用资金，按照投资组合的原理，从事股票、债券、外汇、货币等金融工具投资，以获得投资收益和资本增值，最终按照出资比例分享投资收益的一种投资工具。投资基金是一种投资制度，是一种金融市场的媒介，是一种金融信托形式，它本身属于有价证券的范畴。

1. 投资基金的主要类别

（1）按组织形态的不同，分为公司型基金和契约型基金

公司型基金按照公司法组成，它本身就是一个股份有限公司即投资公司，它通过发行股票或收益凭证的方式来筹集资金，然后交给某一选定的基金管理公司进行投资，投资者凭其持有的股份依法分享投资收益。

契约型基金是指基金发起人依据其与基金管理人、基金托管人订立的基金契约，发行基金单位而组建的投资基金。这种基金通常以发行受益凭证的方式向投资大众筹集资金。

公司型基金和契约型基金的主要区别有以下几点：

第一，资金的性质不同。契约型基金的资金是信托资产，公司型基金的资金则成为公司法人的资本。

第二，投资者的地位不同。公司型基金的投资者是投资公司的股东，而契约型基金的投资者是信托契约中规定的受益人。

第三，资本结构不同。公司型基金除向投资者发行普通股外还可以发行公司债券和优先股，契约型基金只能面向投资者发行受益凭证。

第四，融资渠道不同。公司型基金在资金运用状况良好、业务开展顺利又需要增加投资时可以向银行借款，而契约型基金一般不向银行举债。

（2）按变现方式的不同，分为开放式基金和封闭式基金

开放式基金是一种基金单位总数可随时增减、投资者可按基金的报价在基金管理人指定的营业场所申购或赎回的基金。

封闭式基金是先确定发行总额，在封闭期内基金单位总数不变，发行结束后可以上市交易，投资者可通过证券商买卖基金单位。

从对封闭式投资基金和开放式投资基金运作机理的简单比较，我们可以看出开放式

基金的优势所在：

第一，从基金的份额来看，封闭式基金的份额在封闭期内固定不变；而开放式基金可以随时增减变动，它随时接受申购和赎回。

第二，从基金的期限来看，封闭式基金有固定的封闭期限，期满后一般予以清盘；而开放式基金无预定的存在期限，理论上可以无限期存在。

第三，从交易方式来看，封闭式基金一般在证券交易所上市或以柜台方式转让，只是在基金发起人接受认购和基金封闭期满清盘时交易才在基金投资者和基金经理人或其代理人之间进行，大部分时间投资者对基金经理人的行为没有太大的约束；而对于开放式基金，交易一直在基金投资者和基金经理人或其代理人之间发生，一旦经营不好而使投资者达成对基金经理人投反对票的市场共识，会导致原有基金投资者向基金经理人大量赎回的风险，甚至导致最终清盘，因此对基金经理人具有很好的激励作用。

第四，从交易价格来看，封闭式基金的交易价格由市场竞价决定，可能高于或者低于基金单位资产净值，而且基金的资产净值一般隔较长时间（如一周或者半年）公布一次；而开放式基金的交易价格由基金经理人根据基金单位资金净值确定，基本上是连续性公布（每个交易日公布一次），因而，在投资者获取基金经理人的行为信息上，开放式基金具有比封闭式基金更好的价格机制。

2. 投资基金的业绩评价

基金的业绩评价是对基金经理人投资能力的衡量，其目的是对基金的业绩进行客观评价，为投资者选择基金提供参考。对于一般投资者来说，对基金的最基本印象主要来自基金净值的公布和基金评级公司对基金的评定。这里我们介绍几种评价基金业绩的有效方法。

（1）Treynor 业绩指数

Treynor 业绩指数采用系统风险与收益对比的方法来评价基金的业绩，其公式是

$$T_p = \frac{\overline{R}_p - \overline{R}_f}{\beta_p} \tag{8-6}$$

式中：T_p 表示 Treynor 业绩指数；$\overline{R}_p$ 表示考察期内基金 p 的平均回报率；$\overline{R}_f$ 表示考察期内平均无风险收益率；β_p 表示基金 p 的系统风险。

指数越大，基金的绩效表现越好，但 β_p 指的是系统风险。可以看到，在 Treynor 业绩指数中假设了投资组合的非系统风险完全分散掉了，在计算过程中只考虑了系统风险。这种假设是非常严格的，事实上由于投资组合的不同，不同基金的非系统风险是不一样的，因此 Treynor 业绩指数无法衡量基金投资组合的风险分散程度。

（2）Sharp 业绩指数

Sharp 业绩指数通过总风险（系统风险和非系统风险）与收益的对比来衡量基金的业绩，计算公式如下：

$$S_p = \frac{\overline{R}_p - \overline{R}_f}{\sigma_p} \tag{8-7}$$

式中：S_p 表示 Sharpe 业绩指数；σ_p 表示总风险系数；$\overline{R}_p$ 表示考察期内基金 p 的平均回报率；$\overline{R}_f$ 表示考察期内平均无风险收益率。

与 Treynor 业绩指数认为通过投资组合可以分散掉所有的非系统风险不同，Sharp 业绩指数用总风险来衡量基金的风险水平。就这一点而言，Sharp 业绩指数更接近证券市场的实际情况，比 Treynor 业绩指数更全面一些，但在实际运用中总风险到底是多少是很难衡量的。

（3）Jensen 业绩指数

美国金融经济学家 Michael Jensen 认为，将投资组合的实际收益率与具有相同风险水平的虚构投资组合的期望收益率进行比较，二者之差可以作为基金绩效优劣的一种衡量标准，计算公式如下：

$$\alpha_p = E(R_p) - \beta_p E(R_m) \qquad (8-8)$$

在实际应用中，我们是通过对式（8-9）进行回归来得到指数的：

$$R_{pt} - R_{ft} = \alpha_p + \beta_p(R_{mt} - R_{ft}) + \mu_t \qquad (8-9)$$

从式（8-9）可以看出，基金经理人进行组合投资时所取得的实际收益是基金经理人所掌握的公众信息和额外信息价值之和，实际收益超过必要收益的部分即额外收益，表明基金额外信息的价值。额外收益越大，表明基金经理人所掌握的额外信息越多，该基金经理人的能力越强，基金业绩越好。

8.2.5　房地产及其他投资

1. 房地产投资

（1）房地产投资的优势与劣势

房地产投资的优势表现在以下几个方面：

第一，可观的收益率。投资房地产的收益主要来源于持有期的租金收入和买卖价差。一般来说，投资房地产的平均收益率要高于银行存款和债券，并仅次于投资股票的收益率。

第二，财务杠杆效应。财务杠杆效应是指利用别人的钱为自己赚钱。房地产价值的相对稳定使得银行愿意对房地产投资进行较高杠杆的融资，从而为房地产投资取得较高回报创造了有利条件。

第三，所得税优势。能够得到所得税抵免是房地产投资的另一优势。一般来说，在大多数西方国家，购房贷款的利息、房屋的折旧都可以抵减应税所得，这样利用银行贷款买房就比租房更合算。目前，我国的个人所得税制度还不完善，对住房投资不仅没有上述的税收优惠，反而还有更高的负担。

第四，应对通货膨胀。银行存款、债券的价值往往会受到通货膨胀的侵蚀，而实物投资或者对实际财富享有所有权的投资，如房地产、股票等，往往能够抵消通货膨胀造成的实际财富的损失。另外，通货膨胀还会带来有利于借款者的财富分配效应。在固定利率贷款的房地产投资中，通货膨胀致使房地产价格和租金上升时，贷款本金和利息是固定的，因此投资者会发现其债务负担和付息压力实际上大大减轻，个人净资产也相应增加。

房地产投资的劣势主要表现在：

第一，缺乏流动性。房地产不是标准化的产品，也没有公开交易的二级市场，因此

房地产投资的流动性相对较低。买卖房地产很费时，购买和销售的费用也很高，即使以自有资金投资的房地产向银行抵押贷款，成本也较高。

第二，首期投资需要量大。在房地产投资中，通常都需要有一大笔首期投资额。例如，购买一处价值100万元的住房，投资者一般需要支付20%～30%的首期投资，也就是初始投资就需要20万～30万元。

第三，房地产周期与杠杆带来的不利影响。房地产市场呈现明显的周期性特征。在房地产市场周期的衰退期，房地产的价格（和租金）下降，对投资者非常有利的财务杠杆此时就变得对投资者非常不利了。

第四，高风险。房地产被许多人认为是一种本质上风险很高的投资形式，它的地理位置和固有特征一般是难以改变的，这样，当一些不利的变化发生时，房地产的市场价格和租金都会大幅下降。另外，在经济衰退时期，房地产价值的下降幅度与其他权益投资的下降速度一样甚至更快，此时，房地产投资可能就不如持有名义资产，并且在对抗通货膨胀时的优势也变成了劣势。

（2）房地产投资的方式

① 直接购房投资。直接购房投资，即投资者用现款或向银行抵押贷款的方式直接向房主或房地产开发商购买住房，并适当装修、装饰后，或出售，或出租，以获取投资回报。这是一种传统的投资方式，也是住房投资者目前最常用的一种方式。如果投资者以抵押贷款的方式取得房屋，然后将其出租，用租金收入来偿还贷款本息，就可以看成是以租养贷。

② 期房投资。期房又称预售房或者楼花，是指开发商在楼盘并未完全竣工时，通过向政府房产管理部门申请并取得商品房预售许可证后，预先出售的房屋。投资者在购买时，可以用自有资金支付购房款，也可以首付住房约定销售价格的20%～30%，然后和开发商一道向银行申请按揭贷款，即银行向开发商支付余款，投资者承诺此贷款的还本付息。

期房投资是指购买期房的投资者在房屋还没有完工交付时便将购房合同更名转让，赚取差价。对于按揭购买，投资者只需支付一部分房款便可获得房产增值的收益，因此杠杆较高，投资利润较大，但同时由于房屋尚未建成，有较大的投资风险。

③ 以旧翻新。所谓以旧翻新，就是把旧楼买来或租来，然后投入一笔资金进行装修，以提高其附加值，最后将装修一新的楼宇出售或转租，从中赚取利润。采用这种方式投资商品房时，应尽可能选择地段好、易租售的旧楼，比如学校、写字楼附近的单身公寓就极受欢迎。另外，在装修之前，一定要结合地段经营状况以及房屋建筑结构，确定装修之后楼宇的使用性质以及目标顾客，切忌盲目。

④ 以租养租。所谓以租养租，就是长期租赁低价楼宇，然后以不断提升租金标准的方式转租，从中赚取租金差价。以租养租这种操作手法又叫"二房东"。有些投资人将租来的房产转租获利相当丰厚。如果投资者刚开始做房地产生意，资金严重不足，这种投资方式比较适合。

⑤ 以租代购。所谓以租代购，是指开发商将空置待售的商品房出租并与租户签订购租合同。若租户在合同约定的期限内购买该房，开发商即以出租时所定的房价将该房出售给租住户，所付租金可充抵部分购房款，待租住户交足余额后，即可获得该房的完全

产权。这种方式发端于广州、上海等经济发达地区，虽然是房地产开发商出售商品房的一种变通方式，但对消费者来说，也不失为一种理财的好方法。

除了上述五种方式进行房地产投资以外，国外还流行一种"房地产投资信托"（RE-IT），它的基本原理是：将小额投资的钱集中起来组成一个投资公司，该公司在大多数情况下经营那些收益型房地产（如公寓、购物中心、办公楼、酒店、工业厂房以及仓库等），并将其收入分配给投资者。由于大多数此类公司都在股票交易所上市交易，因此克服了房地产投资的低流动性、投资额巨大的缺点，同时专家管理也可以节约投资者的时间。

2. 贵金属和收藏品投资

（1）黄金

投资于黄金有以下两种具体方式：

①金块。金块有金条和金圆片两种形状。金块的基本单位是 1 公克（相当于 32.15 金衡英两、纯度 995 的黄金）。钱币、贵金属交易商和一些银行出售从 5 克到 500 盎司重量不等的金块。交易商和银行出售小金块的溢价幅度是纯金块价值的 1% ~ 2%。金块有存储的问题，除非金条或金圆片存放在出售它们的交易商或银行之处，否则每次出手，都必须重新检测其纯度。

②金币。为了避免存储和重新测试的麻烦，可以投资金币。普制金币与过去的金币以及金条有明显的不同，主要表现在以下几点：面额适当，不易引人误解；规格简单，含金量明确，价值容易计算；普制金币升水低，易于投资；金币销售可免于缴纳进口税和销售税等；普制金币技术规格标准，由中央银行或国家法规保证，便于回购。

20 世纪 80 年代早期，南非的福格林金币是最受欢迎的金币币种。今天，较受欢迎的金币币种有澳大利亚的袋鼠金币、加拿大的枫叶金币、墨西哥的 50 金比索、奥地利的 100 金克朗以及英国金币。美国政府制造的第一种金币——新美国鹰式金币于 1986 年底发行。1982 年是中国现代金银纪念币的代表性产品熊猫币的发行之年，中国人民银行采用了中国国宝——大熊猫作为普制金币的主要图案，现已成为国际五大投资币之一。国际上主要普制金币的发行情况如表 8 - 6 所示。

表 8 - 6　　　　　　　国际上主要普制金币的发行国家及年均销售量　　　　　　单位：盎司

国　家	普制金币名称	自发行以来的年均销售量
南非	福格林金币	1 596 869（1970—1998 年）
加拿大	枫叶金币	882 175（1979—1998 年）
美国	鹰式金币	708 307（1986—1998 年）
奥地利	音乐金币	445 974（1989—1998 年）
澳大利亚	袋鼠金币	316 921（1987—1998 年）
墨西哥	自由金币	247 800（1981 年，1991—1994 年）
中国	熊猫金币	119 791（1982—2000 年）
		48 845（1994—2000 年）
英国	不列颠金币	41 753（1987—1998 年）

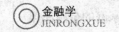

（2）收藏品投资

收藏品包括稀有钱币、艺术品、古董、邮票、珍版图书、地毯、中国瓷器、绘画作品等吸引收藏家和投资者的物品。这些物品能为学识渊博的收藏家/投资者带来快乐以及盈利的机会。许多收藏家会突然发现他们为自娱自乐而购买的物品的价值大大升值了。

投资性收藏与爱好性收藏的目的完全不同。与房地产投资或股票投资一样，你必须谨慎对待收藏品投资。收藏品不会提供利息收入或分红收益，要在短期内以合理的价格出售是有难度的，而且它们如果的确有价值，你必须为它们进行保险，防止失窃或被盗。

§8.3　家庭的融资决策

作为经济体中的盈余部门，家庭在某些情况下也会出现资金短缺的现象，此时家庭需要作出相应的融资决策，以满足消费的需求。随着收入的增加，人们的思想意识发生了改变，"创新消费"的意识开始形成，出现了"超前消费"、"预期消费"和"激励消费"。所谓超前消费，就是超过自己现有支付能力的消费；所谓预期消费，就是预期自己的经济收入未来看好而进行的消费；所谓激励消费，就是激励自己一定要奋进多挣钱而进行的消费。当这些意识已经形成，但缺乏现有支付能力却又预期自己具有未来支付能力时，负债消费便应运而生。

8.3.1　家庭融资决策策略

从策略上去权衡是否进行负债消费，必须考虑以下因素：

1. 家庭是否拥有相应的承受能力

承受能力既取决于预期收入，也取决于现期收入，现期收入是负债的基本条件。在条件具备的情况下，家庭才可以向金融机构借款，借款的条件之一就是现有的偿还能力，而非未来的收入状况。金融机构对家庭进行借贷，一般采取抵押的形式，如果没有相当的现期收入，银行不会发放抵押贷款。

2. 家庭是否选择好适当的项目

选择什么项目进行负债消费，既是主观意识又是客观推动，从现状分析则集中地反映在住和行两方面。近年来金融机构推出的住房按揭贷款、汽车按揭贷款，便是适应人们需求的举措。家庭是否选择这样的项目进行负债消费，要看负债所产生的积极和消极影响如何。

3. 家庭要预测未来物价变动的趋势

依靠负债购买消费品，其消费的成本除了购物的费用支出外还应加上借款利息。由于借款的利息是相对固定的，而物价却随供求变动而变化，如果物价下跌，则负债消费的成本相对提高，因为同样的商品原来购买支付的钱多，而现在购买支付的钱少。所以，预测未来物价变动的趋势，是判断家庭负债消费是否明智的标准。

4. 家庭一般不要负债投资

超前消费最可能使自己成为"负翁",也有可能因为投资失败而成为"负翁"。出现这种"负翁"的现象,与消费心理不成熟有关,这是从匮乏社会向富裕社会过渡这种特定的转型时期的社会心理中的一种独特的表现形式。消费的成熟性既有赖于社会经济发展的有序性,也有赖于社会心理的有机调整。消费本身是一种社会行为,它受消费者收入水平、文化背景、个人喜好、公众舆论以及社会发展水平等诸多因素的影响。只有根据自己的购买能力进行适度的负债消费才是最理性的选择。

8.3.2　消费信贷的主要特点

消费信贷亦称消费者贷款,是银行对个人和家庭购买消费品或消费性支出费用提供贷款。它是从银行贷款用途角度划分的,是一个与房地产贷款、工商业贷款、农业贷款等相对应的概念。消费者贷款比个人贷款范围还要小,它不包括个人投资贷款,也不包括对自然人小型企业的贷款。

消费信贷和商业银行的其他工商企业贷款比较有如下特点:

1. 利率水平高

消费信贷被银行家们视为有利可图的"刚性"利率贷款,就是说它的定价大大高于它的融资成本。这是因为它的合约利率不像现在的大部分商业贷款利率一样可以浮动,而是在贷款期间不随市场条件的变化而变化。这种固定利率锁定了银行的收益。在贷款期间,如果银行筹资成本上升并且超过了银行信贷收益,银行该笔消费信贷就暴露在利率风险之下。同时,通常较高的利率用以补偿消费信贷较高的成本和较高的违约风险。

2. 成本费用高

从会计成本角度讲,个人贷款是银行所有贷款中成本最高的贷款。每笔贷款金额小,但其固定成本并不低,如银行固定资产折旧及设施费用、人员工资费用、调查费用等个人贷款的单位成本要高于企业贷款,因此个人贷款的发展与开拓是以银行规模效益和提高机构功能为前提的一种业务。

3. 违约风险大

消费信贷是商业银行贷款中风险最高的贷款,因为个人和家庭的财务状况可能受疾病、失业、事故或灾害等多方面影响而急剧改变,消费信贷的违约风险通常高出商业贷款几倍。

4. 利率敏感性低

借款人缺乏利率弹性。相关调查表明,消费者对利率变化并不敏感。消费者更关注贷款协议中每月付款额多少。利率水平、利率变动通常不是消费者考虑的重要因素,消费者是否借款或者借多少款的决定因素是受教育程度和收入水平,以及对生活质量的追求和贷款所带来的效用影响的。

5. 规模变动呈周期性

美国联邦储备银行对消费信贷的研究表明,消费信贷具有较高的经济周期敏感性。

在经济扩张时期，消费者对未来的收入预期比较乐观，敢于花钱，个人贷款增长比较快；相反，在经济衰退时期，随着失业率上升，很多人和家庭对未来的收入预期变得比较悲观，消费信贷就会明显减少。消费信贷规模的不稳定性也是商业银行给消费信贷制定高利率的一个重要原因。

8.3.3　消费信贷的种类

国外商业银行的消费信贷主要分为居民住宅抵押贷款和非住宅贷款两大类。

1. 居民住宅抵押贷款

居民住宅抵押贷款是商业银行对居民购买住房和改进住宅所发放的以所购房产本身作抵押的长期贷款。贷款所购房屋的用途限定为借款人的私人居住目的，而非房地产的经营或营利行为。通常的贷款期限为 15～30 年，以所购住宅本身作抵押，并采用分期还款方式。

住宅抵押贷款以房屋作抵押，有利于银行资产的安全，降低贷款风险，但这并不意味着此种贷款就无风险，相反，大量事实表明，当经济萧条时，尽管银行对不能偿还贷款的客户没收其抵押住宅，但此时房价迅速下跌，住宅市场萎缩，银行出售住房往往难以补偿其全部资金损失。所以，银行在审查贷款和估计房屋价值时非常谨慎，对抵押房屋要打个折扣，规定首付款的比率为住房价款的 20%～30%，银行只对其余部分贷款，以便在房地产市场价格下跌时，留有足够的余地。

2. 非住宅贷款

非住宅贷款是除住宅贷款以外对个人和家庭提供的、用以购买耐用消费品和其他消费开支所发放的贷款，也叫消费品贷款。

（1）汽车消费信贷。汽车消费信贷主要包括直接汽车贷款和间接汽车贷款。前者由银行直接向消费者发放贷款以供消费者购买汽车，消费者必须用汽车或房产等来抵押，以确保银行收回贷款；后者是向汽车经销商发放的贷款，当顾客购买汽车时，汽车经销商凭赊销发票向银行申请贷款，从形式上看，银行贷款的对象是销售商，但实际上它为消费者分期付款提供了支持。

（2）耐用消费品消费信贷。国外商业银行对许多耐用消费品提供消费信贷，耐用消费品消费信贷的品种主要有家电、家具、服装、钟表、金银首饰等，甚至对一些非耐用消费品（如化妆品、卫生品）也采用消费信贷形式。

（3）旅游消费信贷。随着交通业的发展和工作日的缩短，旅游消费在个人生活中的位置越来越重要，旅游消费信贷是为旅游者提供用于购买飞机票，支付住旅馆、饮食、娱乐、购物等方面费用的贷款。

（4）教育消费信贷。教育消费信贷是对消费者提供用于支付学费和生活费的贷款。教育贷款成为解决消费者子女入学费用问题的重要手段。在美国，教育贷款形式主要有国家直接贷款、政府担保贷款、国防学生贷款、家长贷款、低税贷款等，后两者属于商业性教育消费贷款，前两者属于政策性教育消费贷款。

【专栏】

神奇的复利

如果你现在 30 岁，投入股市 10 万元，假如每年赚 20%，到 60 岁时你能拥有多少金钱？

答案是：2 373 万元！

有这么多吗？你可能觉得惊讶。就是这么多！

怎么会呢？答案是：因为神奇的复利的力量。

复利，就是"利生利"、"利长利"的意思。复利看起来很普通、很平常，但真正了解它在财务上的意义、真正理解它的真谛的人并不多。这不奇怪。一位世界闻名的大师都深感震撼地评价说：复利是"前所未有的数学大发现"。这位大师不是股市投资专家，而是伟大的爱因斯坦。

复利产生力量的源泉有两个：一是收益率，收益率越高越好。同样是 10 万元，同样投资 20 年，如果每年赚 10%，到期后金额是 67.28 万元；如果每年赚 20%，到期后金额是 383.38 万元。可见差额巨大。如果收益率很低，比如 3% 或 4%，那复利的效应要小得多。二是时间，时间越长越好。同样是 10 万元，按每年赚 24% 计算，如果投资 10 年，到期金额是 85.94 万元；如果投资 20 年，到期金额是 738.64 万元；如果投资 30 年，到期金额是 6 348.20 万元。可见，时间越长赚得越多。

了解了复利的神奇力量后，能带给我们哪些启示呢？

（1）要进行投资。收益率太低，会大大影响复利的效应，所以，保持比较高的收益率是关键。怎么办呢？要进行投资。唯有进行投资，才可能有比较高的收益率。

（2）要尽早投资。时间越长，复利的效应越大。我们要利用这种效应，就应该尽早地进行投资，而且越早越好。正确的做法是，如果有条件，从有了工资收入后，就应该有投资理财的计划。

（3）要保持持续稳定的收益率。复利的原理告诉我们，保持不高不低的常年收益率，假以时日，就能够投资致富。多少收益率合适呢？通常来说，把目标设定为 20% 比较理想。根据市场行情，这个目标可作相应调整。个人投资者经过努力，这个目标是能够实现的。

（4）要防止大的亏损。复利的收益只有连续计算才有神奇的效应。这期间，如果有一两年收益平平还不要紧，就怕严重亏损。如果出现严重亏损，不但前功尽弃，而且复利的效应戛然而止，一切都得从头开始。要想利用复利的原理致富，就要谨记，千万不能有大的亏损。

资料来源：苏闻. 神奇的复利 [N]. 经济日报，2005-09-20.

【本章小结】

本章以家庭为标的，研究这一基本经济单位的投资、融资以及消费和储蓄决策，介绍家庭储蓄和投资的生命周期储蓄模型、持久收入假说等理论，分析影响家庭投资决策的因素，考察家庭投资的主要产品和投资策略，以及如何解决为家庭投资筹集资金的问题。

【关键概念】

生命周期储蓄模型　持久收入　通货膨胀风险　市场风险　消费信贷

【复习思考题】

1. 运用本章的理财概念作出你个人的资产负债表，表明你的资产、负债和净资产。

(1) 你以实际支付价格还是以当前的市场价格进行计算？为什么？

(2) 你是否把你的人力资本作为一项资产？为什么？

2. 选择一只个股并跟踪其市场行情，运用技术分析和基本分析方法对这只股票的价格进行预测，并检验你的预测结果。

3. 维尼小姐今年30岁，计划65岁退休，预计活到85岁，目前实际年薪为50 000元，希望在未来的55年内维持相同的实际消费水平不变。假设年利率为3%，税收不计，实际劳动收入没有增长。

(1) 维尼小姐的人力资本价值是多少？

(2) 维尼小姐的持久收入是多少？

4. 假定你现在租房居住，并且有权以200 000元的价格将所租住房买下。财产税每年2 000元，并可以从所得税中扣除。财产的年维修费用为1 500元，且不能免税。你预计财产税和维修费用会随着通货膨胀率的上升而增加。你的所得税税率为40%，每年可获得2%的税后实际利率，计划永久持有房屋所有权。存在一个年租金点，当租金超过该点时，你将选择买房，求出这个年租金点。

【本章参考文献】

[1] [美] 兹维·博迪、罗伯特·C. 莫顿著，欧阳颖等译. 金融学 [M]. 北京：中国人民大学出版社，2000.

[2] 曾康霖. 金融学教程 [M]. 北京：中国金融出版社，2006.

[3] [美] 杰克·R. 卡普尔、李·R. 德拉贝、罗伯特·J. 休斯著，马苏芹、达兵译. 个人理财（第6版）[M]. 上海：上海人民出版社，2004.

[4] 谢怀筑. 个人理财 [M]. 北京：中信出版社，2004.

[5] [英] 基思·雷德黑德著，董波译. 个人投资方法 [M]. 北京：中国人民大学出版社，2006.

第9章

公司的金融决策

【导读】

本章旨在使学生了解并掌握公司金融决策的一些基本理论和原理，为学生提供一个运用财务分析各种技巧的机会。通过本章的学习，学生应该更清楚地认识到投资、融资以及股利支付方面的决策对于"最大化公司股东的财富"这一目标的重要意义。

企业是组织众多个人从事经济活动的一种方式，它有多种组织形式，从法律上来讲主要包括以下三种：独资企业（Sole Proprietorship）、合伙企业（Partnership）和公司制企业（Corporation）。与独资企业和合伙企业相比，公司制企业由于其所有权与经营权相分离，因而具有有限责任、产权易于转让以及永续经营等特点，这些优点又提高了公司筹集资金的能力，所以成为大型、成长型公司首选的组织形式。本章就以公司制企业为研究对象，考察它的金融决策。

公司的金融决策主要有三项内容：资本预算决策（Capital Budgeting Decision）、资本结构决策（Capital Structure Decision）和营运资本管理决策（Working Capital Management Decision）。这三项内容可以从公司的简化资产负债表中体现出来（见图9-1）。

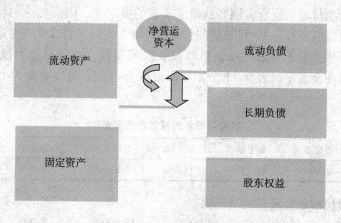

图9-1　公司的简化资产负债表

从公司的资产负债表模型可以看出，公司的金融决策涉及以下三个问题：第一，公

司应该投资于什么样的固定资产？这是资产负债表的左下方所代表的内容，这类决策我们称为资本预算决策。第二，公司如何筹集资本性支出所需的资金？这是资产负债表右下方所代表的内容，这类决策我们称为资本结构决策。第三，公司如何管理经营中的现金流量？这是资产负债表上方所代表的内容，我们称为营运资本管理决策。本章将按照这个逻辑顺序分别介绍公司的三种主要金融决策。

§9.1 资本预算决策

公司的资本预算（Capital Budgeting）是提出长期投资方案并进行分析、选择的过程。一般来说，资本预算具有支出金额大、投资流动性小、投资回收期长的特点，因而这项决策对于财务管理者来讲至关重要。这里我们将介绍资本预算的几种方法，通过对各种方法的比较作出选择，并以净现值模型为基础分别说明资本预算中的现金流预测以及资本预算中的贴现率估计方法。

9.1.1 资本预算的决策标准

1. 净现值法

净现值（Net Present Value，NPV）是指资本项目的净现值，是与项目相联系的所有现金流量的现值，包括其现在和未来的所有成本和收入。净现值的计算公式如下：

$$NPV = \sum_{t=0}^{n} \frac{NCF_t}{(1+k)^t} \tag{9-1}$$

式中：NCF_t 为第 t 期的净现金流量；k 为投资者要求的报酬率（资本成本）。

净现值法的决策规则为：接受净现值不为负数的资本预算项目。如果项目的 $NPV > 0$，表明该项目投资获得的收益大于资本成本或投资者要求的收益率，项目可行；净现值等于零的投资项目表明投资者刚好获得了要求的报酬率，因而理论上可以接受该投资项目。当一个项目有多种方案可供选择时，对于 NPV 大的项目应优先考虑。

[例 9-1] 某公司正考虑一项新机器设备投资项目，该项目初始投资为 40 000 美元，每年的税后现金流量如表 9-1 所示。假设该公司要求的收益率为 12%，判断项目是否可行。

表 9-1   某公司每年的税后现金流量   单位：美元

年份	初始投资支出	第 1 年	第 2 年	第 3 年	第 4 年	第 5 年
税后现金流量	–40 000	15 000	14 000	13 000	12 000	11 000

计算该项目税后现金流量的净现值：

$$NPV = -40\,000 + \frac{15\,000}{(1+12\%)^1} + \frac{14\,000}{(1+12\%)^2} + \frac{13\,000}{(1+12\%)^3} + \frac{12\,000}{(1+12\%)^4} + \frac{11\,000}{(1+12\%)^5}$$

$$= -40\,000 + 13\,395 + 11\,158 + 9\,256 + 7\,632 + 6\,237$$

= 7 678(美元)

由于 $NPV > 0$，所以该项目可以接受。

净现值作为资本预算决策标准具有以下三个特点：

（1）使用了项目的全部现金流量；

（2）考虑了货币的时间价值；

（3）由 NPV 决定的项目会增加公司的价值。

2. 内部收益率法

内部收益率（Internal Rate of Return，IRR）是使项目净现值为零时折现率或现金流入量现值与现金流出量现值相等时的贴现率，用公式表示为

$$\sum_{t=0}^{n} \frac{NCF_t}{(1 + IRR)^t} = 0 \tag{9-2}$$

式中：NCF_t 为第 t 期的净现金流量；IRR 为项目的内部收益率。

内部收益率法的决策规则为：接受 IRR 超过投资者要求收益率的项目。内部收益率本身不受市场利率的影响，完全取决于项目的现金流量，反映了项目内部所固有的特性。当一个项目有多种方案可供选择时，对于 IRR 大的项目应优先考虑。

［例9-2］某家要求收益率为10%的公司正在考虑3个投资项目，表9-2给出了这3个项目的现金流量，公司管理部门决定计算每项计划的 IRR，然后确定采用哪一个项目。

表 9-2　　　　　　　　　　某公司 3 个项目的现金流量　　　　　　　　　　单位：美元

年份	初始投资	第 1 年	第 2 年	第 3 年	第 4 年
项目 A	-10 000	3 362	3 362	3 362	3 362
项目 B	-10 000	0	0	0	13 605
项目 C	-10 000	1 000	3 000	6 000	7 000

计算 3 个项目税后现金流量的内部收益率：

项目 A：　$-10\ 000 + 3\ 362\ (PVIFA_{IRR,4}) = 0$

$(PVIFA_{IRR,4}) = 2.974$，查表 $IRR_A = 13\% > 10\%$，项目 A 可行。

项目 B：　$-10\ 000 + 13\ 605(PVIF_{IRR,4}) = 0$

$(PVIF_{IRR,4}) = 0.735$，查表 $IRR_B = 8\% < 10\%$，项目 B 不可行。

项目 C：　$-10\ 000 + \dfrac{1\ 000}{(1 + IRR)^1} + \dfrac{3\ 000}{(1 + IRR)^2} + \dfrac{6\ 000}{(1 + IRR)^3} + \dfrac{7\ 000}{(1 + IRR)^4} = 0$

先用试算法：设 $IRR_1 = 19\%$，$NPV_1 = 9$；设 $IRR_2 = 20\%$，$NPV_2 = -237$。

再用插值法：　$IRR = IRR_1 + (IRR_2 - IRR_1) \times \dfrac{NPV - NPV_1}{NPV_2 - NPV_1}$

计算得 $IRR_C = 19.04\% > 10\%$，项目 C 也可行。由于 $IRR_A < IRR_C$，所以应优先考虑项目 C。

这里需要说明的是，NPV 与 IRR 对项目选择的结果是一致的。计算以上 3 个项目的

净现值得

$$NPV_A = -10\ 000 + 3\ 362(PVIFA_{10\%,4}) = 657.09(美元)$$

$$NPV_B = -10\ 000 + 13\ 605(PVIF_{10\%,4}) = -7\ 070.79(美元)$$

$$NPV_C = 2\ 707(美元)$$

因而项目 A 和项目 C 可行，且项目 C 优于项目 A。*NPV* 与 *IRR* 的一致性对于常规项目和独立项目总是成立的；对于非常规项目和互斥项目，两者选择的结果就不同了。关于这一点，我们后面还要详细分析。

3. 获利能力指数法

获利能力指数（PI）又称收益—费用比率（Benefit – Cost Ratio），是指未来净现金流量的现值与初始现金流出量的比率，用公式表示为

$$PI = \frac{\sum_{t=1}^{n}\frac{NCF_t}{(1+k)^t}}{CF_0} \tag{9-3}$$

获利能力指数法决策规则：接受 *PI* 大于 1 的资本预算项目。获利能力指数法是从相对量上来比较净现值，是对净现值法的补充。获利能力指数法的缺陷在于它不能反映净现值的绝对量，如果可供选择的项目互相排斥，这时首要考虑的因素往往是净现值的绝对量；但是在资金有限的情况下，应该根据未来净现金流量的现值与初始投资的比值进行排序，这就是获利能力指数法在资本配置（Capital Rationing）中的具体应用。

［例 9-3］某公司现有一块土地，利用这块土地可建一个项目。有两个可供选择的项目 A 和项目 B。项目 A 初始投资为 50 万元，净现值为 100 万元；项目 B 初始投资为 1 000 万元，净现值为 1 500 万元。由此可知项目 A 的获利能力指数为 2，项目 B 的获利能力指数为 1.5。虽然项目 A 效益优于项目 B，但项目 B 有更多的净现值，因此，公司会选择项目 B。

4. 回收期法

回收期（Payback Period，PP）是指收回最初投资支出所需要的年数，可以用来衡量项目收回初始投资速度的快慢。按时间顺序对各期的期望现金流量进行累计，当累计额等于初始现金流出量时，其时间即为投资的回收期。

回收期法决策规则：接受投资回收期小于设定时间的项目。这里，用做参照基准的"设定时间"由公司自行确定或根据行业标准确定。

［例 9-4］公司要求项目的回收期最长不能超过 3 年，如果一个项目的初始投资为 10 000 美元，以后几年的现金流量预计如表 9-3 所示，问是否应该接受该项目？

表 9-3　　　　　　　　　　　　某项目的税后现金流量　　　　　　　　　　单位：美元

年份	第 1 年	第 2 年	第 3 年	第 4 年	第 5 年
税后现金流量	2 000	4 000	3 000	3 000	1 000

项目的回收期计算过程如下：

3 年内公司将收回最初投入的 10 000 美元中的 9 000 美元，还剩下 1 000 美元需要收

回；项目在第 4 年将流入 3 000 美元，假设 1 年中的现金流量是不间断的，则剩余的 1 000美元需要 1 000÷3 000 年可以收回，则项目的回收期为 3 年 4 个月，超过公司要求的回收年限，因此该项目应予否决。

回收期作为资本预算的决策标准存在一些问题，我们通过以下例子来说明。

［例 9-5］A、B、C 三个项目的现金流量分布与回收期如表 9-4 所示。

表 9-4　　　　　　　　A、B、C 三个项目的现金流量分布与回收期　　　　　　单位：美元

年份	0	1	2	3	4	回收期(年)
项目 A	-100	20	30	50	60	3
项目 B	-100	50	30	20	60	3
项目 C	-100	50	30	20	60 000	3

问题一：回收期法忽略了现金流量的时间价值。

比较项目 A 和项目 B 我们发现，两个项目具有相同的回收期，但它们的现金流量分布呈现不同的特征，项目 B 在较早的年份有较大金额的现金流入，而同样的金额在项目 A 中发生在较晚的年份，如果用回收期法作选择，我们就会忽略两个项目在现金流量分布上的差异，而得出 A、B 两个项目无差异的错误结论。

问题二：回收期法忽略了回收期以后的现金流量。

比较项目 B 和项目 C 我们可以看到，两个项目也具有相同的回收期，但项目 C 在回收期后有一笔金额巨大的现金流入，这笔现金流入如果贴现会极大地影响项目的真实价值，但是根据回收期作出的判断却是 B、C 两个项目无差异。

问题三：回收期法的参照标准主观性较强。

回收期法的参照标准的设定通常根据行业平均值或者财务管理人员的经验确定，因而主观性较强，容易使公司接受本不应该接受的项目，或者放弃本应该接受的项目。

尽管存在一定的缺陷，回收期法仍然被广泛采用，这种方法尤其适用于大公司处理规模相对较小的项目以及具有良好发展前景却又难以进入资本市场融资的小公司。

5. NPV 方法与 IRR 方法的比较

净现值法和内部收益率法是财务管理人员在实践中普遍采用的两种方法，但是这两种方法在选择项目时并不总是能够得出相同的结论。我们下面引入净现值曲线对此进行分析。

（1）净现值曲线

净现值曲线（NPV Profile）是一条描绘项目的净现值与贴现率之间关系的曲线（见图 9-2）。NPV 曲线与横轴的交点是 IRR。当 $k=k_1$ 时，$NPV(k_1)>0, k_1<IRR$，按 NPV 和 IRR 标准都应接受该项目；反之，按两种标准都应放弃该项目。这一结论对于独立项目和常规项目来说总是成立的，但对于互斥项目和非常规项目而言就不成立了。

所谓独立项目（Stand-alone Project），是指能够不受其他项目影响而进行选择的项目；所谓互斥项目（Mutually Exclusive Project），是指接受该项目就不能投资于另一项目。常规项目（Conventional Project）的现金流量通常符合以下特征，即期初有一笔一次

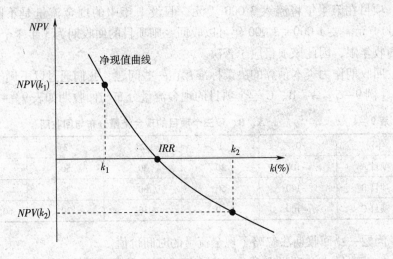

图 9 - 2 净现值曲线

性现金流出，以后均为现金净流入；而非常规项目（Unconventional Project）的现金流量不符合上述常规特征，通常表现为两种情形：第一，期初有一次性现金流入，以后均为现金流出；第二，除了期初的现金净流出之外，项目寿命期内某些年份还有净现金流出。

（2）NPV 法与 IRR 法不一致的第一种情况——非常规项目

［例 9 - 6］A、B、C 三个项目的现金流量、内部收益率和净现值如表 9 - 5 所示。

表 9 - 5　　　　　　A、B、C 三个项目的现金流量、内部收益率和净现值　　　单位：美元

	现金流量	IRR	NPV（贴现率为 10%）
项目 A	- 100，130	30%	18.2
项目 B	100，- 130	30%	- 18.2
项目 C	- 100，230，- 132	10%，20%	0

项目 A 是典型的常规项目，其净现值曲线如图 9 - 3 所示。此项目内部收益率为 30%，当贴现率小于 30% 时，净现值都大于零。可见，NPV 法和 IRR 法对于常规项目决策的结论是一致的。

项目 B 是一种非常规项目，其净现值曲线如图 9 - 4 所示。此项目内部收益率为 30%，但仅当贴现率大于 30% 时，NPV 才大于零，也就是说，NPV 法与 IRR 法在这个项目的决策上发生了矛盾。我们的结论是：接受 IRR 小于贴现率的项目。对于项目 A 这种类型，我们称之为投资型项目，而项目 B 我们称之为融资型项目。后者在用 IRR 法决策时其规则发生悖反，即接受内部收益率小于投资者要求的报酬率的融资型项目。

项目 C 有两个内部收益率，其净现值曲线如图 9 - 5 所示，此时对项目作决策只能采用净现值方法了。

（3）NPV 法与 IRR 法不一致的第二种情况——互斥项目

①IRR 用于互斥项目可能出现的规模问题

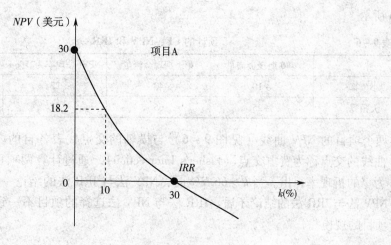

图 9 - 3 常规项目的净现值曲线

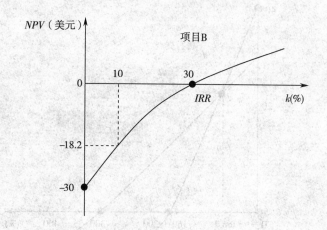

图 9 - 4 融资型项目的净现值曲线

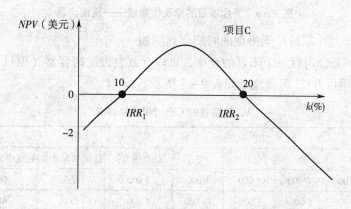

图 9 - 5 多重内部收益率项目的净现值曲线

[例 9 - 7] 某电影制片厂刚刚购买了一部电影的版权，预计的 CF、NPV 和 IRR 如表

9-6所示。

表9-6　　　　　　　　　**预计的 CF、NPV 和 IRR**　　　　　　　单位：美元

	第0期现金流量	第1期现金流量	NPV(贴现率为25%)	IRR（%）
小预算	-10	40	22	300
大预算	-25	65	27	160

　　两个项目的 NPV 曲线（见图9-6）与横轴的交点代表各自的内部收益率；两条 NPV 曲线的交点称为费雪交点（Fisher's Intersection），通过计算两项目现金流量之差的 NPV 为零的折现率得出。当 $k > 66.7\%$ 时，NPV 法与 IRR 法的结论一致；当 $k < 66.7\%$ 时，NPV 法与 IRR 法的结论矛盾。IRR 法与 NPV 法选择的项目不一致是因为 IRR 法忽略了项目的规模。

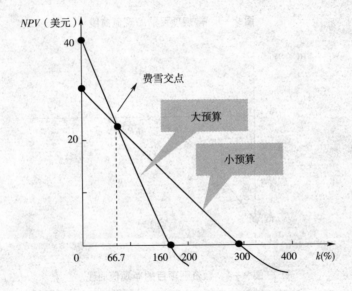

图9-6　互斥项目的净现值曲线——规模问题

　　②IRR 用于互斥项目可能出现的时间序列问题

　　[例9-8] 某公司有一个闲置的仓库，可以存放有毒废物容器（项目 A），也可以存放电子设备（项目 B），现金流量如表9-7所示。

表9-7　　　　　　　　**A、B 项目的 CF、NPV 和 IRR**　　　　　单位：美元

	时　　期				NPV			IRR（%）
	0	1	2	3	贴现率为0	贴现率为10%	贴现率为15%	
项目 A	-10 000	10 000	1 000	1 000	2 000	669	109	16.04
项目 B	-10 000	1 000	1 000	12 000	4 000	751	-484	12.94

　　A、B 项目的净现值曲线如图9-7所示，当 $k > 10.55\%$ 时，NPV 法与 IRR 法的结论一致；当 $k < 10.55\%$ 时，NPV 法与 IRR 法的结论矛盾。IRR 法与 NPV 法选择的项目不

一致是因为现金流量发生的时间不同，也就是现金流量的时间序列分布不同。

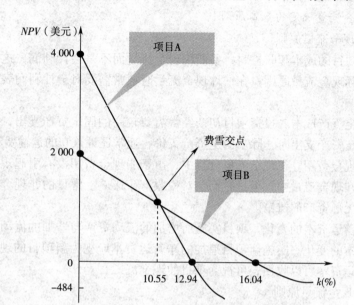

图 9 - 7　互斥项目的净现值曲线——时间序列问题

③ 互斥项目中 NPV 法与 IRR 法的选择

对于互斥项目来说，当贴现率小于费雪交点贴现率时，NPV 法和 IRR 法会发生排序上的冲突，这时可以使用 NPV 法选择项目，也可以采用修正的内部收益率（Modified Internal Rate of Return，MIRR）法。

MIRR 法假定项目预期年限中所有的现金流入都以要求的收益率作为再投资利率，直到项目终止。第一步，用该收益率求出每年税后现金流入的终值；第二步，用该收益率求出项目税后现金流出的现值；第三步，求出使项目现金流入终值的现值等于现金流出现值的贴现率。

$$\sum_{t=0}^{n} \frac{NCFO_t}{(1+k)^t} = \frac{\sum_{t=1}^{n} NCFI_t(1+k)^{n-t}}{(1+MIRR)^n} \tag{9-4}$$

式中：$NCFI_t$ 为第 t 期的现金流入量；$NCFO_t$ 为第 t 期的现金流出量；n 为项目的寿命期；k 为投资者要求的报酬率；$MIRR$ 为修正的内部收益率。

9.1.2　资本预算中的现金流量预测

通过对比资本预算的各种决策方法，我们发现 NPV 法是被广泛采用的、能够帮助财务管理人员准确决策的方法，因而我们就以 NPV 模型为蓝本探讨投资项目现金流量如何预测。我们在这里讨论的现金流量是项目的相关增量现金流量。

凡是由于一项投资而增加的现金收入或现金支出节约额都被称为现金流入；凡是由于该项投资引起的现金支出都被称为现金流出；一定时期的现金流入量减去现金流出量

的差额为净现金流量。

1. 相关现金流量确定的基本原则

（1）实际现金流量原则

计量投资项目的成本和收益时，要使用现金流量而不是会计利润，这就是相关现金流量确定的实际现金流量原则。在估计现金流量时通常需要对会计利润表的如下项目作出调整：

第一，固定资产成本。投资项目初期经常需要较高的固定资产支出，它是现金流出量。在确定固定资产支出时，除了固定资产买价，通常还计入它的运输费和安装费等。

第二，非现金费用。在现金流量分析中，由于非现金费用没有引起现金的流出，因而不应该包括在现金流量中，但是它们会对税收产生影响。常见的非现金费用包括固定资产的折旧和无形资产的摊销。

第三，净营运资本的变化。项目实施所增加的流动资产与增加的流动负债的差额被称为净营运资本的变化。实施新项目追加的净营运资本应视为新项目的现金流出；在项目终止时，营运资本可以收回，可视为项目的现金流入。

（2）增量现金流量原则

在确定现金流量时，只有增量现金流量是与项目决策相关的，它是作为一项结果发生的现金流量与没有该项决策时原现金流量的差额。在现金流量预测过程中通常会遇到以下几个问题：

第一，关联效应（Side Effect）。在估计项目的现金流量时，要以投资对公司所有经营活动产生的整体效果为基础进行分析，而不是孤立地考察某一项目。由于新项目的采纳而使公司原有项目或产品销售下降，这是新项目的侵蚀（Erosion）作用；由于新项目的采纳而使公司原有项目的生产或销售增加，这是新项目的增强（Enhancement）作用。侵蚀和增强作为新项目的关联效应，其所导致的公司原有项目或产品的变动应分别从新项目的现金流量中扣除或添加。

第二，沉没成本（Sunk Cost）和机会成本（Opportunity Cost）。沉没成本是指过去已经发生，无法由现在或将来的任何决策改变的成本。在投资决策中，沉没成本属于决策无关成本，不是相关现金流量。机会成本是指在投资决策中，从多种方案中选取最优方案而放弃次优方案所丧失的收益。机会成本与投资选择的多样性和资源的有限性相联系，当存在多种投资机会，而可供使用的资源又有限的时候，机会成本就一定存在。机会成本是增量现金流量，在决策中必须予以考虑。例如，新项目的生产需要使用公司一处闲置的厂房，目前厂房的账面价值为100万元，其市场价值为70万元，这里的100万元是新项目的沉没成本，70万元是机会成本。

第三，增量费用（Incremental Expenses）和间接费用（Indirect Expenses）。就像新项目的现金流入要以增量的观点衡量一样，费用即现金流出也要以增量的观点来衡量。在确定项目的现金流量时，对于供热费、电费和租金等间接费用，要作进一步分析。只有那些确因本投资项目的发生而引起的费用，才能计入投资的现金流量。与公司项目实施与否无关的费用，则不应计入投资的现金流量。

（3）税后现金流量原则

资本预算项目对公司税负所产生的影响，除了税率以外，收入和费用的确认时间也是一个重要的影响因素。税款支付发生得越晚，一项收入应纳税款的现值就越小；税款扣减发生得越早，一项支出所抵减的税款现值越大。支出的确认有资本化与费用化两种方式。支出被资本化（Capitalization）后就会产生折旧问题；如果支出被费用化（Expensed），它们在发生的当期就可以按照税法全部被确认为费用。两种不同的处理方式对纳税会产生不同的影响。

［例9-9］假设波音公司将要购置一项耗资100万美元的资产，其边际所得税税率为40%。对该笔支出有两种确认方式：

（1）资本化这笔支出，并在4年内以直线折旧法计提折旧；

（2）立即把100万美元费用化。

分析这两种确认方式对税收各有什么影响。

两种确认方式的费用成本分布和节税现金流量分布如表9-8和表9-9所示。

表9-8　　　　　　　　　　　　费用成本分布表　　　　　　　　单位：百万美元

年份	0	1	2	3	4	合计
费用化	1.0	0	0	0	0	1.0
资本化	0	0.25	0.25	0.25	0.25	1.0

表9-9　　　　　　　　　　　　节税现金流量分布表　　　　　　单位：百万美元

年份	0	1	2	3	4	合计
费用化	0.4	0	0	0	0	0.4
资本化	0	0.1	0.1	0.1	0.1	0.4

从表中我们可以看出，费用化可以使公司获得较大的节税现金流量现值，所以公司一般都会乐于把资产支出费用化而不选择资本化，但是税法通常要求某些资产必须资本化。

2. 相关现金流量计算的公式

一般来说，项目的现金流量可分为三个部分：初始现金流量、经营现金流量和终结现金流量。我们分别考察这三部分现金流量如何计算。

（1）初始现金流量（Initial Cash Flows）

① 资本化支出（主要是固定资产投资支出，通常机会成本也计入这一项）——I_0；

② 费用化支出（包括筹建费、培训费以及可费用化的运输、安装费等）——E_0；

③ 净营运资本变动（指垫支的营运资本）——ΔW_0；

④ 原有设备出售时的净现金流量及其纳税效应。

原有设备出售时的净现金流量及其纳税效应用公式表示为

$$S_0 - (S_0 - B_0)T = S_0(1 - T) + TB_0 \qquad (9-5)$$

式中：S_0代表销售收入；B_0代表账面净值；T代表所得税税率。

［例9－10］如果某旧资产最初购买价格为 15 000 美元，目前账面价值为 10 000 美元，市场出售价格为 17 000 美元。假设该公司所得税税率为 34%，则计算该公司旧资产出售后的净现金流量为

$$S_0(1 - T) + TB_0 = 17\,000 \times (1 - 34\%) + 34\% \times 10\,000 = 14\,620(\text{美元})$$

初始现金流出公式可以归纳为

$$C_0 = -I_0 - E_0(1 - T) - \Delta W_0 + S_0(1 - T) + TB_0 \qquad (9 - 6)$$

式中：C_0 为初始现金流量；I_0 为资本化支出；$E_0(1 - T)$ 为费用化支出；ΔW_0 为净营运资本支出；$S_0(1 - T) + TB_0$ 为旧资产出售的净现金流量。

（2）经营现金流量（Operating Cash Flows）

① 增量税后现金流入：投资项目投产后增加的税后现金收入或节约的成本费用。

② 增量税后现金流出：与项目有关的以现金支付的各种税后成本费用和各种税金。

③ 追加的投资支出：包括追加流动资产投资（CA）和追加固定资产投资（FA）。

用 ΔR 表示相关现金流入增量，用 ΔE 表示每期现金支出变化（除税额外），用 ΔD 表示折旧额的变化，则税后净现金流量为

$$NCF = \Delta R - \Delta E - \Delta\,\text{现金纳税}$$

$$\Delta\,\text{现金纳税} = T(\Delta R - \Delta E - \Delta D)$$

$$NCF = (\Delta R - \Delta E - \Delta D)(1 - T) + \Delta D$$

由此我们得出经营期间税后增量现金流量公式

$$NCF = (\Delta R - \Delta E - \Delta D)(1 - T) + \Delta D - \text{追加的 } CA - \text{追加的 } FA \qquad (9 - 7)$$

对于一个新建项目来说，经营期间税后增量现金流量可以表示为

$$NCF = EBIT(1 - T) + \text{折旧} - \text{追加的 } CA - \text{追加的 } FA \qquad (9 - 8)$$

这就是所谓的自由现金流量，它是指公司为盈利项目融资后剩余的现金流量。

（3）终结现金流量（Terminal Cash Flows）

① 资产变卖收入——$S(1 - T) + TB$；

② 清理和搬运费——REX；

③ 收回的净营运资本——ΔW。

终结现金流量可以用公式表示为

$$NCF = S(1 - T) + TB - REX(1 - T) + \Delta W \qquad (9 - 9)$$

3. 相关现金流量预测案例分析

［例9－11］［扩充型投资项目（Expansion Projects）现金流量分析］BBC 公司是一个生产办公用品的生产厂家，主要生产各种办公桌椅等。目前公司研究开发出一种保健式学生用椅，其销售市场前景看好。为了解学生用椅的潜在市场，公司支付了 60 000 美元聘请咨询机构进行市场调查，调查结果表明学生用椅市场有 10% ~15% 的市场份额有待开发，公司决定将该投资纳入资本预算，有关预测资料如下：

学生用椅生产车间可利用公司一处厂房，如果出售，该厂房当前市价为 50 000 美元。

学生用椅生产设备购置费（原始价值加运费、安装费等）为 110 000 美元，使用年

限为 5 年，税法规定设备残值为 10 000 美元，按直线法计提折旧，每年折旧费为 20 000 美元；5 年以后不再生产学生用椅时可将其出售，售价为 30 000 美元。

预计学生用椅各年的销售量为 500 把、800 把、1 200 把、1 000 把、600 把；学生用椅的市场销售价格，第 1 年为 200 美元/把，由于通货膨胀和竞争因素，售价每年以 2% 的幅度增长；学生用椅单位付现成本，第 1 年为 100 美元/把，以后随着原材料价格的大幅度上升，单位成本每年将以 10% 的比例增长。

生产学生用椅需垫支的营运资本，第一年初投资 10 000 美元，以后随着生产经营需要不断进行调整，假设按照销售收入的 10% 估计营运资本需要量。

公司所得税税率为 34%。

第一步，预测初始现金流量。

资本性支出 $I_0 = 110\,000 + 50\,000 = 160\,000$（美元）

净营运资本支出 $\Delta W_0 = 10\,000$ 美元

$NCF_0 = -110\,000 - 50\,000 - 10\,000 = -170\,000$（美元）

第二步，预测经营现金流量。

（1）预测经营收入与付现成本（见表 9 - 10）

表 9 - 10　　　　　　　　　　经营收入与付现成本　　　　　　　　单位：美元

年份	销售量（把）	单价	销售收入	单位成本	成本总额
1	500	200.00	100 000	100.00	50 000
2	800	204.00	163 200	110.00	88 000
3	1 200	208.08	249 696	121.00	145 200
4	1 000	212.24	212 240	133.10	133 100
5	600	216.49	129 894	146.41	87 846

（2）预测固定资产折旧（见表 9 - 11）

表 9 - 11　　　　　　　　　　固定资产折旧　　　　　　　　　　单位：美元

年份	0	1	2	3	4	5
设备投资额	110 000					
折旧		20 000	20 000	20 000	20 000	20 000
累计折旧		20 000	40 000	60 000	80 000	100 000
年末设备净值		90 000	70 000	50 000	30 000	10 000

（3）预测追加的营运资本（见表 9 - 12）

表 9 - 12　　　　　　　　　　追加的营运资本　　　　　　　　　单位：美元

年份	1	2	3	4	5
销售收入	100 000	163 200	249 696	212 240	129 894
年末营运资本	10 000	16 320	24 970	21 220	12 990
垫支的营运资本	0	6 320	8 650	-3 750	-8 230

（4）全部经营现金流量（见表 9 – 13）

表 9 – 13　　　　　　　　　　　全部经营现金流量　　　　　　　　　　　单位：美元

年份	1	2	3	4	5
（1）经营收入 R	100 000	163 200	249 696	212 240	129 894
（2）付现成本 E	50 000	88 000	145 200	133 100	87 846
（3）折旧 D	20 000	20 000	20 000	20 000	20 000
（4）$(R-E-D)$	30 000	55 200	84 496	59 140	22 048
（5）应纳所得税	10 200	18 770	28 729	20 108	7 496
（6）$(R-E-D)(1-T)$	19 800	36 430	55 767	39 032	14 552
（7）追加流动资产	0	6 320	8 650	– 3 750	– 8 230
（8）净现金流量	39 800	50 110	67 117	62 782	42 782

第三步，预测终结现金流量。

资产变价收入：

$$S_n(1-T) + B_nT = 30\ 000(1-34\%) + 10\ 000 \times 34\% = 23\ 200（美元）$$

收回净营运资本：

$$10\ 000 + 6\ 320 + 8\ 650 - 3\ 750 - 8\ 230 = 12\ 990（美元）$$

$$NCF_n = 30\ 000(1-34\%) + 10\ 000 \times 34\% + 12\ 990 = 36\ 190（美元）$$

整个项目全部现金流量如表 9 – 14 所示。

表 9 – 14　　　　　　　　　　　整个项目全部现金流量　　　　　　　　　　　单位：美元

t	0	1	2	3	4	5
NCF	– 170 000	39 800	50 110	67 117	62 782	78 972

9.1.3　资本预算中的贴现率估计

资本预算净现值模型中的贴现率就是项目的资本成本。资本成本（Capital Cost）的经济学含义为投入新项目的资金的机会成本。在财务决策中，体现为所有融资来源所要求的收益率，又称为加权平均资本成本（Weighted Average Cost of Capital，WACC），通常简称为资本成本。

1. 加权平均资本成本的计算

首先，计算每项融资来源的资本成本（包括债务资本、优先股、普通股、留存收益）；其次，确定各项融资来源的比重（这里设为已知，如何确定资本结构我们将在第二节详细讨论）；最后，计算加权平均资本成本。

（1）债务资本成本（以发行债券为代表）

$$P_0(1-f) = \sum_{t=1}^{n} \frac{I_t(1-T)}{(1+k_b)^t} + \frac{M}{(1+k_b)^n} \tag{9-10}$$

式中：P_0 为债务的市场价格；I_t 为第 t 年的利息；M 为债务的到期值；f 为债务筹资费

率；T 为公司所得税税率；k_b 为债务资本成本。

[例 9 - 12] 假设某公司债券的发行价格为 908. 32 美元，面值为 1 000 美元，年利率为 8%，到期年限为 20 年；扣除发行成本后每张 1 000 美元债券净得资金 850 美元，公司税率为 40%，求资本成本。

根据债务资本成本公式

$$850 = \sum_{t=1}^{20} \frac{1\ 000 \times 8\% \times (1 - 40\%)}{(1 + k_b)^t} + \frac{M}{(1 + k_b)^n}$$

先试算：k_b 取 6% 时，$\sum_{t=1}^{20} \frac{80 \times 60\%}{(1 + 6\%)^t} + \frac{1\ 000}{(1 + 6\%)^{20}} = 862. 3552$

k_b 取 7% 时，$\sum_{t=1}^{20} \frac{80 \times 60\%}{(1 + 7\%)^t} + \frac{1\ 000}{(1 + 7\%)^{20}} = 766. 912$

再用内插法计算，得债券成本为

$$k_b = 6\% + (7\% - 6\%) \times \frac{850 - 862. 3552}{766. 912 - 862. 3552} = 6. 13\%$$

（2）优先股资本成本

根据优先股定价模型

$$V_{ps} = \frac{D_{ps}}{k_{ps}}$$

得

$$k_{pa} = \frac{D_{ps}}{P_0(1 - f)} \tag{9 - 11}$$

[例 9 - 13] 某公司发行面值为 1 412 万美元、股利率为 5%、不可赎回的优先股 200 万股，发行费率为 6%，每股发行价格为 3. 2 美元，计算资本成本。

根据公式计算优先股的成本为 $k_{ps} = \dfrac{1\ 412 \times 5\%}{32 \times 200 \times (1 - 6\%)} = 11. 74\%$

（3）外部权益资本成本——发行新股

从公司角度预计未来将要支付给股东的股利以及当前的筹资费用，计算出权益资本成本。由股利增长模型

$$V_{cs} = \frac{D_1}{k_{cs} - g}$$

得

$$k_{cs} = \frac{D_1}{P_0(1 - f)} + g \tag{9 - 12}$$

（4）内部权益资本成本——留存收益

留存收益是大部分美国公司最大的股权资本来源，其成本的估算通常有三种方法：股利增长模型、资本资产定价模型和风险溢价法。

① 股利增长模型

留存收益代表着所有者对公司相应金额资产的要求权，是所有者对公司的持续投

资，因而留存收益的成本可以用原公司股票的要求收益率来衡量。

$$k_{RE} = \frac{D_1}{P_0} + g \qquad (9-13)$$

式中：P_0 为普通股价格；D_1 为投资第一年股利；k_{RE} 为留存收益成本；g 为股利平均增长率。

［例9–14］Talbot 公司的普通股股东最近收到每股 2 美元的现金股利，他们预计该公司的现金红利能以每年 10% 的增长率持续增长。如果该公司股票市价为每股 50 美元，计算留存收益的资本成本。

$$k_{RE} = \frac{2 \times (1 + 10\%)}{50} + 10\% = 14.4\%$$

股利增长模型是计算权益资本成本比较流行的方法，这种方法最主要的困难在于估算未来现金股利的增长率。

② 资本资产定价模型

$$k = k_f + \beta(k_m - k_f) \qquad (9-14)$$

式中：β 为股票的系统性风险；k_f 为无风险收益率；k_m 为证券市场的预期收益率。

第一步，估计无风险利率。

投资者通常认为政府债券是无风险的，其实政府债券并不是完全无风险的，因利率上升而导致资金损失的利率风险依然存在，而且也未考虑长期通货膨胀的影响。所以，长期国债利率通常被视为无风险利率的最佳估计值。

第二步，估计市场风险报酬率。

市场风险报酬反映了投资者因持有股票冒风险而得到的额外报酬。这一额外报酬应当基于预期的投资收益率确定。来自美国资本市场的数据表明，"根据长期股票平均收益率和政府债券收益率差额计算市场风险报酬，通常得出的结果在 7% ~ 9%"。

第三步，估计 β 系数。

$$\beta_i = \frac{\text{Cov}(R_i, R_m)}{\sigma^2(R_m)} \qquad (9-15)$$

β 系数的影响因素主要包括收入的周期性、经营杠杆和财务杠杆等。

某些公司的收入具有明显的周期性，由于 β 系数是个股收益率与市场收益率的标准协方差，所以周期性强的股票有较高的 β 值。

根据资本资产定价模型，要求的收益率与系统性风险有关。由股东承担的系统性风险包括系统性经营风险和系统性财务风险两部分。经营风险和财务风险越大，公司的 β 系数就越大。

③ 风险溢价法

根据风险收益相匹配的原理，普通股股东会在债券投资者要求的收益率基础上要求一定的风险补偿。

$$k_{RE} = k_b + RP_{cs} \qquad (9-16)$$

式中：k_b 为债务资本成本；RP_{cs} 为股东要求的风险溢价。

2. 融资规模与资本成本

融资规模对 WACC 的影响在于：公司不可能以某一固定的成本来筹措无限的资金；随着公司规模的扩大和筹资条件的变化，新增资本的成本也会发生变化。我们用资本加权边际成本（Marginal Cost of Capital）来表示这种变化，它是指每增加一个单位的资本而增加的加权平均成本，用 k_m 表示。加权边际资本成本的计算过程如下：

第一步，确定项目筹资的资本结构。

第二步，计算每种资本来源的成本。

第三步，确定筹资总额分界点。

$$筹资总额分界点 = \frac{某一特定成本筹措的该项新资本的限额}{该项资本在资本结构中的既定比重}$$

第四步，计算不同筹资规模的边际成本。

［例9-15］假设某公司目前的资本结构较为理想，即债务资本占40%，股权资本占60%，根据测算，在不同的筹资规模条件下，有关资本成本的资料如表9-15所示，计算不同筹资规模条件下的资本成本。

表9-15　　　　　　　　　　　　不同筹资规模下的资本成本

资本来源	筹资比例（%）	筹资规模（美元）	资本成本（%）	筹资总额分界点（美元）	总筹资规模（美元）
债券	40	100 000 以内（含）	5	250 000	250 000 以内（含）
		100 000 ~ 200 000	6	500 000	250 000 ~ 500 000
		200 000 ~ 300 000	8	750 000	500 000 ~ 750 000
		300 000 以上	10		750 000 以上
股票	60	150 000 以内（含）	12	250 000	250 000 以内（含）
		150 000 ~ 600 000	14	1 000 000	250 000 ~ 1 000 000
		600 000 ~ 900 000	17	1 500 000	1 000 000 ~ 1 500 000
		900 000 以上	20		1 500 000 以上

加权平均资本成本计算如表9-16所示。

表9-16　　　　　　　　　　　　加权平均资本成本计算

总筹资规模（美元）	加权平均边际成本
250 000 以内（含）	$K_m = 0.4 \times 5\% + 0.6 \times 12\% = 0.092$
250 000 ~ 500 000	$K_m = 0.4 \times 6\% + 0.6 \times 14\% = 0.108$
500 000 ~ 750 000	$K_m = 0.4 \times 8\% + 0.6 \times 14\% = 0.116$
750 000 ~ 1 000 000	$K_m = 0.4 \times 10\% + 0.6 \times 14\% = 0.124$
1 000 000 ~ 150 000	$K_m = 0.4 \times 10\% + 0.6 \times 17\% = 0.142$
1 500 000 以上	$K_m = 0.4 \times 10\% + 0.6 \times 20\% = 0.16$

根据上表我们可以分析出筹资规模与边际成本的关系——随着筹资规模的扩大，资本的加权边际成本在提高（如图9-8所示）。

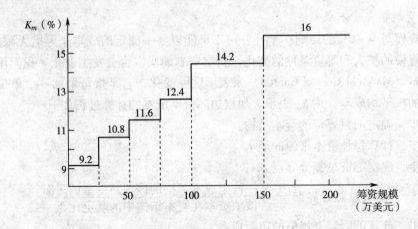

图 9 - 8　筹资规模与边际成本的关系

§9.2　资本结构决策

　　公司的资本结构决策（Capital Structure Decision）研究的核心内容是如何筹集可以长期使用的资金。广义的资本结构决策包括两方面内容：其一是负债权益比如何确定，这是狭义的资本结构问题；其二是股利支付率如何制定，这是股利政策的问题。公司筹集长期资金的方式可以通过图 9 - 9 加以描述。

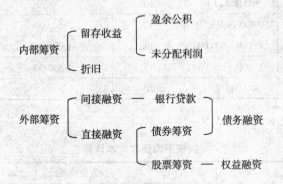

图 9 - 9　公司的长期融资方式

　　就外部融资而言，债务融资风险高而成本低，权益融资风险低却成本高。对财务管理者来说，必须在风险高但成本低的债务资本与风险低但成本高的权益资本之间进行权衡，这就是确定负债权益比，也就是确定资本结构的问题。

　　就内部融资而言，留存收益的多少受股利分配的直接影响。在投资总额既定的前提下，股利分配得越多，留存收益越少，为了满足投资需求而需要的外部融资量就会越大。外部融资的成本差别又会影响到负债权益的比率，因此股利支付率间接地影响着负债权益比（狭义的资本结构），所以我们把股利政策纳入资本结构决策的范围进行讨论。

本节将分别讨论广义资本结构的理论和实践。

9.2.1 资本结构的主要理论

1. MM 理论

1958 年 6 月, 美国著名的财务管理学家莫迪利亚尼和米勒发表了一篇题为《资本成本、公司财务和投资理论》的文章, 深入探讨了资本结构和公司价值之间的关系, 形成了著名的 MM 理论, 奠定了现代资本结构理论的基础。

(1) MM 理论的假设条件

第一, 经营风险可以用 σ_{EBIT} 衡量;

第二, 所有目前和潜在的投资者对公司未来的 *EBIT* 估计相同;

第三, 证券在完善的市场上进行交易;

第四, 公司和个人的债务均为相同的无风险债务;

第五, 所有现金流量为永续年金。

(2) MM 无税模型

定理 1　杠杆公司的价值等同于无杠杆公司的价值。

$$V_L = V_U = \frac{EBIT}{k_{WACC}} = \frac{EBIT}{k_{SU}} \qquad (9-17)$$

定理 2　股东的期望收益率随财务杠杆的增加而增加。

$$k_{SL} = k_{SU} + \frac{B}{S}(k_{SU} - k_b) \qquad (9-18)$$

(3) MM 含税模型

1963 年, 莫迪利亚尼和米勒将所得税因素引入资本结构理论, 他们发现, 在考虑公司所得税的情况下, 由于利息可以抵税, 公司价值会随着负债比率的提高而增加。莫迪利亚尼和米勒提出了以下两个定理, 其中 T 代表所得税税率。

定理 1　负债公司的价值等于相同风险等级的无负债公司价值加上税负结余价值。

$$V_L = V_U + B \cdot T_C \qquad (9-19)$$

式 (9-19) 的政策含义是, 公司负债比率为 100% 时, 公司价值最大。

假设公司预期收益为 *EBIT*, 债务融资为 B, 利率为 k_b, 则公司的税后现金流量为

$$税后现金流量 = EBIT(1 - T_C) + T \cdot k_b \cdot B \qquad (9-20)$$

式 (9-20) 中等号右边的前半部分是无负债公司的税后现金流量, 后半部分是债务的节税额, 是公司增加的现金流量。

根据假设, 这项现金流量是永续的, 前者用无杠杆公司权益成本贴现, 后者用利息率贴现, 因而杠杆公司的价值是

$$V_L = \frac{EBIT(1 - T_C)}{k_{SU}} + \frac{T_C \cdot k_b \cdot B}{k_b} = V_U + T_C \cdot B \qquad (9-21)$$

定理 2　负债公司的股本成本等于同风险的无负债公司的股本成本加风险溢价。

$$k_{SL} = k_{SU} + \frac{B}{S}(k_{SU} - k_b)(1 - T) \qquad (9-22)$$

2. 权衡理论（Trade – off Theory）

MM 模型的一些假设条件可以放宽而不会改变其基本结论，然而当引入财务困境成本和代理成本时，结论就大为不同了。

（1）财务困境成本（Costs of Financial Distress）

财务困境是指公司无力支付到期债务或费用的一种经济现象，包括从资本管理技术性失败到破产以及处于两者之间的各种情况。

财务困境引致的成本主要包括两种：其一是直接成本，一般是指破产成本，包括公司破产时的法律成本以及管理成本。其二是间接成本。首先，公司顾客和供应商会因担心服务受到影响及信用丧失而断绝正常的生意往来；其次，在公司为其项目筹集资金遇到困难时，债权投资者和权益投资者都不愿意承担风险而导致放弃有利可图的投资项目。

公司陷入财务困境的可能性及伴随发生的费用，降低了债权人的索偿价值，贷款人把预计的财务困境成本计入他们必要的利率之内，就会降低公司的价值。由于财务困境的可能性与负债比率成同方向发展，一个公司负债越多，其财务困境成本越高，公司价值越低。

（2）代理成本（Agency Cost）

当公司拥有债务时，在股东和债权人之间就产生了利益冲突，这会诱使股东寻求利己策略，具体表现为风险转移（公司的股东和他们的代理人——经理人员采纳一些高于债券持有者预期的风险水平的投资项目）、投资不足（身陷财务困境的公司拒绝将股权资本投入到具有正的 NPV 的项目中）、资本转移（在身陷财务困境、面临破产威胁的情况下，公司股东不但不愿将新的资本注入公司，反而会想方设法将资本转移出去以保护自己的利益，如公司会试图以发放股利的方式将公司的现金分掉）。在公司出现财务困境时，利益冲突扩大，给公司增加了代理成本。

（3）权衡模型（Trade – off Model）

在考虑到财务困境成本和代理成本之后，负债公司的价值可以表示如下：
$$V_L = V_U + T \cdot B - PV(FDC) - PV(AC) \tag{9-23}$$
式中：$PV(FDC)$ 为财务困境成本的现值；$PV(AC)$ 为代理成本的现值。

在式（9 – 23）中，随着负债节税的增加，两种成本的现值也一同增加：

当 $T \cdot B > PV(FDC) + PV(AC)$ 时，可以增加负债；

当 $T \cdot B < PV(FDC) + PV(AC)$ 时，公司债务规模过大，节税的好处已被增加的成本抵消；

当 $T \cdot B = PV(FDC) + PV(AC)$ 时，负债的规模使公司的价值最大，资本结构最佳（见图 9 – 10）。

9.2.2 公司资本结构选择的影响因素

在公司资本结构选择过程中应考虑以下基本因素。

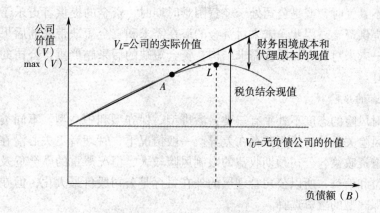

图 9 – 10 最优债务额和公司的价值

1. 公司的经营风险

公司没有负债时经营的内在风险越高，其负债比率越低，这种经营风险通常与公司经营所处的行业直接相关。大量研究表明，同一国家不同行业间的资本结构差异较大。未来投资机会大的高成长型行业，如制药、电子及计算机行业的负债水平较低；有形资产比重比较大的行业，如房地产、建筑和标准机械行业的负债水平较高。表 9 – 17 为 1999 年美国部分行业资本结构比率。

表 9 – 17　　　**1999 年美国部分行业资本结构比率（中位数）**　　　单位：%

项目	债务*占资产市场价值的比率
高财务杠杆	
建筑工程	61.5
旅馆及房地产	55.5
机场	40.8
金属矿山	36.2
纸业	30.3
低财务杠杆	
制药和化学	3.1
电子	11.1
生物制品	2.3
计算机	9.3

注：＊是指短期债务与长期债务之和。

资料来源：［美］斯蒂芬·A. 罗斯等著，吴世农等译. 公司理财（第6版）［M］. 北京：机械工业出版社，2003：324.

2. 公司的融资弹性

融资弹性是指公司在年景不好时用合理条款筹集资金的能力。公司的财务管理者知道，资本的稳定供应是稳定经营所必需的，这对长期的成长至关重要。财务经理也知

道，当经济不景气时，或是公司处于经营困难时期时，资金的提供者更乐于为财务状况良好的公司提供资金。因此，未来对资金的潜在需求和资金短缺带来的后果会影响目标资本结构——未来对资金的潜在需求结构，资金短缺的后果越严重，公司的财务状况应该保持得越好。

3. 管理者的风险观

管理者对风险的态度不外乎有三类：激进型、保守型和中立型。不同类型的管理者对待收益—风险关系的价值判断存在差异。一般情况下，管理者更关心潜在危机，如果采取激进的融资政策，公司预期收益的限制风险较大，情况严重的就会危及公司管理人的收益、地位和信誉，所以公司管理层的外在目标是公司股价最大化，但在实际操作时常常是趋于保守型的融资选择。

4. 对公司控制权的考虑

公司发行新股，公司的股权结构就会发生变化。为了保持公司原有的权利结构，当公司需要外部资本时，公司管理人一般首先选择债务融资；只有当公司经营出现潜在危机时，公司管理人认为进一步举债会使公司雪上加霜，才会选择发行股票。然而，公司管理人员还会考虑到公司未来重组时他们的地位，一般来说公司负债比率小，管理层被接管的可能性更大，这就需要在举债带来的财务困境成本及被接管的可能性之间进行权衡和判断。

5. 公司的成长机会

一家公司的经营价值等于其有形资产价值加上其成长机会。两者的组合在不同的公司有可能大不相同。例如，Duke Power 的价值主要由有形资产组成，而 Amazon.com 则拥有巨大的成长机会。有形资产和成长机会的组合对于资本结构有四方面的含义：

第一，拥有大量的有形资产的公司比拥有高成长机会的公司更易于获得抵押贷款。

第二，破产成本和由财务困境导致的分裂瓦解对于拥有高成长机会的公司更为不利。这不仅因为缺少良好的抵押品，也因为成长机会是以智力资本的形式存在的，智力资本存在于公司雇员的头脑中，当公司陷入财务困境时，这些雇员会离开公司，跳槽到别的公司去。

第三，管理者比外部人更了解公司的前景，这就是信息不对称。这种情况对于那些拥有许多成长机会的公司尤其重要，因为管理者会由于害怕泄露竞争秘密而不完全披露他们的未来计划。债权人意识到管理者比他们更了解公司的前景，怀疑管理者会投资于风险过高的项目，因此债权人会对这些有高成长机会的公司收取更高的利息费用。

第四，融资弹性对于有成长机会的公司更为重要。尽管这些公司更有可能发现需要额外融资的新项目，但由于信息不对称的问题，它们也更难使投资者相信该项目是可以接受的。因此，拥有高成长机会的公司比拥有大量有形资产的公司更需要融资弹性。

9.2.3 股利政策的主要理论

股利政策的核心问题是股利支付率对公司的价值有无影响。如果有，这种影响是积极的还是消极的？关于这一问题有三种主要的理论观点。

1. 股利政策无关论（MM 理论）

该理论由莫迪利亚尼和米勒提出。

（1）股利政策无关论的假设

① 无税假设：公司和个人的所得税均为零；

② 无费用假设：股票发行和交易费用为零；

③ 无偏好假设：投资者对公司发放股利或从股票交易中获得资本利得持无偏好态度；

④ 无关假设：公司的投资决策与股利政策无关；

⑤ 信息对称假设：对未来的投资机会，管理者和投资者的信息对称。

（2）股利政策无关论的结论与政策含义

结论：① 公司股票价格与其股利政策无关；② 公司权益资本成本与股利政策无关。该理论的政策含义是：公司无须制定股利政策。

2. 股利政策相关论（GL 理论）——"在手之鸟"理论

该理论由戈登（Gordon）和林特纳（Lintner）提出。

（1）"在手之鸟"（Bird in Hand，BIH）理论的机理

$k_S =$ 股利收益率 + 资本利得收益率 $= D_1/P_0 + g$

由于未来资本利得的折现率高于现金股利的折现率，投资者因而更偏好现金股利。

（2）"在手之鸟"理论的结论与政策含义

结论：①公司股票价格与股利支付比例成正比；②权益资本成本与股利支付比例成反比。"在手之鸟"理论的政策含义是：公司必须制定高股利政策才能使公司价值最大化。

3. 股利政策相关论（LR 理论）——税差理论

该理论由莱森伯格（Litzenberger）和拉姆斯韦（Ramaswamy）在 1979 年提出。

（1）税差（Tax Difference，TD）理论的假设

① 资本利得所得税与股利所得税之间存在差异（这一假设实际上是现实的）；

② 投资者可以通过延迟实现资本利得而延迟缴纳资本利得所得税。

（2）税差理论的机理

［例 9 - 16］设两种股票价格都是 10 美元，总收益都是 15%，其中 A 是收入型股票，$D/P = 10\%$，$g = 5\%$；B 是增长型股票，$D/P = 5\%$，$g = 10\%$；$T_{资本利得} = 28\%$，$T_{股利所得} = 40\%$。

A、B 股票的 EAT 计算如表 9 - 18 所示。

表 9 - 18　　　　　　　　　　　A、B 股票的 EAT 计算　　　　　　　　　　单位：%

股票	指标	D_1/P_0	g	$D_1/P_0 + g$
A	EBT	10	5	15
	税	- 4	- 1.4	- 5.4
	EAT	6	3.6	9.6

续表

股票	指标	D_1/P_0	g	$D_1/P_0 + g$
B	EBT	5	10	15
	税	−2	−2.8	−4.8
	EAT	3	7.2	10.2

根据税差理论，$EAT_B > EAT_A$；若资本利得税可以延迟，则 $EAT_B \gg EAT_A$。

（3）税差理论的结论和政策含义

结论：① 公司股票价格与股利支付比例成反比；② 权益资本成本与股利支付比例成正比。税差理论的政策含义是：公司必须制定低股利政策才能使公司价值最大化。

我们可以用图 9 − 11 来表示三种有争议的股利政策理论。

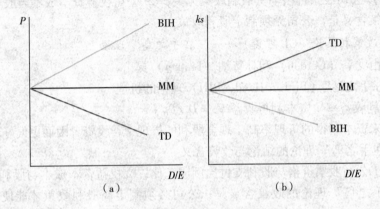

图 9 − 11　三种有争议的股利政策理论

除了上述三种有争议的股利政策理论之外，针对股利支付中的一些具体问题，人们试图从某一角度给出解释，由此产生了一些新的股利政策理论，这里我们介绍三种。

4. 信号理论

如何解释每当公司降低或减少股利时，股价下跌，反之股价上升？股东更加偏好现金股利吗？针对这一问题，用于解释股利政策的信号理论（Signaling Hypothesis）产生了。

它的原理是：公司管理者与投资者之间存在着信息不对称，公司"提高股利"是公司管理者向市场传递"盈利好"的信号；公司"降低股利"是公司管理者向市场传递"盈利差"的信号。所以，股价升降不是因为投资者对现金股利的偏好，而是由于信息不对称条件下投资者对股利政策含义理解后的反应。

反对信号理论的人认为：一方面，在信息不对称条件下，不同的股利政策向市场传递或好或坏的信号，但是，信号的内容截然不同，例如，在公司效益稳定或现金流量充裕的情况下，公司"提高股利"是管理者向市场传递"没有高效益投资项目"的信号，所以公司前景并不好；公司"降低股利"是管理者向市场传递"有高效益投资项目"的信号，所以公司前景光明。另一方面，股利政策的含义受管理者行为和投资者行为的影响，这种行为可能是理论上难以或无法描述的，或者与理论上的描述有所不同。

5. 客户效应

研究人员发现，某种群体偏好某种类型股票。例如，退休人员偏好公用事业股（股利支付率约为80%）；高收入人员偏好增长型股票的再投资（股利支付率约为7%）。为了解释这一问题，研究者提出了客户效应（Cliente Effect）理论。

客户效应理论的原理是：各种群体客户对现金股利和资本利得有不同的偏好和需求。虽然存在交易成本等障碍，但改变股利政策最终将导致客户变化。因此，公司应该制定符合客户偏好和需求的股利政策，才能保证股价的稳定性。

6. 代理理论

在解释股利政策的过程中，人们提出一个问题：为什么很多公司在支付股利的同时增发新股？解释这一现象的理论就是代理理论（Agency Theory）。

代理理论用于解释股利政策，其原理是：由于管理者与投资者之间存在代理冲突，股东需要支付监督管理者行为的代理费用。在大型、股权分散的公司，有效的监督机制是代表股东利益的"第三方监督者"。通过外部融资（借债、增发新股），可以解决公司董事会监督机制不力的问题——由债权人、投资银行等充当"第三方监督者"。由此得出的结论是，提高股利支付比例，促使公司增加外部融资需求，接受"第三方监督者"的监督，有助于解决股东和管理者之间的代理冲突。

9.2.4 股利政策实践

1. 剩余股利政策

在确定公司最优资本结构后，核算出计划要投资的高收益项目所需的权益资本，从净利润中扣除后，剩余的利润作为股利分配；有剩余则分，无则不分。

剩余股利政策（Residual Dividend Policy）的优点是可以保持公司的最优资本结构，但这种股利政策的股利不稳定。

[例9-17] Britton 公司正在考虑4个投资项目（见表9-19），有关信息如下：公司的资本成本为14%，融资结构为债务40%、普通股权益60%，可用于再投资的内部资金总额为75万美元。问应投资哪些项目？根据剩余股利政策，红利为多少？

表9-19　　　　　　　　项目投资规模和内部收益率　　　　　单位：美元，%

项目	A	B	C	D
投资规模	275 000	325 000	550 000	400 000
内部收益率	17.5	15.72	14.25	11.65

（1）根据项目的 IRR 和 WACC 比较，应投资于项目 A、B、C，共需资金
$$275\ 000 + 325\ 000 + 550\ 000 = 1\ 150\ 000(美元)$$
（2）按照公司的目标资本结构，权益占60%，权益资本共需
$$1150\ 000 \times 60\% = 690\ 000(美元)$$
（3）由于公司可用的内部资金为 750 000 美元，可用于分配的资金为
$$750\ 000 - 690\ 000 = 60\ 000(美元)$$

2. 稳定增长股利政策

将每年的股利确定在一定水平上并维持基本稳定，根据公司每年盈利增长的情况，在确信公司未来的盈利能力足以提高股利支付能力时，再按目标增长率逐步提高公司的股利支付水平。

稳定增长股利政策的优点是：有利于向市场传递积极信息；吸引对股利有较高依赖性的股东。缺点是：股利支付与盈利相脱节，在盈利不稳定的时候可能导致财务状况恶化。

3. 固定股利支付率政策

公司将股利与盈利挂钩，按股利占盈利的比率作为计算股利支付数量的标准。

固定股利支付率政策的优点是：股东所获股利与公司的经营绩效紧密联系，股东与公司风险共担。缺点是：股利不稳定，随盈利变动而波动，容易导致股价不稳定。

4. 股票回购计划（SRP）

公司使用剩余现金或发行债券的收入，购回股东手中的股票，变相地发放股利。被公司购回的股票称为库藏股。

公司股票回购的方式包括：（1）公开市场回购——公司在股票市场按照公司股票的当前市场价格回购；（2）要约回购——招标收购股权，又分为固定价格要约回购和荷兰式拍卖回购；（3）协议回购——公司以协议价格直接向一个或几个主要股东购回股票。

公司回购股票可以达到下列预期目的：增加每股收益的金额；调整公司资本结构，发挥财务杠杆作用；在方便股东选择股利支付方式的同时为股东提供避税的优惠；提升公司股票价值。

§9.3 营运资本管理决策

财务经理的大多数时间都用于营运资本管理。公司的营运资本由流动资产减去流动负债所构成。流动资产的期限以一年或更少的时间为限。营运资本管理包括了流动资产和流动负债管理的所有方面，通常我们也把营运资本管理决策称做短期财务政策。

9.3.1 营运资本管理决策的内容

1. 流动资产的投资规模

流动资产管理可被认为是在随投资水平上升而上升的成本和随投资水平上升而下降的成本之间进行权衡的问题。随流动资产投资水平上升而上升的成本称为持有成本（Carrying Costs），随流动资产投资水平上升而下降的成本称为短缺成本（Storage Costs）。

持有成本一般来说有两类：第一类是持有流动资产的机会成本，因为与其他资产相比，流动资产的回报率低；第二类是维持该资产经济价值而花费的成本，比如存货的仓储成本就属于该类成本。

如果流动资产投资水平太低，就会发生短缺成本，通常有两种类型：一类是交易或订购成本。交易成本是将资产转化成现金的成本，如佣金；而订购成本是订购存货的成本，如生产准备成本。另一类是与安全库存有关的成本。这些成本包括失去销售、丧失客户商誉的成本以及中断生产计划的成本。

图9-12向我们展示了持有成本和短缺成本的基本特性。流动资产投资总成本由持

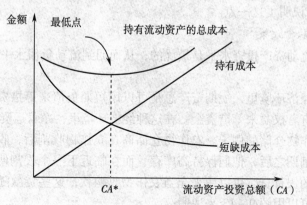

（a）短期财务政策：在流动资产上的最优投资

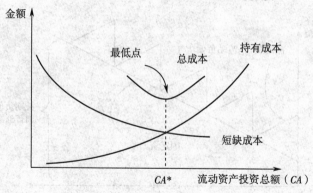

（b）稳健型财务政策

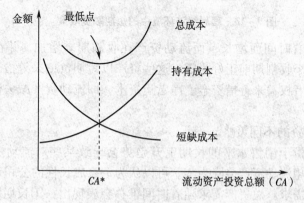

（c）激进型财务政策

图9-12 持有成本和短缺成本

有成本和短缺成本的总和决定。总成本曲线的最低点（CA*）反映了流动资产的最优水平。如果持有成本低、短缺成本高，最优的政策要求持有大量的流动资产。换句话说，这时最优政策就是稳健型政策，图9－12中（b）图说明了这一点。如果持有成本高、短缺成本低，最优政策就是激进型政策，也就是说最优政策要求持有适量的流动资产，图9－12中（c）图说明了这一点。

2. 流动资产的融资政策

现在我们假定流动资产投资水平是最优的，从而回到流动负债水平的确定上来。

（1）理想模型

在一个理想的经济环境里，短期资产总是可以用短期负债来筹措资金；长期资产可以用长期负债和所有者权益来筹措资金。在这种经济环境里，净营运资本总为零。

举一个关于农作物仓储的例子。农作物仓储商在农作物收割后，收购、储存并在一年之内出售。在收割期之后，他们保持高库存，而在临近下一个收割期时，库存水平很低。期限短于一年的银行贷款可以用来充当农作物收购款，这些贷款随着农作物的销售而偿还。这种情况可以用图9－13来说明。

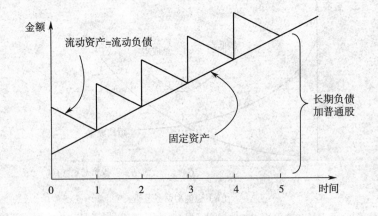

图 9 － 13　理想经济环境中的短期融资政策

假定长期负债随着时间而增长，而流动资产在收割期末增加，并在一年中逐渐降低。短期资产在下一个收割期前正好为零。这些资产以短期负债来筹措资金，而长期资产以长期负债和所有者权益来筹措资金。净营运资本，即流动资产减去流动负债，总是为零。

（2）流动资产融资的不同策略

在现实世界里，由于销售水平的长期上升趋势会导致某些对流动资产的永久性投资，因此我们不能期望流动资产会降为零。可以认为一家成长性的公司对流动资产和长期资产都有永久性的需求。总资产需求随着时间推移会表现出：①长期增长的趋势；②围绕这种趋势的季节性变动；③不可预测的逐日、逐月波动。图9－14刻画了这些特点。

图9－14中的高峰和低谷代表公司在不同时间的总资产需求。例如，对一家园艺用

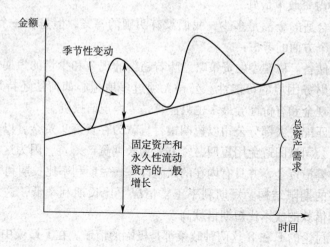

图 9 – 14　一段时期的总资产需求

品供应商而言，高峰可能代表在春天销售季节开始之前所储备的存货，低谷则是销售淡季时的较低存货。这类公司可以考虑两种策略以满足它的周期性需求：第一，公司可以持有相当多的有价证券。在存货和其他流动资产的需求开始上升时，公司就出售有价证券，用所得到的现金购买它所需要的东西。一旦存货卖掉，持有存货量开始下降时，公司再投资于有价证券。这种做法就是图 9 – 15 中所展示的 F 政策：稳健型政策。这里，公司实际上是以有价证券作为流动资产需求变动的缓冲器。

在另外一个极端上，公司可以持有相当少的有价证券。当存货和其他资产的需求开始上升时，公司就在短期内借入所需的现金。在对现金的需求回落时，公司就偿还借款。这种方法就是图 9 – 15 中所展示的 R 政策：激进型政策。

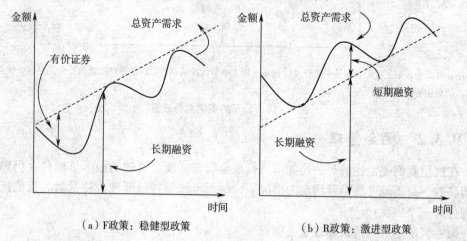

　　（a）F政策：稳健型政策　　　　　　（b）R政策：激进型政策

注：F 政策总会有短期现金剩余，并且存在大量的现金和有价证券投资；R 政策对资产的长期需求使用长期融资，对季节性变化使用短期融资。

图 9 – 15　备选的流动资产融资策略

（3）哪一种融资政策最好

短期借款最合适的金额是多少，我们没有明确的答案，但是在一个恰当的分析中，必须包括以下几个方面的考虑：

第一，现金储备。稳健型融资策略意味着超额的现金和少量的短期借款，这种政策降低了公司陷入财务困境的可能性。公司无须过多地担心如何偿还持续不断的短期欠款，然而投资于现金和有价证券最多也只能算是零净现值投资。

第二，期限匹配。大部分公司以短期银行贷款为存货筹集资金，以长期融资为固定资产筹集资金。公司试图避免用短期融资方式为长期资产筹资，因为这种期限不匹配的策略不得不经常筹措资金，并具有内在的风险性——短期利率比长期利率波动更大。

第三，利率的期限结构。短期利率正常情况下比长期利率低，这意味着，平均说来，依赖于长期借款的成本比短期借款高。

图9-15所讨论的F和R这两种政策都是极端的情形。在F政策中，公司从来没有任何短期借款；在R政策中，公司从不储备现金（在有价证券上的投资）。图9-16说明了这两种政策的折中政策。

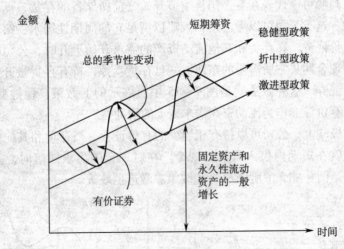

注：在折中政策下，公司保持一个流动性储备，用于季节性波动中所需流动资产的最初筹资。当这项储备用完以后，就利用短期借款。

图9-16 公司的短期财务政策

9.3.2 现金管理

在这里我们要论述的是公司如何进行现金管理。现金管理的根本目标是在仍然保证公司高效、高质地开展经营活动的情况下，尽可能地保持最低现金持有量。我们把现金管理分为三个步骤：

第一，确定适当的目标现金余额；

第二，有效地进行现金收支；

第三，将剩余资金投资于有价证券。

现金的流入和流出并不完全同步，持有一定数额的现金来作为缓冲很有必要。如果公司保持的现金余额过小，就可能出现现金耗尽的现象，在这种情况下，公司必须出售有价证券或者通过借款来满足现金需要，而出售有价证券和借贷则会带来交易成本。但是，现金是一种非生息资产，持有现金就会损失利息收入，这是持有现金的机会成本。现金管理的过程也是对现金的收益和成本进行权衡的过程。

1. 目标现金余额的确定——Baumol 模型

目标现金余额（Target Cash Balance）的确定需要我们在持有过多现金的机会成本（持有成本）和持有过少现金的成本［短缺成本，也叫做调整成本（Adjustment Cost）］之间进行抉择，最佳的政策应该使这些成本之和最小。

Baumol 现金管理模型假定：公司能够确定其未来的现金需求；现金支付在整个期间内是平均分布的；利率（持有现金的机会成本）是固定的；每一次公司把有价证券转化为现金所支付的交易成本固定不变。

Baumol 模型下的现金余额呈锯齿状（见图 9 – 17）。公司出售价值 C 的有价证券并将所获得的现金存放于其活期存款账户。随着公司现金的使用，现金余额逐步降为零。然后公司再出售价值 C 的有价证券，并把所得到的现金存放于活期存款账户，于是，这一模型本身不断重复。经过一段时间后，平均的现金余额将是 $C/2$。资金的时间价值（机会成本）是利率 i 乘以平均的现金余额，即 $i \cdot C/2$。同样，如果每一次存入 C，并且在一年中公司需要在它的账户中存入的总数为 T，那么存款的次数（也就是图 9 – 17 中每年锯齿的个数）等于 T/C。年交易成本等于每次存款的成本 b 乘以存款的次数，即 $b \cdot T/C$。

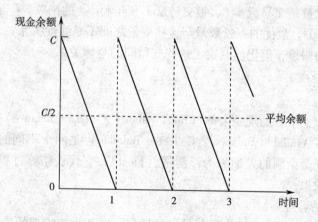

图 9 – 17　Baumol 模型下的现金余额

满足交易需求的年成本是交易成本再加上机会成本（时间价值），即

$$\text{成本} = b\frac{T}{C} + i\frac{C}{2} \tag{9 – 24}$$

式中：T 为年交易量（在期间内平均分布）；b 为每次交易的固定成本；i 为年利率；C 为每次存款的数量。

C 是决策变量。增加 C 后，在增加现金余额的同时也增加了机会成本。然而，增加

C 也减少了存款的次数，因此降低了年交易成本。图 9 – 18 展示了对这两种成本进行抉择的过程。最佳或最优的存款数量 C^*，产生了最小的总成本（成本*）。

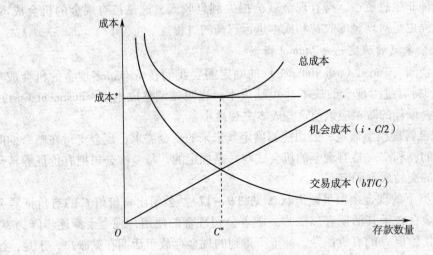

图 9 – 18　Baumol 模型的年成本

最优存款数量由以下公式给出：

$$C^* = \sqrt{\frac{2bT}{i}} \tag{9 – 25}$$

最优的存款数量是交易成本 b、年交易量 T 和年利率 i 的函数。C^* 的大小与 b、T 正相关，而与 i 负相关。最优的存款数量与这些变量之间不是线性关系。尽管 Baumol 模型作出了很多简化的假设，但仍然洞察了这些变量间的总体关系。

2. 现金收支管理

（1）浮游量

公司财务报表上报告的现金余额（Book Balance / Ledger Balance）与公司银行账户显示的存款余额（Available Balance / Collected Balance）是两个不同的数额，公司存款余额与公司账面现金余额的差额称为浮游量（Float），它代表结算过程中在银行体系内运动的支票的净效果。

（2）浮游量的管理

浮游量管理涉及对现金收款和现金支付的控制。现金收款管理的目标是要加速收款，并缩短从顾客付账到变成可用现金之间所需的时间。现金付款管理的目标则是要控制付款，并使公司付款的成本最小化。收款和付款的时间可以分成三部分：邮寄时间、处理延误和到账延误。邮寄时间（Mailing Time）是收付款过程的组成部分，是支票仍处于邮政系统中的时间；处理延误（Processing Delay）是指支票收款人处理这笔付款，并存入银行所需的时间；到账延误（Availability Delay）是指银行系统中结算支票所需的时间。

① 现金收款管理

现金收款过程可以用图 9 – 19 来描述。

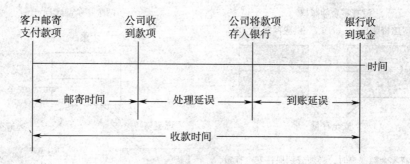

图 9 - 19　现金回收过程

现金收款过程中现金在每一阶段所保留的时间，取决于该公司的客户和银行所在的位置以及公司在现金收账上的效率。

② 现金付款管理

从公司的观点来看，支付浮游量是公司所希望的，因此管理支付浮游量的目的就是要尽可能地延缓支付。为了达到这个目的，公司可能会形成一些策略，以增加邮寄浮游量、处理浮游量和所开支票的到账浮游量。除此之外，公司还制定一些程序，使为付款而持有的现金数量最小化。

A. 提高支付浮游量。对支付的延缓来自邮件递送、支票处理时间以及收取资金所需的时间。从地理距离远的银行开出支票，就可以提高支付浮游量，这将增加支票通过银行体系进行结算所需要的时间。从位于远处的邮局寄出支票是另一种延缓支付的方法。

B. 控制支付。使支付浮游量最大化可能是不良的商业手法，然而，公司还是希望尽量使支付所牵制的现金越少越好。因此，公司已经发展出一些有效管理支付过程的制度。这种制度的总体想法是使银行中的存款不超过付账所需的最低金额。下面是达成这个目标的一些方法：

第一，零余额账户（Zero - Balance Account）。通过零余额账户制度，公司联合它的银行，保持一个主账户和一组子账户。当支票开出，子账户必须付款时，所需资金就从主账户转入。图 9 - 20 展示了这种系统的运作。

第二，受控支付账户（Controlled Disbursement Account）。在受控支付账户下，几乎所有需在当天支付的款项在上午就知道了，银行通知公司总付款额，公司再将所需金额转入（通常通过电汇）。

9.3.3　信用和存货管理

1. 信用管理

公司销售商品或提供劳务，授予信用是公司向客户作出投资，该投资与商品销售或劳务提供紧密相连。公司授予信用就产生了应收账款。应收账款包括向其他公司提供的商业信用和向消费者提供的消费信用。对任何公司来说，在应收账款上的投资，不仅取决于信用销售额，而且还取决于平均收账期。因此，公司在应收账款上的投资取决于对

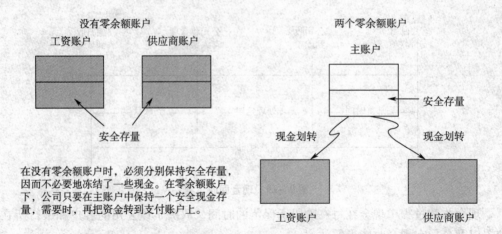

图 9-20　零余额账户

信用销售额和平均收账期发生影响的因素，公司的信用政策影响这些因素。一般来说，公司的信用政策由以下几部分组成：

第一，销售条件。公司必须决定在销售商品或提供劳务时授予信用的条件。比如，销售条件也需明确指明信用期限、现金折扣和信用工具种类等。

第二，信用分析。公司授予信用时，应尽力区分哪些客户将付款，哪些客户将不会付款。公司应使用很多手段和程序来确定客户会付款的概率。

第三，收账政策。授予信用的公司必须建立应收账款到期时公司的现金回收政策。

图 9-21 反映了公司提供信用的典型流程：①赊销；②客户邮寄支票给公司；③公司将支票存入银行；④银行将支票金额贷记入公司账户。

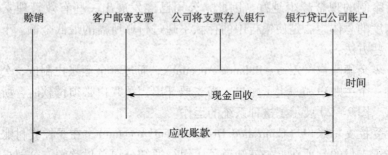

图 9-21　授予信用时的现金流程

（1）销售条件

销售条件（Terms of the Sale）是指授予信用的期限、现金折扣和信用工具种类等。例如，假如某客户被授予信用的条件是"2/10，N/30"，这表示该客户从开具发票日期起有 30 天的付款期，如果客户是在 10 天内付款，则能享受销售价格 2% 的现金折扣。如果指明的销售条件是"N/60"，则客户可在从开票日期起 60 天内付款，但是提前付款没有现金折扣。

①信用期限

不同的行业信用期限（Credit Periods）不同。例如，一家珠宝店销售钻戒的信用条件可能是"5/30，N/120"；一家食品批发公司售卖新鲜水果和农产品的信用条件可能是"N/7"。一般来说，公司在设置信用期限时必须考虑以下三个因素：客户不付款的概率；金额大小；商品容易腐败的程度。

延长信用期限实际上降低了客户的买入价格，因此，通常会导致销售额上升。

②现金折扣

现金折扣（Cash Discount）的原因之一是为了加速应收账款回收。这样可能会减少已授信金额，公司必须在这一结果和折扣成本之间进行权衡。当提供现金折扣时，这笔信用在折扣期间实质上是免费的，只有在折扣过期后，买主才需要支付整笔信用金额。

A. 放弃现金折扣的成本

现金折扣的金额看起来很小，但是放弃现金折扣隐含的利息成本却很高，以下举例说明。

假设信用条件为"3/10，N/30"，提供这一信用的公司实际上向客户提供了20天的短期贷款。我们假定公司在期初实现了1 000美元的销售额（见图9－22）。客户放弃3%的现金折扣在第30天付款相当于借入期限为20天的970美元，在第30天到期时支付30美元的利息（见图9－23）。

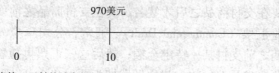

图9－22 信用条件图示

图9－23 放弃现金折扣的成本图示

$$970 = \frac{1\ 000}{(1+r)^{\frac{20}{365}}} \Rightarrow (1+r)^{\frac{20}{365}} = \frac{1\ 000}{970} \Rightarrow r = \left(\frac{1\ 000}{970}\right)^{\frac{365}{20}} - 1 = 74.35\%$$

由此可见，如果没有接受这个折扣，买主所支付的实际年利率是74.35%，这是一项非常昂贵的融资。

B. 现金折扣和平均收账期

给予现金折扣鼓励客户提前付款，可以缩短应收账款周转期，假设其他情况不变时，它会减少公司在应收账款上的投资。

假设一家公司目前的信用条件是"N/30"，而且平均收账期（Average Collection Period，ACP）是 30 天。如果该公司提出"2/10，N/30"的条件，50% 的客户将在第 10 天付款，其余的客户平均仍需 30 天付款，那么新的平均收账期是多少？如果公司的年销售收入为 1 500 万美元（折扣前），在应收账款上的投资会发生什么变化？

新的平均收账期是

$$ACP = 0.5 \times 10 + 0.5 \times 30 = 20（天）$$

ACP 从 30 天缩短到 20 天，日平均销售收入是 41 096 美元（15 000 000 ÷ 365），因此，应收账款将减少 410 960 美元（41 096 × 10）。

C. 信用工具

信用工具（Credit Instrument）是债务的基本凭证。大部分的贸易信用都记录在往来账（Open Account）上，这意味着，唯一的正式信用工具就是跟着商品一起发送出去的发票，客户必须在发票上面签名，作为收到商品的证据。此后，公司和它的客户分别在它们的账簿上登记这笔交易。此时，公司可能要求客户签发一张本票（Promissory Note）。这是一种基本的借条（IOU）。当订单很大、没有现金折扣或是公司预期收账会有困难时，就会采取这种做法。本票并不常见，但是其可以消除日后对存在债务的可能争议。

本票的问题之一是要在交付商品之后才签名。要在支付商品之前取得客户的信用承诺的方法之一是安排商业汇票（Commercial Draft）。通常，公司草拟一份商业汇票，要求客户在某一特定的日期之前支付某一特定金额；然后这张汇票再随着送货发票送到客户的银行。如果这张汇票要求马上付款，就称做即期汇票（Sight Draft）；如果不要求马上付款，就称做远期汇票（Time Draft）。一旦汇票被提示并被买主承兑，就意味着买主允诺在未来付款，那么它就被称做商业承兑汇票（Trade Acceptance），它被送回给卖方公司，卖主可以保留这张承兑汇票，也可以把它转卖给其他人。如果银行接受该汇票，意味着银行保证付款，那么这张汇票就变成银行承兑汇票（Banker's Acceptance）。这种安排在国际贸易中普遍采用，而且银行承兑汇票在货币市场的交易也很活跃。

公司也可以利用有条件的销售契约作为信用工具。这种安排可以是公司在客户付清货款之前仍然保留货物的所有权。有条件的销售契约通常以分期付款的方式支付，并且附带有利息成本。

（2）信用分析

信用分析（Credit Analysis）是决定是否对一个特定的客户授信的过程。它通常涉及两个步骤：收集相关信息和确定信用价值。

① 信用信息

一般来说，公司取得评估信用价值的资料的途径包括：

A. 财务报表（Financial Statements）。公司可以要求客户提供财务报表，然后运用财务比率作为授予或者拒绝信用的依据。

B. 客户对其他公司付款历史的信用报告（Credit Reports on Customer's Payment History with Other Firms）。很多机构出售有关其他公司的信用能力和信用历史的资料。如 Dun & Bradstreet，它为订阅者提供单个公司的信用参考书和信用报告；又如，Experian 是另外一家知名的信用报告公司，通过它可以取得许多公司的评级和信息，包括非常小的公司。此外，Equifax、Transunion 和 Experian 是消费者信用信息的主要提供者。

C. 银行。通常银行会帮助它的客户取得其他公司的信用信息。

D. 客户对公司的付款历史（the Customer's Payment History with the Firm）。要取得客户不付款的可能资料，最简便的方法就是获取它们过去偿债的信息。

② 信用评价和评分

传统的"5C"就是评价的基本因素：

A. 品德（Character）。客户履行信用责任的意愿。

B. 能力（Capacity）。客户用经营现金流量来偿还债务的能力。

C. 资本（Capital）。客户拥有的金融资产储备。

D. 担保（Collateral）。客户违约时的保护性资产。

E. 条件（Condition）。客户所处产业的一般经济状况。

（3）收账政策

收账（Collection）是指逾期账款的收回。财务经理一般留有每个客户的支付情况记录。

① 平均收账期

ACDP 公司一年中以每台 300 美元的价格卖出 100 000 台 CD 唱机。所有销售的信用条件均为"2/20，N/60"。假定 ACDP 公司 80% 的客户愿意享有现金折扣，且在第 20 天付款；其他的客户在第 60 天付款。ACDP 公司的平均收账期是 28 天，即

$$0.8 \times 20 + 0.2 \times 60 = 28(\text{天})$$

现实中计算平均收账期时公司通常要先计算平均日销售额（年销售额除以 365 天）。ACDP 公司的平均日销售额为

$$300 \times 100\ 000 \div 365 = 82\ 192(\text{美元})$$

如果今天的应收账款余额是 2 301 736 美元，则平均收账期为

$$2\ 301\ 736 \div 82\ 192 = 28(\text{天})$$

实践中，公司观测到的是每日销售额和每日应收账款，因而，计算出的平均收账期可与指明的信用条件相比较。例如，假定 ACDP 公司计算出几周内的平均收账期是 40 天，而信用条件是"2/20，N/60"。40 天的平均收账期意味着某些客户的付款时间延后了，这也许是因为某些应收账款已经逾期。但是，销售季节性明显的公司经常会发现，计算出的平均收账期在一年中经常波动，这使得平均收账期成为带有某种程度缺陷的分析工具。这种情况发生的原因是，在销售旺季前应收账款较低，而在销售旺季后则较高，因而公司要保持过去几年平均收账期变动情况的记录，用这种方法，能把今天的平均收账天数与过去几年该天的平均收账天数相比较。财务经理通常要编制应收账款账龄

分析表，作为平均收账期的补充。

②账龄分析表

账龄分析表（Receivable Aging Schedule）以账龄为序来对应收账款加以列表。在表9－20中，75%的应收账款处在信用期限内，但是有相当大比例的应收账款超出了60天。这表明一些客户拖欠款项。在一年内不同时间，账龄分析表会发生变动。比较而言，由于平均收账期仅给出一年的平均数，它是个有缺陷的工具。某些公司对平均收账期进行了修改，以便能检验平均收账期是如何随着销售旺季与淡季的变动而发生变化的。同样，账龄分析表经常随付款模式而变动。付款模式描述应收账款滞后回收的模式。与生存率表描述一个23岁的人活到24岁的概率一样，付款模式描述了一笔账龄为67天的应收账款在第68天时仍未获得支付的概率。

表9－20　　　　　　　　　　　　　　　　账龄分析表

应收账款账龄	应收账款总额百分比
0～20天	50%
21～60天	25%
61～80天	20%
80天以上	5%
	100%

③收账努力（Collection Effort）

公司在收款过程中所遵循的一系列特定步骤，取决于账款过期多久、账款的多少和其他因素。典型的收款过程通常包括以下步骤：

A. 信件。当账款过期几天时，可以发出"友好的提醒"。如果没有收到付款，可以发出一至两封信件，措辞更为严厉和迫切。

B. 电话。在送出最初的几封信后，给客户致电。如果顾客有财务上的困难，可以找出折中的办法，部分付款总好过一点不付。

C. 个人拜访。促成这笔销售的销售人员可以拜访顾客，请求付款。除销售人员以外，还可以派出其他的特别收款人员。

D. 收款机构。可以把应收账款交由专门代理回收过期账款的收款机构负责。收款机构一般要收费，比如所收回账款的一半，并且它们所收回的仅仅是它们所追讨的账款的一部分，因此公司的应收账款可能遭受较大比例的损失。

E. 诉讼程序。如果账款数额相当大，可以采取法律行为来获得不利于债务人的判决。

公司应拒绝向客户提供新的信用，除非客户付清拖欠的款项。不过，这可能招致信誉良好的客户的反感，并导致信用部门和销售部门间潜在的利益冲突。

2. 存货管理

公司的经营周期是由存货期间和应收账款期间组成的，信用政策和存货政策都影响销售收入，两者必须协调，以确保取得存货、卖出存货直到收款的整个过程的顺畅进行。

（1）存货的类型和存货成本

对制造商而言，存货通常可以分成三个类别：第一类是原材料（Raw Material）。它被公司用来作为生产过程的起点。它们可能是非常基本的材料，也可能是非常复杂的材料。第二类是在产品（Work - in - Process）。它是未完工的产品。这部分存货的多少取决于生产过程所需的时间。第三类是产成品（Finished Goods），也就是已经可以运输或者销售的产品。

与流动资产（特别是存货）相关的成本有两种基本类型：一种是持有成本（Carrying Cost），代表所有手头上持有存货的直接成本和机会成本，包括仓储成本和追踪成本、保险费和税、废弃损毁或者盗窃所产生的损失、投入资金的机会成本。这些成本的总和可能很大，每年大约是存货价值的 20% ~ 40%。另一种成本是短缺成本（Shortage Cost），它是因为手头上存货不足所产生的成本。短缺成本的两个要素是再进货成本以及与安全存量相关的成本。根据公司业务的不同，再进货或订购成本就是向供应商下订单的成本，或是开始生产的准备成本；与安全存量相关的成本就是机会损失，如销售损失以及由于存货不足而丧失的对客户的信誉。

存货管理中存在着一个基本的权衡，因为持有成本随着存货水平而增加，但是短缺成本，即再订购成本却随着存货水平而下降，因此，存货管理的基本目标就是要使这两个成本之和最小。我们将在下文讨论如何达到这个目标。

（2）存货管理技术

存货管理的目标通常是使成本最小化，这里我们介绍两种技术。

① 存货控制的 ABC 法

这是存货管理的一种简单方法，它的基本原理是把存货分成三组（或更多）。数量上占很小比例的存货从价值上讲所占比例可能很大。例如，对于使用相当昂贵、高科技的零件和相当便宜的基础材料来生产产品的制造商而言，这种情况就会存在。

图 9 - 24 展示了 A、B、C 组存货的比较，每一组存货分别根据占存货价值和占存货项目的百分比来列示。如果以项目计算，A 组占存货的 10%，但是它的价值却超过存货价值的一半。因此，A 组中的项目应该受到密切监控，而且应该保持相当低的存货水平。另外，像螺钉和螺母这种基本的存货项目也会存在，但是由于这些项目虽然重要但是成本不高，因此应该大批订购并持有，这些就是 C 组中的项目。B 组则介于 A 组和 C 组之间。

② 经济订货量模型

经济订货量（Economic Order Quantity，EOQ）模型是准确地建立最优存货水平的一个重要方法。假设存货以固定的速度 S 被消耗（在完工产品的情况下，S 指产品销售的速度），无论每次订货的数量是多少，订货成本都是固定的数额 F，整个期间内每件存货的储存成本是 C。这里我们假设存货以相同的速度使用或销售，并能进行存货的瞬时补充。

在这些假设之下，存货水平的变化如图 9 - 25 所示。存货开始有 Q 单位，然后以固定的比率减少直到零。在该点上，又有 Q 个存货单位瞬时补充，这一过程重复进行。在

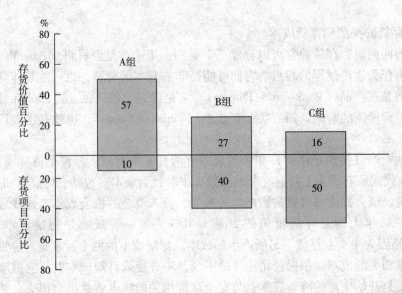

图 9 - 24 ABC 存货分析

一年中，存货在 Q 与零之间波动，图 9 - 25 中的锯齿个数就是每年的订货次数。

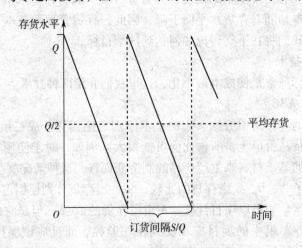

图 9 - 25 EOQ 的存货水平

总的年成本由两部分组成，即订货成本和储存成本。订货成本等于每次订货成本 F 乘以每年的订货次数。每年的订货次数是年使用量（以存货的单位计算）除以订货批量，即 S/Q，因此年订货成本是 $F(S/Q)$。年储存成本是每件存货的储存成本 C 乘以平均存货量 $Q/2$，因此年储存成本是 $C(Q/2)$。总的年成本是这两部分成本之和，即

$$总成本 = 订货成本 + 储蓄成本 = F\frac{S}{Q} + C\frac{Q}{2} \qquad (9-26)$$

图 9 - 26 显示了作为订货批量也是决策变量 Q 的函数的订货成本和储存成本。Q 的提高增加了储存成本，但减少了订货成本。找到使这两种成本平衡的订货批量，就能使

总成本最小。这个订货批量就是 *EOQ*。*EOQ* 的公式是

$$EOQ = \sqrt{\frac{2FS}{C}} \qquad (9-27)$$

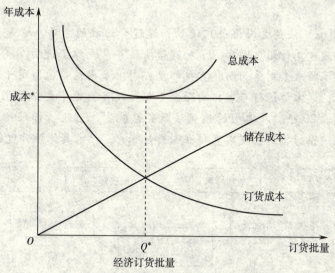

图 9 – 26   EOQ 模型的年成本

［例 9 – 18］假设 Officemax 公司以每年 1 800 台的速度出售个人复印机。每次的订货成本是 400 美元,一台复印机一年的储存成本是 100 美元。Officemax 公司的 *EOQ* 是多少? 利用 *EOQ* 求出平均库存量、每年的订货次数、两次订货间的时间间隔、年订货成本和总的年成本。

根据式 (9 – 27),Officemax 公司的 *EOQ* 为

$$EOQ = \sqrt{\frac{2FS}{C}} = \sqrt{\frac{2 \times 400 \times 1\,800}{100}} = \sqrt{14\,400} = 120(台)$$

平均库存量 $= Q/2 = 120 \div 2 = 60(台)$

每年的订货次数 $= S/Q = 1\,800 \div 120 = 15(次/年)$

两次订货的时间间隔 $= Q/S = 120 \div 1\,800 = 0.0667(年) = 24.3(天)$

年订货成本 $= F(S/Q) = 400 \times (1\,800 \div 120) = 6\,000(美元)$

年储存成本 $= C(Q/2) = 100 \times (120 \div 2) = 6\,000(美元)$

根据式 (9 – 26),Officemax 公司总的年成本是

总成本 = 订货成本 + 储存成本 $= F\dfrac{S}{Q} + C\dfrac{Q}{2} = 400 \times \dfrac{1\,800}{120} + 100 \times \dfrac{120}{2} = 12\,000(美元)$

注意,储存成本和订货成本相等,这对于 *EOQ* 总是成立的。

【专栏】

国外现金回收管理的常用方法

1. 锁箱法

锁箱（Lockbox）法是运用得最广泛的加速现金回收的方法。它是为接受应收款项而设置的一种邮政专用信箱。图 9 - 27 对锁箱法服务系统作了说明。现金回收过程开始于客户将支票邮至邮政专用信箱而非直接邮至公司。专用信箱由公司于客户所在地的某一开户银行保管，通常该银行与客户的距离不超过几百英里。大公司在全国各地设置的专用信箱常常超过 20 个。在典型的锁箱法服务系统中，当地银行每天都将几次开启专用信箱收取支票。银行将这些支票直接存入公司账户，记录具体操作过程并报送公司。

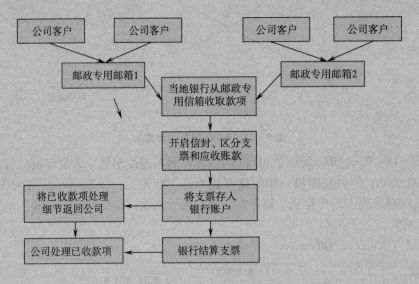

注：公司客户将款项汇至邮政专用信箱而非汇至公司，引起现金流动。银行一天内多次开启邮政锁箱收取款项，并将客户付款支票存入公司在银行的账户。

图 9 - 27　锁箱法操作流程

由于支票的接受点为临近的邮政局而不是公司总部，因此锁箱服务系统缩短了支票邮程时间。由于锁箱服务缩短了公司实际用于处理应收款项并将支票存入银行所需的时间，因而也缩短了公司处理支票的时间。较之公司以其总部为支票的接收点并自己到银行存储和结算支票，银行专用信箱能帮助公司更快地完成其收入的处理、存储和结算工作。以下举例说明银行锁箱系统在 Gap 公司的应用。

假设 Gap 公司最近要收回它在 Nashville 的所有客户欠款。Gap 公司希望通过采用一个新的银行信箱收款系统并在亚特兰大和圣路易斯设置信箱，以缩短从客户寄出支票到资金被收回的这段时间。经理人员预计能节约 3 天时间，即从以前的平均 8 天降到平均 5 天。Gap 公司每天收回 100 000 美元。与银行信箱相关的额外费用是每年 12 000 美元。Gap 公司资金的机会成本是 10%。采用新系统的预计年收益是多少？

$$减少的浮游量 = 100\,000 \times 3 = 300\,000(美元)$$
$$减少的浮游量的价值 = 300\,000 \times 0.10 = 30\,000(美元)$$
$$减:年营运成本 = 12\,000(美元)$$
$$\overline{\hspace{3cm}}$$
$$银行锁箱收款系统的税前净收益 = 18\,000(美元)$$

减少的300 000美元浮游量则长期地减少了等额现金的占用。如果投资到报酬率为10%的项目，则这笔现金每年收益30 000美元，减去系统的年营运成本12 000美元，每年仍能获得预期的税前收益18 000美元。

2. 集中银行法

另一种加速现金回收的方法是更快速地将公司的资金从各存款银行转入公司所在地的中心银行，这种方法被称做集中银行（Concentration Bank）法。在运用集中银行法的情况下，公司的销售部门通常要对客户支票的回收和处理过程负责。公司销售分支机构将客户的付款支票存入当地银行存款账户，超过当地存款银行最低存款余额的资金则从当地存款银行转入中心银行。集中银行法的目的在于从客户临近的银行收取客户付款支票。由于公司的销售分支机构通常比公司总部离客户更近一些，因此集中银行法就缩短了支票邮程时间。更进一步，由于客户支票通常在当地银行进行支取，因而支票的银行结算时间也大大缩短了。图9-28说明了这一过程，其中集中银行法与锁箱服务结合在一起，就构成了现金管理的总系统。

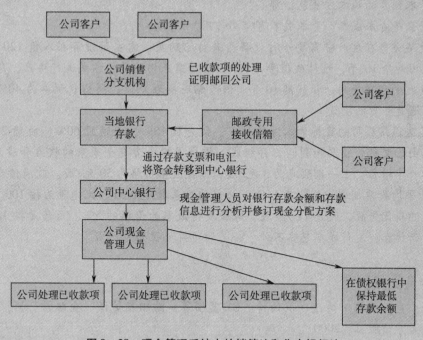

图9-28 现金管理系统中的锁箱法和集中银行法

公司的现金管理者可以利用公司中心银行聚集的资金进行短期投资或将其用于其他用途。公司的中心银行常为公司短期投资提供资金来源，此外它们也作为向支付银行转入资金的焦点。

【本章小结】

本章从理论与实践两方面讲述了公司金融决策的基本原理，以非金融企业为研究对象，解决公司应该选择什么样的长期投资项目、如何为所要投资的项目筹集资金以及企业的管理者如何管理日常的现金和财务工作等问题，即资本预算、资本结构和营运资本管理的问题。

【关键概念】

资本预算　资本结构　净现值　沉没成本　机会成本　权衡模型　代理成本
持久收入假说　浮游量　信用政策　经济订货量模型

【复习思考题】

1. 企业金融决策的三个主要内容是什么？
2. 资本预算中项目现金流量由哪些部分构成？
3. 在资本预算中为什么要使用现金流量指标？
4. 资本预算的基本方法包括哪些？
5. 什么是资本成本？资本成本有哪些作用？
6. 设某公司在生产中需要一种设备，若自己购买，需支付设备买入价 120 000 元，该设备使用寿命 10 年，预计残值率为 5%；公司若采用租赁的方式进行生产，每年将支付 20 000 元的租赁费用，租赁期 10 年，假设贴现率为 10%，所得税税率为 40%。要求作出购买还是租赁的决策。
7. 迅达通信公司的目标资本结构如下：优先股 15%，普通股 60%，负债 25%。普通股股本由已发行的股票和利润留存组成。该公司投资者期望未来的收益和股息按 9% 的固定增长率增长，上一期股息为 3 元/股，本期股票价格为 50 元/股。政府债券收益率为 11%，平均股票期望收益率为 14%，公司的 β 系数是 1.51。优先股为按 100 元/股的价格发行的新优先股，股息 11 元/股，每股发行成本为价格的 5%。负债是按 12% 年息率发行的新债券，发行成本忽略不计。公司的所得税税率为 33%。

【本章参考文献】

［1］［美］兹维·博迪、罗伯特·C. 莫顿著，欧阳颖等译. 金融学［M］. 北京：中国人民大学出版社，2000.

［2］［美］斯蒂芬·罗斯、威斯特菲尔德、乔丹著，吴世农等译，公司理财（第 6 版）［M］. 北京：机械工业出版社，2004.

［3］曾康霖. 金融学教程［M］. 北京：中国金融出版社，2006.

第 10 章

货币制度与货币供求

【导读】

现代社会中，货币无处不在。人类社会几乎所有活动都与货币有着千丝万缕的联系，比如商品、服务、报酬、财富、工商企业生产经营、政府部门日常运行、财政收支和国民收入分配……本章从货币产生的历史本源入手，探究货币的本质和职能、货币的定义和形式，以及国家用于规范货币发行、流通的货币制度形成及构成内容。继而，我们考虑各种货币供给和货币需求理论，并在最后探讨通货膨胀的类型、成因、效应及治理对策。

§10.1 货币与货币制度

10.1.1 货币的产生

1. 货币产生的基础：市场经济和交换行为

亚当·斯密（Adam Simith）指出，交换是人的天性，人类社会得以合作的基础就在于分工和交换现象的存在。交换行为不仅是以社会分工（Division of Labor）、私有财产和私有经济为基础的市场经济的客观要求，也是通过交换实现商品消费多样化，进而提高人们效用的重要途径。货币就是为了满足商品交换需要而产生的，并随交换制度变迁而演化。

历史地看，在商品经济发展的早期阶段，最早产生的物物交换制度（Barter Exchange Syetem）满足了商品交换规模较小的交易需要，但随着商品经济的发展以及随之而来的商品交易规模的扩大，物物交换制度的局限性日益显现出来。

第一，物物交换制度要求需求和时间的双重巧合，即用于交易的两种产品恰好是交易双方所需要的产品，而且，交易双方的供求不存在时滞。

第二，在物物交换制度下，商品之间的比价关系会随商品交换系列的延伸而增加，比如，有 N 种商品参加交易，商品比价关系达到 C_n^2 个。而且，众多商品之间难以建立

一致的"交叉兑换比率",比如,存在 A、B 和 C 三种商品,A 和 C 的直接交换比率为 A/C,存在商品 B 时,A 和 C 与 B 之间的间接交换比率为 A/B 和 B/C,但 (A/B)(B/C) ≠ A/C 的情况经常会发生。

第三,在物物交换制度下,缺少普遍接受的价值储存手段,因此,无法在不同代际之间转移财富,进而无法进行未来投资和消费。

与此对应的是物物交换存在高昂成本。首先,从事物物交换的交易双方需要在寻求交易对手方面花费较大成本,比如时间和精力等;其次,从事物物交换的机会成本,即用于物物交换的经济资源在迂回交易过程中失去的在其他方面投资的收益;最后,用于物物交换交易的直接成本,比如运输和保安费用。

正是基于物物交换制度的缺陷及其成本,依据效用论,西方经济学者分别提出创造发明说(货币是由国家或先哲创造出来的)、便于交换说(货币是为解决直接物物交换的困难而产生的)和保存财富说(货币是为保存财富而产生的)。

与此相反,马克思则从分析商品生产和商品交换的发展入手,通过研究价值形式发展过程,最终揭示了货币的起源,创立了科学的货币理论。马克思认为,商品是以可以用于交换而生产的劳动产品的形式存在的,具有价值和使用价值两个属性,是价值和使用价值的统一体。商品价值不能通过自身表现,只能在两种商品交换时,通过另一种商品表现出来。这种商品的价值表现形式,通常被称为价值形式。商品的价值形式,经历了由低级到高级的发展过程,若一种商品的价值偶然地表现在另一种商品上,是为简单的价值形式。随着商品经济的发展和交易规模的扩大,若商品价值经常表现在许多商品上时,是扩大的价值形式。在不断交易的过程中,人们逐渐地接受由一种商品来表现其他所有商品的价值,这种起媒介作用的商品被称为"一般等价物",从而产生一般价值形式。当其他一切商品的价值都由一种特殊商品来表现时,就产生了货币价值形式,而固定地充当一般等价物的特殊商品就是货币。货币产生的一般过程可以用图 10 - 1 来概括。

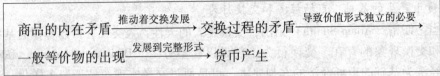

图 10 - 1 货币产生的一般过程

2. 货币对于经济发展的意义

货币的出现,克服了物物交换的困难,促进交换高效、低成本运行,节约社会劳动,促进资源合理配置,推动经济有效率地发展,具体体现为:

第一,货币的出现,使得商品交换方式由商品与商品相交换转变为所有商品都与货币相交换,这节约了寻求成本,并解决了双重巧合问题。

第二,货币的出现使得购买力一般化,这是因为,货币是固定充当一般等价物的特殊商品,代表与所持货币数量相同的商品和劳务的一般购买力(财富),并因而具有普遍可接受性(General Acceptability)。拥有货币就意味着获得相应的购买权利,此即"消费者主权"。

第三，根据消费者的意愿或需求，行使货币的交易职能，购买消费者所需商品和劳务，如此，可以促进社会资源的合理配置。

第四，凯恩斯（Keynes）认为，货币是连接过去和未来的纽带，货币的出现，促进了跨时交换，从而有助于财富转移，推迟消费，并鼓励投资。

10.1.2 货币的本质及职能

1. 货币的本质

货币的本质问题，实际上是回答"货币到底是什么"。针对这个问题，理论界已经形成许多不同学说。

（1）货币金属论

货币金属论反映欧洲封建制度逐渐解体、资本主义进入初步发展阶段的 16 世纪重商主义者的货币本质观。货币金属论的基本观点可概括如下：货币是商品，必须有实质价值，金银天然就是货币，因此，货币必然具有金属内容，货币等同于贵金属。货币是唯一的财富，国家和个人要想富强，就必须得到越来越多的货币。货币金属论适应资本主义原始积累时期积聚货币的客观需要，反映了当时新兴资产阶级的愿望，但将货币等同于金属，看成是唯一的财富却是错误的。

（2）货币名目论

针对不足值货币流通的现实，18 世纪出现了与货币金属学说相对立的货币名目论。货币名目论的主要观点是，货币不是财富本身，只是便利交换的技术工具，是换取财富的要素，是一种价值符号。因此，货币不具有商品性，没有实质价值，只在名目上存在，是观念上的计算单位。尼古拉斯·巴本（Nicholas Barbon，1640—1698）认为，在货币由贵金属铸造的情况下，货币的价值也不是贵金属本身所有的，而是由国家权威规定的。贵金属本身没有价值，其价值由货币的价值派生出来，而货币的价值由国家规定。因此，货币不一定非要用贵金属来铸造，可以是一种票券。

（3）劳动价值说

马克思是货币的劳动价值说的重要代表。他认为，货币与商品具有共性，都是人类劳动的产物，是价值和使用价值的统一体。这种共性使货币在商品交换发展过程中自发分离出来充当一般等价物成为可能。

货币具有商品属性，但却不是普通商品，而是特殊商品，是与其他一切商品相对立的、固定充当一般等价物的商品。货币与其他商品的区别表现在：首先，货币是表现衡量一切商品价值的材料，具有同其他一切商品相交换的能力；其次，货币商品的使用价值二重化。

（4）货币是核算社会必要劳动的工具

在商品经济中，商品价值量的实现，具体劳动和私人劳动向抽象劳动和社会劳动的转化，以能否实现向货币的转化为标志，最终以能否转化为或实现为货币来体现。在市场经济条件下，货币的这种核算作用实现了产业之间、产品结构之间的自发调节，使之

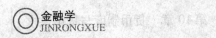

达到按比例发展。

（5）货币是普遍被接受的交易媒介和支付工具

这是现代经济中人们从货币职能和对货币进行有效控制的角度出发，给货币下定义的方法，也是一种最为实用的货币本质观。这种观点一般认为，能否充当交易媒介和支付工具是划分货币与其他资产的本质界限。在这种货币本质观的指导下，提出了对货币划分层次的要求，出现 M_0、M_1、M_2、M_3、准货币以及货币供应量等新的货币范畴。

（6）货币是"流动性"

在凯恩斯的货币理论中，货币是一种为人们提供流动性效用或灵活性效用的资产，对货币的需求就是一种对流动性或灵活性的偏好。拉德克利夫（Radcliffe）报告认为，在大量非银行金融中介机构存在的情况下，真正影响经济的不是狭义的货币供给，而是整个社会的流动性，应该用流动性来定义货币，货币的范围不仅包括传统意义上的只具有货币交易媒介功能的货币供给，还应包括银行和非银行金融机构所创造的所有的短期流动资产，这些流动资产不直接作为交易媒介，而是作为价值储藏手段的货币，是能够对经济产生重要影响的货币。

（7）货币是信用关系的载体

在流通中，人们需要的是一种如愿实现商品交换的保证或信用，而不是货币材料本身。货币的交换基础不在于它的内在价值和自然属性，而在于其发行者的信用状况。完全没有内在价值的纸币能够取代黄金作为货币，不仅因为政府的强制推行，更因为它确实代表着政府的信用。政府的信用，就是货币的公信力，是货币发挥功能的前提。从中央银行角度看，任何增加的货币发行最终都显示为其负债的增加和货币持有人资产占有或债权的增加，货币发行是中央银行与货币持有人之间的信用关系的反映。

2. 货币的职能

作为货币本质的体现，关于货币职能的观点主要分成两大类：其一是以劳动价值论作为理论基础的马克思主义货币信用学理论的货币职能观点；其二是以效用论作为理论基础的现代货币银行学的货币职能观点。下面分述之。

（1）马克思主义货币信用学理论的货币职能

作为具有价值和使用价值的一般等价物，货币是一般商品；同时，作为可以表现一切商品价值的材料（介质），货币又是特殊商品，因为其具有与一切商品相交换的能力，是财富的代表。在此基础上，马克思认为，货币具有价值尺度、流通手段、贮藏手段、支付手段和世界货币五大职能，其中价值尺度和流通手段是基本职能。

①价值尺度。货币在表现商品的价值并衡量商品价值量大小时，执行价值尺度的职能。

②流通手段。在商品交换中，货币充当交换的媒介、实现商品的价值时就执行流通手段的职能。

③支付手段。作为价值的独立运动形式进行单方面转移，用于清偿债务充当延期支付标准时，货币发挥支付手段职能。

④贮藏手段。以价值尺度和流通手段为基础，出售商品获得货币后没有继之以购买

商品，货币退出流通领域处于静止状态时，货币发挥贮藏手段职能。

⑤世界货币。货币发挥世界货币职能是货币的职能在国际领域的延伸。随着国际贸易的发展以及世界经济一体化的日渐形成，货币超越国界，在世界市场上发挥一般等价物作用。

（2）现代货币银行学的货币职能

现代货币银行学学者对于货币职能的论述大体上与马克思主义货币银行学的货币职能论述类似，并主要集中在货币作为交换媒介、记账单位、价值贮藏和延期支付标准等方面。现代学者关于货币职能形成的多样化表述见表 10 - 1。

表 10 - 1　　　　　　　　　　现代学者关于货币职能形成的多样化表述

学者	货币职能观点
汉森（Hansen，1956）	交换媒介、记账单位、延期支付标准、价值贮藏
哈耶克（Hayek，1976）	购买手段、延期支付标准、核算单位、价值储藏
曼昆、米什金（Mankiw、Mishkin，1996）	计价单位、交换媒介、价值贮藏
黄达（2003）	赋予交易对象以价格形态、购买和支付手段、积累和保存价值的手段

概括起来，货币的核心（基本）职能是双重的，即用来表现其他商品价格的价值尺度职能以及用来实现商品价格的流通手段职能。以这两个基本职能为基础，在货币具有很强的流动性的前提下，货币被作为价值形式收藏起来，退出流通领域，发挥贮藏手段职能；而且，货币可以作为交换价值独立存在，发挥支付手段职能。而上述四种职能在世界市场的延伸和发展，就表现为世界货币职能。值得格外注意的是，货币的价值尺度职能和流通手段职能以及由此带来的交易媒介职能和价值贮藏职能，前者是价值贮藏的前提，并成为产生货币需求的首要前提，后者则在现代经济生活中发挥着越来越重要的作用和影响（见图 10 - 2）。

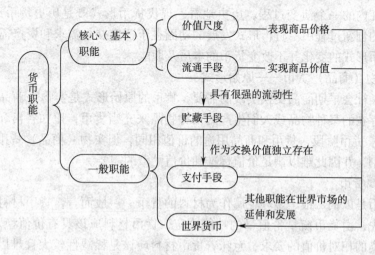

图 10 - 2　货币职能之间的关系

10.1.3 货币的定义与形式

在考虑了货币的产生、本质和职能之后，我们可以在本部分考虑货币的定义以及在货币的发展演变过程中所呈现出来的货币形式。

1. 货币的定义

关于货币的定义，可以从金属货币制度背景以及当代现实经济背景两个方面进行考虑。

（1）金属货币制度背景下的货币定义

金属货币制度背景下的经典货币定义由马克思给出。依据货币起源及其本质，马克思认为，货币是固定充当一般等价物的特殊商品。其中，货币一方面是具有价值和使用价值二重性的商品，另一方面，货币又是以自身价值形态表示商品价值的一般等价物的特殊商品。因此，作为一般购买力的代表，货币具有普遍接受性，这是由货币的特殊商品属性所决定的。

马克思关于货币的定义与金属货币制度背景相适应，但在黄金非货币化的现实经济背景之下，信用货币与贵金属之间的联系被完全割裂开来。因此，适应客观经济环境的变化，需要对货币进行重新定义。

（2）现实经济背景下的货币定义

在当今世界各国普遍实行信用货币制度下，货币被定义为具有普遍可接受性、作为购买手段并清偿债务的支付工具。这里，货币的基本功能是媒介商品交换和支付债务。而且，与金属货币制度不同，货币的普遍可接受性或由国家法令强制流通，或由货币发行主体信誉保证。

2. 货币形式的演进与发展

伴随着商品生产流通的发展，货币形式经历了包括实物货币、金属货币以及信用货币三个阶段在内的一个演变过程。历史地看，现代货币形式既是历史货币形式的延续，又处在不断的创新过程中。货币形式发展的动因在于适应交易需求和资产需求的客观需要，当然货币形式的变化并不改变货币的本质及职能。

（1）实物（商品）货币——原始形式

适应人类社会早期商品交换实践的需要，货币的原始形式是实物（商品）货币，也即以自然界存在的某种物品或人们生产的某种物品来充当货币，比如谷帛和贝币等。在实物（商品）货币阶段，货币和商品用途的价值相同，但实物（商品）货币往往体积笨重、不便分割，并因此难以满足价值标准和价值贮藏的需要。

（2）金属货币

金属货币是以铜、银、金等金属作为材料的货币。一般而言，货币材料具有如下一般特点：首先，由货币衡量价值量的功能决定，货币材料应该具有价值稳定性；其次，对货币的较高的相对价值的要求，意味着货币材料应该是稀缺性较大且难以生产的；最后，从提高货币的服务效率出发，货币材料应该是便于携带和易于分割的。随着商品经济的发展以及交换规模的不断扩大，人们逐渐发现，金、银等贵金属具备这些条件和特征，或者更准确地说，与其他实物（商品）货币比较而言，金属货币能更有效地发挥货币职能，因为贵金属金、银具有价值高而稳定、均质、耐磨等特有属性。正是在这个意义上，"货币天然不是金银，但金银天然是货币"。

【专栏】

称量货币和铸币

金属货币采用过称量货币（Currency）和铸币（Cioned Money）两种形式。称量货币是指以金属条块的形式发挥货币作用的金属货币，因为每次使用时都要称重量，鉴定成色，所以被称为称量货币。中国历史上的称量货币形态是白银。我国从汉代开始使用的白银，都以两为计量单位，以银锭为主要形态，银锭分为四种形式：一是元宝，亦称马蹄银或宝银，每枚重约五十两；二是中锭，也称小元宝；三是小锭，重约一二两到三五两；四是碎银，重量在一两以下。铸币是铸造成一定形状并由国家印记证明其重量和成色的金属货币。铸币的最初形态各不相同。比如，中国历史上铸币的形状有仿造贝币而铸造的铜币、银币和金币，有仿造刀状而铸造的刀币，有仿造铲状而铸造的铲币等。因为圆形便于携带，不易磨损，铸币的形式逐渐过渡统一到圆形。秦始皇统一中国货币而铸造的秦半两为圆形，中间有孔，一直沿用到清末，被戏称为"孔方兄"。

（3）代用货币

代用货币是代表实体货币的货币。代用货币作为商品本身的价值低于其代表货币的价值，通常是政府或银行发行的，有真实的贵金属作准备，且可以自由地向发行单位兑换金属货币。代用货币通常采取不足值铸币、银行券（凭单）和纸币形式。代用货币的流通由货币流通手段职能决定，因为货币的流通手段是交换的手段而不是目的，只要有媒介作用即可。作为代用货币的完整形式，相对铸币成本，纸币具有如下优势：印刷成本低，容易携带和运输，易于辨认和计量。

（4）信用货币

信用货币是以信用为保证、通过信用程序发行和创造的货币。信用货币是目前世界上几乎所有国家采用的货币形态。从历史上看，信用货币是金属货币制度崩溃的结果。在信用货币制度下，信用货币不以黄金为准备，不能兑换成黄金，割断了与贵金属的联系，政府或银行的信誉是其基本保证。信用货币的形式有银行券、存款货币和银行票据等，这里着重介绍一下银行券和存款货币。当今，信用货币的主要形式是流通中的货币，即纸币和辅币。其主要职能是担当人们日常生活用品的购买手段。纸币和辅币的发行权为政府或政府的金融当局专有。存款货币（Saving Account）是信用货币的另一种形式。存款货币是指能够发挥货币作用的银行存款，主要指能够通过签发支票办理转账结算的活期存款。与使用现金支付相比较而言，存款货币结算具有快速、安全和便捷的特点，尤其是在大额交易中，存款货币的转账结算具有重要的地位。

（5）电子货币

尽管存款货币相对于流通中的现金进行结算具有极大的便利性，但随着现代经济的

发展以及商品支付额度的扩大，签发支票需要耗费大量的人力、物力，形成巨大的财力支出。为此，基于当代高科技迅猛发展过程中出现的电子化、信息化技术，人们通过电子计算机以及网络技术创造出更为方便快捷的支付方式。目前，电子货币的具体形式主要有两种：一是以各种卡片形式存在的卡式电子货币，如信用卡（Credit Card）、芯片卡或 IC（Integrated Circuit）；二是以计算机软件形式存在，在网络电子支付系统中用于清算的数字化货币（E-money）。在电子货币形式下，通过使用特定软件，货币价值通过诸如 Internet 等电子通讯网络发生转移。电子货币的具体形态仍处于不断创新和发展过程中，但其反映出货币形态发展变化的总体特征，即货币载体由纸质转变为电子形式，由实体转变为虚拟。

10.1.4 货币制度

1. 货币制度的产生

货币制度（Monetary System）是指一个国家或地区以法律形式确立的货币流通结构、体系与组织形式，包括确定本位货币金属和货币单位，确定本位币和辅币的铸造、发行和流通程序，纸币的发行和流通程序，规定金准备制度和外汇准备制度。

货币制度的产生与铸币流通的缺陷有关。所谓铸币，就是经国家证明，具有一定形状、重量、成色并标明面值的金属货币。不存在货币制度时，铸币权是分散的，这带来铸币的成色、重量不一致；而铸币材料不一，铜、白银和黄金同时作为货币材料，因此标准币也不相同。流通秩序混乱、货币贬值的客观现实要求建立统一的市场，制定统一、稳定和规范的货币流通制度，具体体现在：由中央银行或国家的货币当局垄断货币发行，对货币单位作出规定，并确定货币材料以及流通中所需要的货币量。因此，本位货币金属和货币单位，货币铸造、发行和流通程序等法令和条例集中起来制度化的过程，就是货币制度形成的过程。

2. 货币制度的构成要素

（1）确定本位货币金属和货币单位

规定货币材料是货币制度的基本内容，也是一种货币制度区别于另一种货币制度的依据。确定不同的货币材料就构成不同的货币本位，使用金、银或金银共同作为货币材料就形成金本位制、银本位制或金银复本位制。一个国家一定时期内使用哪种商品作为货币材料由国家规定，但国家的规定也是受客观经济发展过程制约和决定的，国家对货币材料的规定实际上是对流通中已形成的客观现实进行法律上的规定，国家不可以随心所欲地规定某种商品作为货币材料。从历史上看，随着社会生产力的不断提高以及社会经济中交易规模的不断扩大，货币材料的演变经历了较贱金属到较贵金属的递进过程。

此外，确定货币单位，也即价格标准，就是规定货币单位所含金属的重量。比如，英国的货币单位是镑（Pound Sterling），1816 年 5 月的金本位法案规定，1 英镑含成色 11 比 12 的黄金 123.7447 格令，纯金 113.0016 格令。美国的货币单位定名为美元（Dollar），1990 年的金本位法案规定，1 美元含 9 比 10 的黄金 25.8 格令，纯金 23.22 格令。

（2）确定本位币和辅币的铸造、发行和流通程序

本位币（Standard Currency）是国家的基本通货和法定的计价结算货币。本位币是无限法偿货币，也就是说，法律赋予本位币无限的支付能力，无论数额多大，任何人不得拒绝接受，否则视为违法。

在金属货币制度下，本位币可以自由铸造，每个公民都有权利请求政府免费或低费代铸，在数量上没有限制，同样，公民有权利要求将本位币熔为条块状，这样，就可以自发地调节流通中的货币量。当流通中的货币供给量超过需求量时，主币会因为面值低于实际价值而被熔为金属条块贮藏起来；相反，货币供给量低于货币需求量时，主币面值高于实际价值，退出流通领域而被贮藏的条块状贵金属将重新被铸为主币，从而增加货币供给量。

为了保持本位币名义价值与实际价值一致，防止重量和成色不足的铸币与足值货币混合流通，从而造成劣币驱逐良币的现象，各国政府都规定主币的公差，即法定的铸造误差或法律允许的磨损程度。

辅币（Fractional Currency）是本位币货币单位以下的小面额货币，它是本位币的等份，其面值多为本位币的 1/10 或 1/100。辅币主要供小额周转使用。在金属货币制度下，辅币通常用贱金属铸造，以节约流通费用。辅币的实际价值低于名义价值，是不足值铸币，它与主币按照法律规定保持固定的兑换比例，以保证其按名义价值流通。辅币的铸造权由国家垄断，铸币收入归国家财政所有，铸币数量也应该有一定的限制。因此，辅币是有限法偿货币，即辅币在一次支付中有法定支付限额的限制，若超过限额，对方可以拒绝接受。

（3）纸币的发行和流通程序

金属货币制度下，流通中的货币除铸币形式的铸币和辅币外，还包括银行券、纸币和不兑现的信用货币。1929—1933 年的经济危机后，各国的银行券不再能兑换成黄金，从而演变为不兑现的纸币。因为执行流通手段职能的货币只是交换手段而不是目的，因此政府有意识地利用这一特性，铸造和发行不足值铸币，直至发行没有价值的纸币，并通过国家法律强制其流通。在纸币本位制度下，货币不再规定含金量，货币单位与价格标准融为一体，货币的价格标准即为货币单位及其划分的等份，如元、角、分。

纸币是国家强制发行和流通的不能兑现的货币符号。纸币是因流通才有价值，它不能退出流通，不能兑现，一般也不能超越国界流通。纸币由国家垄断发行。纸币的投入渠道包括银行贷款、财政贷款或透支、收购外汇和黄金、购买有价证券等。

（4）金准备制度和外汇准备制度

作为金准备的黄金必须集中于中央银行或国库。作为货币发行准备的黄金主要用于国际支付准备金、扩张和收缩国内金属货币的准备金、支付存款和兑换银行券的准备金。1973 年以后，牙买加体系确定黄金非货币化，金准备制度只作为国际支付的准备金，其他两个用途已不复存在。

作为外汇准备的外币以及国外可以使用的支付手段，如短期存款、有价证券、外国银行支票和外币汇票等，主要用于国际支付准备金、国内金属货币流通的准备金、支付

存款和兑换银行券的准备金。

3. 货币制度的类型

如图 10 – 3 所示，16 世纪以来世界各国货币制度的演变过程，大体上经历了银本位制、金银复本位制、金本位制和信用货币制度几个阶段，现分述之。

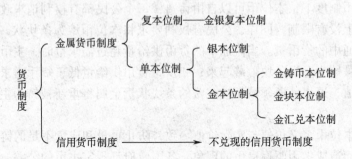

图 10 – 3　16 世纪以来货币制度的主要类型

（1）银本位制

与封建社会经济发展相适应，银本位制是以白银作为本位币币材的货币制度。其中，银铸币为本位货币，具有无限法偿能力。银币可以自由铸造、自由熔化。国际间白银和银币可以自由输出入。流通中的纸币可以与银币自由兑换。18 世纪 40 年代后，由于世界白银产量增加，白银价格不断下跌。由于白银价格不稳定，白银作为货币不利于货币流通的稳定和国际收付，从而削弱了白银作为货币的能力，因此许多国家逐步过渡到了金银复本位制。

（2）金银复本位制

金银复本位制是金、银两种铸币同时被确定为法定本位货币的货币制度。金银货币具有无限法偿能力。金银币可以自由铸造和熔化，金银和金银铸币在国际间能自由输出入。纸币和其他货币可以与金银币自由兑换。

金银复本位制是资本主义发展初期各西方国家普遍实行的货币本位制度，因为白银适合零星交易，而黄金则适合大额交易，尤其是从 16 世纪开始，美洲黄金和白银矿相继被发现和开采，大量金银流入西方国家，从而形成金银复本位制。

金银复本位制在理论上具有重大缺陷，因为货币本身具有排他性和独占性，这与复本位制同时采用价值量不同的两种货币材料共同执行价值尺度职能相违背。在实际运行中，金银复本位制通常采取两种形式。当金银铸币各按其本身所包含的价值同时流通时，此即平行本位制。在平行本位制下，流通中的商品就出现两种价格，并且这两种价格会随着金银市场比价变化而变化，造成流通混乱。若国家规定金银比价，则此为双本位制。双本位制下仍然存在金银市场比价变化，相应地会出现劣币驱逐良币现象，即"格雷欣法则"（Gresham Law）。格雷欣法则可以表述为：在金属货币流通条件下，如果在同一地区同时流通两种货币，则在法律上被低估的货币（实际价值高于法定名义价值的货币，称为良币）必然被收藏、熔化或输出国外，而法律上被高估的货币（实际价值低于法定名义价值的货币，称为劣币）则独占市场，最终，流通领域只有一种价值相对低的劣币在流通。

（3）金本位制

18 世纪末 19 世纪初，各资本主义国家都逐步从复本位制向金本位制（Gold Standard）过渡。金本位制包括金币本位制、金块本位制和金汇兑本位制。

金币本位制是 19 世纪中叶到 20 世纪初主要资本主义国家实行的货币本位制度，其基本特征是：金币自由流通、铸造，货币符号可以自由兑换金币，无限法偿。金币本位制是一种比较稳定的货币制度，它在资本主义发展过程中起到促进生产、促进信用制度、促进国际贸易的作用。金币本位制的稳定性被第一次世界大战打破，各国停止了金币流通、自由兑换和黄金的自由输出入。第一次世界大战后，各国建立了金块本位制，其内容是：银行券仍规定一定的含金量，达到一定金额的银行券只能兑换为金块而不是金币。金块本位制尽管承诺兑换黄金，但因为有了限制条件，一般公众没有能力进行兑换，所以大大节约了黄金的使用，中央银行只需保留一定比例的黄金作为发行准备。这说明黄金的货币职能开始萎缩。有些国家则选择了金汇兑本位制，或称虚金本位制，其含义是规定国内货币与另一实行金币本位或金块本位制国家的货币保持固定汇率，并在该国存放外汇黄金作为发行准备，居民可以按照法定汇率购买（兑换）外汇，在联系国兑换黄金。这是一种间接地与黄金挂钩的制度，但这种制度没有维持几年的时间，随着 20 世纪 30 年代西方国家经济大危机，金本位制度彻底崩溃，取而代之的是不兑现的信用货币制度。

（4）不兑现的信用货币制度

1973 年末，布雷顿森林体系崩溃，各国实行不兑现的信用货币制度。信用货币制度是指以中央银行或国家指定机构发行的信用货币作为本位币的货币制度。流通中的信用货币主要由现金和银行存款构成，并通过金融机构的业务投入流通中去，国家通过种种方式对信用货币进行管理调控。在信用货币制度下，不再规定含金量，不再兑换黄金，无须金银和外汇作为发行准备，但却由国家法律规定强制其流通，称为无限法偿货币和最后支付手段，同时，存款货币可以随时兑换成纸币。在信用货币制度下，银行券通过信用程序投入流通领域，所以货币流通通过信用调节，信用货币的量直接与中央银行的信用规模相关。信用货币具有较强的弹性。通过信用规模的调整，可以影响经济的规模。所以，调节中央银行信用规模，维持适度的信用货币量是任何国家货币政策的核心内容。

概括起来，现行信用货币制度的特点包括以下几点：第一，贵金属非货币化；第二，流通中的信用货币主要由现金和存款货币构成；第三，现实经济中的货币均通过金融活动投入流通；第四，中央银行代表国家对信用货币进行统一管理与调控成为金融和经济正常发展的必要条件。

§10.2 货币供求

在经济货币化条件下，对总供给的有效支付能力或购买力的载体是货币供给，因此，社会总供求的关系最终主要通过总供给与货币供给的比较表现出来。另外，一定的社会总供给从总量上反映了全社会对货币的需求，依据这种需求掌握的货币供给则形成了与社会总供给基本适应的社会总需求。本节分别探讨货币供给与需求问题，继而综合考虑货币供求以及与之相关的通货膨胀问题。

10.2.1 货币供给

1. 货币供应量的构成和层次划分

货币供应量是指一个国家或地区在一定时点上存在于个人、企业、金融机构和政府等部门的现金和存款货币的数量。现实生活中，人们往往还将货币的范围扩展到一些流动性较强的短期证券，如国库券、商业票据等，因为它们可以容易地转换为现金或活期存款，从而成为现实的购买和支付工具。

货币供应量的层次划分标准或依据是流动性，所谓货币的流动性，是指各种货币形态转换为现金所需要的时间和成本的多少，它反映各种货币形态作为流通手段和支付手段的方便程度。现金和存款货币是直接可以用于购买和支付的货币，因而流动性最强，被普遍列为第一层次。在货币的第二层次中，一般是加进各类定期存款和储蓄存款，其流动性较活期存款弱。在此基础上加进各类非银行金融机构的存款，构成第三层次的货币。第四层次货币一般是加进各种短期金融工具，比如国库券、银行承兑票据等，其流动性比各种存款弱，比其他长期证券强。

国际货币基金组织采用的货币供应量口径是货币和准货币。其中，货币包括银行以外的通货和私人部门的活期存款，准货币包括定期存款、储蓄存款和外币存款。

中国从1990年起开始编制货币供应量统计口径，从1994年10月开始由中国人民银行向社会定期公布货币供应量统计数据。根据2001年7月修订的统计口径，中国目前的货币供应量层次为：第一层次即 M_0：流通中现金；第二层次即狭义货币 M_1，为 M_0 + 可开支票进行支付的单位活期存款；第三层次即广义货币 M_2，为 M_1 + 居民储蓄存款 + 单位定期存款 + 单位其他存款 + 证券公司客户保证金。

2. 现代经济中的货币供给主体

现代经济中，货币供给的主体是银行。现金货币是由中央银行发行的，它是中央银行的负债；存款货币则是商业银行和其他存款性金融机构的负债。商业银行借以发放贷款的资金，还可由中央银行向其提供贷款来供应。这种分工决定了中央银行和商业银行在货币供给过程中起着不同的作用。

首先，现金是由中央银行供给的。国家赋予中央银行发行现金的特权，凡是从中央银行流出的现金，都是中央银行的负债，它构成中央银行的资金来源。

其次，存款形式的货币供给是由商业银行和中央银行共同作用完成的。商业银行作为经营货币信用业务的企业，其经营活动主要表现为不断地吸收存款和发放贷款。在众多银行并存的经济体系中，会形成存款货币的创造过程。中央银行作为"银行的银行"，在存款货币的创造机制中起着基础性作用。第一，中央银行向流通中投入的现金增加时，可形成商业银行原始存款的货币来源就增加了；第二，中央银行可以向商业银行提供贷款，使商业银行可用以发放贷款的准备金增加，从而增强创造存款的能力。

3. 商业银行的货币供给机制

（1）商业银行信用创造的两个基本条件

所谓商业银行信用创造，包括两个层次的含义：其一，信用制度的发展使商业银行在银行信用的基础上创造可以代替货币的信用流通工具，如银行券和支票。其二，商业银行可以在支票广泛流通和实施转账结算的条件下，进行存款货币的创造，从而在货币供给机制中发挥重要作用。我们在这里强调第二个层面的商业银行信用创造。

商业银行信用创造需要两个基本前提条件：

首先，现代转账结算制度，也即非现金结算制度，客户在取得银行贷款后，一般并不立即提取现金，而是转入其在商业银行的活期存款账户。这样，银行一方面增加了放款，另一方面又增加了活期存款。通过银行转账方式发放贷款而创造的存款，被称为派生存款。

其次，现代各国银行制度一般都通过法律形式规定商业银行必须保留的最低数额的准备金，即法定准备金。准备金超过法定准备金的部分，为超额准备金。商业银行的存款准备金包括库存现金和在中央银行的存款两部分，各国通常采用部分准备金制度，若非如此，则商业银行根本不可能利用所吸收的存款去发放贷款。

（2）商业银行信用创造

简言之，商业银行存款货币创造的机制或过程，就是银行将吸收的存款发放贷款后，接受贷款的客户并不完全支取现金甚至完全不支取现金，而是转入其银行存款账户，以转移存款的方式进行支付使用。这样，由原来那笔存款经贷款后又形成一笔新的存款，增加了商业银行的资金来源，最后会使整个银行体系的存款加倍形成。

简单起见，我们进行如下假定：

第一，每家商业银行只保留法定准备金，超额准备金等于零；

第二，商业银行客户将其一切来源的收入都存于银行的交易账户，而不增加储蓄和定期存款；

第三，法定准备金率为 20%，也就是说，商业银行吸收每一笔存款的 20% 都要上缴到中央银行账户。

现在，甲商业银行获得 10 万元的原始存款，按 20% 法定准备金的规定，将 2 万元留存，剩余的 8 万元用于发放贷款；现在获得 8 万元贷款的企业又将贷款存放在乙银行，乙银行按照 20% 法定准备金的规定，将 1.6 万元留存，将剩余的 6.4 万元用于发放贷款，获得贷款的企业又将钱存放在丙银行……依此类推，如表 10 - 2 所示。

表 10-2 　　　　　　　　商业银行信用创造过程　　　　　　　　单位：万元

银行	存款	按20%法定准备金	贷款
甲银行	10（原始存款）	2	8
乙银行	8	1.6	6.4
丙银行	6.4	1.28	5.12
丁银行	5.12	1.024	4.096
⋮	⋮	⋮	⋮
合计	$10+8+6.4+\cdots=50$	$2+1.6+1.28+\cdots=10$	$8+6.4+5.12+\cdots=40$

用 ΔD 表示商业银行体系的存款货币总额，ΔR 代表原始存款，r_d 是法定准备金率，则

$$\Delta D = \Delta R + (\Delta R - \Delta R r_d) + [(\Delta R - \Delta R r_d) - (\Delta R - \Delta R r_d)r_d] + \cdots$$
$$= \Delta R + \Delta R(1-r_d) + \Delta R(1-r_d)^2 + \Delta R(1-r_d)^3 + \cdots + \Delta R(1-r_d)^{n-1}$$

$n \to \infty$ 时，上式为一无穷等比数列前 n 项之和，其结果为

$$\Delta D = \frac{\Delta R - \Delta R(1-r_d)^{n-1}(1-r_d)}{1-(1-r_d)}$$

由于当 $n \to \infty$ 时，$\Delta R(1-r_d)^{n-1}(1-r_d) \to 0$，所以

$$\Delta D = \frac{\Delta R}{1-(1-r_d)} = \Delta R \frac{1}{r_d} \tag{10-1}$$

上例中，$\Delta R = 10$ 万元，$r_d = 20\%$，则 $\Delta D = 50$ 万元。

这里的存款乘数是 $1/20\%$，以 K 表示存款总额变动对初始准备金存款变动的倍数，则得到

$$K = \Delta D/\Delta R = 1/r_d \tag{10-2}$$

因此，货币乘数是法定存款准备金率的倒数。

4. 二阶银行体制下的货币供给机制

（1）中央银行的货币供给机制

对于中央银行来讲，货币供给机制是通过提供基础货币来发挥作用的。所谓基础货币（Monetary Base），又称为高能货币（High-powered Money）或强力货币，它通常是指流通中的现金和商业银行在中央银行的准备金存款之和，可用公式表示为

$$B = C + R \tag{10-3}$$

从基础货币的构成看，C 和 R 都是中央银行的负债，中央银行对这两部分都具有直接的控制能力。现金的发行权由中央银行垄断，其发行程序、管理技术等均由中央银行掌握。商业银行的准备金存款，中央银行对其有较强的控制力。中央银行控制的基础货币是商业银行借以创造存款货币的源泉。

中央银行供应基础货币，是整个货币供应过程中的最初环节，它首先影响的是商业银行的准备金存款，只有通过商业银行运用准备金存款进行存款创造活动后，才能完成最终的货币供应。

货币供应的全过程，就是由中央银行供应基础货币，基础货币形成商业银行的原始

存款，商业银行在原始存款基础上创造派生存款（现金漏损的部分形成流通中现金），最终形成货币供应总量的过程。

（2）影响基础货币变动的因素

基础货币是中央银行负债的一部分，所以可以根据中央银行资产负债表（见表 10 − 3）罗列出影响基础货币的因素，并进而分析影响基础货币变化的因素。

表 10 − 3　　　　　　　　　　　　中央银行的资产负债表

资产	负债
国外资产净额	流通中通货净额
对政府债权	商业银行存款准备金
对商业银行债权	政府存款
对其他金融机构债权	其他项目净额
其他有价证券	

$$基础货币 = （国外资产净额 + 对政府债权 + 对商业银行债权$$
$$+ 对其他金融机构债权 + 其他有价证券）$$
$$- （政府存款 + 其他项目净额）$$

因此，影响基础货币的因素包括：

第一，国际收支。若国际收支顺差，则出口商将外汇出售给中央银行，因而中央银行国外资产净额增加，基础货币增加；反之，若国际收支逆差，则出口商向中央银行购进外汇，中央银行国外资产净额减少，基础货币减少。

第二，汇率政策。若中央银行欲缓和本币升值，就会购进外汇，因而中央银行国外资产净额增加，使基础货币增加；反之，若中央银行欲缓和本币贬值，就会在外汇市场卖出外汇，因而中央银行国外资产净额减少，使基础货币增加。

第三，政府收支。若政府财政收支出现赤字，则中央银行对政府债权增加，使得基础货币增加；反之，若政府财政收支留有结余，则中央银行的政府存款增加，使基础货币减少。

第四，货币政策。中央银行货币政策对基础货币的影响主要通过再贴现和公开市场操作两种手段，这部分内容将在后文详细阐述。

（3）影响货币乘数变动的因素

由货币供给模型 $M_1 = B\dfrac{c' + 1}{c' + r_d + e + r_t t'}$，我们看到，影响货币乘数的因素包括活期存款法定存款准备金率 r_d、定期存款法定存款准备金率 r_t、超额存款准备金率 e、现金漏损率 c' 以及定期存款与活期存款的比率 t'。

①法定准备金率。法定准备金率与货币乘数之间呈反向变动关系。中央银行提高法定准备金率时，货币乘数缩小，基础货币数量不变时，货币供应减少；相反，中央银行降低法定准备金率时，货币乘数增大，基础货币数量不变时，货币供应增加。

②超额准备金率。超额准备金率与货币乘数之间存在反向关系，主要应该从成本收

益角度考虑超额准备金率的影响：第一，市场利率高低。市场利率越高，则持有超额准备金的机会成本越高，银行会减少持有；反之，则增加持有。第二，中央银行货币政策的告示作用。第三，商业银行资产经营政策。商业银行的经营态度是稳健还是激进，将决定超额准备金保留水平的高低。

③现金漏损率。现金漏损率显示了社会公众的资产结构中现金与其他资产形式的相对关系，影响现金漏损率的因素大体上包括财富变动效果、不同金融资产的相对收益和风险变动、金融业的发展状况和季节性因素等。

④商业银行活期存款占存款总额的比例。随着社会公众可支配收入水平的提高，其所持有的金融资产数量也会增加。由于定期存款和储蓄存款相对于活期存款具有较高收益，因此，存款结构会发生变化，并在长期内使得活期存款占总存款的比例下降；而且，活期存款与定期存款和储蓄存款的利差扩大时，则活期存款占存款总额比重下降。

概括起来，从货币供给影响主体的角度看，中央银行、商业银行和社会公众的行为都对货币供给存在影响。中央银行主要通过控制基础货币 B 以及调整法定存款准备金率 r_d 和 r_t 来影响货币供给，商业银行可以影响超额准备金率 e，社会公众影响现金漏损率 c' 和定期存款与活期存款的比率 t'。

10.2.2　货币需求

研究货币理论及其对经济的影响必须探讨货币需求。这里，我们主要介绍马克思的货币需求理论、以费雪方程式和剑桥方程式为主要内容的货币数量理论、凯恩斯流动性偏好理论以及弗里德曼的现代数量论。

1. 马克思的货币需求理论

马克思的货币需求理论集中体现在"流通手段量取决于流通商品的价格总额和货币流通的平均速度"[①] 的货币流通规律公式中。也就是说，将货币流通速度 V 考虑在内，与一定商品价格总额 QP 适应的货币必要量 M 可以被界定为

$$M = QP/V$$

因此，一定时期流通中所必要的货币量与该时期待实现的商品价格总额成正比，与货币流通速度成反比。

应当指出，马克思也从纸币是金属货币的符号这一定义出发阐述了纸币的需求量规律。他指出：纸币流通的特殊规律，只能从纸币是金的代表这种关系中产生。纸币的发行，限于它代表的金（或银）的实际流通的数量。

2. 货币数量论

货币数量论认为，货币数量的变动与物价或货币价值的变动之间存在着因果关系，即在其他条件不变的情况下，物价水平或货币价值由货币数量所决定。货币数量增加，物价随之正比例上涨，货币价值随之反比例下降；货币数量减少，物价随之正比例下跌，货币价值随之反比例上升。

---

①　马克思. 资本论（第一卷）[M]. 北京：人民出版社，1975：142.

（1）现金交易数量说

现金交易数量说是古典经济学家在 19 世纪末 20 世纪初发展起来的货币数量理论，该理论主要探讨总收入的名义价值如何决定，揭示对既定数量的总收入应该持有的货币的数量，并且认为利率对货币需求没有影响。美国经济学家费雪 1911 年出版的《货币购买力》对古典数量论做了最清晰的阐述。其理论内容主要反映在费雪交易方程式中：

$$MV = PT \tag{10-4}$$

式中：M 代表流通中的货币数量；V 代表货币流通速度；T 代表商品和劳务的交易量；P 代表一般物价水平；MV 是货币总值；PT 是交易总值。

应该注意，式（10-4）为货币经济条件下的恒等式，而并非一种理论。为使该式具有理论意义，费雪认为，M 由银行准备金、货币政策、信贷状况等决定，是一个自变量，并进而提出了三个假设：

第一，V 由社会习惯、个人习惯、人口密度等决定，是一个稳定的变量，故设 V 为常数；

第二，充分就业条件下，社会商品和劳务总交易量 T 的变动很小，故可将 T 设为常数；

第三，物价水平 P 是因变量，对 M、V、T 没有影响。

由此，费雪得出如下结论：货币数量 M 的变动导致物价水平 P 的同比例变动，即货币数量变动是因，而物价变动是果，由此赋予等式 $MV = PT$ 理论上的意义，进而 $MV = PT$ 表示人们需要货币的目的是便利商品或劳务的交易。由于强调货币的交易功能，所以费雪交易方程式也被称为现金交易说。

费雪交易方程式给出了古典学派货币中性论的基本论证。古典学派认为，货币不过是覆盖于实物经济之上的一层面纱，对经济并不产生影响。按照货币中性论，个别商品的价格决定于该商品的供求关系，即经济的实物方面，而一般的物价水平和货币购买力则决定于货币的数量和流通速度，即经济的货币方面，二者没有内在的联系。费雪方程式在一定程度上反映了对货币经济和实物经济的简单"二分法"的传统思想。古典学派的经济的"二分法"的观点就是货币是中性的，货币只是影响价格水平等名义变量，而不会影响社会实际就业量和产量。

（2）剑桥学派的货币需求理论——现金余额数量说

剑桥学派经济学家马歇尔和庇古等认为，人们持有货币是因为货币具有交易媒介和价值贮藏功能。他们发展起来的货币需求理论（又称现金余额数量说）的内容和分析方法主要反映在"剑桥方程式"中，该方程式是

$$M = kPy \tag{10-5}$$

式中：M 代表货币供应总量；y 代表实际国民收入或国民总产值，即总产量；P 代表平均物价水平或货币价值的倒数；k 代表人们手中经常持有的货币量（现金余额）与以货币计算的国民收入（或国民总产值）之间的比例。

式（10-5）表明，人们愿意持有的货币余额 M 即人们的货币需求量是国民收入的一个固定的或稳定的比例。

剑桥学派注重分析人们持有货币的动机并进而分析货币需求。剑桥学派认为，人们的货币需求基于货币的交易媒介功能和贮藏价值功能。作为交易媒介，人们用货币完成交易，则货币需求量与交易水平有关，由交易水平引起的货币需求与名义收入成比例，这一观点与费雪的货币需求理论基本一致；作为价值贮藏手段，货币同时是一种资产，而 k 的变化则是人们选择财富用途的结果：财富可以投资于生产以获取利润或利息，用以直接消费以获得享受，或保持货币形态以得到便利与安全，这三种用途互相排斥，必须权衡利弊而作出最佳选择。当人们感到保持现金余额所得利益大于因放弃投资和消费而受到的损失时，则必然增加现金余额；相反，则要减少现金余额。由此可见，现金余额数量说的最大特点在于重视了人的行为因素——持币动机对货币需求进而对货币价值或物价水平的影响，它为货币需求理论的发展提供了新思维。无论是后来凯恩斯的货币资产需求论，还是弗里德曼的货币需求稳定论，都受益于剑桥学派的这一重大贡献。

（3）两种理论的比较

剑桥方程式和费雪方程式都坚持货币中性论，在形式上是没有区别的，两者都将货币数量作为物价变动的原因，且得到基本相同的结论，但二者在研究方法上却是有区别的：现金交易数量说强调货币的交易支出，现金余额数量说强调货币的持有；现金交易数量说注重货币流通速度及经济、社会等制度因素，现金余额数量说重视人们持有货币的动机分析；现金交易数量说没有货币的供求分析作基础，现金余额数量说以货币的供求分析作为说明物价变动的基础。

但剑桥方程式和费雪方程式也存在共同缺陷：两者都以充分就业为假定前提，这不符合现实；两者都是长期的均衡理论和静态的理论，而对导致变动的经常性的短期变动未作分析；两者都没有研究方程式中各因素之间的相互关系。事实上，方程式中的各因素都是可变的，且是相互作用的。

3. 凯恩斯的货币需求理论——流动性偏好理论

凯恩斯在1936年出版的《就业、利息和货币通论》（以下简称《通论》）中发起"凯恩斯革命"，在货币需求方面，放弃古典学派将货币流通速度视为常量的观点，强调利率的重要性，反对将实物经济和货币经济分开的"二分法"，提出流动性偏好的货币需求理论。流动性偏好理论的特点是以人们意愿持有货币的动机作为划分货币需求的依据，对流动性陷阱进行描述。这一理论在西方货币需求理论中占有重要地位，既发展了古典货币需求理论，又开创了新的研究方法。

按照《通论》，一个人的流动性偏好"系用此人在各种不同情况下以货币形式保存的其资产的价值"[①]。在流动性偏好理论中，凯恩斯假定人们对货币的需求出于三个动机：交易动机、谨慎动机和投机动机。

---

① [英] 约翰·梅纳德·凯恩斯著，高鸿业译. 就业、利息和货币通论 [M]. 北京：商务印书馆，1999：169.

交易动机是"由于个人或业务上的交易而引起的对现金的需要"[1]，其核心仍为货币的交易媒介职能。对个人来讲，收入的取得是定期的，而两次收入之间的日常花费是经常的、持续的，所以个人必须经常保持一部分货币以作日常之用。对企业来讲，其收支活动在时间上不可能保持一致，企业必须保持一定数量的货币以备日常之用。所以，凯恩斯的流动性理论的假定之一——交易动机，与古典货币数量论是一致的，都认为交易货币量与收入成比例。

谨慎动机是"由于安全起见，把全部资产一部分以现金形式保存起来"，产生于预防动机而对货币的需求源于货币的贮藏手段职能。用来预防不测的货币需求是凯恩斯的分析与古典分析的显著区别之一。货币需求的预防动机有两层含义：第一层意义是保障意外事故的支出或可能出现的有利投资机会；第二层意义是"保证一部分资源的未来之现金价值"，完全着眼于货币对未来债务偿付的保值作用，实际上是把货币作为一种资产来看待。

凯恩斯认为，人们意愿持有的预防性货币余额的数量主要取决于人们对未来交易水平的预期。他认为这些交易与收入的变动成比例变动。因此，人们出于谨慎动机的货币需求量与他们的收入成比例。

投机动机"即相信自己比一般人对将来的行情具有较精确的预期"[2]。人们出于投机动机而持有货币来源于货币的贮藏功能，把货币作为一种资产来对待，预期利率的变动而变动货币持有量以谋求收益。因此，利率是影响货币需求量的重要因素。

凯恩斯把贮藏财富的资产分成两类：货币和债券。在凯恩斯所处的年代，支票存款是没有利息的，所以持有货币的预期回报率为零；而对于债券来讲，债券的预期收益来自两方面：利息收入和预期资本利得。人们持有货币还是债券取决于两者之间的预期回报率。若预期利率上升，则债券价格预期下跌，从而得到负值的资本利得，即资本损失，从而愿意持有货币而不愿意持有债券贮藏财富。若预期利率下降，则债券价格预期上升，从而得到正值的资本利得，即资本增值，从而人们愿意持有债券而非货币贮藏财富。由此可见，利率上升导致货币需求下降，货币需求同利率水平负向相关。

流动性偏好理论方程式如下：

$$M = M_1 + M_2 = L_1(Y) + L_2(r) \tag{10-6}$$

式中：M_1 表示满足交易动机和谨慎动机所持有的货币数量；M_2 表示满足投机动机所持有的现款数量；L_1 和 L_2 是对应于 M_1 和 M_2 的两个流动性偏好函数，L_1 主要取决于收入水平 Y，L_2 主要取决于利息率 r。

根据式（10-6），货币需求 M 取决于 Y 和 r，即货币需求不仅与收入有关，而且还与利率有关，即 M 的变动与 Y 的变动水平正相关，与 r 负相关。在分析方法上，凯恩斯把利率作为影响货币需求的关键因素，从而在其货币需求方程式中通过 r 影响货币需求，

---

[1]　［英］约翰·梅纳德·凯恩斯著，高鸿业译. 就业、利息和货币通论［M］. 北京：商务印书馆，1999：174.

[2]　［英］约翰·梅纳德·凯恩斯著，高鸿业译. 就业、利息和货币通论［M］. 北京：商务印书馆，1999：174.

进而影响收入。在凯恩斯的价格论中，当经济处于充分就业以前，货币变动量增加，利率下降，用于投机性货币增加，从而增加收入，增加就业，不会引起物价水平的变动。显然，在凯恩斯那里，货币不再是中性的，在一定的条件下，货币需求的变动决定收入的实际变动，对实物经济产生实际的影响，货币经济和实物经济不再是分裂的，而是统一的，从而克服了古典分析的"二分法"的传统。由此可见，凯恩斯的流动性偏好理论较费雪、马歇尔的货币数量论大大前进了一步。

如果以 P 代表一般价格水平，$\dfrac{M^d}{P}$ 表示实际货币需求量（以不变价格表示货币需求量），Y_1 表示实际收入，则流动性偏好函数可写为

$$\frac{M^d}{P} = L_1(Y_1) + L_2(r) \tag{10-7}$$

用 M 代表 M^d（因为货币市场均衡时，$M = M^d$），则货币流通速度 V 为

$$V = \frac{PY}{M} = \frac{Y}{L_1(Y_1) + L_2(r)} \tag{10-8}$$

虽然凯恩斯倾向于把货币流通速度看做短期是稳定的，是常量，其原因是在短期内不考虑 r，但后来人们通过实际的数字统计得出了这样的结论：V 在短期内也是剧烈变动的，并可由式（10-8）得到说明。

"凯恩斯货币需求模型的重要含义在于，他认为货币流通速度并非常量，而与剧烈波动的利率正向相关。他的理论反对将货币流通速度视为常量的另一个理由是：人们对正常利率水平预期的变动将导致货币需求的变动，从而使得货币流通速度也发生变动。"[①]

4. 流动性偏好理论的发展——鲍莫尔—托宾模型和托宾均值—方差模型

在货币理论中，利率被认为是一个重要因素。同时，货币的各种不同替代物如各种不同债券具有不同风险，从而利率和风险成为人们决定货币需求时所考虑的重要因素。因此，不少经济学家通过发展更为精确的理论来解释凯恩斯理论的持币的三个动机。下面介绍鲍莫尔—托宾模型和托宾均值—方差模型。

鲍莫尔—托宾模型研究的结论是在交易需求层面，货币需求对利率是敏感的。这个模型的基本观点是人们持有货币是有机会成本的，即持有货币的替代资产如债券的利息收入。而持有货币的好处是避免了交易成本，持有债券是有交易成本的。人们在应付日常交易的时间段里，可以频繁地置换货币和债券，只要利息收入大于交易成本。当利率上升时，持有货币的机会成本必然增大。只要在不影响日常交易的时间内，持有货币的机会成本大于持有债券的交易成本，人们就愿意放弃一部分货币转而持有债券，以谋求利益；反之则反是。可见，交易需求对货币也是敏感的，即交易需求与利率水平呈负相关。

同样，沿着鲍莫尔—托宾模型的思路可以得到谨慎动机也与利率水平呈负相关。鲍

---

① ［美］米什金著，刘毅等译. 货币金融学［M］. 北京：人民大学出版社，2006：480.

莫尔—托宾模型的数学表达式为

$$M^d = \sqrt{\frac{bT_0}{2i}} \qquad\qquad (10-9)$$

式中：M^d 表示愿意持有的现金额；T_0 表示每期开始时的个体收入；b 表示债券的交易费用；i 表示债券利率。

这个模型又称平方根法则。对于货币需求而言，它的意义如下：收入 T_0、交易费用 b 增加，债券利率 i 下降，货币需求增加；价格的变动使 b、T_0 同时变动，结果使 M^d 作同比例的变动。

托宾均值—方差模型是托宾对凯恩斯投机需求理论的发展。在凯恩斯的投机需求理论模型中，货币的替代资产只有债券。人们是持有债券还是持有货币，取决于债券的利率。债券的预期回报率较货币的预期回报率大时，人们将持有债券，货币需求下降；反之则反是。但凯恩斯忽视了人们持有债券和货币的多样化，用货币等资产贮藏财富的可能性。托宾认为，债券的价格是剧烈波动的，是有风险的。人们持有货币还是债券不仅考虑债券的利率，还要考虑债券的风险。风险的大小与持有债券的品种、数量的大小呈负相关。所以，人们贮藏财富的方法是资产的多样化选择，同时持有货币和债券，避免把所有的鸡蛋都放在一个篮子里的风险。

5. 现代货币数量论

1956 年，弗里德曼在《货币数量论——一个重新表述》一文中发展了货币需求理论。弗里德曼采取与凯恩斯不同的方法，在探讨人们持有货币原因时不再具体研究人们持有货币的动机，而将货币作为构成财富资产的一种，通过分析影响人们选择资产的种类以保存财富的因素来研究货币需求，实际上是资产需求理论在货币需求理论上的应用。

在弗里德曼看来，货币是债券、股票、商品的替代品，货币需求是个人拥有的财富及其他资产相对于货币预期回报率的函数。据此，弗里德曼将他的货币需求公式定义如下：

$$\frac{M^d}{P} = f(Y_p, r_b - r_m, r_e - r_m, \pi^e - r_m) \qquad\qquad (10-10)$$

式中：$\dfrac{M^d}{P}$ 表示对真实货币余额的需求；Y_p 表示永久性收入，即理论上的所有未来预期收入的折现值，也可称为长期平均收入；r_m、r_e、r_b 和 π^e 分别表示货币预期回报率、债券预期回报率、股票预期回报率和预期通货膨胀率。

在弗里德曼看来，货币需求主要取决于总财富，但总财富实际上是无法衡量的，只能用永久性收入而不是用不稳定的现期收入来代替。

对于 Y_p 而言，它是永久性收入，一般而言，随着收入的增加即财富的增加，货币需求增加。弗里德曼认为，人们的永久性收入是稳定的，它是人们长期收入的平均预期值，在商业周期扩张阶段，人们的暂时性收入大于永久性收入。收入变动幅度平均来说是比较稳定的，趋于永久性收入，即永久性收入是稳定的。弗里德曼的永久性收入是由

非人力财富和人力财富组成的。

永久性收入在弗里德曼的货币函数中起主导作用，在凯恩斯的消费函数中，消费是现期收入的函数，并用消费支出增量和现期收入增量的关系——边际消费倾向递减规律说明消费不足和短期经济波动。而根据永久性收入假说，即使现期收入增加，消费是按永久性收入而稳定变化的，与现期收入关系不大。同时，永久性收入假说的一个必然逻辑是既然收入与货币需求正相关，那么永久性收入的稳定性必然要求货币需求的稳定性，这就是弗里德曼的"单一规则"的经济政策的理论基础。

对 r_m 而言，凯恩斯认为货币预期回报率是常量，而弗里德曼认为不是常量。当经济中利率上升时，银行可以从贷款中获得更多的利润，从而用更高的利率吸收存款，所以以银行存款形式持有货币，回报率随着债券和贷款利率的上升而上升。银行存款竞争一直到没有超额利润为止，这一过程使 $r_b - r_m$ 保持相当稳定。弗里德曼的这种观点意味着利率变动对货币需求影响极小，那么利率的变动在长期中对产量和就业的影响就小，这也使弗里德曼反对将变动利率作为政府调控经济的理论渊源。

$\pi^e - r_m$ 取决于持有的商品价格上涨时预期通货膨胀率 π^e，它的值是稳定的。弗里德曼理论不同于凯恩斯理论之一是弗里德曼将货币和商品视为替代品，商品和货币互为替代品的假设表明，货币数量的变动可能对总产出产生影响。

所以，弗里德曼的永久性收入是决定货币需求的主要因素，货币需求对利率不敏感，永久性收入的稳定导致了货币需求的稳定。

§10.3 通货膨胀

自 20 世纪 70 年代以来，通货膨胀已成为备受关注的世界性经济问题，而对通货膨胀问题的研究也成为西方经济理论中的一个重要的组成部分，因此，通货膨胀是一个极为重要的理论与实际问题。

1. 通货膨胀的定义

很多经济学家从不同角度对通货膨胀现象进行研究，并提出各自不同的观点。比如，萨缪尔森认为，通货膨胀的意思是商品和生产要素的价格普遍上升。米尔顿·弗里德曼认为，通货膨胀是一种货币现象，起因于货币量的急剧增加超过生产的增长，如果货币数量增加的速度超过能够买到的商品和劳务增加的速度，就会发生通货膨胀。琼·罗宾逊认为，通货膨胀是由于对同样经济活动的工资报酬率的日益增长而引起的物价上升变动。弗里希则认为，通货膨胀是一个价格持续上升的过程。

概括起来，通货膨胀是一般物价水平的普遍和持续的上涨过程。局部性的或个别的商品和劳务的价格上涨不能视为通货膨胀，季节性、暂时性或偶然性的物价上涨不能视为通货膨胀。测度通货膨胀的指标主要有三个物价指数：消费物价指数（Consumer Price Index）、批发物价指数（Wholesale Price Index）和国民生产总值物价平减指数（Gross National Product Deflator）。图 10-4 给出了 1987—2006 年我国居民消费物价指数。

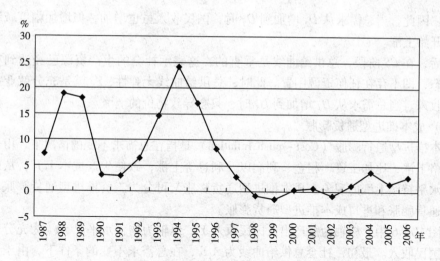

图 10 - 4　1987—2006 年我国居民消费物价指数

2. 通货膨胀的类型

针对不同的通货膨胀成因，存在不同的通货膨胀类型，现分述之。

（1）需求拉上型通货膨胀

需求拉上型通货膨胀（Demand - pull Inflation）是指商品和劳务的总需求量超过商品和劳务的总供给量所造成的过剩需求拉动物价的普遍上升。这是一种最常见的通货膨胀，是"太多的货币追逐太少的货物"的结果。

如图 10 - 5 所示，我们可以分三个阶段解释需求拉上型通货膨胀。首先，AB 阶段的总供给曲线呈水平状态，这意味着供给弹性无限大，原因是社会上存在着大量的闲置资源或失业。当总需求从 D_1 增至 D_2 时，国民收入便从 Y_1 增至 Y_2，而物价并不上涨。

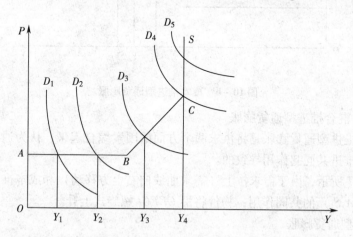

图 10 - 5　需求拉上型通货膨胀

其次，在 BC 阶段，总供给曲线向上倾斜，表示社会逐渐接近充分就业，这意味着社会上的闲置资源越来越少，此时为扩大产量而增加的需求会促进产量和生产要素价格

的上涨。因此，当总需求从 D_2 增加到 D_3 时，国民收入虽也增加，但增加幅度减缓，同时物价开始上涨。

最后，在 CS 阶段，总供给曲线是垂直的，这表示社会的生产资源已经达到充分利用的状态，即不存在任何资源闲置。此时，总供给曲线无弹性，Y_F 就是充分就业条件下的国民收入。当总需求从 D_4 增加到 D_5 时，只会导致物价的上涨。

（2）成本推进型通货膨胀

成本推进型通货膨胀（Cost - push Inflation）是指在总需求不变的情况下，由于生产要素价格上涨，比如工资、租金、利润以及利息等上涨，致使生产成本上升，从而导致物价总水平持续上涨的现象。成本推进型通货膨胀又可分为工资推进型通货膨胀、利润推进型通货膨胀和进口成本推进型通货膨胀。

在图 10 - 6 中，横轴为总产出或国民收入 Y，纵轴为物价水平 P，Y_F 为充分就业条件下的国民收入。最初，社会总供给曲线为 A_1S，在总需求不变的条件下，由于生产要素价格提高，生产成本上升，使总供给曲线从 A_1S 上移至 A_2S 和 A_3S，结果，国民收入由 Y_F 下降到 Y_2 和 Y_1。国民收入之所以下降是因为生产成本提高以后会导致失业增加，从而引致产量的损失。同时，物价水平却由 P_0 上升到 P_1 和 P_2。

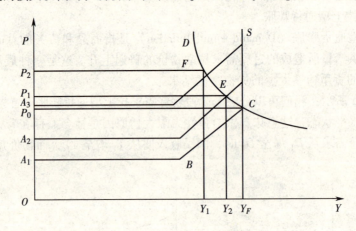

图 10 - 6　成本推进型通货膨胀

（3）供求混合推进型通货膨胀

供求混合推进型通货膨胀是将供求两个方面的因素综合起来，认为通货膨胀是由需求拉上和成本推进共同起作用导致的。

如图 10 - 7 所示，由于需求拉上（需求曲线向右上方移动）和成本推进（供给曲线从 A_1S 上升至 A_2S）的共同作用，物价将沿 $CEFGI$ 螺旋式上升。

（4）结构型通货膨胀

结构型通货膨胀（Structural Inflation）是在总需求和总供给大体处于平衡状态时，由经济结构方面的因素所引起的物价持续上涨。结构型通货膨胀又可分为以下几种情形：

第一，需求结构转移型通货膨胀。在总需求不变的情况下，某个部门的一部分需求

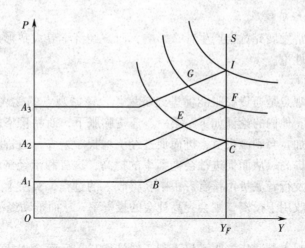

图10-7 供求混合推进型通货膨胀

转移至其他部门，而劳动力及其他生产要素却不能及时转移，此时，需求增加的部门的工资和产品价格上涨，而需求减少的部门的产品价格却未必相应下降，结果导致物价总水平的上升。

第二，部门差异型通货膨胀。一般说来，产业部门生产率的增长快于服务业部门，但两大部门的货币工资增长速度却相同。这种部门间生产率增长速度的差异和货币工资的一致增长，就造成了服务部门成本持续上升的压力，从而成为一般物价水平上涨的原因。

第三，斯堪的纳维亚小国型通货膨胀。所谓"小国"，不是根据国土和人口因素而言的，而指该国在世界市场上只是价格接受者，而不能决定商品的国际价格。"小国"经济分为开放经济部门和非开放经济部门两大部门。由于"小国"是价格接受者，因此，当世界市场上价格上涨时，开放经济部门的产品价格随之上涨，也使开放经济部门的工资上涨。受开放经济部门的影响，非开放经济部门向开放经济部门看齐而提高工资，结果非开放经济部门的生产成本上升，产品价格提高，导致"小国"全面的通货膨胀。

第四，落后经济的结构型通货膨胀。结构主义者认为，在发展中国家，由于落后的、不合理的经济结构不适应经济发展需要，尤其是农业、外贸和政府部门具有制度性的刚性（Institutional Rigidities），物价水平会随经济发展一起上涨。他们认为：过时的土地所有制使农业结构僵化，导致农业生产率及供给弹性低下，工业和人口的增长使得农产品价格上涨，农业的基础地位带来整个物价水平上涨。在理论上，对农产品的过度需求可通过进出口贸易解决。但是，发展中国家的外贸部门生产率也十分低下，进出口结构不合理，势必导致国际收支逆差。在这种情况下，本币贬值。本币贬值后，进口品的国内价格上升。在进口需求呈刚性的情况下，进口品价格上涨导致国内生产成本和物价的上涨。同时，政府部门存在着税制弊端和财政赤字。上述诸种因素综合在一起，总体上推动了一般物价水平普遍的和持续的上涨。

3. 通货膨胀的经济效应

通货膨胀对经济发展究竟会产生什么影响，西方经济学界大致形成了三类观点：促进论、促退论和中性论。

（1）促进论

促进论的基本观点是通货膨胀能促进经济增长，该派观点的代表人物是费兰克斯、西尔斯、萨尔沃等。他们的论证如下：第一，通货膨胀下，商品价格的提高快于工资的提高，厂商利润增加，会刺激投资，进而促进经济增长。第二，通货膨胀导致高收入阶层的边际储蓄倾向提高，从而促进社会储蓄率的提高，这有利于经济增长。第三，通货膨胀实际上是货币发行者从货币持有者手中获得收入的过程，实质上是政府向货币持有者征税。政府将税收用于投资，则会提高社会的投资率，从而推动经济增长。

（2）促退论

促退论的基本观点是通货膨胀不仅不利于经济增长，反而会损害经济的增长。这种理论的论证理由如下：第一，持续的通货膨胀使市场机制遭到严重破坏，市场价格失去调节功能，使消费者和生产者作出错误决策，使经济效率大大下降。第二，通货膨胀意味着货币购买力的下降，它降低了工薪阶层的实际收入水平和储蓄价值，因此，公众为免遭损失，不愿以货币形式储蓄。同时，在心理预期的支配下，会增加目前消费，这使社会储蓄率下降，从而使投资率和经济增长率下降。第三，通货膨胀会动摇人们对货币的信心，使人们更多地从事投机性活动而非生产性活动，结果将严重阻碍经济的增长。第四，如果本国通货膨胀长期高于外国，则使本国产品相对于外国产品的价格上升，从而不利于出口，并刺激进口增加。这势必导致本国国际收支逆差，使黄金和外汇外流，给本国经济增长带来压力。

（3）中性论

中性论的基本观点是，人们对通货膨胀的预期最终会中和它对经济的各种效应，因此，通货膨胀既无正效应，也无负效应，它是中性的。

4. 通货膨胀的治理措施

概括地讲，通货膨胀在生产、流通、分配和消费方面都对经济具有不利影响。通货膨胀破坏社会再生产的正常进行，使生产性投资减少，不利于生产的长期稳定发展；通货膨胀打破原有的平衡，使正常的流通受阻；通货膨胀制造或加剧供给与需求之间的矛盾。而且，通货膨胀改变了原有收入和财富占有的比例，减少消费者的购买力。因此，各国政府都从总供给与总需求等多方面采取有力措施治理通货膨胀，如控制货币供应量、调节和控制社会总需求、增加商品的有效供给、调整经济结构等。此外，诸如限价、减税、指数化等其他政策也常常被应用于实践。

（1）货币政策

针对需求拉上型通货膨胀，在货币政策方面，货币当局可以降低货币供应量增长率以压抑社会总需求，或提高利率以抑制社会投资需求。这些方法都会有效限制总需求，从而达到降低物价水平的目的。

（2）财政政策

财政政策包括增加税收、削减财政支出、降低政府转移支付水平等。

（3）收入政策

针对成本推进型通货膨胀主要是由于供给方面成本的提高，特别是工资的提高，因而导致物价水平的上涨，可以采取收入政策控制通货膨胀，具体有：

首先，确定工资—物价指导线，以限制工资—物价的上升。

其次，采取强制性措施，即由政府颁布法令对工资和物价实行管制，硬性规定工资和物价的上涨幅度。

最后，实施以纳税为基础的收入政策，即政府以税收作为奖励和惩罚的手段来限制工资—物价的增长。

（4）收入指数化政策

所谓收入指数化，就是工资、利息、各种证券收益以及其他收入一律实行指数化，同物价变动联系起来，使各种收入随物价指数的变动而作出调整，从而避免通货膨胀所带来的损失，并减弱由通货膨胀所带来的分配不均问题。

【本章小结】

本章系统地介绍了货币的定义、起源、职能，货币形态的历史演变以及货币本位制度的演变，并在概述货币需求和供给理论之后，研究通货膨胀问题。

货币是为克服物物交换制度的弊端而产生的，货币的本质包括货币金属论、货币名目论、劳动价值说、货币是核算社会必要劳动的工具、货币是普遍被接受的交易媒介和支付工具、货币是"流动性"，以及货币是信用关系的载体等观点。马克思主义的货币职能包括价值尺度、流通手段、价值贮藏、支付标准和国际货币，而其他学者的多样化货币职能包括交换媒介、记账单位、延期支付标准、价值贮藏、赋予交易对象以价格形态、积累和保存价值的手段等。根据货币流动性的不同，货币被划分为 M_0、M_1、M_2、M_3 等层次。

货币制度是一个国家或地区以法律形式确立的货币流通结构、体系与组织形式，包括确定本位货币金属和货币单位，确定本位币、辅币的铸造、发行和流通程序以及纸币的发行和流通程序，规定金准备制度和外汇准备制度。

现代经济中的货币供给主体包括商业银行和中央银行。商业银行的货币供给作用体现在现代转账结算制度和部分法定准备金制度下的信用创造，而中央银行在货币供给过程中的作用体现在供给基础货币、确定法定准备金率方面。通过货币供给模型的推导，可以从中央银行、商业银行以及社会公众等主体角度对制约货币供给的因素进行分析。货币需求理论包括货币数量论、凯恩斯主义流动性偏好理论、弗里德曼的现代货币数量论以及对凯恩斯主义货币需求理论的新发展。

通货膨胀是一般物价水平的持续、长期上涨过程。按照成因，通货膨胀被划分为需求拉上、成本推进、供求混合推进以及结构型通货膨胀，关于通货膨胀经济效应，存在促进论、促退论和中性论三种观点。治理通货膨胀的对策包括货币政策、财政政策、收

入政策以及收入指数化政策等。

【关键概念】

货币制度　无限法偿　格雷欣法则　广义货币　基础货币　现金交易方程式
投机动机　凯恩斯主义货币需求理论　通货膨胀　指数化政策

【复习思考题】

1. 为何说货币的产生可以解决物物交换的困难？
2. 货币制度包括哪些内容？
3. 货币的产生对经济具有什么意义？
4. 什么是货币乘数？哪些因素决定着货币乘数的大小？
5. 剑桥方程式与费雪方程式之间有何异同？
6. 凯恩斯认为人们的货币需求动机是什么？这些货币需求如何决定？
7. 治理通货膨胀的对策包括哪些？

【本章参考文献】

[1] 艾洪德. 货币银行学教程［M］. 大连：东北财经大学出版社，2006.

[2] 夏德仁，李念斋等. 货币银行学［M］. 北京：中国金融出版社，2005.

[3] 黄达. 金融学［M］. 北京：中国人民大学出版社，2003.

[4] 张尚学. 货币银行学［M］. 北京：科学出版社，2005.

[5] 李健. 金融学［M］. 北京：中央广播电视大学出版社，2004.

第 11 章

货币政策

【导读】

中央银行在一国金融体系中居于主导地位，制定和实施货币政策是中央银行最重要的职责之一。货币政策就是中央银行通过运用各种工具调节、控制货币供应量和利率，通过总需求和总供给的变化，影响一般物价水平、经济增长速度和经济结构的变化，以及国际收支的变化等，进而实现币值稳定和经济持续增长目标的公共政策。货币政策包括目标、货币政策工具、各种操作指标和中间指标、货币政策传导机制和政策效果等，本文在对上述问题进行阐述后，介绍货币政策理论的新发展以及泰勒规则等内容。

§11.1 货币政策目标

以 1936 年凯恩斯出版《就业、利息和货币通论》为标志，国家采取财政政策和货币政策对宏观经济进行干预广泛地被应用于各国的经济政策实践中。广义的货币政策是指政府、中央银行以及宏观经济部门所有与货币相关的各种规定及采取的一系列影响货币数量和货币收支的各项措施的总和。狭义的货币政策则限定在中央银行行为方面，即中央银行为实现既定的目标运用各种工具调节货币供应量，进而影响宏观经济运行的各种方针措施。

1. 货币政策目标的内容

货币政策目标（Goal of Monetary Policy）是通过货币政策的制定和实施所期望达到的最终目的，这是货币政策制定者——中央银行的最高行为准则。当今世界各国通常将货币政策目标概括为稳定物价、充分就业、经济增长、国际收支平衡。

稳定物价（Price Stability）是指通过实行适当的货币政策，保持一般物价水平的相对稳定，以避免出现通货膨胀或通货紧缩。充分就业（Full Employment）是指通过实行适当的货币政策，以减少或消除经济中存在的非自愿失业，而并不意味着将失业率降低为零。经济增长（Economic Growth）则以人均实际国民生产总值或人均实际国民收入的增长率作为衡量经济增长速度的指标。国际收支平衡（Balance of Payment Equilibrium）

是指一个国家对其他国家的全部货币收入与全部货币支出保持基本平衡。

2. 货币政策目标之间的相互关系

应该注意到，货币政策之间的关系较复杂。一方面，货币政策目标之间在一定程度上具有一致性，如充分就业与经济增长；另一方面，货币政策目标之间存在冲突性，比如，物价稳定与充分就业之间存在一种此高彼低的交替关系。

当失业过多时，货币政策要实现充分就业的目标，就需要扩张信用和增加货币供应量，以刺激投资需求和消费需求，扩大生产规模，增加就业人数；同时需求的大幅增加会带来一定程度的物价上升。反之，如果货币政策要实现物价稳定，又会带来就业人数的减少。所以，中央银行只有根据具体的社会经济条件，寻求物价上涨率和失业率之间某一适当的组合点。

物价稳定与经济增长也存在矛盾。要刺激经济增长，就应促进信贷和货币发行的扩张，结果会带来物价上涨；为了防止通货膨胀，就要采取信用收缩的措施，这又会对经济增长产生不利的影响。

物价稳定与国际收支平衡存在矛盾。若其他国家发生通货膨胀，本国物价稳定，则会造成本国输出增加、输入减少，国际收支发生顺差；反之，则出现逆差，国际收支恶化。

经济增长与国际收支平衡的矛盾。随着经济增长，对进口商品的需求通常也会增加，结果会出现贸易逆差；反之，为消除逆差，平衡国际收支，需要紧缩信用，减少货币供给，从而导致经济增长速度放慢。

综上所述，由于各目标间存在的矛盾性，中央银行应根据不同的情况选择具体的政策目标。货币政策的实践中协调货币政策目标之间矛盾的主要方法包括：对相互冲突的多个目标统筹兼顾，力求协调或缓解这些目标之间的矛盾；根据凯恩斯学派的理论，采取相机抉择的操作方法；将货币政策与财政政策及其他政策配合运用。

§11.2 货币政策工具

为实现中央银行的货币政策目标，货币当局通常采用适宜的货币政策工具。所谓货币政策工具（Tools of Monetary Policy），又称货币政策手段，是指中央银行为调控中介指标进而实现货币政策目标所采用的政策手段。实践中，中央银行可以应用的货币政策工具包括一般性货币政策工具、选择性货币政策工具、直接信用控制和间接信用指导等。

1. 一般性货币政策工具

所谓一般性政策工具，是指各国中央银行实践中经常采用的三大政策工具，即法定存款准备金率、再贴现政策和公开市场业务，这三大传统的政策工具有时也称为"三大法宝"，主要用于调节货币总量。

（1）法定存款准备金政策

所谓法定存款准备金政策，是指中央银行在法律赋予的权力范围内，通过规定或调整商业银行缴存中央银行存款准备金的比率，控制和改变商业银行的信用创造能力，间接控制社会货币供应量的活动。而法定存款准备金率是指以法律形式规定商业银行等金融机构将其吸收存款的一部分上缴中央银行作为准备金的比率。

法定存款准备金政策的作用主要体现在两方面，一方面，保证商业银行等存款货币机构的流动性，另一方面，调节货币供应量。

法定存款准备金政策的特点包括以下几点：对货币供应量影响力度大，即使准备金率调整的幅度很小，也会引起货币供应量的巨大波动；其他货币政策工具都是以存款准备金为基础，即使商业银行等金融机构由于种种原因持有超额准备金，法定存款准备金的调整也会产生效果；法定存款准备金政策发生经济效果的速度快，效果明显，即使存款准备金维持不变，它也在很大程度上限制了商业银行体系创造派生存款的能力。法定存款准备金政策的局限性也比较明显：法定存款准备金率调整的效果比较强烈，致使它有了固定化的倾向；存款准备金对所有存款货币机构的影响是均等的，但对各种类别的金融机构和不同种类的存款的影响不一致，因而货币政策的效果可能因这些复杂情况的存在而不易把握；对经济的震动大，操作的灵活性差，很难作结构性调节。

（2）再贴现政策

所谓再贴现政策，是指中央银行通过对商业银行持有未到期票据向中央银行申请再贴现时改变再贴现率，影响商业银行等存款货币银行从中央银行获得的再贴现贷款和持有超额准备的成本，达到调节货币供应量、实现货币政策目标的政策措施。再贴现政策的内容主要包括确定再贴现的主体条件、用途范围、票据对象和再贴现率。

再贴现政策的作用主要体现在：影响金融机构的准备金和资金成本，影响贷款总量和货币供应量；影响和调整信贷结构的效果；对再贴现资格条件的规定可以起到抑制或扶持的作用，并能够通过影响公众预期改变资金流向。

再贴现政策的特点：通过改变再贴现率引导市场利率发生变化，符合市场经济的基本规律；可调节信贷结构；调节货币供应量的政策效果受利差波动的影响；中央银行处于被动地位；调节方向缺乏弹性。但再贴现政策主动权并非只在中央银行，市场的变化可能违背其政策意愿；再贴现率的调节作用是有限度的，并且随时调整再贴现率会引起市场利率的经常波动，使商业银行无所适从。

（3）公开市场业务

所谓公开市场业务，是指中央银行通过在公开市场买进或卖出有价证券，改变金融机构的准备金，影响货币供应量和利率，实现货币政策目标的行为。

公开市场业务的内容主要包括：确定买卖证券的品种和数量，制订操作的计划，决定操作方式的长期性和临时性，选取操作机构，确定现券交易、正回购和逆回购等交易方式。

公开市场业务的作用主要体现在：调控存款货币机构的准备金和货币供应量，影响利率水平和利率结构，并通过与再贴现政策配合使用，提高货币政策效果。

公开市场业务的特点包括以下几点：主动性强，它可以按照政策目的主动进行操作，主动权在中央银行；操作具有弹性，灵活性高，买卖数量、方向可以灵活控制；影

响范围广，具有较强的可逆性，调控效果和缓，震动性小。同时，公开市场业务的局限性也比较明显：告示作用较弱，必须有其他政策工具的配合；中央银行必须具有强大的、足以干预和控制整个金融市场的金融实力；需要有一个发达、完善的金融市场，且市场必须是全国性的，市场上证券种类齐全并达到一定规模。

2. 选择性货币政策工具

所谓选择性货币政策工具，是指中央银行对一些特殊领域的信用活动加以调节和影响从而实现货币政策目标。由于这些措施一般都是有选择地使用，故称之为"选择性货币政策工具"。选择性货币政策工具包括消费者信用控制、证券市场信用控制、不动产信用控制、优惠利率。

（1）消费者信用控制

所谓消费者信用控制是指中央银行对不动产以外的各种耐用消费品的销售融资予以控制，影响消费者对耐用消费品有支付能力的需求。比如，在消费过度膨胀时，可以规定分期购买耐用消费品首期付款的最低金额，降低该类商品信贷的最高贷款额，限制缺乏现金支付首期付款的消费；或者，规定消费信贷的最长期限，从而提高每期还款金额，并可以规定可用消费信贷购买的耐用消费品种类，从而限制消费信贷规模。

（2）证券市场信用控制

证券市场信用控制是指中央银行对有关证券交易的各种贷款保证金比率进行限制，并随时根据证券市场的状况加以调整，目的在于抑制过度的投机。

（3）不动产信用控制

不动产信用控制是中央银行对金融机构在房地产方面放款的限制性措施，以抑制房地产投机和泡沫。主要是规定贷款的最高限额、贷款的最高期限和首次付现的最低金额。

（4）优惠利率

优惠利率是中央银行通过规定较低利率，与国家产业政策相结合，支持国家重点发展的经济部门或产业，如急需发展的基础产业、能源、新技术、新材料的生产、出口创汇企业等。

3. 直接信用控制

直接信用控制（Direct Credit Control）是以行政命令或其他方式，直接对金融机构尤其是商业银行的信用活动进行控制。直接信用控制的主要方式是最高利率限制、信用配额、流动性比率和直接干预。

为防止银行用抬高利率的方法竞相吸收存款和为谋求高利而进行风险存贷，中央银行往往通过规定存贷款最高利率限额进行直接信用控制。比如，美国在1980年前的"M条例"和"Q条例"中规定，活期存款不准付息，对定期存款和储蓄存款规定最高利率限额。

信用配额（Credit Allocation）是中央银行根据金融市场状况及客观经济需要，分别对各个商业银行的信用规模加以分配，限制其最高数量。规定商业银行的流动性比率（Liquidity Ratio）也是限制信用扩张的重要措施之一。流动性比率通常与收益率成反比，为保持中央银行规定的流动性比率，商业银行必须采取缩减长期放款、扩大短期放款和增加应付提现的资产等措施。直接干预是指中央银行直接对商业银行的信贷业务、放款范围加以干预。

4. 间接信用指导

间接信用指导是中央银行通过道义劝告、窗口指导等办法来间接影响商业银行等金融机构行为的做法。道义劝告（Moral Suasion）是中央银行通过情况通报、书面文件、指示及与商业银行负责人面谈意向等方法，使商业银行及金融机构正确地理解货币政策意图，主动自觉地采取相应措施，配合货币政策的实施。而窗口指导（Window Guidance）是中央银行在其与商业银行的往来中，对商业银行的季度贷款额度附加规定，否则中央银行便削减甚至停止向商业银行再贷款。各国中央银行的道义劝告和窗口指导实践表明，它们能较好地发挥作用，这一方面是由于中央银行在一国金融体系中具有较高的权威性以及足够可以控制信用的法律手段，另一方面是因为中央银行的临时性资金来源主要依赖于中央银行。

§11.3　货币政策传导机制

货币政策传导机制（Conduction Mechanism of Monetary Policy）是中央银行运用货币政策工具影响中介指标，进而最终实现既定政策目标的传导途径与作用机理（见图 11 −1）。

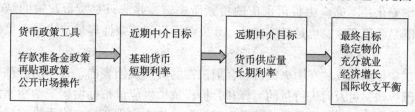

图 11 −1　货币政策传导机制

1. 货币政策中介指标

所谓货币政策中介指标（Intermediate Target of Monetary Policy），是指既能为货币政策工具所左右，又与货币政策最终目标紧密相关，能够有效地传导货币政策的中间变量。因此，货币政策中介指标处于最终目标和操作指标之间，是中央银行通过货币政策操作和传导后能够以一定的精确度达到的政策变量，如市场利率、货币供应量、信贷规模和汇率。中介指标的选取要符合三个标准：

首先，可测性。中央银行能够迅速获得这些指标准确的资料数据，并进行相应的分析判断。

其次，可控性。货币政策中介指标在足够短的时间内受货币政策的影响，并按政策设定的方向和力度发生变化。

最后，相关性。货币政策中介指标与货币政策最终目标存在极为密切的关系，控制

住这些指标就能基本实现政策目标。

货币政策中介指标又可分成操作指标与中间指标两大类。货币政策操作指标是中央银行通过货币政策工具操作能够有效准确实现的政策变量，如准备金、基础货币、中央银行利率、同业拆借市场利率、回购协议市场利率、票据市场贴现率等。操作指标有两个特点：一是直接性，即可以通过政策工具的运用直接引起这些指标的变化；二是灵敏性，即政策工具可以准确地作用于操作指标，使其达到目标区。从货币政策操作指标看，存款准备金作为中央银行负债的组成部分，可以直接观测和调控，并且货币政策操作指标与货币政策相关，存款准备金增加，意味着信贷规模的缩减，货币供应量减少，货币政策紧缩。当然，存款准备金作为货币政策操作指标也有其局限性，即存款准备金总额中的超额准备金部分，中央银行是难以准确控制的。

就基础货币而言，作为中央银行的负债，可直接观测，并可通过多条渠道进行调控；基础货币是商业银行创造信用的基础，中央银行通过对其的操纵，可以改变货币供应总量，影响利率、价格及整个社会的经济活动。

在短期利率方面，如再贴现率、同业拆放利率等，反映货币市场供求状况，变动灵活，具备可测性、可控性和相关性，但是，当受到非政策、非经济因素影响时也可能会误导货币政策。

下面考虑作为货币政策中间指标的长期利率和货币供应量。长期利率的资料易于获得并能够经常汇集，具有可测性，便于中央银行调控，能够反映货币信用状况及货币市场供求关系变化。但中央银行能调控的只是名义利率，在通胀条件下会出现信息扭曲，而且，利率变化并不完全由货币供应的松紧所决定，并非只是货币政策的结果，事实上，利率既是政策变量，也是经济变量，其决定因素的复杂性容易造成对政策效果的错误判断。

货币供应量指标反映在中央银行和金融机构的资产负债表内，每一层次都有明确的内涵和范围界限，可及时进行量的测算和分析；货币供应量指标增减变动能够为中央银行直接或间接控制，可以直接反映货币政策导向；作为内生变量，货币供应量指标变动与经济活动顺循环，政策效果明确。但中央银行并不能完全控制货币供应量，因为非银行金融机构活动对货币供应量具有影响，中央银行无法直接控制，并且货币政策与货币供应量之间的关系不稳定。

2. 凯恩斯货币政策传导机制理论

凯恩斯认为，货币政策发挥作用主要通过两条途径：一是货币与利率之间的关系，即流动性偏好；二是利率与投资之间的关系，即投资利率弹性的途径。货币政策传导机制理论的具体思路是：货币供应相对需求突然增加后，首先使利率下降，后促使国民收入增加。当然，这种增加要区分不同的条件。凯恩斯认为：增加货币数量既会影响物价也会影响产量，但首先是促使产量的增加，在达到充分就业之后，货币供给的增加就会影响物价。

$$R\uparrow \to M^s\uparrow \to i\downarrow \to I\uparrow \to y\uparrow \to P\uparrow$$

3. 货币学派的货币政策传导机制理论

如果货币供给量增加到供过于求的状况，则货币持有者的反应是将多余的货币用于购买各种资产，既购买金融资产，也购买实物资产。这种资产结构的调整过程会影响资产的价格，也会影响商品供应的数额。资产价格变动通过改变货币的价值，进而通过货币需求函数对经济产生影响，其作用是一个复杂的过程，最终会改变总产出。

$$M^s\uparrow \rightarrow A\uparrow \rightarrow C\uparrow \rightarrow I\uparrow \rightarrow P\uparrow \rightarrow \cdots \rightarrow y\uparrow$$

式中：A 为金融资产，C 为消费，P 为价格，…代表可能存在但未被揭示的过程。

弗里德曼认为，货币数量变化只是短期内作为决定经济变动的主要因素，而在长期内只会引起价格水平的变化，不会对实际产量发生影响。

比较凯恩斯学派与货币学派的货币政策传导机制理论后发现，凯恩斯学派非常重视利率的作用，而弗里德曼则认为货币政策的影响主要不是通过利率间接地影响投资和收入，而是因为货币供应量超过了人们所需要的真实现金余额，从而直接地影响到社会的支出和收入。

凯恩斯学派认为，直接对产量、就业和国民收入产生影响的是投资，货币对国民收入等因素的影响是间接的；而货币学派则认为，货币供应量的变动与名义国民收入的变动有着直接的联系。

凯恩斯学派认为，货币政策首先是在金融资产方面进行调整，然后才改变投资、消费等实际变量，影响国民收入；而货币学派则认为，货币政策可以同时在货币市场和实际资产市场发生作用，受其影响的资产不仅有金融资产，也包括耐用消费品、房屋等真实资产。货币供应增加使利率下降的同时，也相对地降低了耐用消费品和房屋等真实资产的价格，从而增加了人们对这类真实资产的需求，使其价格上涨，并最终使名义收入上升。

4. 货币政策效果

货币政策效果是指货币政策的执行和实施对社会经济产生的影响。货币政策效果具体包括货币政策数量效果、货币政策质量效果及货币政策的有效性问题。

（1）货币政策数量效果

货币政策数量效果通常指货币政策效果的强度，即货币政策作用力的大小。货币政策数量效果的大小取决于三个因素：

第一，货币乘数。货币乘数的微小变动都会导致货币供应量的巨幅增减，从而影响货币政策的强度。

第二，货币需求的利率弹性。若货币需求的利率弹性越大，则行为的利率变动就足以诱致社会公众调整其真实资产的需求，则货币政策的作用力越大。

第三，真实资产需求的利率弹性。与货币需求的利率弹性类似，真实性资产需求或实际投资的利率弹性越大，政策效果越好。

（2）货币政策质量效果

货币政策质量效果是货币政策变动对社会经济各部门作用强度的差异效果，它包括两方面内容：一方面，货币政策对各经济部门的影响力是否完全相同；另一方面，若影

响力有差别，则货币政策对各个经济部门究竟能发挥多大作用。例如，利率变动对消费支出、投资支出和政府支出各自的影响就有不同的强度。对消费支出的影响是通过财富效应发挥作用的，利率上升时，耐用消费品支出会减少。利率上升时股票价格下跌，投资者会将投资对象从股票转向其他金融资产；投资支出对利率变动的反应要比消费支出更强烈。相比之下，政府支出受货币政策的影响较小。

5. 货币政策有效性的影响因素

（1）货币政策时滞

货币政策时滞（Time Lag of Monetary Policy）是指从货币政策制定到最终影响各经济变量，实现政策目标所经过的时间，也就是货币政策传导过程所需要的时间。货币政策时滞可以分为两个部分：

首先，内部时滞，指从出现需要采取政策行动的情况，直至货币当局采取该行动之间的一段时间，包括认识时滞和决策时滞。内部时滞的长短取决于货币当局对经济形势的把握程度、推行货币政策的主动程度，以及它的信息和决策系统运行效率的高低。这种时滞可以是短的，但实际上却往往很长。

其次，外部时滞，指从采取行动到对货币政策目标产生实际影响的这段时间。主要由客观的经济与金融环境决定，可分为操作时滞和市场时滞。操作时滞是指调整政策工具到其对中间指标发生作用所耗费的时间；市场时滞是指从中介变量发生变化反应到其对目标变量产生作用所需耗费的时间。应注意到，外部时滞指的并不是一个特定的时间间隔，而是指货币政策渐次发挥效力的一个时间分布序列。因此，对于某一项货币政策行动的外部时滞，一般只应说该政策行动在比如 4 个月后产生了 30% 的效应，12 个月后产生了 60% 的效应，18 个月后则全部产生效应。货币政策时滞的结构如图 11-2 所示。

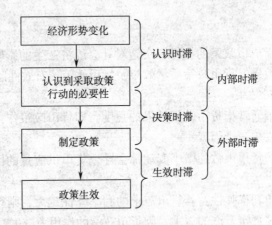

图 11-2 货币政策时滞

（2）货币流通速度

货币流通速度是威胁货币政策有效性的另一主要限制因素。即使货币流通速度只存在微小变动，若政策制定者未曾预料到，或在估算这个变动幅度时出现差错，都可能使货币政策效果受到严重影响。这是因为，在货币供给一定的情况下，社会经济总的有效货币供给在很大程度上受货币流通速度的影响。

（3）金融创新

金融创新对货币政策有效性的影响主要体现在：可能削弱中央银行控制货币供给的能力；使货币政策的传导机制发生变化；增大货币政策传导时滞的不确定性。

（4）合理预期

合理预期对货币政策效果的影响，是指经济单位和个人根据货币政策工具的变化对未来经济形势进行预测，并采取相应的反应性措施，这将使货币政策的效果大打折扣。例如，若社会公众预期到政府将采取长期的扩张政策，则他们将意识到货币供应量会大幅度增加，社会总需求会增加，物价会上涨，认为这将是发生通货膨胀的信号。因此，工人会通过工会与雇主谈判来提高工资，企业预期工资成本上涨而不愿意扩大生产经营，人们为消化通货膨胀的不利影响，提前抢购商品。最终，将只有物价上涨而没有产出的增长。

（5）电子货币

根据巴塞尔委员会的定义，电子货币（Electronic Money）是指在零售支付机制中，通过销售终端、不同的电子设备之间以及在公开网络上执行支付的"储值"和预付支付机制。电子货币对中央银行货币政策效果的影响主要是因为货币政策最终目标的实现依赖于适宜的政策中介指标和有效的政策工具与传导机制，当电子货币数量达到一定规模时，现有的货币政策体系可能会出现一些问题，一些货币政策的中介指标在可控性、可测性和相关性方面受到削弱，从而很难作为中介目标对货币政策实施效果进行监控；一些货币政策工具的作用效果也会受到影响。

§11.4　货币政策理论的新发展

20 世纪 80 年代以来，关于货币政策操作规范的讨论取得重要进展，集中体现在"货币政策规则与相机抉择之争"和"货币政策连贯性与可信度"方面。现分别简单介绍。

1. 货币政策的规则与相机抉择之争

货币政策操作是应当"按规则行事"还是"相机抉择"？这两种对立观点之间的论争迄今至少有 150 余年的历史，甚至在相机抉择的货币当局出现之前就已经开始了。这个问题在 19 世纪中叶通货学派与银行学派的学术争论中曾经有所提及。例如，1839 年英国财政大臣曾有这样的名言："我不认为自由贸易的一般原则适用于货币创造问题。"（Fisher，1990）

显然"按规则行事"就是在实施货币政策之前为货币当局事先确定它据以操作政策工具的程序或原则。与此相反，"相机抉择"指货币当局为追求给定的最终政策目标可以不受任何固定程序或原则的束缚，而是依时依势灵活取舍，最优地制定与经济运行态势相适应的货币政策。

按规则行事的货币政策观源自经济自由主义思想。西蒙斯（1948）认为，在自由市场经济系统中，货币方面一定的、稳定的、具有法律效力的游戏规则有着至高无上的重要性。弗里德曼强调，由于货币政策操作过程容易受到公众意见和政治压力的左右，相机抉择的货币当局往往会屈服于外来压力，结果造成货币政策环境不稳定。同时，由于判断货币当局业绩的标准非常不精确，相机抉择又提供了一个使之能够避开公众严厉追究的借口。而按规则行事的货币政策操作方式，既使货币当局能够顶住政治压力，也为评定货币当局的运作情况提供了标准，还向私人行为主体保证了经济政策的确定性。此外，弗里德曼还指出政策操作存在不确定时滞，认为积极的（尽管是自动的）反周期政策不仅起不到稳定作用，甚至其本身就是经济不稳定的一个根源（弗里德曼和施瓦茨，1963）。

弗里德曼赞同货币增长率保持不变的规则，即"单一规则"。在弗里德曼构建的财政政策与货币政策可以自动运行的框架中存在 100% 的准备货币，政府支出与税率基本不变，并且以赤字的完全货币化使货币增长呈现反周期的态势。Warburton 基本赞同固定货币增长规则，建议年增长率平均在 4% ~5%，上下变动不超过 1% ~2% 以应对流通速度方面的变化。但 Warburton 对 100% 货币准备提议以及货币政策与财政政策联动关系提出了令人信服的批判。Selden 回顾了固定增长率规则的发展，对 Warburton 给予很高的评价（Fisher，1990）。

提倡政府干预经济的凯恩斯主义经济学家大多支持相机抉择，认为中央银行运用相机抉择的货币政策对经济进行微调可以增进社会福利。最根本的理由在于，当出现不可预见的经济扰动时，相机抉择的货币政策能够保持机动灵活，以适当的措施应对经济生活中的紧急变化。一个不容否认的事实是几乎根本不存在公认的一成不变的规则，即使弗里德曼的固定增长率规则也存在现实困难。这是因为，固定增长率规则以货币供应量为中介目标，其面临的首要问题是选择哪一个层次的货币供应量。随着金融机构和结构的变化，货币供应量与产出的关系也在变化，相应地，货币政策规则也要变化。例如，20 世纪 70 年代的美国先后实行过 M_1 货币规则、M_2 货币规则以及利用基础货币控制名义 GNP 的货币规则等。

而且，在紧急事件发生之后，任何货币当局都不可能固守规则。比如在 2001 年"9·11"恐怖袭击后，美联储和美国政府都及时采取了应急措施，尽管招致弗里德曼等自由主义经济学家的严厉批评。在规范研究的层面上，弗里德曼的分析始终存在着逻辑上的弱点，相机抉择似乎要优于规则：如果某一项具体的规则可以使经济稳定下来，那么相机抉择的政策制定者总可以做到这一点，同时还保有在需要的时候改变规则的灵活性。

2. 货币政策的连贯性与可信度问题

Kydland 和 Prescott（1977）将非连贯性概念引入宏观经济学领域的规则与相机抉择争论，局势发生了彻底的扭转。

所谓非连贯性，也称动态不一致性，是指在 t 时按最优化原则策划一项 $t + n$ 时执行的政策，而这项政策在 $t + n$ 时已经不再是最优选择了。Barro 和 Gordon（1983）最早提出了研究货币政策非连贯性问题的理论框架。其基本见解在于，尽管实现低平均通货膨胀率可能是最优的，但这样的政策却不是连贯的，因而也是不可信的，即如果公众预期了一个较低的通货膨胀率，那么中央银行就将面对某种现实的膨胀激励——执行较高的通货膨胀率，通过制造意外通货膨胀谋取产出的额外收益。然而公众的预期是理性的，他们既然了解上述动机，同时又确信政策制定者必将屈服于这种激励，因而一开始就会准确地预测一个比较高的通货膨胀率。结果中央银行既造成了通货膨胀，又得不到任何产出上的好处。

货币政策连贯性与可信度的讨论使人们更加深入分析规则与相机抉择孰优的问题。由规则确定的政策肯定是连贯的可信的政策，因为制度上规定了违反规则的代价是昂贵的。在理性预期下，拥有相机抉择权力的政府或中央银行则被认为一有机会就可能作出短期的最优决策，因此相机抉择政策的可信度较低；更重要的是，机会主义行为没有带来任何好处，只是验证了相机抉择政策下存在通货膨胀倾向的问题。

非连贯性分析虽然解决了弗里德曼分析的逻辑弱点，但却无法否定相机抉择支持者们通过规则以外的其他方式来消除通货膨胀倾向的提议。其中比较有代表性的方案包括：

第一，强调中央银行声誉的方案，如 Backus 和 Drifill（1985）著名的货币政策声誉模型、Ball（1995）的通货膨胀持续模型、Cukierman 和 Liviatan（1991）的不完全信息下的公告模型等。

第二，强调中央银行偏好的方案，如 Rogoff（1985）的任命保守主义中央银行行长的主张。

第三，最优合约方案。按照 Walsh（1995）的意见，决定最优激励结构的第一捷径，就是假定政府可以向中央银行行长提供一项视经济情况而定的工资合约。他认为《1989年新西兰储备银行法》的规定比较接近这种设计，即将储备银行行长的任职与预先确定的通货膨胀目标相联系，如果不能实现目标，储备银行行长将被免职。

第四，制度构成方案（Alesina，1987；Alesina and Sachs，1988；Alesina and Roubini，1992）。

第五，Minford（1995）及 Lippi（1996）的选举模型以及 O'Flaherty（1990）的有限任期模式等。不容否认，一些国家的中央银行虽然拥有相机抉择权力，但却成功地实施了低通货膨胀政策，这当中包括德国、日本和瑞士。

此外非连贯性分析中的公众理性预期假设可能过分简化了经济现实。事实上，在中央银行与公众的博弈过程中，中央银行在信息占有、行动能力等方面无疑是占优的。而且多重均衡模型提出，由于外部性、规模收益递增等原因，理论上经济体可能存在着多重均衡态。如果存在名义摩擦，那么只有变化货币政策才有可能使经济从一个均衡态转向另一个均衡态。因此，当初始经济属于低产出水平的均衡时，相机抉择无疑优于货币规则。

3. 对货币政策规则的重新认识

关于货币政策规则与相机抉择孰优的问题，有两点认识值得重视：

第一，按规则行事与相机抉择其实是货币政策操作的连续区间的两个端点。其中，货币当局相机抉择的程度由给定目标的规定性以及所用政策措施与这些目标实现之间联系的直接性决定。事实上，大多数国家采用的都是居中的安排。

第二，货币政策规则与相机抉择的争论应当分为两个层次：第一个层次是一般性的，即从原则上考察支持规则反对相机抉择的论据，对于规则的具体内容或者相机抉择制度的细节不必涉及；第二个层次是具体的，讨论货币供给究竟应当这样还是那样变动，或者名义利率是否应当固定等问题，这对于相机抉择和规则两种制度都有意义（Fisher，1990）。

在这样两个原则指导下，经过长期争论，20 世纪 80 年代末期以后人们似乎在两种极端之间达成了基本共识，我们笼统地称之为对规则的重新认识。一方面，在探讨非连贯性问题的时候，人们越来越深刻地认识到：由于外来冲击不可预见，所以希求以长期固定的政策规则（无论是简单的固定增长率规则还是随机应变的反馈规则）追求社会福利最优化的想法是不现实的。在关注政策可信度的同时，必须适当考虑政策的灵活性。显然，将简单规则与相机抉择的策略结合起来的制度安排要比单纯的规则或完全的相机抉择更好。比如，在 Rogoff 方案的基础上，Lohmann（1992）提出了"保守主义中央银行行长"加"中央银行有限独立性"的思想。另一方面，人们对规则的理解更加深入也更加全面。泰勒（1993）提出政策规则有狭义与广义之分。那些可以用机械的公式表示出来的政策规则是狭义的，比如固定货币增长率、固定利率或汇率规则、各种反馈规则，甚至财政的自动稳定器也是一种狭义的政策规则。广义政策规则不一定用机械的公式表示，但应理解为包括了各种特殊应对措施的操作策略。不过，这种政策规则（1990年美国总统报告中曾经用"系统性的货币政策"一词来代替"政策规则"的说法）与相机抉择仍然截然不同。按照非连贯性文献的习惯，执行政策规则的结果是动态最优化问题的"最优解"或"事先承诺解"，而相机抉择的结果被称为"非连贯解"、"欺骗解"或"短视解"。更确切地说，这种操作策略可以描述为"具有灵活性的规则"，比如目标设定规则。目标设定规则可以分为灵活目标设定规则和严格目标设定规则两类。在这样的规则下，对中央银行的评价要部分地依据其能否实现某个宏观变量的事先确定值。大多数经济学家都认为这种政策规则有助于中央银行与公众之间的交流，既可以提高政策透明度，又可以提高对中央银行的责任约束，进而增强货币政策的可信度。泰勒（1993）提出根据通货膨胀缺口与产出缺口的变化适当调整利率，这被称为泰勒规则，被认为是货币政策规则理论的又一次突破。此后更是发展了一系列类似泰勒规则的利率规则。这些利率规则都假设货币政策制定者的最终目标是为了将产出和通货膨胀稳定在最优路径上，而实现这一目标使用的政策工具是联邦基金利率。

20 世纪 90 年代后，货币政策实践不断出现新动向。一是美国等发达国家的中央银行更注重按规则微调经济，这是重新认识规则的具体表现（泰勒，1999）；二是不少国家采用通货膨胀目标制，使通货膨胀保持在适度低水平，包括新西兰、加拿大、英国、瑞典、芬兰、澳大利亚、西班牙、以色列、智利、韩国等；三是日本的经验表明，在通货膨胀水平很低或物价下跌的情况下，货币政策的效应会受到零利率的限制。

通货膨胀目标制是目前最常讨论到的目标设定方法（Walsh，1998）。灵活性、透明度和责任制是货币政策操作规范成功的三大要素（Mishkin，1999），也是通货膨胀目标制的重要特征。通货膨胀目标设定方法不仅直接有利于消除通货膨胀倾向，而且由于关注国内经济问题，不易影响货币流通速度（罗雄，2001），但在具体应用上也存在明显的局限，特别是通货膨胀不易为货币当局控制的问题，在新兴市场国家尤为严重。又由于货币政策的时滞较长，因而通货膨胀目标设定法的信号功能偏弱。有研究表明，德意志联邦银行的政策框架实际上非常接近于通货膨胀目标设定规则（Bernanke，Laubach，Mishkin and Posen，1999），而欧洲中央银行把追求物价稳定作为其唯一目标的做法，也可以看做是代表某种形式的通货膨胀目标设定方法。

除日本在 20 世纪 90 年代的经验外，对美联储 FRB/US 模型进行数值模拟同样说明低通货膨胀环境下，零利率限制是泰勒规则的一个重要约束，尽管这种情况出现的可能性很小（Reifschneider and Williams，1999）。显然，一旦通货膨胀下降到临界点或者出现通货紧缩，由于零利率的限制，货币政策更加难以摆脱困境。所以，如果估计不久后可能会受到这种困扰，最好的办法就是提高预测能力，并及时采取预防性措施，比如提前降低名义利率，以防止出现通货膨胀率接近零或通货紧缩的情况发生（汪红驹，2001）。2001 年初，美联储预测经济增长速度将下降并有陷入衰退的可能，于是在 2001 年 1 月到 11 月期间连续 10 次降低联邦基金利率，显示其"预防性"的操作策略。

§11.5　泰勒规则

泰勒规则（1993）的提出以及不断深入的研究，概括了 20 世纪 80 年代以来西方国家成功货币政策实践的经验，而且成为美联储、欧洲中央银行、英格兰银行和加拿大银行操作货币政策的理论依据。

1. 泰勒规则的描述

1923 年美联储报告表明"反对极端通货紧缩或膨胀是美联储的责任，且不只积极地适合经济起伏"（弗里德曼和施瓦茨，1963），此乃中央银行"逆风而行"（Leaning Against the Wind）政策的最早经典官方表述，其要求美联储在通货膨胀较低或生产衰退时放松货币市场条件，而通货膨胀较高或生产增加时紧缩货币市场条件。"逆风而行"为货币当局采取货币政策对经济进行干预提供了巨大灵活性，但如弗里德曼和施瓦茨（1963）讨论 20 世纪 50 年代中期美国货币政策时指出，作为通货膨胀压力改变时改变利率或货币供给的政策，"逆风而行"的困难在于无法确定何为"风"、如何度量、何时开始以及逆多大规模的"风"。只有明确中央银行的主要目标变量，如通货膨胀率和/或真实 GDP 及其反应规模，"逆风而行"政策才有意义，而且，若反应规模不适当还可能导致拙劣的经济绩效，比如货币增长急剧下降的大萧条时期。

相比之下，货币政策规则被定义为以代数、数字和图表形式描述诸如基础货币或联邦基金利率等政策工具如何对经济变量变化反应，因此，货币政策规则是尽可能精确地

描述中央银行改变货币政策工具的环境的状态依存计划。实践中，绝大多数政策规则强调短期利率工具，其中又以泰勒规则最为著名：

$$r = \pi + gy + h(\pi - \pi^*) + r^f \qquad (11-1)$$

式中：r、π 和 y 分别是短期利率、通货膨胀率、产出缺口；r^f 是中央银行估计的均衡真实利率；π^* 是中央银行的目标通货膨胀率；产出和通货膨胀的斜率系数是 $(1+h)$ 和 g。

$g = 0.5, h = 0.5, r^f = 2$ 和 $\pi^* = 2$ 时，式（11 - 1）恰是泰勒（1993b）建议的政策规则形式。g 有时被设定为 1（Brayton、Levin、Tryon and Williams，1997）。式（11 - 1）是中央银行的利率反应函数，其描述美联储如何在导致利率针对通货膨胀和真实 GDP 变化而变化的货币市场上采取行动，其是中央银行货币政策决策所遵循的指针或甚至严格遵循的公式，而不仅是事后描述。

2. 泰勒规则的稳健性分析

为考虑货币政策规则的稳健性，从货币政策规则的历史分析、货币政策规则与货币传导机制关系以及货币政策规则研究的最新进展三方面展开。

（1）历史分析

经济学家们通常基于实际经济如何使用不同政策进行操作的信息，利用模型经济根据通货膨胀或通货膨胀和产出变动性判断货币政策优劣，但模型通常被视为黑箱，因此，货币政策评价的历史方法也很常见。泰勒（1998）使用货币政策利率规则框架考察美国货币历史上的 1879—1914 年、1955—1997 年和 1987—1997 年三个时期，探究货币政策变动的历史时机和政治经济原因以及不同货币政策规则的经济效应，发现不同政策规则下的宏观经济绩效（通货膨胀和真实产出的变动性）存在显著差异。

首先，将式（11 - 1）应用于不同时段进行真实产出估计和通货膨胀率相关系数的最小二乘估计。比较后发现，$(1+h)$ 和 g 的估计值在布雷顿森林时代及其以后时代比国际金本位时代约高 10 倍；而且，相关系数规模随时间逐渐提高。金本位时代，货币政策规则具有非常低的利率反应，20 世纪 60 年代和 70 年代货币政策规则具有较高反应，但与 20 世纪 60 年代末和 70 年代相比，1987—1997 年的真实产出相关系数提高 3 倍，通货膨胀相关系数提高 2 倍。

其次，按照实际短期利率对货币政策基准规则偏离的定义，泰勒考察了"政策失误"的三个特定时期。第一个时期是 20 世纪 60 年代初的过度货币紧缩，实际联邦基金利率高于政策规则，两者间的缺口达 2% ~3%，持续约 3.5 年。第二个时期是 20 世纪 60 年代末和 70 年代的过度货币扩张和通货膨胀。联邦基金利率和基准政策间的缺口在 20 世纪 60 年代末开始不断增长，并在 4% ~6% 的范围内持续到 20 世纪 70 年代末 Paul Volcker 担任美联储主席。泰勒认为，该时期的失误是 20 世纪美国货币历史上除大萧条时期以外的最严重的货币政策失误，若遵循比较接近基准规则的政策则可以避免。第三个时期发生在 20 世纪 80 年代初。根据泰勒规则，1979 年和 1980 年提高利率的规模大约是正确的，但 1982—1984 年的联邦基金利率水平过高。当然，这个时期恰发生在 20 世纪 70 年代通货膨胀结束之后，高于规则推荐的利率对于保持阻止通货膨胀继续上涨的预期是必需的且有助于建立美联储的信誉。

相对应地,一方面,1879—1914 年存在多个经济周期,通货膨胀和真实产出的波动规模比较大,弗里德曼和施瓦茨(1963)甚至将 1890—1897 年称为"动荡年代";1955—1997 年,20 世纪 60 年代末和 70 年代出现巨大而持续的通货膨胀摇摆,而 20 世纪 80 年代中期以来呈现更大的宏观经济稳定。另一方面,虽短期利率在两个时期都领先周期,但 1879—1914 年的短期利率对通货膨胀和产出的反应明显比 1955—1997 年更小。

概括起来,20 世纪 60 ~ 70 年代到 80 ~ 90 年代,美国政策规则斜率发生革命性的变化,即从低于 1 变动到高于 1。通货膨胀上涨在斜率小于 1 的情形下使真实利率下降,提高需求并提高通货膨胀上涨压力,这是针对通货膨胀上涨的错误政策反应;通货膨胀上涨在政策规则斜率大于 1 的情况下使真实利率上涨,这是稳定的。

(2)货币传导机制与货币政策规则的关系

①不同货币传导机制观点与政策规则的结合

金融市场价格观是理解货币政策变化影响经济的渠道的常见货币传导机制,其强调货币政策对价格和金融资产收益率(包括债券价格、利率和汇率)的影响,并借此影响企业和居民的支出决策。货币传导机制信贷观(Bernanke and Gertler,1995)则强调作为内部融资替代的银行和其他金融中介的贷款变化。为解释诸如货币供给的名义数量变化为何影响真实变量,绝大多数评价政策规则的研究使用交错价格或工资设定理论的刚性形式使未来通货膨胀预期影响价格设定,从而产生政策影响。有限参与模型(Christiano,Eichenbaum and Evans,1997)是另一种刚性形式,每期投资者可以在不同金融账户间转移资金的数量受到限制。为探究不同货币传导机制是否影响政策规则选择,根据可能影响货币政策规则评价的货币传导机制的"总需求"因素和"交错价格调整"因素所采取方法的主要区别,泰勒(1999)对 18 个有代表性的货币传导机制模型进行分类。总体上,不同货币传导机制的定量模型包括两个结构方程,即表明真实 GDP(总需求)如何取决于消费、投资、净出口、利率和汇率的总需求或 IS 方程,以及表明通货膨胀对生产利用能力或汇率变化如何随时演变的价格调整方程,其形式为

$$f_i(y_t, y_{t-1}, \cdots, y_{t-p}, E_t y_{t+1}, \cdots, E_t y_{t+q}, a_i, X_t) = u_{it}(i = 1, \cdots, n) \qquad (11-2)$$

式中:y_t、X_t 和 u_{it} 分别是 t 时 n 维内生变量向量、外生变量向量和随机冲击向量;a_i 是参数向量。

货币传导机制的最简单理性预期模型是一期领先($q = 1$)和没滞后($p = 0$)的单一线性方程($i = 1$)情形。

使用式(11 - 2)进行政策评价可以采取如下步骤:

第一,将备选政策规则置于模型 $f_i(\cdot)$ 中;

第二,求解模型;

第三,察看通货膨胀、真实产出和失业等变量的随机稳态(静态)分布特征;

第四,选择给出最适宜绩效的规则,其中,损失函数可能是有益的;

第五,使用其他模型检验稳健性结论。

货币政策规则为

$$i_t = g_\pi \pi_t + g_y y_t + g_{e0} e_t + g_{e1} e_{t-1} + \rho i_{t-1} \qquad (11-3)$$

式中：i_t、π_t、y_t 和 e_t 分别是利率、通货膨胀率（通常在季度模型的 4 个季度内平滑）、产出对潜在产出的偏离以及汇率（e 的增加是本币升值）；参数 g 和 ρ 是政策选择；利率是该式中所有政策参数值的货币政策工具。

②基准规则的货币传导机制效应

考虑式（11-3）不存在惯性（$\rho=0$）且不存在汇率反应（$g_{e0}=g_{e1}=0$）的基准规则情形。$g_\pi = 1.5, g_y = 0.5$ 的基准规则（泰勒，1993a）与泰勒考虑的 18 个模型中的 9 个模型的模拟表明，通货膨胀和产出方差在"金融市场观"模型中都是微小的。若目标函数为产出设置较大权重，则最好在政策规则中设定 $g_y > 0.5$ 的权重，但根据产出和价格稳定性，$g_y = 1.0$ 没有表现出对 $g_y = 0.5$ 的优势。Christiano 和 Gust（1999）的有限参与模型的稳定性分析表明，使用有限参与替代粘性价格并不导致基准规则表现的恶化。只要产出权重不太高，$g_\pi = 1.5, g_y = 0.5$ 的简单规则可以比较好地保持通货膨胀率和真实产出稳定性。针对融合信贷观的 Bernanke、Gertler 和 Gilchrist（1999）模型，Bernanke 和 Gertler（1999b）结合式（11-3）进行政策规则模拟。设定产出相关系数等于零并使用通货膨胀预测而非汇率的平滑值，他们发现，类似基准规则的这个规则在他们的模型中表现得非常合理，通货膨胀和产出的方差都小。Svensson（1999a）的小国开放经济模型模拟考察汇率渠道如何影响基准规则的表现。他发现基准规则（没有汇率项）在降低围绕通货膨胀目标和潜在产出的通货膨胀和产出变动性方面表现非常好，并得出基准规则评价"在某种程度上令人惊奇的稳健"的结论。

③基准货币政策规则的扩展

从实践角度看，即使在货币政策规则取得成功的 20 世纪 90 年代仍发生了各种类型的货币危机，这表明存在很大的改进空间，比较有影响的尝试是引入惯性（Woodford，1999a；Williams，1999）或融入汇率反应（Ball，1999；Svensson，1999）。

泰勒（1999）对考虑惯性的政策规则的模拟表明，$\rho=1, g_\pi=1.2$ 和 $g_y=1$ 是否相对基准规则 $\rho=0, g_\pi=1.5$ 和 $g_y=0.5$ 存在改进表现（根据通货膨胀和产出的变动性）取决于货币传导机制。

在货币政策规则中考虑汇率因素非常重要，因为外国商品价格变化部分地传递到国内价格时，汇率会影响净出口和通货膨胀，而且利率和汇率经由资本市场存在联系，但泰勒（1993a）以及 Bryant、Hooper 和 Mann（1993）在美国货币政策规则中忽略汇率。为探究相同结论是否对小国开放经济成立，Ball（1999）发现，不存在惯性但包括汇率的式（11-3）形式中的小国开放经济的政策规则相对地改进了基准规则。例如，相同的标准产出偏差（1.4%）下，对汇率以及产出和通货膨胀反应的利率规则（g_{e0} 为负，g_{e1} 为正）将围绕目标的通货膨胀率标准差从 2% 降低到 1.9%。Svensson（1999）在更加前瞻的开放经济模型中考虑类似规则，并发现通货膨胀标准差从 2.1% 降到 1.8%，但产出方差从 1.7% 提高到 1.8%。泰勒（1999c）模拟多国模型考虑该规则在欧洲中央银行的使用，发现考虑汇率的规则给法国和意大利带来了较好绩效，但在德国具有抵消效应。因此，虽然开放经济强调货币传导机制导致政策规则差异，但至少就强调通货膨胀和产出的变动性而言，实践并没有显现巨大效应。

3. 货币政策规则在中国的适用性分析

作为近年来西方国家货币政策实践的理论依据和参考基准，很多研究者也对货币政策规则在中国的适用性问题展开研究。谢平和罗雄（2002）运用历史分析法和反应函数法将中国货币政策运用于检验泰勒规则，并发现其可以很好地衡量中国货币政策，从而可作为中国货币政策的参考尺度。聂学峰和刘传哲（2004）利用相关分析、Granger 因果关系分析和自回归分布滞后模型，对中国货币政策通过国际贸易传递的途径进行实证分析。他们发现，我国货币政策无法通过汇率途径传递到国际贸易上，却能够通过物价途径对净出口有正面影响，而且，通过信贷传递到国际贸易上是扭曲的途径。陈奉先等（2006）则基于 Lawrence 模型构建了包括汇率因素的开放经济条件下的前瞻性泰勒规则，认为考虑微观主体预期和汇率因素后，中央银行对利率的敏感性增强，继续推动利率和汇率体制改革能更有效地提高泰勒规则的解释力，而前瞻性泰勒规则能提高中国货币政策的透明度。

尽管如此，在中国实施泰勒型货币政策规则仍然存在困难。首先，这是由泰勒型货币政策规则本身所决定的。成功实施泰勒型货币政策规则的前提是确定真实利率、通货膨胀缺口和产出缺口，但用于计算产出缺口的潜在产出的估算是比较困难的。就美国而言，产出缺口的来源包括国会预算办公室（CBO）、国际货币基金组织（IMF）、经济合作与发展组织（OECD）和标准普尔的 DRI，不同来源的产出缺口度量使用不同方法，具有不同的结果。

其次，更重要的是，使用泰勒型货币政策规则的困难来自我国的货币政策运行环境。一方面，与西方国家采用的通货膨胀目标制（Inflation Targeting）不同，我国货币政策最终目标是"稳定货币，并以此促进经济增长"。中国货币政策目标的多元性客观上要求实施货币政策过程中要有更多灵活性，对应地，我国货币当局更倾向于实施相机抉择的货币政策。另一方面，自 1998 年中国人民银行取消信贷规模控制以后，我国货币政策的中介目标和操作目标转向货币供应量和基础货币而不是利率。其中，最重要的原因就在于我国利率市场化进程滞后以及货币政策传导机制低效。伴随着利率市场化机制的形成以及利率弹性的增大，在我国具备条件以利率取代货币供应量作为货币政策中介目标的时候，实施泰勒型货币政策规则才具备客观基础。从这个角度看，加快推进我国利率市场化进程，建立健全高效的货币政策传导机制是至关重要的。

此外，遵循泰勒规则（1993a），应将更多的中国人民银行员工分配到估算真实利率和潜在 GDP 的工作上来，发挥学习机制效应，比如中国人民银行员工的研究、国内外经济学家关于制定和实施货币政策的批评和争论、考察其他国家的中央银行行为等。

【本章小结】

狭义的货币政策被限定在中央银行行为方面，即中央银行为实现既定的目标运用各种工具调节货币供应量，进而影响宏观经济运行的各种方针措施。货币政策目标包括经济增

长、物价稳定、充分就业和国际收支平衡，四者之间存在矛盾统一的关系。为实现货币政策目标，央行通常采取的一般性货币政策工具包括法定准备金、再贴现率和公开市场操作，通常被称为"三大法宝"，此外还包括选择性货币政策工具、窗口指导和道义劝告等。

货币政策传导机制是中央银行运用货币政策工具影响中介指标，进而最终实现既定政策目标的传导途径与作用机理。货币政策中介指标要符合可测性、可控性和相关性标准，近期中介目标包括基础货币和短期利率，而远期中介目标是货币供应量和长期利率。凯恩斯主义货币政策传导机制强调利率，而货币主义货币政策传导机制强调货币供应量。

货币政策效果是指货币政策的执行和实施对社会经济产生的影响。货币政策效果具体包括货币政策数量效果、货币政策质量效果及货币政策的有效性问题。货币政策数量效果的大小取决于货币乘数、货币需求的利率弹性和真实资产需求的利率弹性。货币政策质量效果是货币政策变动对社会经济各部门作用强度的差异效果：货币政策对各经济部门的影响力是否完全相同；若影响力有差别，则货币政策对各个经济部门究竟能发挥多大作用。货币政策有效性的影响因素包括货币政策时滞、货币流通速度、金融创新、合理预期和电子货币。

【关键概念】

存款准备金政策　再贴现政策　公开市场业务　间接信用指导　道义劝告
货币政策数量效果　货币政策时滞　泰勒规则

【复习思考题】

1. 为何说货币政策目标之间存在矛盾统一关系？
2. 货币政策三大工具各有何特点？
3. 为何要设立货币政策中介目标？设定货币政策中介目标的要求是什么？
4. 关于货币政策传导机制，凯恩斯主义和货币主义各持何种观点？
5. 相机抉择支持者们提出通过规则以外的其他方式来消除通货膨胀倾向的提议包括哪些？
6. 泰勒规则的主要内容是什么？其稳健性如何？

【本章参考文献】

[1] 王芳. 金融理论发展的新趋向 [J]. 世界经济，2002 (5).

[2] 艾洪德. 货币银行学教程 [M]. 大连：东北财经大学出版社，2006.

[3] 夏德仁，李念斋. 货币银行学 [M]. 北京：中国金融出版社，2005.

[4] 张尚学. 货币银行学 [M]. 北京：科学出版社，2005.

[5] 李健. 金融学 [M]. 北京：中央广播电视大学出版社，2004.

[6] 黄达. 金融学 [M]. 北京：中国人民大学出版社，2003.

第 12 章

金融监管

【导读】

20 世纪以来，世界范围内的金融危机频繁爆发，使人类社会遭受了巨大的损失。金融风险和金融危机的有效防范成为世界性难题，并受到各国政府、经济管理部门和经济理论界的高度关注。人们一致认为金融体系的正常运行需要金融行为的规范和金融秩序的有序，而金融监管正是金融体系正常进行的重要保障。本章首先讨论了金融风险的特点、类型、管理过程以及金融危机的含义、形成原因和治理措施等内容，接着介绍了金融监管的目标和原则，最后，在此基础上分别介绍了对银行业、证券业和保险业的具体监管内容。

经验观察表明，缺乏完善的金融监管体系和严谨的预警体系以及对意外事件的快速反应能力是历次金融危机爆发的重要原因。无论是墨西哥金融危机，还是东南亚金融危机，究其根本原因，均在于金融企业的高风险经营上。高风险经营形成房地产泡沫、投资泡沫，从而使得信贷链条的脆弱性加剧，潜在风险不断积累。但是，如果拥有完善的金融监管体系，进行严格的金融监管，防患于未然，即使发生外资抽逃，只要国内各种金融机构的微观基础稳固，也不至于造成一国金融体系的崩溃。所以，对于降低金融风险、化解金融危机、确保金融安全而言，金融监管尤为重要。

§12.1 金融风险与金融危机

12.1.1 金融风险

金融风险是指在资金融通和货币资金的经营过程中，由于事先无法预料的不确定性因素带来的影响，资金经营者的实际收益与预期收益发生一定的偏差，从而有蒙受损失或获得收益的机会或可能性。金融风险作为一种不以人的意志为转移的客观事物，如果不能得到有效的控制和防范，任其发展便可能引发金融危机，使一国的经济生活遭受重大打击。

1. 金融风险的特点

金融风险具有复杂性、易变性、隐蔽性和加速扩散性等特点。

（1）金融风险的复杂性。金融风险的复杂性是指不仅导致风险的因素众多，而且风险的存在和积累使这些因素交织在一起，相互影响、共同作用，即各种因素之间往往是一种互为因果的关系，很难将风险的原因归结为其中的某一个或某几个因素。因此，防范风险也必须采取综合的措施。

（2）金融风险的易变性。金融风险的易变性是指当风险积累到一定程度时，一旦某一环节出现问题，便极易出现灾变，引发连锁反应，甚至爆发一场金融危机。金融风险的易变性与金融风险的复杂性直接相关，正是由于风险是由众多因素相互交织、互相影响的结果，它才具有易变性并产生连锁反应的特征。

（3）金融风险的隐蔽性。所谓隐蔽性，是指正常情况下金融风险不易被察觉，即便存在一些风险，大多数情况下被仍在运行的金融活动所掩盖，因而容易被忽略。例如，从宏观上看，虽然银行体系的呆账在增加，但由于不兑现的信用货币制度下，银行体系增加贷款的能力不受呆坏账数量的影响，因而，常常是一方面呆坏账在增加，另一方面仍在不断地提供贷款。既然金融体系仍在"正常运转"，呆坏账的问题也就容易被忽略。然而，这正是金融风险最隐蔽的地方，因为过多的呆坏账会直接威胁银行的生存，并在一定条件下产生连锁反应。

（4）金融风险的加速扩散性。金融风险一旦变为现实，往往会出现全面加速扩散的现象。这主要因为银行体系在正常的经济增长时期存在着按倍数扩张的信用机制，而在非正常时期，也同样存在着按倍数收缩的信用机制，从而引发社会性的支付危机，造成银行及工商企业的大量倒闭，给经济生活带来严重的后果。此外，悲观的心理预期往往引起集中挤兑存款或抛售本币抢购外币的风潮，也往往使汇率风险得以迅速扩散。

2. 金融风险的类型

（1）按金融风险的来源，可分为信用风险、价格风险、利率风险、汇率风险、流动性风险、购买力风险、经营风险、国家风险等。

信用风险是指由于合同的一方或多方签约人到期不能履约而给其他签约人带来损失的风险，如银行向某个企业提供贷款后，该企业到期不能归还贷款，将给提供贷款的银行带来损失。

价格风险是指由于金融资产的价格，尤其是金融衍生品价格的波动具有巨大的不确定性，往往给相关行为人带来巨大的经济损失。

利率风险是指由于利率的不确定变动，导致净利息收入或支出的不确定，从而使收益和融资成本不确定，金融资产或负债的市场价值不确定，而给相关经济主体带来经济损失的可能。

汇率风险是指在外汇市场上汇率波动频繁、变化莫测的情况下，给经济主体带来经济损失上的不确定性。

流动性风险是指在市场缺乏流动性的时候，经济主体要将持有的资产变现将遭受价格大幅下跌，甚至根本无法变现的损失。

购买力风险是指由于通货膨胀而使货币的购买力下降，从而导致经济主体收益和成本的不利变动而产生的风险。

经营风险是指在企业经营管理过程中，由于各种不确定性因素导致经营管理失误而使企业遭受损失的可能。

国家风险是指在涉外经济活动中，由于外国的政权更替、政治动乱、罢工导致的政治风险和由于外国政府的经济政策变化导致的经济风险。

（2）按金融风险能否分散，可分为系统性金融风险和非系统性金融风险。

系统性金融风险是指内外部因素的影响给一国金融系统造成的风险。系统性风险的基本特征是，一国经济生活中重要的经济金融关系出现失衡，多数工商企业、银行及非银行金融机构经营活动的风险在加大，收入减少，亏损增加，风险一旦演变为现实，往往产生连锁反应，引发大批工商企业、金融企业的破产倒闭，严重的话，会引发一国宏观经济的衰退。系统性风险是无法通过投资组合来分散的。宏观经济运行周期、国内外政治经济体制的差异、政府经济政策的导向和金融资产价格波动等因素都可能导致系统性金融风险。

非系统性金融风险是指作为微观的金融企业，在开展业务经营活动时遭受损失的可能性。由于此种金融风险正常情况下仅与个别金融企业的业务活动与经营管理活动有关，一旦变为现实，只会给个别金融企业造成损失，不会引发连锁反应，因此称之为非系统性风险。非系统性风险可以通过投资组合来分散。常见的非系统风险有资金流动性风险、信用风险、经营风险等。

3. 金融风险的管理过程

金融风险一旦转化为金融危机就会引发一系列金融机构和工商企业的连锁反应。为此，我们必须及时发现面临的风险，并制定、选择和实施某个方案来回避或控制其面临的风险，这一过程称为金融风险的管理。金融风险的管理过程包括金融风险的识别、金融风险的衡量、金融风险管理方案的实施和金融风险的控制四个步骤。

（1）金融风险的识别。认识金融风险是金融风险管理的重要基础和基本前提。金融风险识别，是指在进行实地调查研究之后，运用各种方法对潜在的各种风险进行系统归类和实施全面分析研究。金融风险识别所要解决的主要问题是：哪些金融风险应予以考虑？这些金融风险的性质、原因是什么？这些金融风险所引起后果的严重程度如何？

（2）金融风险的衡量。仅仅识别金融风险、了解损失的存在对实施金融风险管理来说远远不够，还必须对实际可能出现的损失后果，即对不同程度损失发生的概率、损失的严重程度予以充分的估计和衡量。如果说识别是对金融风险的定性分析，那么衡量则是对金融风险的定量分析。其基本内容是：运用概率论统计方法对金融风险的发生及其后果加以估计，给出一个比较准确的概率水平，从而为金融风险管理奠定可靠的数学基础。

（3）金融风险管理方案的实施。金融风险管理方案的实施是指风险管理人员在识别和衡量金融风险的基础上，针对所面临的金融风险损失问题，寻求切实可行的措施或工具来进行管理的一系列方法。金融风险管理的方法主要有风险回避、控制损失、风险留存和风险转移四种类型。前两种方法是在损失发生之前，实施各种控制工具，消除各种隐患，将损失的后果减少到最低程度的一种方法；后两种方法是在金融风险事件发生后已经造成损失时，运用财务工具进行补偿。

风险回避是指考虑到金融风险事件存在与发生的可能性，主动放弃和拒绝实行某项可能导致风险损失的方案，即对所有可能出现的金融风险的事件和活动尽可能回避，以直接消除风险损失。可见，这是一种简单易行、全面、彻底的风险处理方法，而且较为经济、安全，保险系数很大。但是，这种方法在消除某项活动发生金融风险的可能性的同时，也放弃了该计划获得的机会。因为为了避险常常要放弃某项计划，所以，这种方法具有消极防御的性质。

控制损失是指在损失发生前全面消除金融风险损失可能发生的根源，竭力减少损失事件发生的概率，并在损失发生后减轻损失的严重程度。它是金融风险管理中最积极、最主动的风险处理方法。主动预防和积极实施抢救比单纯地避免风险更具积极意义，它可以克服避免风险的局限。

风险留存是指经济实体自行设立基金，自行承担风险损失发生后财务后果的处理方式。经济实体采用风险自留技术，在一个较长时期内，能够聚集一部分潜在损失补偿金。根据经验和分析，自留的风险准备金多用于较小额度的损失，其发生频率也有一定的规律可循。采用金融风险自留技术在较长时期内有助于经济实体货币资金的节约和储蓄。因此，在实施金融风险自留的情况下，损失一旦发生，必须由自己承担损失补偿；如果损失不发生，即可节约费用。

风险转移是指经济实体将其面临的金融风险有意识地转移给与其有经济利益关系的另一方承担。如可以通过支付额外的保险费，替代如果不保险可能遭受的更大损失。或者将投资分散于多种风险资产而非一种资产，从而降低其拥有一种资产所面临的风险。金融风险转移对各经济实体来说有着积极的作用，因为它可以在一定程度上减少甚至消除金融风险。但从全社会的角度看，金融风险转移并没有多大的积极作用，因为它只是把金融风险从一方转移到另一方而已。所以，就全社会来说，金融风险依然存在，并未消除。

(4) 金融风险的控制。金融风险的控制是指在金融风险管理方案实施后的检查、反馈和调整。风险管理者要督促相关部门严格执行风险管理的有关规章制度，确保风险管理方案得以落实。为此，管理者要定期或不定期地对各业务部门进行全面或专项检查，发现隐患后迅速加以纠正或补救。管理者还需设置一系列的监控指标，随时监测经济主体承受的风险状况的变化，以便及时采取措施应对。管理者还应对风险管理方案的实施效果进行评估，测定实施效果与预期效果之间是否存在偏离。若二者出现偏离，管理者需分析其原因，总结经验教训，并根据内部条件与外部环境的变化，对金融风险管理方案进行必要的调整。

12.1.2　金融危机

1. 金融危机的内涵与分类

金融危机的内涵很丰富，至今还没有一个准确的定义。《新帕尔格雷夫经济学大词典》将金融危机定义为：全部或绝大部分金融指标——短期利率、资产（证券、房地产、土地）价格、商业破产数以及金融机构倒闭数——的急剧、短暂和超周期的恶化。它是由于信用基础被破坏而导致整个金融体系或某个金融体系组成部分的混乱和动荡。

根据国际货币基金组织（IMF）的分类，金融危机大致可以分为以下三种：

（1）货币危机

货币危机表现为当某种货币的汇率受到投机性袭击时，该货币出现持续性贬值，或迫使当局扩大外汇储备，大幅提高利率。

（2）银行危机

银行危机表现为，银行不能如期偿付债务，或迫使政府出面，提供大规模援助，以避免违约现象的发生。一家银行的危机可能会引起整个银行系统的危机。

（3）债务危机

债务危机表现为一国的支付系统严重混乱，不能按期偿还所欠外债。

2. 金融危机形成原因

（1）金融系统自身恶化

很多新兴市场国家在发展经济的过程中，片面鼓励推行金融自由化，放松金融管制和金融市场的对外开放，可能会导致金融危机。在很多国家，银行危机与金融部门的开放有关。金融开放可能使国内金融机构面临极大的挑战，因为国外金融机构有替代国内金融机构的趋势。国内金融机构需承担一定的为本国发展提供服务的职能，而国外金融机构则是利润至上。当国内经济出现不景气的信号时，外资金融机构就可能会撤离，寻求更有利的投资国家。

（2）信息不对称

信息不对称是指有关交易的经济信息在交易各方之间分布的不均衡。在金融交易中，信息不对称的特征更为明显。在金融市场上，市场参与者在进行决策时，其中的某一方并不了解另一方，这种信息上的不对称性增大了金融危机的可能性，它是金融体系内在不稳定和各种金融危机的微观基础。

（3）金融创新过度

以大量衍生金融工具为代表的当代金融创新为投资者提供了操纵市场的有力武器。过度的金融创新衍生品增大了金融风险，极易产生金融系统的不稳定性。金融创新使得各种金融机构原有的分工界限日益模糊，各种新型的金融交易已不在旧管辖的框架之内。随着金融创新与证券化趋势的发展，创造了大量有别于传统资产负债表上的项目，许多金融机构有大量的资产负债表外业务，这些业务隐含了大量的风险。

（4）国际游资的冲击

国际间短期资金的自由流动，在推动全球金融发展的同时，也带来了金融系统的不稳定因素。当一国货币在固定汇率制下名义汇率严重偏离其价值基础时，对该国货币的冲击将可能引发金融危机。投机冲击已经成为当代金融危机的一个重要诱因。1997 年爆发的亚洲金融危机中，泰国和中国香港受到了国际游资的极大冲击。

3. 金融危机的防范与治理

在进入资本主义市场经济后，世界上发生过若干次金融危机，它影响着经济的稳定与发展，甚至带来了经济的衰退。因此，对金融危机的预测与防范成为许多国家进行宏观经济管理的重要内容。

（1）提高本国金融素质

切实维护金融安全需要稳步提高金融体系的素质，降低本国金融体系的脆弱性，因为高素质的金融体系不仅可以避免从内部引发金融系统崩溃与剧烈动荡，而且能自动吸纳和消化源于金融体系与金融市场之外的冲击，并减轻国际冲击的严重性与破坏性。金融机构的稳健经营是金融系统保持稳定的基石，为有效避免金融危机的发生，必须重点改善金融机构的经营状况，提高金融机构的盈利能力。同时，为避免挤兑事件的发生，最根本的途径是严格控制银行不良资产的增长，并且妥善解决已有的不良资产，维护公众的信心。

（2）加强金融监控，防范泡沫经济

爆发金融危机的发展中国家与地区都存在金融监管与控制不力的问题，导致金融的盲目发展与运行，金融机构从事不大熟悉的高风险业务，增加了金融风险。除通过金融监管保证金融市场行为规范化从而降低金融风险外，还需要对金融市场进行强有力的调控，保证市场平衡运行，避免资产价格大起大落。

（3）选择适当的金融开放进程

发展中国家与地区金融开放中总会有一定的风险，激进式开放与渐进式开放中都有金融危机爆发的可能性与必然性。开放战略的选择与制定是战略性对策的首要环节，开放战略有两个要点，一是开放的速度快慢，二是开放的次序。一般来说，在起初都应谨慎行事，适当控制开放的步伐；随着金融开放的逐步深入，市场主体趋于成熟，可以适当加快开放的步伐。在开放的次序方面，应先开放对金融安全威胁最小的领域和环节，依次逐渐开放威胁较大的领域或环节，威胁最大的领域和环节的开放放在最后，这样的开放次序有利于避免内外冲击超过金融体系的承受能力，从而最大限度地保持金融稳定。

（4）建立金融危机的预警防范系统

有效的预警系统可以避免在危机面前措手不及，通过及时采取有效的应对措施与手段可以减轻危机危害的严重性，甚至可以预先采取防范措施以阻止危机的爆发。为此要密切监视一些经济变量的发展变化，如果某一个指标偏离其正常水平并超过一定的临界值，则可认为在将来一段时间内会爆发金融危机。这些指标可以分为国内金融指标、对外经济金融指标、国内实质部门指标、财政部门指标、制度结构指标和政治因素指标六大类。

（5）加强国际间的安全协作

在金融全球化的国际背景下，金融危机的影响总是超出单一国家的范围，危机的跨国传染使金融安全问题表现出明显的国际性，因此需要积极开展国际协调，加强国际合作。加强国际间的安全协作，首先应交流有关危机的信息，建立起防范本地区金融危机的预警机制。其次，应协调地区内部金融政策，尤其是关于金融开放和建立国际金融中心的政策，避免过于激烈的政策竞争导致地区金融脆弱性的上升。此外，对受投机攻击的国家与地区提供援助也是加强协作的重要措施。

【专栏】

20 世纪主要的金融危机

（一）美国 1929—1933 年金融危机

20 世纪第一次大规模的金融危机爆发于美国。1929 年 10 月 28 日，即历史上著名的"黑色星期一"，纽约证券交易所突然发生剧烈的波动，大量的股票涌到市场上，人们开始不计价格地抛售手中的股票，当天股票交易所的全部股票平均下降 50 点，50 种主要股票的平均价格几乎下降了 40%，由此揭开了美国金融大危机的序幕。美国股票市场的大崩溃一直持续到 1933 年初。根据道琼斯指数的统计，从 1929 年 10 月到 1933 年 1 月，30 种工业股票的价格从每股 365 美元下降到 28 美元；20 种铁路股票的价格从平均 180 美元下降到 28 美元。到 1933 年 7 月，美国股票市场上的股票价值只相当于 1929 年 9 月的 1/6。

金融危机使美国银行系统陷入瘫痪状态。到 1930 年，美国有 6 987 家银行倒闭，1931 年银行倒闭 2 294 家，1932 年银行倒闭 1 456 家。金融危机迅速波及其他经济领域，发展成为一次空前的经济危机，给美国经济以极其沉重的打击。到 1932 年，美国的工业生产下降了 46%，比危机前最高点下降了 56%。危机期间美国有 13 万家企业倒闭，上千万工人被赶出工厂，失业人数达到 1 283 万人，占美国劳动力总数的 1/4，工人的实际工资下降了约 1/4。

而且，这场金融危机迅速席卷了其他资本主义国家，从而发展为一次规模空前的世界性危机。危机使整个资本主义世界的工业生产降低了 40%，衰退到比 1913 年还低 10% 的生产水平。

（二）墨西哥金融危机

1994 年 12 月 19 日，墨西哥新政府突然宣布本国货币比索汇率贬值 15%，而上届政府规定比索的最高贬值界限仅为每日贬值 0.0004 比索。这项决定引发了墨西哥金融市场的剧烈动荡，在此之后的两天内，比索再度贬值 15.3%，金融市场的投机活动进一步加剧，资金严重外流。为了稳定汇率，墨西哥政府决定由市场供求决定汇率，实行比索汇价自由浮动，希望通过市场的力量使比索趋于稳定；同时，墨西哥政府要求企业和工会支持冻结商品和劳务价格 60 天，以便稳定民心和消除混乱。但是，市场信心并未因此而恢复，相反，比索贬值局面一再失控，比索兑美元由贬值前的 3.74:1 下跌到 5.9:1，跌幅达 60%。而比索如此暴跌则进一步挫伤了投资者的信心，促使他们纷纷从证券交易所撤出资金，从而又导致股市出现剧烈动荡，1995 年 1 月 10 日，股指一度下跌 11%。

在国际社会的共同帮助下，墨西哥终于度过了危机，但危机造成的对内影响与对外冲击是相当严重的。墨西哥政府为稳定汇率而大幅提高利率，银行利率提高，大部分企业面临资金短缺。同时货币大幅贬值造成通货膨胀，国内物价上升30%。面对新的通货膨胀压力，墨西哥政府只得将通货膨胀上限限定为16%，将原定经济增长4%的目标调低为2.5%。比索的贬值使墨西哥的外债由原来占GDP的39.3%升至59.6%，债务利息增加57%，尤其是中小企业的债务负担明显加重。

墨西哥金融危机还严重冲击了拉美国家和地区的金融市场，甚至影响到亚洲及欧洲的金融市场。

（三）日本金融危机

20世纪80年代的日本经历了资产价格的恶性膨胀和泡沫经济的异常"繁荣"，为90年代中期的金融危机埋下了隐患。1986年开始以地价、股价连续暴涨为代表的泡沫经济诱使日本的金融企业纷纷涉足房地产和股市。在强大的金融业作为后盾的作用下，房地产和股票等资产的价格急速飙升，日本的经济泡沫越吹越大，泡沫所产生的虚假繁荣终于承受不住市场的压力而破裂，积极参与泡沫炒作的银行和金融机构陷入大量贷款无法收回的困境，形成了巨额赤字和呆账，最终导致日本银行业的支付危机和日本银行业赤字风暴爆发。

由银行赤字风暴诱发的金融危机是日本战后以来规模最大、影响最深的一次危机。1995年9月日本大和银行纽约分行主管井口俊英在美国经营国债造成11亿美元损失，致使大和银行被美国从重处罚，并被责令关闭在美国的所有机构。在大和银行丑闻的影响尚未完全消散之际，阪和银行因参与大阪市郊的不动产投资及对房地产厂商的融资产生了大量的不良债权而破产。"两和事件"之后，日本又爆发了"住专丑闻"。"住专丑闻"是指日本住宅金融专门会社在房地产投机失败后，无法偿还银行贷款而陷入危机的丑闻。80年代后期，日本经济的泡沫迅速膨胀，日本住宅金融专门会社也成为众多投机机构中的一员，日本住宅金融专门会社还从银行和非银行金融系统大量借款投资于房地产，而这些贷款的大部分都成为呆账和不良资产。以"两和事件"及"住专丑闻"为导火索，1996年12月日本金融业出现大范围的亏损，日本主要的20家银行中有16家银行出现赤字，而这20家银行的总资产占了全国147家银行的74%，其中1996年业务亏损的10家银行平均每家亏损904亿日元，而7家信托银行中仅三井信托一家就亏损116亿日元。1997年新年后的第一个"黑色星期五"，东京交易所的日经指数大幅下跌770.22点，跌破18 000点大关，在日元贬值和美元坚挺的压力下，1997年上半年日元一度跌进1美元兑127日元。日本银行业的赤字风暴严重地影响了日本的第一劝业银行、野村证券公司和山一证券公司等一流金融企业的声誉。

日本的金融危机对亚洲乃至世界的经济都产生了巨大的影响。日本的银行很多是亚洲和世界发达国家银行的最大的借款人，日本金融危机的爆发给债权银行带来巨大的损失。亚洲许多发展中国家的金融机构对日本银行有大量的贷款，由于缺乏信用风险的知识和人才，日本银行业的赤字风暴对这些国家的金融机构打击最重。

（四）东南亚金融危机

1996 年以来，东南亚不少国家出现经济问题，国际投资基金把投机的目标转移到了新兴市场，东南亚各国中经济问题最为严重的泰国就成为投机资金打击的首选目标。1997 年 2 月，国际投机资金对泰铢发动了第一轮攻击，泰国国内银行出现挤兑，股指大幅回落。5 月，投机资金卷土重来，泰铢对美元跌至 10 年以来的最低点 26.7 泰铢/美元。泰国央行联合新加坡、中国香港支持泰铢，勉强平息了投机风潮。但是，投机商并未就此罢手，6 月下旬泰国财政部长辞职又引发了新一轮更为猛烈的投机狂潮。这次，在巨大的市场压力下，泰国央行终于不得不于 7 月 2 日宣布泰铢放弃与美元挂钩，泰铢当日跌至 29.5 泰铢/美元，跌幅近 20%。由于东盟各国经济存在很大的相似性与相关性，泰铢的贬值严重打击了投资者对其他东盟国家的信心，投机者于是扩大了投机范围。经济状况不佳的菲律宾和马来西亚首当其冲，在投机狂潮的猛烈冲击下，菲律宾比索、马来西亚林吉特分别于 7 月 11 日、7 月 14 日宣布贬值或放宽浮动范围。到 7 月 25 日货币危机告一段落，此时东南亚各国货币贬值幅度如下：泰铢贬值为 29.5%，菲律宾比索为 11.9%，印度尼西亚盾为 8.3%，马来西亚林吉特为 6.4%，新加坡元为 3.3%。泰国的 GDP 损失了 15%，马来西亚消耗了 12.5% 的外汇储备，其他国家也各有损失。

为防止货币危机蔓延和扩大，8 月 11 日，国际货币基金组织和亚太一些国家在东京承诺向泰国提供 160 亿美元的经济援助。东盟各国央行在国内也纷纷实行入市干预及金融管制措施以打击货币投机者。泰国央行将贴现率由 10.5% 提高到 12.5%；马来西亚央行在一夜之间将利率从 9% 提高到 50%，同时规定本国银行与外国客户进行的林吉特掉期交易最高额为 200 万美元；菲律宾央行向市场紧急抛售 20 亿美元，同时三次提高利率，将隔夜拆借利率从 15% 提高到 32%，并宣布停止美元期货交易 3 个月；印度尼西亚央行也制定了本国银行从事外汇交易的限制措施。

上述种种措施并未能阻止东南亚汇市的跌势。1997 年 8 月 18 日、19 日，东南亚多种货币跌至近年来最低点。其中，马来西亚林吉特跌至 3 年来的最低点 2.793 5 林吉特/美元，印度尼西亚盾 18 日跌破 3 000 盾/美元的关口，菲律宾比索跌破 30 比索/美元，新加坡元创下 1.517 新元/美元的两年来的新低，泰铢则达到自由浮动以来的最低点。

§12.2　金融监管的目标与原则

金融监管指的是国家政府根据经济金融体系稳定、有效运行的客观需要以及经济主体的共同利益要求，通过一定的金融主管机关，依据法律准则和法规程序，对金融体系中各金融主体和金融市场进行的检查、稽核、组织和协调。广义的金融监管，既包括国家专门机关对金融机构实施的监管（法定监管），也包括金融机构的自我监管。在现代经济的运行中，凡是实行市场经济体制的国家，无不客观地存在着政府对金融体系的监督与管理。

最早的金融监管是各国政府当局的职责，后来中央银行逐渐由商业银行中分离出来，并不断接受政府的授权，逐步演变成一个特殊的金融机构，此时金融监管才逐渐成为中央银行的重要职能。由于市场经济体系中固有的市场缺陷和市场失灵，加上金融体系内在的不稳定性，为了维持一种市场正常营运的秩序，客观上需要政府对市场进行管制，尤其需要对高风险的金融业进行必要的监督与管理。

12.2.1 金融监管的目标

金融监管当局进行金融监管的总体目标是，通过对金融业的监管维持一个稳定、健全、高效的金融制度。这是由金融业在社会经济中举足轻重的地位和作用所决定的。具体来讲，金融监管的目标可以分为以下几个层次：

1. 保护金融体系的安全与稳定

随着世界金融一体化和自由化的发展，资本流动的范围越来越广，流动速度越来越快，一国金融市场遭受内外冲击而出现危机的可能性也越来越大。同时，金融机构之间的竞争也越来越激烈，金融机构经营风险不断提高。因此，维护本国金融体系的安全稳定是金融监管当局进行金融监管的首要目标。

2. 维护存款人和公众的利益

金融机构作为信用中介，其资金主要来自社会广大公众，保护金融体系的安全与稳定不仅是维护国家利益，也是维护广大存款人和公众的利益。

3. 保证金融机构竞争的有效与公平

竞争是市场经济的基本特征之一，它可以形成一种优胜劣汰的有效机制，但盲目竞争、不公平竞争或者非法竞争都会导致金融机构的破产倒闭，并形成金融业的垄断，从而危害、阻碍经济的平稳发展。因此，金融监管当局有必要通过金融监管为金融机构创造一个合法、公平、高效、有序的竞争环境。

4. 保证中央银行货币政策的顺利实施

中央银行在实行货币政策目标时，是以金融市场上的金融机构特别是商业银行作为传导中介的。由于商业银行以盈利为经营目标，因此金融监管当局有必要通过一定的监管措施，限制商业银行与中央银行政策目标不一致的经营活动，促使它们配合中央银行贯彻实施货币政策。

12.2.2 金融监管的原则

1. 独立原则

金融监管机构或部门应保持相对的独立性，在职责明确的前提下，拥有制定监管条例和日常操作上的自主权，以避免受到某些利益集团或地方政府的影响或干预。

2. 适度原则

金融监管机构的职能空间必须得到合理界定。金融监管应以保证金融市场内在调节机制正常发挥作用为前提。监管不应干扰市场的激励约束机制：一方面，监管机构不能压制富有活力的、正当的市场竞争；另一方面，不应承诺将采取措施拯救竞争中的失败者，因为监管的存在并不排除金融机构倒闭的可能性。监管不是阻碍竞争的优胜劣汰，而是为公平、有序的竞争创造条件。

3. 法制原则

金融监管必须有法律依据，并依法实施。金融监管者也应该受到约束和监管，以防止出现监管过度或监管松懈。监管过度是指监管者为了自身的声望或利益而过于强化监管；监管松懈则可能是因为监管者被"俘获"，与被监管者达成共谋，或是竞相放松监管，以免与被监管者发生冲突。因此，法律部门对监管者的行为也要予以制约。

4. 公正、公平、公开原则

金融监管机构要公正地履行其监督职能，以客观事实为依据，避免主观臆断。金融监管应保证金融交易各方的平等地位，不得对某方给予偏袒或歧视。监管的实施过程和实施结果应向有关当事人公开，提高监管透明度，保证各方当事人都拥有知情权。

5. 效率原则

金融监管必须建立成本—效益观念。尽可能降低监管成本，减少社会支出。这就要求精简监管体系，提高监管人员的整体素质，在监管工作中讲求实效，对监管方案进行优选，并采用现代化的先进技术手段。

6. 动态原则

金融监管应与金融发展保持同步，以免成为限制金融业发展的羁绊。监管机构应尽快对不适应金融发展新形势的规则进行修订，避免窒息金融创新的积极性。监管机构还要努力具备一定的前瞻性，把握金融市场走向和金融结构的演变趋势，提前作出相应的准备，缩短监管时滞，提高监管的事前性和先验性。

§12.3　金融监管的内容

12.3.1　对银行业的监管

1. 银行准入管理

对银行业开业的审查、登记、注册，是银行监管的起点。监管当局对银行市场准入的控制主要有两个目的，一是保证新设立的银行具有良好的品质，二是保持银行数量与社会需要相适应，促进银行业的适度有效竞争。审批制是现代商业银行市场准入的通行制度。审批制又称核准制，是指银行的设立除了要符合法律规定的条件外，还需要报请监管机构批准后，方可申请登记注册。

银行监管当局判断准入的标准既有量的标准，也有质的标准。量的标准主要是最低资本金的要求。设立商业银行必须达到法定最低注册资本额，以保护债权人的利益并维持银行体系稳定运行。质的标准主要包括法人资格、组织章程、经营管理的方式与计

划、内控制度、高级经营管理人员素质等。

2. 银行日常监管

监管当局制定各项预防性谨慎监管规则，并通过现场检查和非现场检查对商业银行的日常经营管理进行考察和约束。

（1）资本充足性监管

资本在金融机构经营中起着重要作用：一是保证机构的正常经营，以充足的资本维护机构在公众中的信誉；二是金融机构在发生意外损失时可以用资本金弥补流动性不足。所以，除注册时要求的最低标准以外，商业银行还需保持自有资本与资产总额、存款总额、负债总额以及风险投资之间的适当比例。银行在开展业务时要受自有资本的制约，不能脱离自有资本任意扩大业务。在这方面1988年巴塞尔协议关于核心资本和附属资本与风险资产的4%和8%比率规定已经为世界各国所普遍接受，成为对银行监管中最基本最重要的标准。

（2）流动性监管

作为银行生存的前提条件，流动性成为了银行监管的一项主要内容。准确测量银行的流动性很复杂，也很困难，很难定出一个具体的流动性比例。流动性比例定得过低可能会引发银行危机，过高则又会影响银行的盈利能力。因此，应以考核银行资产负债和利率结构搭配是否合理为基础对流动性进行系统评价，同时要特别注意每个银行的实际情况和具体特点，提高流动性监管的针对性和灵活性。

（3）资产分散化监管

银行资产分散化管理可使银行保持较好的清偿力。高风险、高收益的贷款对银行总是具有吸引力的，因此，有必要对银行的贷款风险进行控制，例如通过限制银行对单个借款人提供过多贷款以分散风险。意大利规定对单个客户的贷款不得超过银行的自有资本，美国规定不得超过自有资本的10%。要做好对风险的控制，不仅要对银行的整体业务情况充分了解，对风险集中度作出准确的评价，还要形成一套科学的考核参数和分析方法。

（4）资产质量监管

银行的资产质量（主要是指贷款的质量）是衡量银行经营状况的重要依据。中国人民银行于1998年颁布《贷款风险分类指导原则》（试行），并开始在商业银行实行贷款五级分类法，即根据风险程度将银行的资产分为正常、关注、次级、可疑、损失五类，最后确定银行的资产质量等级。

（5）内部控制监管

监管当局通常会发布指导性原则，要求银行建立科学、严密、完备的内控制度。银行的内控制度主要包括管理控制、业务营运控制、会计控制三方面。

除此之外，银行监管当局对银行的信息披露、风险管理等方面也有相应的要求。

3. 银行危机处理

银行是负债经营的存款货币机构，银行出现问题会影响公众对整个金融业的信心，并可能引起金融恐慌，因此，各国金融监管当局都很重视对危机银行的处理。市场准入和日常监管是事前的预防性措施，而危机处理就是事后的挽救性措施。对危机银行的处理一般有以下几种做法：

（1）最后贷款人，由中央银行直接贷款挽救或在中央银行授意下组织大银行集体救援；

（2）担保，由中央银行或政府出面帮助有问题银行渡过挤提或清偿难关；

（3）并购，中央银行组织健全银行兼并或收购问题银行；

（4）设立过渡银行，使危机银行可以在持续经营的过程中逐渐出售其不良债权，转让股权或经营权，过渡期以后如仍无法找到买家则宣布其破产清算；

（5）设立专门的危机银行处理机构，由它们接管问题银行的资产，并将其资产剥离重组后出售。

需要特别指出的是存款保险制度。为了防止由银行危机而引起的金融恐慌，各国纷纷建立起了自己的存款保险机构。这种保险机构可由政府设立，也可由政府主管机构与银行业联合组成，还可由银行同业协会自己组织存款保险。存款保险制度要求经办存款的机构根据存款额大小按一定的费率交纳保险费给存款保险机构，当投保的存款机构不能支付存款时，该保险机构在一定的限度内代为支付。存款保险制度由美国于 1933 年首创，对存款人提供保护，从而维护了市场信心。尽管其存在着道德风险与逆向选择等诸多问题，但实践证明，这项制度是卓有成效的，自 1933 年至 20 世纪 80 年代初期，银行倒闭的数目大大减少。目前，我国存款保险制度的建立也在讨论和酝酿之中。

12.3.2　对证券业的监管

1. 对证券发行的监管

这是指监管机构对新上市证券的审查、控制和监督行为。为了使证券发行既有利于经济的发展，又能保障投资者和发行人的利益，一般国家对证券发行都采取审核制度。审核制度分为两种：一种是注册制，即所谓的公开原则；一种是核准制，即所谓的实质管理原则。

注册制是指发行人在发行证券之前，首先向主管机构申请注册，注册申请书要附带公开说明书、公司章程、各项财务报表等。只要提供的资料及信息真实、全面，经主管机构审查后，这种证券就可公开发行。若发现有严重失实、遗漏、虚报，则采用行政手段，发出"停止命令"，终止其注册。

核准制是规定证券发行的若干具体条件，经主管机构对发行者按核准条件审查许可后，才能允许其发行。这是为防止有些投资者由于不能阅读或看不懂公开说明书上当受骗而设立的。我国对证券的发行采取的就是核准制。

2. 对证券流通的监管

（1）证券上市制度

为保证上市证券的质量和流通性，各国通常都制定了证券上市条件。证券上市标准不仅随着一国经济发展水平、证券监管思想的变化而变化，国内不同的证券交易场所也有着不同的上市标准。总体上看，证券上市标准包括以下基本内容：①规模标准。主要

是公司的证券发行量和资本总额。②经营标准。上市公司需要有一定的经营年限和连续盈利的经营业绩。③证券持有的分布标准。主要是指证券持有者达到一定人数,股权应适度分散,这样有利于活跃交易,避免大户操纵。④合规性标准。主要是指公司财务制度健全、上市证券的规格符合规定等。

(2) 市场交易规则

各国证券监管机构首先都对证券交易的一般规则做了具体规定,包括证券交易程序、竞价方式、委托方式、交易单位、成交规则、清算与交割制度等。

关于证券的信用交易制度,各国监管部门的态度存在差异。不少国家都允许信用交易,以增加市场的活跃程度,但由于信用交易的杠杆作用有可能加大证券价格的波动幅度,放大市场风险,所以这些国家同时又对信用交易实行严格的管理。

此外,监管部门还禁止各种不正当交易行为,主要包括内幕交易、操纵市场、欺诈行为等。

(3) 信息披露制度

信息披露制度又称公示制度。证券市场的有关人员在证券的发行、上市、交易等一系列环节中,应依据法律和有关规定将一切相关真实信息予以公开。信息披露必须及时、真实、准确、全面、规范。除了在证券发行和上市前必须向投资者提供招股说明书、公司债券募集办法、上市公告书及其他资料外,上市公司还需在证券上市后对有关信息进行定期披露,主要包括反映公司报告年度内经营业绩与财务状况的年度报告,以及反映公司上半年经营业绩与财务状况的中期报告。对某些重大事件和重大信息,上市公司要发布临时公告。

3. 对证券商的监管

证券商是指经营证券买卖业务、代客买卖以及代理公司发行和销售证券的机构或个人,其主体是证券公司或投资银行。按其在证券市场上经营业务的性质所发挥的作用,可分为三类:一是证券承销商;二是证券自营商;三是证券经纪商。由于证券商在证券市场上起着重要的作用,各国都通过有关立法和有关规章,对证券商的经营进行严格的监管。首先,对证券商的资格进行审定和限制,不论是从事证券承销、代理买卖还是自营买卖,都必须先取得证券商的资格。除要求其注册外,对于其资历和资本金也有要求。其次,规定证券商的营业范围。最后,规定证券主管部门可以要求证券商提供与其经营有关的任何报告或文件资料,并进行检查,一旦发现有违反法令的事件,有权视情节轻重对其采取相应的惩戒措施。

12.3.3 对保险业的监管

1. 对保险人资格的监管

各国一般都规定,保险人资格的取得在组织形式上必须符合法律规定,并具备法律和法规的条件。保险人组织形式一般有国有保险公司、股份有限公司和相互保险组织。我国《保险法》采用了两种形式:股份有限公司和国有独资公司。

保险人除在组织形式上合法外,还必须具备一定的资本条件和良好的财务状况。保险企业不同于其他行业的经济组织，它是利用投保人所缴保费进行损失分摊工作的，所以保险企业在开业时不仅要有一般企业拥有的供经营用的资产，而且还必须拥有开业以后前期的应付巨灾和巨额风险的准备金，否则不能履行其合同义务。因此，没有一定的资本和准备金是不能经营保险业的。我国《保险法》规定，设立保险公司，其注册资本的最低限额为 2 亿元人民币；保险公司注册时，必须实缴 2 亿元。保险公司成立后应当按照其注册资本总额的 20% 提存保证金，存入监督管理部门指定银行，除保险公司清算时用于清偿债务外，不得动用。

此外，由于保险的经营专业性、技术性极强，所以对从业人员的资格的管理也成为保险监督管理的重要内容。保险从业人员一方面指保险企业的高层管理领导人员，另一方面指保险专业部门的经营人员。各国保险法都严格规定：保险企业具有经营决策权的领导人员必须具备一定条件，不符合国家规定条件者，不能担当保险企业领导职务，没有达到法定数量的合格领导人数不允许开业。对于保险专业人员的培训、教育和资格考核制度也是各国政府对保险人进行监管的重要手段。

2. 对保险人经营范围的监管

所谓经营范围监管，是指政府通过法律或行政命令，规定保险企业所能经营的业务种类和范围。一般表现在两个方面：一是保险人可否兼营保险以外的其他业务，非保险人可否兼营保险或类似保险的业务，即兼业问题；二是同一保险企业内部，是否可以同时经营性质不同的保险业务，即兼营问题。

为保障广大被保险人的利益，绝大多数国家均通过立法确定商业保险专营原则，未经国家主管机关批准，擅自开办保险业务的法人或个人属于非法经营。同样，对于保险人而言，也不得经营非保险业务，如银行业务、信托投资业务、房地产投资业务等，甚至不得从事未经核准的其他性质的保险业务，如社会保险业务。但商业保险专业经营原则也有例外，如英国规定从事其他业务的公司，经批准也可以从事与其有关的保险业务，作为为其顾客提供的额外服务；在美国纽约等四个州允许储蓄银行兼营保险业务。

多数国家禁止保险公司同时从事性质不同的保险业务。由于各国保险法对保险类别划分标准不同，具体的禁止规定也不尽相同，但主要指财产险和人寿险不得兼营。由于财产保险和人寿保险的经营技术基础、承保手续、保费计算方式、准备金的计提方式以及保险金给付条件和方法等诸方面迥然不同，为避免业务上混乱与经营庞杂，保证保险业的偿付能力，保护被保险人的利益，各国保险法一般都规定保险公司实行寿险与产险分业经营。

3. 对保险费率和保单条款的监管

保险费率的厘定和保单条款的审定，是体现和运用保险专业技术的重要环节，对于保护被保险人的利益和保障市场的健康发展具有很大影响，因此各国政府对保险费率的厘定和保单条款的拟订均进行不同程度的监管。对条款监管的目标在于，消除保险合同当事人双方因订约地位不平等而可能产生的不利影响，防止保险公司的欺骗或不合理、不确定的承诺行为，从而保障社会公众利益。对费率监管的目标是：第一，要保证费率的充足性，即必须足以保证保险公司的偿付能力；第二，要保证费率的适当性，即保证

保险公司的正常经营，但不能为其带来过高的利润，产生不等价交易现象；第三，要保证费率的无歧视性，即费率只能是建立在风险不同的基础之上，而不是其他基础之上。

【本章小结】

1. 金融风险是指在资金融通和货币资金的经营过程中，由于事先无法预料的不确定性因素带来的影响，资金经营者的实际收益与预期收益发生一定的偏差，从而有蒙受损失或获得收益的机会或可能性。金融风险具有复杂性、易变性、隐蔽性和加速扩散性等特点。按金融风险的来源划分，金融风险主要有信用风险、价格风险、利率风险、汇率风险、流动性风险、购买力风险、经营风险、国家风险等。按金融风险能否分散，可分为系统性金融风险和非系统性金融风险。金融风险的管理过程包括金融风险识别、金融风险衡量、金融风险管理方案的实施和金融风险的控制四个步骤。

2. 金融危机是指全部或绝大部分金融指标——短期利率、资产（证券、房地产、土地）价格、商业破产数以及金融机构倒闭数——的急剧、短暂和超周期的恶化。它是由于信用基础被破坏而导致整个金融体系或某个金融体系组成部分的混乱和动荡。金融危机主要由于金融系统自身恶化、信息不对称、金融创新过度、国际游资的冲击等原因形成。金融危机的防范与治理可以通过提高本国金融素质、加强金融监控，防范泡沫经济、选择适当的金融开放进程、建立金融危机的预警防范系统、加强国际间的安全协作等手段实现。

3. 金融监管指的是国家政府根据经济金融体系稳定、有效运行的客观需要以及经济主体的共同利益要求，通过一定的金融主管机关，依据法律准则和法规程序，对金融体系中各金融主体和金融市场进行的检查、稽核、组织和协调。金融监管的目标是：保护金融体系的安全与稳定、维护存款人和公众的利益、保证金融机构竞争的有效与公平、保证中央银行货币政策的顺利实施。金融监管要依据独立原则，适度原则，法制原则，公正、公平、公开原则，效率原则和动态原则。

4. 对银行业监管的主要内容包括对银行准入的管理、银行日常监管和银行危机处理等；对证券业监管的主要内容包括对证券发行的监管、对证券流通的监管和对证券商的监管等；对保险业监管的主要内容包括对保险人资格的监管、对保险人经营范围的监管、对保险费率和保单条款的监管等。

【关键概念】

金融风险　金融危机　金融监管

【复习思考题】

1. 金融风险具有哪些特点？
2. 系统性金融风险和非系统性金融风险的区别是什么？
3. 金融风险的管理过程包括哪几个步骤？

4. 金融危机的形成原因是什么?

5. 如何防范和治理金融危机?

6. 金融监管的目标是什么?

7. 金融监管依据什么原则?

8. 对银行业的日常监管包括哪些内容?

【本章参考文献】

［1］黄达. 货币银行学 ［M］. 北京：中国人民大学出版社，1999.

［2］陈学彬. 金融学 ［M］. 北京：高等教育出版社，2003.

［3］米什金. 货币金融学 ［M］. 北京：中国人民大学出版社，1998.

［4］陈岱孙，厉以宁. 国际金融学说史 ［M］. 北京：中国金融出版社，1991.

［5］多恩布什. 宏观经济学 ［M］. 北京：中国人民大学出版社，1997.

［6］托马斯·梅耶. 货币、银行和经济 ［M］. 上海：上海三联书店，1988.

［7］曹龙骐. 货币银行学 ［M］. 北京：高等教育出版社，2000.

［8］易纲，吴有昌. 货币银行学 ［M］. 上海：上海人民出版社，1999.

［9］陈学彬. 当代金融危机的形成、扩散与防范机制研究 ［M］. 上海：上海财经大学出版社，2001.

［10］唐旭. 金融理论前沿课题（第二辑）［M］. 北京：中国金融出版社，2003.

［11］王建芹. 东南亚金融危机的来龙去脉 ［M］. 北京：中国方正出版社，1998.

第 13 章

金融发展与经济增长

【导读】

　　西方主流的金融理论都是以发达国家为研究对象的，显然这对市场经济和金融制度都相对落后的发展中国家不完全适用。20 世纪 70 年代以来，随着发展中国家经济独立性的增强和国际地位的提高，一些经济学家开始了对发展中国家金融问题的研究，产生了一些新的理论，如英国经济学家雷蒙德·W. 戈德史密斯的金融结构理论，美国经济学家罗纳德·麦金农和爱德华·肖的金融深化和金融抑制理论。这些理论从一个新的角度对金融发展与经济发展的关系展开研究，考察了发展中国家货币金融的特殊性。本章将对这些理论的主要观点、模型、贡献进行评介，并对这些理论带给发展中国家的政策启示以及发展中国家金融改革的经验教训进行阐述。

§13.1　金融发展与经济增长的关系

　　经济增长和金融发展关系历来是一个充满争议的问题。关于金融部门对经济增长的影响，即使是诺贝尔经济学奖获得者也没有达成一致意见，甚至有些人认为金融不值得考虑，包括三位诺贝尔经济学获得者在内的《发展经济学前沿》论文集都没有考虑金融（Meier and Seers，1984）。相反，诺贝尔经济学奖获得者 Merton Miller（1998）却谈及"就严格的讨论而言，金融市场将贡献于经济增长几乎是一个非常显然的命题"。作为第三种观点的代表，Robert Lucas（1988）坚持，经济增长中的金融作用已经被经济增长文献过度强调。

　　若证据表明存在着从金融部门发展到经济增长的因果关系，则其具有的政策含义是：一般而言，一个更有效率的金融体系将提供"更好的"金融服务，其将使一国经济具有提高其真实 GDP 增长的能力。因而，确立适当的金融部门政策对政策制定者是极为重要的。这些政策通过便利交易、动员资本以及实施公司监控而改善市场失败，并进而促进经济增长。

13.1.1　经济中的金融因素：理论关系 [①]

1. 金融引领增长

自 Bagehot（1873）、Schumpeter（1912）和 Hicks（1969）始，大量理论和实证文献已考察了金融部门对经济增长的重要性。Walter Bagehot（1873）论证到，英国金融市场的显著特征是动员储蓄为长期非流动性投资机会融资的相对便利性，所以金融体系是推动英国工业化的重要催化剂。Schumpeter（1912）则认为，职能良好的金融体系，经由识别、筛选并为那些被预期将成功实现产品和生产过程的企业融资，诱致技术发明。Hicks（1969）进一步论证到，许多大规模私人投资项目不足以由个人或企业留存利润融资。关于工业革命为何首先开始于英国及为何发生在 18 世纪后半叶，长期以来都存在着激烈的争论（Crafts，1995）。一个很常见的论证是，英格兰银行和居于控制地位的伦敦股票市场为英国提供了竞争性优势。这是工业革命的技术创新早已完成，比如蒸汽机，但直至相当发达的金融市场出现后才得以实施的原因。

2. 增长引领金融

与"金融引领增长"（Finance–led Growth）假说相反，"增长引领金融"（Growth–led Finance）假说认为高经济增长将创造某些金融工具和安排的需求，并且金融市场将针对这些需求和变化有效地反应，即金融和经济发展间存在"需求跟随"关系（Robinson，1952；Romer，1990）。而"反作用"（Feedback）假说表明金融发展和经济行为间有双向因果关系，即金融体系发展良好的国家可以经由技术变革、产品和服务创新而推动高速的经济扩张（Schumpeter，1912），这将创造金融安排和服务的高需求（Levine，1977）。当银行机构针对这些需求有效地反应时，这些变化将刺激更高的经济绩效。因此，金融发展和经济增长是正向相互依赖的，并且它们的关系可以导致反作用因果关系（Lunitel and Khan，1999）。

3. 金融发展的经济增长作用机制

考察"金融发展—经济增长谜团"使金融发挥作用机制的理论研究以及金融发展和经济增长关系的实证研究成为必需。解决金融发展的经济增长作用机制对辨别经济模型是重要的（Levine，2003），也有助于政策制定者设计有效的政策来推动增长（Zingales，2003）。Levine（1997）的职能方法为考虑金融中介和市场的作用提供了一个有益框架。Levine（1997）认为，通过资本积累和技术创新两个渠道，金融体系发挥了如下职能：

第一，金融中介便利了风险的交易、规避、多样化和集中。没有金融市场，面临流动性冲击的投资者将被迫收回投资在长期投资项目上的资金，这会降低经济增长。通过使贷方迅速获得他们的资金并同时为借方提供长期资本供给，股票市场可以改善该情形。总量水平上，单个投资者面临的流动性风险被完美地多样化（Diamond and Dybvig，1983；Greenwood and Smith，1997；Bencivenga and Smith，1991）。投资者也想多样化与单个投资项目相联系的生产率风险。股票市场的存在使投资者可以持有大规模企业的一

[①]　周波. 金融发展和经济增长：来自中国 1993—2005 的实证检验［J］. 财经问题研究，2007（2）.

个小份额而无须购买资本的整个部分。通过便利多样化，金融中介允许经济主体比较多地投资在风险生产技术上从而刺激经济增长（Obstfeld，1994）。

第二，金融中介通过获得事前信息而改善跨投资项目的资金配置。与投资者相比，企业（有盈利前景的项目却需要筹集资金）具有关于投资质量的信息优势。信息不对称产生了前景调查的需求，而信息获取成本产生出中介的激励：中介专职从事项目前景以及项目企业研究避免了单个投资者甄别项目的高信息成本重复。Diamond（1984）以及Boyd 和 Prescott（1986）为金融中介信息收集决策正规建模，其中，金融中介将其劳动禀赋投放在前景看好的投资机会研究上，而投资者购买金融中介的有关项目信息。

第三，管理的事后监控和公司控制的实施诱致金融中介需求。管理者的资产持有被完美地多样化时，管理者不需要被监控（Diamond，1984）。股权资本引进了调整企业管理层和所有者间利益的一种新可能性，股票市场更好地促进了企业控制。Carlos 和 Nicholas（1990）证明了如下观点：企业股票的部分报酬缓解了盛行于 Hudson Bay 企业中严重的委托—代理问题。该关系是非单调的。当具有投票权的股东增加时，分散的所有权使公司控制更加困难。

第四，金融市场以有效方式动员储蓄。金融市场的流动性属性确保投资者将储蓄风险控制在一定范围之内，而小单位交易的证券使较大比重的人口可以参与到股票市场中，这鼓励了居民的储蓄行为。

第五，金融市场提高了专业化程度。Townsend（1979）论证认为，一旦经济达到人均收入的门槛，资本市场便会内生产生。通过降低金融交易成本，资本市场会刺激经济增长，促进生产专业化分工，提高金融服务效率。

13.1.2 金融发展与经济增长关系的实证研究：技术方法、结论

在 Bagehot（1873）、Schumpeter（1912）、Gurley 和 Shaw（1955）、Goldsmith（1969）和 McKinnon（1973）的基础上，为评价金融部门刺激经济增长的作用，研究者使用不同的计量经济方法和数据集沿着几个方向进行研究：纯粹跨国增长回归、同时利用数据的跨国和时间序列维度的面板技术、考察金融影响经济增长机制的基于微观经济研究、国别案例研究、纯粹时间序列考察（Levine，2003）。

1. 跨国经济计量证据

以金融中介资产值与 GNP 比率作为金融发展度量，利用 35 个国家跨 1860—1963 年的数据，Goldsmith（1969）最早考察了跨国金融—增长关系，并发现金融和经济发展看起来是同时发生的。虽然 Goldsmith 的金融发展度量与金融服务广度相联系，但其与金融服务质量联系甚少，而缺乏金融服务质量数据使其度量对任何金融发展研究都是有问题的（Levine，2003）。Goldsmith 研究的进一步困难在于他未指明金融发展—经济增长的因果关系方向，没有控制许多其他至少部分地决定经济增长率的因素，比如一国的储蓄倾向、人力资本供给、财政货币政策、政治和经济稳定、法律的作用、人口增长率和GDP 的初始水平等。

基于 Goldsmith（1969）的研究，利用 1960—1989 年 77 个国家的样本，King 和 Levine（1993）发现经济增长关于金融发展回归方程中金融发展变量的正向统计显著的相关系数，即使是在系统地控制诸如初始收入、接受教育程度、通货膨胀、黑市交易溢酬率、政府支出、贸易开放度和政治稳定性等很多可能的经济增长决定因素后。King 和 Levine（1993）以更精密复杂的方式度量金融发展和经济增长，其中，以金融体系流动负债与 GDP 比率以及私人部门银行和中央银行提供给私人企业的信贷数量与 GDP 比率测度金融部门的广度，以私人部门银行而不是中央银行提供的总信贷份额和被配置给私人非金融企业的总信贷份额度量金融体系效率。三个增长指标如下：（1）真实人均 GDP 的平均增长率；（2）人均资本存量的平均增长率；（3）总生产率增长，其等于真实人均 GDP 增长率减 0.3 倍的人均资本存量增长率。

为解决因果关系问题，King 和 Levine 使用 1960 年金融发展值度量金融发展对经济增长的随后影响。他们发现 1960 年的金融深度是接下来 30 年内经济增长率、实物资本积累和经济效率改善的良好预测变量，即使控制了收入、教育、货币措施、贸易和财政政策之后。Rousseau 和 Sylla（2001）使用跨国回归框架下的美国、英国、日本、法国、德国和荷兰长数据集（1850—1997 年）进行金融引导增长研究，提供了大萧条以前的80 年内金融因素具有最强效应的证据。

遵循 Atje 和 Jovanovic（1993）、Levine 和 Zervos（1998）使用 48 个国家 1976—1993 年的样本在增长跨国研究中同时考察股票市场和银行发展，并发现即使控制初始收入、学校教育、通货膨胀率、政府支出、黑市交易溢酬和政治稳定性之后，股票市场流动性的初始水平和银行发展（银行信贷）的初始水平亦与接下来 18 年内的经济增长、资本积累和生产率的未来增长率是正向显著相关的，从而表明股票市场提供与银行不同的金融职能（否则股票市场变量都将不显著地进入增长回归）。Levine 和 Zervos 沿着规模、流动性、国际一体化以及易变性等方面度量股票市场发展。具体地，他们的度量是总体股票市场资本化与 GDP、挂牌企业数量（规模）、国内周转率、交易值（流动性）、与世界资本市场的一体化、如 CAPM 和 APT 模型所度量的月度股票收益标准差（易变性）。

对政策制定者尤为重要的是，Levine 和 Zervos 没有发现由市场资本化除以 GDP 所度量的股票市场规模与增长稳健地相关，因而，简单地在国家股票交易所挂牌并不必然鼓励资源配置；相反，正是经济生产技术所有权的交易能力影响资源配置和增长。

2. 面板研究证据

为控制未被观测的特定国家效应以及回归量的潜在内生性，并融合时间序列维度的易变性，Levine、Loayza 和 Beck（2000）使用面板技术的 GMM 估计（Arellano and Bond，1991；Arellano and Bover，1995）来研究金融中介发展和增长间的关系，而 Beck、Levine 和 Loayza（2000）扩展了该工作来评价金融发展和增长来源（生产率增长和实物资本积累）间的关系，他们发现金融发展的外部因素和经济增长、生产率增长和资本积累间存在正向关系，并使用很多金融中介发展指标和大量条件信息集合来评价稳健性（Levine and Reneit，1992）。

Rousseau 和 Wachtel（2000）将 Levine 和 Zervos（1998）的股票市场、银行和增长

研究扩展到面板环境并使用年度数据以及由 Arellano 和 Bond（1991）提议的面板差分估计来联合研究银行和股权市场对经济增长的影响。基于 Rousseau 和 Wachtel（2000）使用 5 年期平均数据来避免经济周期波动并利用避免与差分相联系的偏倚的近期面板过程的研究，Beck 和 Levine（2000）将样本扩展到 1998 年，从而缓解了 20 世纪 90 年代亚洲股票市场繁荣对结论的潜在效应。他们发现股票市场发展和银行发展的外部组成因素都有助于预测经济增长，但股票市场资本化与增长无紧密联系，这再次肯定了 Levine 和 Zervos（1998）的较早结论。

使用季度数据和向量自回归技术，Arestis、Demetriades 和 Luintel（2001）发现，股票市场流动性对增长的经济效应是正向而显著的，但在经济上比 Levine 和 Zervos（1998）、Rousseau 和 Wachtel（2000）以及 Beck 和 Levine（2000）发现的效应小些。

3. 基于微观经济的计量证据

与结构主义者和抑制主义者不同，很多研究者试图从利用行业和企业水平数据的微观经济角度寻求解决金融发展—经济增长因果关系问题并更详细地证明金融影响经济增长的机制。

Rajan 和 Zingales（1998）使用行业水平数据研究金融发展可能影响经济增长的机制，并严格地处理因果关系问题。他们论证到，比较发达的金融体系缓解了使企业难以获得外部融资的市场摩擦，因而，与不是天然使用外部融资的行业相比，大量天然使用外部融资的行业将更加不对称地从更快的金融发展中受益。以总资本化和会计标准度量金融发展，Rajan 和 Zingales 考察了跨 41 个国家 36 个行业的数据，并发现（行业融资）外部依赖和总资本化度量间相互作用的相关系数估计在 1% 水平上是正向而统计显著的。这意味着金融发展的增加不成比例地推进了天然地大量使用外部融资行业的增长，亦即金融发展通过便利外部融资而对行业增长具有巨大影响。

4. 时间序列经济计量证据

金融发展与经济增长间的正向显著关系被大量实证研究所证明，同一性偏倚看起来并不是该结论的原因（Levine, 1998, 1999, 2003; Levine, Loayza and Beck, 2000）。由于具有允许所有变量是事前内生的并可以分析正被讨论变量间的短期动态学和常见的长期趋势运动的优势，协整技术常被用来分析金融发展与经济增长间的因果关系方向。

Hansson 和 Jonung（1997）研究了两变量系统下 1830—1991 年的瑞典，并发现整个期间银行发展与人均 GDP 是协整的，但是该关系随时间的推移是不稳定的。1890—1993 年银行业对真实经济具有最强的影响，而 1834—1890 年存在着较微弱程度的影响。

在 1870—1929 年美国、英国、加拿大、挪威和瑞典的三变量系统（GDP、货币基础和由金融部门资产值度量的金融密集度）比较研究中，Rousseau 和 Wachtel（1998）发现了被考察变量间的单一协整关系，这表明金融和增长间的持续性共同运动。

对战后 17 个发达国家和发展中国家应用协整分析，Van Nieuwerburgh（1998）发现金融发展变量（如 King 和 Levine 变量所度量）与经济增长存在协整关系，因果关系的方向跨国而变化并依赖于被使用的金融深度度量。

在协整框架中研究股票市场作用的文章始于 Arestis、Demetriades 和 Luintel（2001）。

他们使用来自德国、美国、日本、法国和英国 25 年的样本数据，发现了跨国混合的金融引领增长的证据，但结论很可能是短期样本的结果。

§13.2　金融抑制与金融自由化

西方主流货币金融理论都是以发达国家为对象而建立的，且其研究侧重分析实物要素的作用而忽视了货币金融在经济发展中的作用。为弥补这一缺陷，麦金农和肖以发展中国家为研究对象，集中研究货币金融与经济发展的内在联系，提出了金融压制和金融深化理论，这是发展经济学和货币金融理论的重大突破。

麦金农和肖认为，金融体制与经济发展之间存在着相互推动和相互制约的关系。从相互推动来看，健全的金融体制能将储蓄资金有效引导到投资上去，从而促进经济发展；蓬勃发展的经济也能反过来刺激金融业的发展。但是，发展中国家的现实却是：金融体制落后和缺乏效率，束缚了经济的发展，经济的呆滞又限制了资金的积累，制约了金融的发展，形成恶性循环，从而经济更多地表现为相互制约的关系。

13.2.1　发展中国家货币金融制度的特点

1. 货币化程度低

经济货币化是指一国国民经济中用货币购买的商品和劳务占其全部产业的比重及其变化过程。经济商品化是指所有产出品中用于交换的比例。经济商品化是货币化的前提与基础，但商品化不一定等于货币化。经济货币化向纵深发展，便进入到经济金融化的高级阶段。经济金融化是指全部经济活动总量中使用金融工具的比重。

经济货币化对于商品经济的发展和市场机制的运作具有重要作用，提高经济的货币化程度是促进现代市场经济发展的内在要求。一国货币化程度的高低，是多种因素综合作用的结果，其中有两个因素起支配作用：一是商品经济的发展程度；二是货币金融的作用程度。

从我国的情况看，我国货币化程度长期停留在较低水平上。提高我国货币化程度的基础在于商品经济的发展，关键是要在社会主义市场经济的新体制下充分发挥货币的职能作用，此外，还必须加快金融体制改革，为提高货币化程度创造良好的货币金融环境。

2. 具有"二元金融结构"的特征

"二元金融结构"是指现代化金融机构与传统金融机构并存。现代化金融机构是指以现代化管理方式经营的大银行与非银行金融机构；传统金融机构是指以传统方式经营的钱庄、放债机构、当铺之类的小金融机构。其中，外国银行机构主要集中在港口城市和其他经济中心，主要服务于国家的对外经济；而国有银行则遍布全国各大中小城市，并服务于国家占主体地位的国有经济或大公司、大企业。虽然发展中国家普遍存在资金匮乏，但国有经济或大公司、大企业在取得资金方面有某种特权。除现代金融机构外，

发展中国家还存在为经济落后地区的小城镇和广大农村地区以及小商品经济和个人消费提供金融服务的金融机构。

3. 存在着发展不平衡和效率低下的状况

发展中国家的金融市场普遍处于落后状态，而且发展极不平衡。与落后的货币市场相比，资本市场更显落后，资本市场的主要资金来源是现代金融机构的长期贷款，通过证券化实现的融资非常有限。市场种类少、数量有限，而且发行范围狭小。政府部门是证券的主要发行者，国家债务在证券市场占有主要地位。

4. 政府对经济和金融的不适当干预

在经济金融管理中，发展中国家的政府普遍对金融实行较严格的控制，并以此作为实施其经济发展战略的主要手段。特别是占主体地位的国有银行是政府弥补预算赤字、重新分配国民收入和实施发展战略的重要工具。国家对金融进行控制的主要措施包括：对最大的商业银行实施国有化，政府控制银行体系中主要的资产；对金融机构的利率和信贷分配进行控制，人为地维持低利率政策，金融当局硬性规定存款和放款利率的上限，使利率不能正确反映资金的供求状况和发展中国家的资金短缺现象，歪曲了金融资产的价格；实行信贷指标配给和额度控制，"信贷配给"政策挤掉了一些高效益的投资项目，导致资金使用效率的下降；为控制外汇资源，高估本国货币汇率，使汇率无法真正反映外汇的实际供求状况。

13.2.2 金融压制与金融深化理论

1. 金融压制与金融深化理论的内容

所谓金融压制（Financial Repression）是指，若由于政府对金融业实行过分干预和管制的金融政策，人为压低利率和汇率并强行配给信贷，造成金融业的落后和缺乏效率从而制约经济的发展，而经济的呆滞反过来又制约了金融业的发展，金融和经济发展之间就会陷入同时呆滞落后的恶性循环状态，这种状态就称做金融压制。

如图 13-1 所示，横轴表示储蓄和投资的数量，纵轴代表利率。II 为社会投资曲线，$S(Y_1)$、$S(Y_2)$ 和 $S(Y_3)$ 分别代表当国民收入为 Y_1、Y_2 和 Y_3 时的社会储蓄曲线。

在不存在金融压制的条件下，r_e 为由储蓄曲线 $S(Y_3)$ 和投资曲线 II 相交时所决定的均衡利率。CC 为金融压制线，即政府硬性规定利率上限 r_1，将实际利率压低在均衡利率之下。

如果假定社会储蓄全部转化为投资，并舍掉外资利用，则图 13-1 表示，当金融当局将实际利率人为压低在 r_1 时，实际投资仅为 I_1，因为当利率为 r_1 时，金融体系所能吸纳的社会储蓄总额仅为 S_1。低利率使资本积累不足，且使投资效率下降。

如果金融当局放松金融压制，将实际利率从 r_1 提高到 r_2，这就会使社会储蓄从 S_1 增加到 S_1'，结果使社会投资从 I_1 增加到 I_1'。由于投资增长，结果国民收入从 Y_1 增加到 Y_2。而国民收入的增加，就会使社会储蓄曲线右移到 $S(Y_2)$，而这又会使投资增加。因此，在利率水平上升到 r_1 时，储蓄和投资都会增加到 S_2 和 I_2。同时，由于利率的提高，原来低效益的投资项目收益率勉强超过人为压低的利率的项目（图中阴影所代表的部

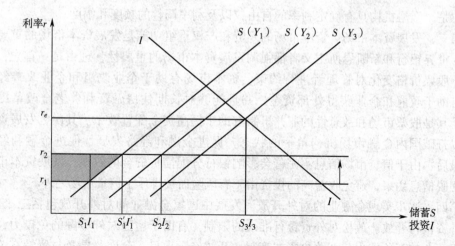

图 13 - 1　麦金农和肖的模式

分），立即成为无效益的投资而被放弃，收益高的项目将得到大量投资。

如果政府完全取消金融压制，使利率由市场供求关系决定，以达到均衡利率 r_e，这时，社会储蓄和投资都将大幅增长。因此，当金融业能够有效地动员和配置社会资金促进经济发展，而经济的蓬勃发展加大了金融需求并刺激金融业发展时，金融和经济发展就可以形成一种互相促进和互相推动的良性循环状态，这种状态可称做金融深化。

2. 金融深化论的主张和政策含义

金融深化论（Financial Deepening）的主张是，政府应放弃对金融的过分干预和管制，取消对利率和汇率的人为压制，使利率和汇率真实反映资金和外汇的实际供求状况，并充分发挥其调节资金和外汇供求的功能，从而一方面以合理的利率吸收较多的储蓄资金，另一方面在适当的利率水平上满足各经济部门的资金需求，以最终推动金融与经济同时发展。

金融深化论的政策含义包括以下几点：

第一，彻底改革金融体制，使银行体系和金融市场真正将储蓄资金引导到生产性投资上去。麦金农—肖学派倾向于采取国有银行私有化、放宽准入限制和减少政府干预的政策，以鼓励国内金融体系开展竞争。弗莱（1988）特别强调银行体系竞争性的积极作用。他认为竞争压力将降低存贷款利差，提高中介机构的功能效率。国有银行私有化导致金融体系竞争程度上升，能够消除选择性信贷计划和利率限制，提高配置效率。而且，金融体系的自由进入还能使政府的管制不被缺乏价格竞争的寡头市场结构所取代。发展中国家改革国内金融体系的思路主要是：准许新的银行和非银行金融机构自由成立；对外资金融机构开放国内金融市场；对现存的银行进行改革，使其恢复活力。

第二，政府放弃对利率的人为干预，使利率正确反映资金的供求状况和稀缺程度。麦金农—肖认为，提高利率对经济发展具有双重效应：一方面，能够有效动员储蓄，以增加金融机构可贷资金数量，从而扩大实际投资规模；另一方面，能够减少或避免资本的不合理配置，提高投资的平均效率。利率正确地反映资金的供求状况和稀缺程度的主

要标志是，金融机构具有确定利率的自由权以及利率调整的频度和幅度。

第三，发展资本市场。资本市场的筹资和产权重组功能是发展资本市场的重要原因之一。世界银行和新凯恩斯主义者都强调发展资本市场的重要性，理由是：首先，通过股东、股票价格变化对管理者进行约束，资本市场有助于企业改组和企业改善经营绩效，有助于政府和企业获得外部资金，并且能够对长期住房融资和养老金改革提供支持。尤其是股票市场和敌意性的兼并机制有助于提高资金配置效率。其次，发展资本市场可以打破国内金融市场机构单一的状态，促进金融和经济发展，促进金融和经济发展。最后，由于信贷市场信息不完善会影响银行分配信贷资金的效率，发展资本市场有助于摆脱信息约束，避免收益高的投资由于有风险而被排斥于信贷市场之外。

第四，逐步实现金融业的对外开放。发展中国家金融业的对外开放包括三个内容：①向外资银行开放。放松对外资银行准入的限制，有助于增强对外金融的免疫力，提升本国银行业的竞争能力。②放松资本管制。开放经常项目，允许贸易及与贸易有关的收支实行自由兑换；然后，在适当的时机开放资本项目，允许国内企业直接对外借款，或通过金融机构对外借款，允许外国资本进入本国证券市场，进行跨国股权投资。③调整汇率政策。资本管制的放松与汇率政策的调整密切相关。金融深化在汇率政策方面的核心内容是让汇率自由浮动，实行外币自由兑换，同时再配以外贸体制的改革，实现外贸的自由化。调整汇率政策的重要性在于理顺外贸关系，促进外贸的发展，同时有助于在利率上升的条件下保持物价稳定。因此，金融深化通常使国内利率高于世界利率水平，而在利差未被汇率贬值抵消时，会导致资本流入。

3. 对金融深化论的评价

麦金农和肖将金融理论与货币当局的政策同发展国家的经济结合起来进行研究，是对西方主流货币金融理论的一大重要贡献。

（1）金融深化论的主要贡献

金融深化论的主要贡献体现在以下几个方面：

第一，麦金农和肖根据发展中国家的实际情况，一反利率高低与投资大小成反比关系的流行观点，提出了利率高低与投资大小成正比关系的新观点。麦金农认为，由于发展中国家金融体系不完善，金融市场不健全，因此，企业难以依靠外部融资，且资产主要由货币和实物资产构成。在这种条件下，如果投资需求越大，则积累货币的需求也越大，即货币需求与实际投资会同时增加。因此，货币与资本（投资）非但不是替代品，反而是互补品。货币利率提高，则货币需求增加，导致投资机会增多，这种利率与投资成正比关系的现象即为"渠道效应"。

第二，金融深化论打破了前人只根据实际经济因素来研究经济发展的传统，提升了金融因素在经济发展中的作用。金融深化论正确地抨击了主流货币金融理论，指出主流货币金融理论认为货币与实物资本是替代品的假定不适合于发展中国家，并指出在这些国家，货币与实物资本是互补的。

第三，在政策方面，金融深化论主张通过提高利率以刺激储蓄和投资，并认为这种政策与金融体制改革相配合，可以避免紧缩政策造成的萧条和失业现象。它还强调，除金融领域，还应采取其他领域的配套措施。

（2）金融深化论的不足和缺陷

第一，金融深化理论忽略了一个基本事实，即大多数发展中国家人均收入低，即使提高利率，也不一定能吸引足够的储蓄资金以发展经济。而且，金融深化论过分强调发展中国家金融体系的落后，而没有看到主要原因即生产力落后与经济结构严重失调。金融深化论主张只要大刀阔斧地实行金融体制改革，便可改变发展中国家的金融抑制现象，但是却没有突出宏观经济稳定是金融深化的前提条件。在宏观经济不稳定的前提下，贸然实行金融自由化，必然导致宏观经济更加不稳定。阿根廷、智利等国家实行金融自由化失败的教训已经证明，发展中国家的金融深化必须与经济体制改革相配套才能避免大的经济震荡。

第二，金融深化论没有充分展开对发展中国家金融发展的过程和阶段的研究。金融深化理论认为，只要放开利率和汇率，资本和外汇短缺问题就能顺理成章地解决。但该理论没有说明应该创造哪些条件后才能放开汇率和利率以及应该先放开哪个。作为发展中国家改革的对策理论，缺少这些环节，不仅表现为理论框架的不完整，而且容易引起实践中的误导。东南亚金融危机已经证明金融深化的过程和阶段研究的重要性，所以有关金融深化的过程研究还需要进一步展开。

第三，金融深化理论强调金融自由化，为促进金融和经济的迅速发展，将不合理的、窒息性的和歪曲性的过分管制和干预革除无疑是应该的，但实行完全自由放任的金融政策是行不通且有害的。因此，政府仍有必要采取适当的干预和管理措施，以免金融机构因管理不善和其他原因而引发金融危机。

§13.3　金融结构理论

所谓金融结构是指一国金融资产与金融机构的现状、特征和相对规模。金融结构理论运用比较研究方法，着重分析不同国家金融发展的特点，并从中总结出一般规律和金融发展的一般结构模式。研究金融发展的结构模式，对于指导发展中国从事金融研究和改革，具有积极的现实意义。

13.3.1　金融结构分析

1969 年英国经济学家雷蒙德·W. 戈德史密斯（R. W. Goldsmith）在《金融结构与金融发展》中，通过研究和计算金融资产总额占真实资产总额的比重、金融资产与负债在金融机构间的分布状况、金融资产与负债在金融机构与非金融经济单位间的分布状况、由金融机构发行和/或持有的金融工具总额、各经济部门拥有的金融资产与负债总额，对长达百余年的金融发展史及当代几十个国家的金融结构现状进行比较研究，并从中找出一些带有规律性的趋势和结构。

1. 金融相关比率

戈德史密斯认为，决定一国金融结构最基本的方面，是一个国家金融与经济之间的关系。这种关系可用金融相关比率来表示。金融相关比率等于某时期金融资产总值除以国民生产总值。一国金融结构与实体结构的关系是通过金融相关比率体现的。

2. 金融结构的内部构成

研究内部结构构成的意义在于，尽管所研究的金融总体结构有可能相同，金融相关比率也相同，但由于其内部结构的差别，却往往表现出不同的经济内涵，并且对经济增长的作用也不一样。金融结构的内部构成首先指上市金融工具总量在种类上的分布比例。其次指金融资产总量在主要经济部门及其内部的分布比例。各个部门在某种金融工具余额中所占的比例，以及这种金融工具的个人持有者的数目和金融工具在持有者中的分布状况等信息都是非常重要的线索，它们可以反映出对不同金融工具的偏好。再次指各种金融工具上市量在各经济领域的渗透力，或者说，可以反映各经济部门及其内部对金融工具的偏好状况。当然，这种渗透力和偏好是随经济发展水平变动而变化的。最后，内部构成中，还有一个重要方面，即各个部门及其内部的资金来源状况。资金来源实际上是资金积累问题。分析资金来源结构主要是计算出不同部门内部融资（储蓄）和外部融资（借款或发行债券和股票）的比例。通过研究资金来源结构，可以了解资金的积累状况，有助于分析资金的运用结构。

3. 各种金融机构的相对重要性

各种金融机构的相对重要性是反映一国金融结构特点的重要方面。这种相对重要性是通过计算各类型的金融机构持有的金融资产数量占金融资产总额的比重，以及几类重要的金融资产之间的相对比重来反映的。这方面的衡量指标是各种金融中介机构在所有金融机构资产总额中的比例、在金融工具总额中的比例以及在几种主要金融工具余额中的比例等。

4. 金融机构的活动能力

金融机构的活动能力的大小也是反映一国金融机构及其发展水平的重要方面。这种活动能力的大小反映金融活动在整个国民经济活动中的地位，它是通过测算金融机构发行、持有金融工具的总量来衡量的。金融机构是理解金融结构与金融发展的关键，因此，金融机构在金融工具存量中拥有份额的大小是金融结构的另一个重要特征指标。一般多以所有金融机构在金融资产总额中的比例作为度量标准。这一标准是反映一国金融上层结构化程度的最简单、最全面的指标，因而同金融相关比率一样，为人们所普遍接受。

5. 金融相关矩阵

将金融资产存量按金融工具种类和经济部门分类组合得到一个金融相关矩阵，在该矩阵中每种金融工具的持有者和发行者一目了然。金融工具种类分得越细，相关矩阵分析的价值也越大。在分析过程中，既可运用时点存量指标，也可运用时间流量指标。事实上，流量指标可看做是两个时点存量指标的差额。

6. 金融结构的流量关系比率

前面5个方面都涉及的是金融结构的存量关系比率。在金融结构的存量与流量的各比率之间，存在着密切的联系。实际上，某一时期的流量可被看成该时期终点与始点上的存量之差（扣除市场价值的变化），而存量又可以看成前期流量变化的结果（含市价的变动）。从最一般的角度看，衡量金融资产存量与实物资产存量之间关系的金融相关比率在流量方面的对应指标是金融资产的新发行额与国民生产总值之比。各种金融资产和负债之间的存量关系也都有其相应的流量指标。这样，在某一既定时期内，一国金融结构的主要特点又可以通过金融总流量在各种金融工具、各个经济部门之间的分布，通过金融机构的金融交易额在金融工具总流量和每种金融工具流量中所占的比重，以及各种金融工具在每个部门和子部门金融交易总额中所占份额等方面体现出来。

7. 金融交易矩阵

资金来源与运用报表显示了各经济部门的资金来源及运用的情况，利用该表可以了解不同部门的内部融资（储蓄）与外部融资（借款或发行股票）各自的比重，也可以确定其外部融资中来自金融机构的资金总量占多大比例。资金流量表还能够反映通过购买非金融企业和政府的证券而进行的直接融资与通过金融机构进行的间接融资各自所占的比例。而将各部门的资金流量表合并在一起，就构成了一个金融交易矩阵，它与金融相关矩阵相对应，可反映出各部门之间的债权变化情况（不考虑市场价格的变化），这是研究金融结构与经济的基础。

采用上述指标不仅可以描述一国在某一时点上的金融结构现状和这种金融结构的变迁，如果将上述指标以适当的方式结合起来，还可以区分出不同类型的金融结构。从各个国家金融结构的共同特点来看，自现代经济出现以来在私人企业以及混合经济中存在过的金融结构可分为三种基本类型：

第一类，工业化国家金融发展初级阶段的金融结构。其特点是金融相关比率比较低（约在0.2至0.5）；债权凭证远远超过股权凭证而居于主导地位；在全部金融资产余额中金融机构所占比例较低；商业银行在金融机构中占据了突出地位；符号货币（银行券和支票存款）还只是金属货币的补充，但正在逐步取代后者。另外，在这一时期，由家庭所有的小型企业是生产和流通的主体。这类金融结构主要出现在18世纪至19世纪中叶的欧洲。

第二类，非工业化国家的金融结构。其特点为金融相关比率较低，债权凭证大大超过股权凭证，银行在金融机构中居于主导地位。它与第一类金融结构的主要区别在于：政府和政府金融机构发挥了更大的作用，从而体现出这些经济社会具有混合型特色；它的储蓄率与投资率比较低，而金融中介比率则比较高。这类金融结构在20世纪上半叶普遍存在于大多数非工业化国家内，只是由于各国经济发展历史的不同，这种金融结构形成的个体时期也各有不同。

第三类，发达工业化国家的金融结构。其特点为金融相关比率较高，在1左右（也就是说，它的金融资产总额与国民财富相等）。不过，金融相关比率有一个从0.75～1.25的相当大的变动范围，有时也可能上升到2的水平；尽管债权仍占金融资产总额的

2/3 以上，但股权证券对债券的比率已有所上升；金融机构在全部金融资产中的份额也已提高，金融机构日趋多样化，这导致了银行体系地位的下降以及储蓄机构和私人公共保险组织地位的上升。

由于一国的金融结构从一种类型转换为另一种类型是一个渐进的而不是突变的过程，而且不同国家中金融结构的数量特征绝非全部集中于几种范围极窄的类型之内，因此有些国家的金融结构的特点会介于上述三种主要类型之间，从而兼有不同类型的特点。尽管如此，将金融结构大体分为三类还是适合大多数国家的实际情况的。

13.3.2 金融相关比率

戈德史密斯将各种金融现象归纳为金融工具、金融机构和金融结构三个方面。金融工具是指对其他经济单位债权或所有权的证明，金融机构是以金融工具作为资产和负债主要形式的经济单位，而金融工具和金融机构的综合构成一国的金融结构。各种金融工具和金融机构的形式、性质及相对规模构成了一国金融的特征。可从如下角度衡量一国金融结构：金融上层结构与经济基础结构间的关系体现在金融工具的相对发行量、金融工具在主要经济部门中的分布及发行总额在主要经济部门中的分布。一国金融结构的特征还体现在各种金融机构的相对重要性上，衡量指标是各种金融机构在所有金融机构资产总额中的比例、在金融工具总额中的比例；各国金融机构的活动能力，其衡量指标是金融机构发行货币额、持有金融工具的总额等。其中，金融相关比率（Financial Interrelation Ratio，FIR）$FIR = FT/WT$ 最重要，FT 表示金融资产，是一定时期内金融活动的总量，WT 表示国民财富，是一国经济活动总量。

戈德史密斯选择决定 FT 的因素的相对重要的 5 个指标：3 个流量指标——非金融部门发行的金融工具（股票、债券及各种信贷凭证），金融部门（央行、存款银行、清算机构、保险组织和二级金融交易中介）发行的金融工具（通货与活期存款、居民储蓄、保险单等），国际金融活动发行的金融工具；2 个存量指标——新发行乘数，价格调整指数。

可用 GNP 直接代替 WT。但因 GNP 只考虑了产品的最终销售，忽视了生产单位之间的中间产品的销售，尤其是资本形成的交易行为，而这些销售的实现也要借助于各种金融工具，所以，经济活动总量中除 GNP 外还要加上各产业部门之间的交易量，才是考察金融活动的现实基础。若产业部门之间的销售额占全部 GNP 的比重为 ϕ，则 $WT = GNP(1 + \phi)$。

戈德史密斯认为世界各国存在着唯一的一条金融发展道路。发达国家有着共同的发展趋势，发展中国家早晚会走上发达国家已经走过的道路，这条发展道路可由金融相关比率表示。从纵向看，在一国或地区的经济发展过程中，金融资产的增长比国民财产的增长更加迅速，故金融相关比率有提高的趋势，其间还会发生迅速提高的爆发活动。但金融相关比率的提高并非是无止境的，一旦金融发展到一定水平，该比率的变动就趋于稳定。从横向看，发展中国家的金融相关比率比欧洲与北美国家的金融相关比率低得多，这也体现了两类国家在金融发展上的时代差别。金融相关比率还受到一国或地区经济结构基本特征如生产集中程度、财富分配状况、投资动力、储蓄倾向等的影响。这些特征反映在非金融部门发行的债权和股权证券与国民生产总值的比率中。该比率越高，说明储蓄与投资的分离程度越高。随着金融的发展，银行资产占金融机构全部资产的比重趋于下降，非银行金融机构的资产占有的比重相应提高。目前在某些发达国家，非银行金融机构的金融资产总额超过银行资产总额。

虽然戈德史密斯是从金融流量和金融存量两个方面来建立理论分析框架，但他在实际研究各国的金融结构和金融市场发展中，突出的是金融存量，即金融相关比率，从而把金融相关比率"作为一国金融发展水平的主要单一特征"，并据此来探讨各国金融结构的差异和过去一个世纪中金融发展的趋势。

金融相关比率与货币化比率、非金融相关比率、资本形成率、外部融资率、金融机构新发行比率、金融资产价格波动和乘数呈正向关系。随着这些比率中的某个或某几个上升，金融相关比率值会增加，反之则相反。因此，如果一国的金融相关比率比另一国更高，或者某一时点上的金融相关比率比另一时点更高，其原因可能有多种：可能由该国或该时点前的新发行比率一直比较高所致，而这往往又是由较高的资本形成率、较高的外部融资率或较高的金融中介比率中某一因素的单独作用或上述因素的共同作用引起的；可能是由于价格敏感型金融资产（基本上是公司股票）在净发行总额中的比重一直较大，而且过去金融资产的价格曾经显著上升；还可能是由于货币化比率和产业相关比率比较高。另外，金融相关比率与实际收入增长率、物价上涨率和资本—产出比率呈反向关系。如果其他条件不变，名义国民产值的迅速增长必将降低金融资产存量与国民财富（均以市场价值什算）之间的比率，因为它使过去在低得多的现价国民产值基础上计算的新发行额的相对比重降低。而由于通货膨胀伴随着较高的以现价计算的国民产值增长率以及较低的乘数值，因此，只要其他条件不变，通货膨胀率越高，金融相关比率就越低。由于估价调整项上升对金融相关率的影响通常小于乘数值下降所产生的影响，因而，严重或长期的通货膨胀对金融相关比率的直接净影响多是使其下降。

根据几十个国家近 100 年的资料对金融相关比率进行研究后，戈德史密斯认为，尽管金融发展过程在不同国家的起始点不同，多数始于 19 世纪的不同时期，有些地区（主要是在非洲）甚至直到 21 世纪初才开始起步，但它却显示出了一些重要的规律性，具体来说：

第一，在一国的经济发展进程中，金融结构的增长比国民产值及国民财富所表示的实体结构的增长更为迅速。因而，金融相关比率有提高的趋势。

第二，一国金融相关比率的提高并不是无止境的。实际观察与理论研究都表明，一旦到达一定发展阶段，特别是当金融相关比率达到 1 ~ 1.5 时，该比率就将趋于稳定。

第三，发展中国家的金融相关比率比发达国家要低得多，在 20 世纪 60 年代，其金融相关比率多在 2/3 ~ 1，相当于美国和西欧在 19 世纪后半期就达到并超过了的水平。

第四，决定一国金融结构相对规模的主要因素是不同经济单位和不同经济集团之中储蓄与投资功能的分离程度。金融相关比率的高低受到诸如生产集中程度、财富分配状况、投资动力、储蓄倾向以及以股份公司形式将企业活动与家庭行为从法律上分离开来

的程度的影响，这些都反映在非金融部门新发行的债务和股权证券与国民产值的比率中，该比率越高，说明储蓄与投资的分离程度越显著。

第五，在发达国家，金融机构在金融资产的发行额与持有额中所占份额随着经济的发展而提高，即使一国的金融相关比率已停止增长，该份额却依然呈上升势头。储蓄与金融资产所有权的这一"机构化"趋势对各种主要金融工具有着不同的影响。与股票相比，债券的机构化进展较快，其中部分原因在于许多国家对于金融机构的持股均加以限制。在债券之中，长期债券机构化又比短期债券更为明显。

第六，无论在任何一个国家，现代意义上的金融发展都是从银行体系的发展开始并且依赖于纸币在经济中的扩散程度。纸币与国民财富的比例先是上升，然后是趋于平稳甚至下降，银行支票存款货币的比例也经过相似的过程，但这两者间存在着一代甚至几代人的时滞。

第七，外国融资作为国内不足资金的补充或作为国内剩余资金的出路，在大多数国家的某个发展阶段都发挥了重大作用。

第八，对于多数国家的金融发展来说，先进国家的示范作用大概同国际资本流动同样重要。与其他许多领域相比，金融工具和金融机构方面的技术与管理经验的传播比较容易实现，整体性"移植"就更加成功。不过，各类金融工具与机构的重要地位是无法模仿的，只能由基本的经济因素决定。

13.3.3 金融发展趋势分析

使用动态研究方法，戈德史密斯经过大量实证研究发现，从基本发展趋势上看，各国金融发展道路的差别并不是很大。他认为，各发达国家有着共同的发展趋势，而发展中国家迟早要走上发达国家已经走过的道路。基于金融发展的基本趋势研究，戈德史密斯归纳了以下要点。

1. 现代意义上的金融发展始于银行体系的建立及法定货币的发行

现金与国民财富的比率起初呈上升趋势，以后逐渐趋于平稳或下降；银行货币（活期和定期存款）与国民财富的比率也会经历类似的变化过程。随着经济发展，中央银行和商业银行的金融资产总额会不断提高，但其占全部金融机构资产总额的比重会逐渐下降。与此同时，更新型的金融机构，如储蓄银行、抵押银行、人寿保险公司、政府和私人退休基金、投资公司和金融公司等，其拥有的金融资产占金融机构资产总额的比重却会逐渐提高。因此，现代经济最发达国家的中央银行和商业银行的资产总额通常远远低于所有其他金融机构的资产总额。但在发展中国家情况则完全相反。

2. 国际金融活动的突出作用

对于许多国家来说，国际金融活动在其经济发展的某一时期作用突出，或者用于弥补本国资金不足，或者用以为本国过剩的资金寻找出路。19世纪中叶，国际金融相对于国内金融的比率增长迅速；第一次世界大战后，这一比率趋于稳定，尤其是国际间与国内的长期融资比率。国际资本转移的重要形式之一是资金从发达国家向发展中国家流动。金融机构和金融工具的国际化促进了资本与技术在国际间的转移。对发展中国家来说，引进国际化的金融机构甚至比单纯引进资金具有更重要的意义。

3. 金融发达国家的融资成本明显低于发展中国家

金融发达国家的融资成本，包括利率和其他费用，明显低于发展中国家。只有少数发展中国家的情况例外，那就是发生了通货膨胀。不过自 19 世纪中期以来，在欧洲和北美的发达国家中，此类成本都未呈现长期下降趋势；而在世界其他地方，融资成本的变化状况比较复杂且不规则，难以得出一般性结论。

4. 经济与金融发展大致保持平行状态

对近几十年经济发展的研究表明，大多数国家的经济与金融发展大致保持平行状态。随着国民收入和国民财富在总量上和人均水平上的增长，金融结构的规模和复杂性都会相应提高。尽管少数国家表现出经济的较快增长常伴随着金融的超常增长，但这还不能说明金融发展与经济增长属于何种因果关系，也就是说难以明确界定究竟是金融发展促进了经济增长，还是经济增长推动了金融发展。对经济发展速度和方向产生明显影响的唯一金融现象就是通货膨胀。

当然，我们应注意到，戈德史密斯从事分析是在 20 世纪 60 年代，他所研究的金融发展也是 1969 年以前的各国情况。当今世界各国的金融发展日新月异，新的金融工具大量涌现，金融市场日益扩大和发达，这些都是戈德史密斯在当时所无法预料的。他尤其无法预料，国际资本的流动目前并不是以由发达国家流向发展中国家为主，而是以由发达国家流向发达国家为主。而且，戈德史密斯做的分析只是对过去金融发展的一般性归纳，着重于趋势变动分析。这种分析并不能完全说明各个国家的具体发展情况。尤其是从各个国家的金融体制来看，即使发达国家之间也存在很大差异。

总之，戈德史密斯的研究既为我们提供了很好的实证研究方法，同时也提供了许多有价值的研究成果。这些研究方法和成果对于指导发展中国家的金融体制改革和金融发展，无疑是十分有益的。

【本章小结】

经济增长和金融发展的关系历来是一个充满争议的问题。关于金融部门对经济增长的影响，存在金融引领增长、增长引领金融和反作用三种观点。Levine 认为，对资本积累和技术创新，金融体系发挥如下职能：金融中介便利了风险的交易、规避、多样化和集中；金融中介通过获得事前信息而改善跨投资项目的资金配置；管理的事后监控和公司控制的实施诱致金融中介需求；金融市场以有效方式动员储蓄；金融市场提高了专业化程度。金融发展与经济增长关系的实证研究包括跨国经济计量证据、面板研究证据、基于微观经济的计量证据以及时间序列经济计量证据。

为弥补西方主流货币金融理论都以发达国家为研究对象这一缺陷，麦金农和肖以发展中国家为研究对象，集中研究货币金融与经济发展的内在联系，提出了金融压制和金融深化理论。金融压制是指，由于政府对金融业实行过分干预和管制的金融政策，人为压低利率和汇率并强行配给信贷，造成金融业的落后和缺乏效率从而制约经济的发展，

而经济的呆滞反过来又制约了金融业的发展，金融和经济发展之间就会陷入同时呆滞落后的恶性循环状态。金融深化论主张政府应放弃对金融的过分干预和管制，取消对利率和汇率的人为压制，使利率和汇率真实反映资金和外汇的实际供求状况，并充分发挥其调节资金和外汇供求的功能，从而一方面以合理的利率吸收较多的储蓄资金，另一方面在适当的利率水平上满足各经济部门的资金需求，以最终推动金融与经济同时发展。金融深化论的政策含义包括：彻底改革金融体制，使银行体系和金融市场真正将储蓄资金引导到生产性投资上去；政府放弃对利率的人为干预，使利率正确反映资金的供求状况和稀缺程度；发展资本市场；逐步实现金融业的对外开放。

金融结构是指一国金融资产与金融机构的现状、特征和相对规模。金融结构理论运用比较研究方法，着重分析不同国家金融发展的特点，并从中总结出一般规律和金融发展的一般结构模式。研究金融发展的结构模式，对于指导发展中国从事金融研究和改革，具有积极的现实意义。

【关键概念】

金融压制　金融深化　金融相关比率　金融结构

【复习思考题】

1. 如何正确认识金融发展与经济增长的关系？
2. 如何正确认识金融深化论和金融压制论？
3. 如何认识金融结构的作用与影响？
4. Levine 用于考虑金融中介和市场作用的职能方法的主要内容是什么？
5. 戈德史密斯的金融发展趋势分析的主要内容是什么？

【本章参考文献】

[1] 周波. 金融发展和经济增长：来自中国 1993—2005 的实证检验 [J]. 财经问题研究，2007（2）.

[2] 艾洪德. 货币银行学教程 [M]. 大连：东北财经大学出版社，2006.

[3] 夏德仁，李念斋等. 货币银行学 [M]. 北京：中国金融出版社，2005.

[4] 张尚学. 货币银行学 [M]. 北京：科学出版社，2005.

[5] 李健. 金融学 [M]. 北京：中央广播电视大学出版社，2004.

[6] 黄达. 金融学 [M]. 北京：中国人民大学出版社，2003.